초등학교 학교폭력

예방과 지도

허승희 저

이 책은 2013년도 부산교육대학교 교육연구원의 지원을 받아 이루어졌음

머리말

말만 들어도 섬뜩했던 '학교폭력' 이라는 용어가 이제는 우리에게 아주 익숙하게 다가와 있다. 사회가 메말라 가고 메마른 사회에서 성장해 가는 아동들은 이제 배려와 관용 그리고 공감의 노력보다는 휴대전화로 경찰서에 신고하는 행위를 먼저 배우고 학교는 점차 학생을 심판하는 사법 재판소의 기능을 우선적으로 행하는 기관으로 변질되어 가고 있다.

학교폭력 현상은 학교의 문제일 뿐만 아니라 비가시적인 우리 사회의 구조적 폭력의 지층에서부터 비롯되는 광범위한 사회 현상이다. 이 문제의 해결은 학교교육의 힘만으로는 역부족일 수 있다. 하지만 그 지층을 변화시킬 수 있는 지렛대는 학교교육의 힘이며, 그것이 또한 학교교육의 본질이라는 것은 누구나 공감하고 있으리라고 본다. '학교폭력' '청소년 폭력' 의 제목을 단 저서들이 근래 다양하게 출간되고 있는 것도 학교교육의 본질을 되찾고자 하는 이러한 열망이 그대로 반영된 모습일 것이다.

이 책을 읽는 많은 분에게 '초등학교 학교폭력' 이라는 이 책의 제목은 왠지 생소하게 느껴질 수 있을 것이다. 그것은 '학교폭력' '청소년 폭력' 이라는 제목의 책은 지금까지 여러 권 출간되었지만 '초등학교 학교폭력' 이라는 제목으로 나온 책은 아직 없었고, 또한 학교폭력이란 주로 중 · 고등학교에서 일어난다고 보는 선입관이 있기 때문이다. 이 책은 학교폭력에 관한 자료를 수집하고 읽어 가는 중에 점점 또렷해진 초등학교 학교폭력에 대한 문제의식에서 비롯되었다. 즉, 학교폭력에 관한 모든 책에서 학교폭력의 예방을 강조하면서도 인간으로서의 기초 · 기본교육을 행하는 초등학교 교육에 대한 언급은 거의 없으며, 지금 초등학교에서 발생되고 있는 폭력 현상에 대해 심각성을 인식하고 있는 내용이 거의 없다는 사실이었다.

초등학교에 초점을 둔 학교폭력 문제를 다루어 보고 싶다는 생각이 든 것은 '소 잃고 외양간 고치기' '사후 약방문' 이라는 말이 떠오른 바로 그때부터였다. 하지만 초등학교 학교폭력에 관한 기초 자료가 거의 없고 특히 심층적인 질적 연구 자료가 없는 상황에서 시작한 집필 작업에는 많은 어려움이 뒤따랐다. 게다가 작업 중에는 눈에 띄지 않던 미흡한 부분이 뒤늦게 눈에 보이기 시작하면서 많은 아쉬움이 들었지만 더 이상 출간을 미룰 수 없어 이 정도에서 마무리하고자 한다. 부족한 점은 차후 개정판에서 보완해 나가고자 한다.

이 책은 학교폭력에 관심을 가진 초등학교 교사 또는 예비교사를 주요 대상으로 하여 집필하였다. 따라서 책의 내용도 주로 초등학교 현장의 문제를 중심으로 학교와 학급에서 교사들이 실행할 수 있는 실제적인 내용을 다루었다.

이에 따라 제1부에는 초등학교 학교폭력 현상에 대한 전반적인 이해, 제2부에는 초등학교 학교폭력의 다양한 원인, 제3부에는 초등학교 학교폭력 예방을 위하여 학교와 학급에서 실행해야 할 사항, 제4부에는 초등학교 학교폭력 가해, 피해 및 방관 아동을 위한 학급생활지도의 방안과 학교폭력이 일어났을 때의 중재방안, 그리고 제5부에는 저자가 한국연구재단의 연구비를 받아 개발한 초등학교 학교폭력 가해 및 피해 아동을 위한 예방 프로그램과 학급 단위에서 실시할 수 있는 초등학교 학교폭력 예방 프로그램을 실었다.

미약하나마 이 책이 초등학교 학교폭력의 예방과 지도에 대한 인식을 높이고 그 방향을 정립하는 데 도움이 될 수 있었으면 한다. 끝으로 출간을 위해 오랫동안 기다려 주시고 애써 주신 학지사 김진환 대표님을 비롯한 관계자 여러분께 감사의 마음을 전한다.

저자 허승희

차 례

제2부 초등학교 학교폭력의 생태학적 원인

제3부 초등학교 학교폭력 예방을 위한 학교와 교사의 역할

지금까지 학교폭력이란 주로 중·고등학생과 같은 청소년기의 발달 과정에서 겪는 부적응행동으로 보는 경향이 많았다. 하지만 최근 10여 년간 학교폭력의 피해자 수가 점점 증가하고 학교폭력 행동 발생이 저연령화되어 초등학교에까지 이르고, 중·고등학교와 마찬가지로 초등학교에서도 성폭력 및 사이버 폭력 등이 증가하면서 이제는 초등학교도 결코 학교폭력의 안전지대가 될 수 없는 상황에 이르렀다.

초등학교 폭력의 이러한 심각성에도 불구하고 학교폭력에 대한 대책이나 교육은 대부분 청소년에 집중되어 왔다. 아동기의 폭력행동을 가벼운 수준으로 여겨 지나치면 그 이후 청소년기에 학교폭력이 발생하였을 때는 교정하기가 더욱 힘들어진다는 사실을 생각해 볼 때, 비교적 심각성이 낮은 초등학생을 대상으로 학교폭력을 미연에 방지할 수 있는 예방지향적 개입은 무엇보다도 필요한 선결 과제이다.

여기에서는 이러한 과제 해결을 위하여 우선 초등학교 학교폭력에 대한 전반적인 이해를 목적으로 하여, 초등학교 학교폭력의 정의와 유형, 초등학교 학교폭력의 특성, 초등학교 학교폭력의 전개 양상 및 폭력 가해아동, 피해아동, 피해-가해 아동 및 방관아동의 특성 등을 살펴보고자 한다.

제 1 부

초등학교 학교폭력의 이해

제 1 장

초등학교 학교폭력의 정의 및 유형

1. 초등학교 학교폭력의 정의

1) 폭력, 학교폭력, 초등학교 학교폭력

폭력은 인간에게 육체적 손상을 가져오고 정신적 · 심리적 압박을 주는 물리적 강제력으로서, 그 유형과 심각성의 정도 그리고 의도성에 따라 다양하게 정의할 수 있다.

갈퉁(J. Galtung)은 폭력의 유형을 타인의 신체를 훼손하거나 무력하게 만드는 개인적 폭력, 사회 불평등에 기인하는 구조적 폭력, 종교나 이데올로기 등에 의한 문화적 폭력으로 구분하여 사회에서 일어나는 다양한 폭력 현상을 포괄적으로 개념화하고 있으며, 이것을 인간의 정체성 형성과 관련해 보면 개인적 폭력은 신체적 정체성 훼손 현상으로, 구조적 폭력은 인간의 이성적 정체성 훼손 현상으로, 그리고 문화적 폭력은 인간의 개성적 정체성 훼손 현상으로 볼 수 있다(문성훈, 2010).

이 외에도 심리적 폭력, 실존적 폭력 등 다양한 폭력 유형이 제시되고 있어 폭력의 유형에는 신체적 폭력 등과 같은 가시적 폭력뿐만 아니라 심리적 폭력, 문화적 폭력 등의 비가시적 폭력도 포함된다는 것을 알 수 있다.

폭력의 심각성 정도는 주관적으로 다르게 해석될 수 있는데 그 심각성의 정도에 따라 폭력과 공격을 구분할 수도 있다. 즉, 공격은 '타인에게 의도적으로 상처를 입히는 것'이고 폭력은 '타인에게 의도적으로 극심한 상해를 입히는 것'으로, 폭력은 의도적으로 상대에게 상처를 입히지만 그 정도가 매우 심한 것으로 볼 수 있다(Berkowitz, 1974).

그리고 폭력의 의도성에 따라 도구적 폭력과 증오적 폭력으로 나눌 수도 있다(윤진, 1996). 즉, 자신에게 이익이 되는 무언가를 얻기 위해 타인에게 해를 가하는 도구적 공격성에 따른 도구적 폭력과 타인에게 고통이나 해를 가하는 것 자체가 목적인 적의적 공격성에 따른 증오적 폭력이 그것이다.

학교폭력의 내용에도 위의 도구적 · 증오적 폭력 및 가시적 · 비가시적 폭력의 내용이 포함되며, 일반적인 폭력과 마찬가지로 폭력의 심각성 정도에서도 매우 주관적인 측면이 개입될 수 있다. 그러나 학교폭력의 경우는 일반 폭력 현상보다 학교폭력의 대상, 장소, 정도 및 그 범위를 어떻게 보느냐에 따라 그 정의가 매우 다양할 수 있다.

첫째, 학교폭력의 대상 측면에서는 일반적으로는 폭력 가해학생과 폭력 피해학생으로 생각해 볼 수 있지만 더 광범위하게는 학교 안에 근무하는 모든 사람이 그 대상이 될 수 있다. 예를 들어, 학생에 대한 교사 폭력, 교사에 대한 학생 폭력, 학생에 대한 학교 행정가의 폭력, 학교 중퇴생 및 재학생 간의 폭력 등이다.

둘째, 학교폭력의 장소 측면에서는 학생들이 학교에서 경험하는 폭력도 있지만 가정이나 학교 밖에서 학생들이 경험하는 폭력도 학교폭력으로 볼 수 있다.

셋째, 학교폭력의 정도 측면에서는 학교폭력이라는 말을 사용할 수 있으려면 그 폭력의 정도를 어느 정도의 기준에서 볼 때 그것을 폭력이라고 볼 수 있느냐의 문제가 있다. 물론 사법적 판단에 따른 규정은 있지만 학교에서 교사가 보았을 때 학생들의 공격적 행동을 폭력이라고 판단할 수 있는 기준은 매우 모호할 수 있다. 따라서 학교폭력의 정도에 관한 기준은 가장 정의하기 어려운 부분으로서 일반적으로는 신체적 · 심리적 상해나 재산상의 피해를 가져오는 의도적이고 부주의한 행동(Astor & Meyer, 2001), 고의적이며 단기간 또는 장기간에 걸쳐 가하는 물리적 · 심리적 공격(김종미, 1997)으로 보아 그 정도의 구체성은 없지만 의도적, 고의적, 단기간 또는 장기간의 폭력을 모두 학교폭력으로 정의하고 있다.

올웨우스(Olweus, 1979)도 학교폭력이란 한 학생이 한 사람 이상의 다른 학생으로부터 부정적인 행동에 반복적으로 장기간 노출되는 것으로서 어떤 사람이 의도적으로 다른 사람을 구타하거나 구타하려고 하는 것, 상처를 입히거나 불쾌하게 하는 행위로 신체적인 접촉을 통하는 것과 말로써 행하는 것을 의미한다고 보아, 학교폭력의 정의에서 의도성과 반복성, 장기간의 노출을 중요한 기준으로 보고 있다.

넷째, 학교폭력의 범위 측면에서는 학교폭력의 범위를 광범위하게 보았을 때 학교폭력에는 신체적 폭력 · 정신적 폭력 · 성적 폭력과 같은 모든 유형 · 무형의 폭력행위가 포함될 수 있으며, 우리나라의 학교폭력에 대한 법률적 정의에서는 학교폭력을 "학교 내외에서 학생 간에 발생한 상해, 폭행, 감금, 협박, 약취 · 유인, 명예훼손 · 모욕, 공갈 강요 · 강제적인 심부름, 성폭력, 따돌림, 정보통신망을 이용한 음란 · 폭력 정보 등에 의하여 신체 · 정신 또는 재산상의 피해를 수반하는 행위(「학교폭력 예방 및 대책에 관한 법률」, 2012. 1. 26. 개정)"로 보아, 신체적 공격뿐만 아니라 사이버 폭력을 포함한 모든 심리적 공격까지 종합된 일체의 행위를 학교폭력의 범주에 포함하여 광범위하게 정의하고 있다.

이상의 학교폭력에 대한 대상, 장소, 정도 및 범주에 관한 다양성을 고려하여 학교폭력을 보다 광범위한 개념으로 보았을 때, 학교폭력이란 '학교 내외에서 대항할 힘이 없는 약한 대상에게 의도적이고 지속적으로 단기간 또는 장기간 행해지는 신체적 · 물리적 · 정신적인 측면의 모든 공격행동'이라고 볼 수 있다. 학교폭력이 초등학교 아동을 대상으로 행해질 때, 그것은 초등학교 학교폭력이라고 할 수 있으며, 초등학교 학교폭력을 보다 구체적으로 정의하면 다음과 같다.

즉, 초등학교 폭력은 '초등학교 내외에서 대항할 힘이 없는 약한 대상에게 의도적이고 지속적이며 반복적으로 행해지는 신체적 폭력을 비롯한 언어적 · 심리적 · 정신적 폭력 및 사이버 폭력 등의 모든 공격행동'을 말한다.

2) 초등학교 학교폭력의 예방 및 지도의 중요성

초등학교 학교폭력이라는 말은 청소년 폭력이라는 말에 비해 아직 낯설다. 그 이유 중 하나는 지금까지 학교폭력을 주로 중 · 고등학생과 같은 청소년기의 발달 과정에서 겪게 되는 문제행동으로 여겨 왔기 때문이다.

하지만 최근 10여 년간 학교폭력 피해자 수가 점점 증가하고, 학교폭력 대상이 저연령화되어 이제 초등학교에까지 이르게 되었다. 집단따돌림 현상으로 나타나는 괴롭힘 행동의 경우, 지난 10년간 감소되지 않고 있으며, 중 · 고등학생에 비하여 오히려 초등학생의 피해 빈도가 증가되고 있다(오승환, 2007; 오인수, 2008). 학교폭력 가해자나 피해자의 연령이 낮아지면서 학내 폭력서클인 일진회가 중학교에서 초등학교까지 진입하였고, 2002년 초등학교 6학년 남학생이 집단구타에 못 이겨 투신자살한 사건 이후로 초등학교에서의 학교폭력과 중 · 고등학교에서의 학교폭력은 그 양상이 비슷하게 나타나기 시작하였다.

학교폭력 피해행동에 있어서도 1997년에는 초등학교 학생 중 응답자의 49%가, 2001년에는 55%가, 2002년에는 66% 정도의 학생이 학교폭력 피해 경험이 있는 것으로 나타났고(김선애, 2003; 김종미, 1997), 초 · 중등학생을 대상으로 한 최근 연구에서도, 응답자의 59.9%가 학교폭력 피해 경험이 있는 것으로 나타나 초등학교 또한 학교폭력의 안전지대가 아니라는 것을 알 수 있다(임광규, 2011).

또한 중 · 고등학생에 비하여 초등학생이 학교폭력 가해 및 피해의 경험을 많이 한다는 최근의 연구결과는 이제 초등학교 학교폭력의 문제를 더 이상 방치해서는 안 된다는 급박한 현실을 보여 준다. 즉, 초 · 중 · 고등학생 중 학교폭력을 경험한 비율은 초등학생, 중학생, 고등학생 순으로 나타나, 초등학생이 학교폭력을 가장 많이 경험하고 있는 것으로 나타났다(김혜원, 2011). 교육과학기술부(2012)의 제2차 학교폭력 실태조사 결과에서도 학교폭력 피해 경험의 경우, 초등학생의 경험(11.1%)이 가장 많았고, 다음으로 중학생(10.0%), 고등학생(4.2%)의 순으로 나타났다. 가해 경험에서도 마찬가지로 초등학생(5.8%)이 가장 많았고, 다음으로 중학생(4.7%), 고등학생(1.7%)의 순이었다.

초등학교 시기의 학교폭력은 고학년부터 시작해서 중학교 3학년 시기에 그 절정을 이루어 학교폭력은 발달적인 양상마저 보이고 있으며, 이것은 아동기의 초등학교 폭력을 가벼운 수준으로 여겨 지나치게 되면 그 이후 청소년기에 학교폭력이 발생했을 때 교정하기가 더욱 힘들다는 것을 시사한다(Fraser, 1996; Hapasalo & Tremblay, 1994).

초등학교 아동기의 공격성은 아동기뿐만 아니라 청소년기나 성인기의 공격행동과도 밀접한 관련이 있으며, 아동기의 폭력행동을 가볍게 여겨 지나치게 되면 청소년기의 학교폭력은 더욱 교정하기가 힘들게 된다. 또한 최근 증가 일로에 있는 초등학교 학교폭력의 심각성은 피해아동이 정신적인 고통은 물론이고 등교 거부 같은 일반적인 행동에서부터 자살을 기도하는 심각한 상황을 보이기도 하며, 가해자 또한 피해자 못지않은 심리적 피해와 후유증을 초래한다는 데 있다(신성웅 외, 2000; Farrell & Bruce, 1997; Guerra et al., 1995).

특히 초등학교 시기에 공격행동을 많이 하는 아동은 청소년기나 성인기가 되어서도 공격행동을 하는 경향이 높으며(Loeber et al., 1989; Olweus, 1979), 초등학교 시기에 공격행동을 많이 하는 아동은 청소년기나 성인기에 타인을 신체적으로 공격하는 경향이 높고, 범죄행동을 잘 일으키며 결혼을 했을 때 배우자를 학대하는 등의 다양한 반사회적 행동을 일으킬 수 있다(Dishion & Patterson, 1997; Loeber & Stouthamer-Loeber, 1998).

이러한 초등학교 학교폭력이 지닌 사태의 심각성에 비추어 볼 때 학교폭력에 대한 논의가 대부분 중 · 고등학생과 같은 청소년에 집중되어 있음은 심각히 재고해야 할 사항이며, 특히 초등학생을 위한 학교폭력 지도에 있어서는 학교폭력의 예방적 측면을 더욱 강화해야 한다는 것을 알 수 있다.

2. 초등학교 학교폭력의 유형

1) 학교폭력의 유형

학교폭력의 유형을 광의의 측면에서 살펴보면 교사와 학생 간의 폭력, 기물파괴 폭력, 학생 간의 폭력 등으로 나누어 볼 수 있다.

우리나라의 경우는 학교폭력 중 교사와 학생 간의 폭력 및 기물파괴 폭력보다는 학생 간의 폭력이 주로 일어나는데, 2012년에 개정된 「학교폭력 예방 및 대책에 관한 법률」에서는 학생 간의 폭력을 주로 다루고 있다. 여기에서는 학교폭력의 유형을 상해, 폭행, 감금, 협박, 약취 · 유인, 명예훼손 · 모욕, 공갈 강요 · 강제적인 심부름, 성폭력, 따돌림, 정보통신망을 이용한 음란 · 폭력 정보 등에 의하여 신체 · 정신 또는 재산상의 피해를 수반하는 행위로 보았다.

이상의 학교폭력의 유형별로 그 내용을 살펴보면 다음과 같다.

- **상해** 신체의 완전성을 해하는 것으로 남의 몸에 상처를 내어 해를 입히는 것
- **폭행** 학생 간에 발생하는 폭행으로 해당 사안은 교원에 의하여 해결되어야 하고, 당사자 간의 분쟁을 교육적 차원에서 조정하기 위해서는 다소 구체성을 띠어야 하기 때문에 형법상 협의의 개념인 '사람의 신체에 대한 유형력의 행사'로 해석(형법상 폭행죄에 해당하는 협의의 개념)
- **감금** 장소 이전의 자유를 침해하는 행위를 말하는 것으로, 신체 그 자체를 구속하지 않고, 다만 일정한 장소에서 나오지 못하게 하는 일이 성립 요건임
- **협박** 상대방의 반항을 불가능하게 하거나 곤란하게 할 정도는 아니라도 상대방이 현실로 공포심을 느낄 수 있을 정도의 해악의 고지가 있는 경우(형법상 협의의 개념)
- **약취** 폭행 또는 협박으로 사람의 현재 상태에서 자기 또는 제3자의 실력적 지배하에 옮기는 것
- **유인** 허위의 사실을 가지고 상대방을 착오에 빠뜨리게 하거나 감언이설로 상대방을 현혹하여 판단을 바르게 할 수 없게 된 사람을 자기 또는 제3자의 실력적 지배 내에 옮기는 행위
- **모욕** 공연히(불특정 또는 다수인이 인식할 수 있는 상태) 사실을 적시하지 아니하고 사람에 대하여 경멸의 의사를 표시하는 행위
- **공갈** 재물을 교부받거나 재산상의 이득을 취득하기 위하여 폭행 또는 협박으로 공포심을 일으키는 행위
- **강요** 특정인에게 하기 싫은 일을 억지로 또는 강제로 요구하는 행위
- **강제적인 심부름** 특정인에게 강제적으로 심부름을 시키는 행위
- **성폭력** 성욕의 흥분, 자극 또는 만족을 목적으로 상대방에게 폭행과 협박을 하면서 신체적인 접촉을 하거나 성행위를 강제로 하는 것
- **따돌림** 특정인에게 반복적이고 지속적으로 심리적 또는 신체적 고통을 가하는 행위
- **정보통신망을 이용한 음란·폭력 정보** 특정인에 대하여 모욕적인 언사나 욕설, 허위의 글이나 사생활에 관한 사실을 인터넷 게시판에 올리거나 인터넷상 또는 휴대전화를 통해 성적 수치심을 주는 음란한 대화를 강요하거나 위협이 되는 문자나 동영상을 보내어 정신적 피해를 주는 일체의 행위

학교폭력의 유형은 매우 다양하며, 이것은 또한 시대의 흐름에 따라 매우 세분화되고 새로운 유형이 나타나고 있다. 그러나 학교폭력에서 유의할 점은 이러한 유형이 복합적이고 중복적으로 일어난다는 점이다. 즉, 학교폭력은 한 가지 유형에 여러 가지의 폭력 유형이 함께 수반되어서 중복적으로 일어나게 된다. 예를 들어 학교폭력에는 언어적·신체적 폭력이 함께 얽혀 일어나면서 심리적 폭력까지 수반되는 경우가 허다하다.

학교에서 일어나는 폭력의 유형은 세부적으로 들어가면 아주 다양한 유형으로 분류할 수 있으나 일반적으로는 다음과 같이 크게 신체적 폭력, 언어적 폭력, 관계적 폭력 등으로 나누어 볼 수 있다(Macklem, 2003).

- **신체적 폭력** 때리기, 치기, 밀치기, 꼬집기, 발로 차기, 발걸기 등
- **언어적 폭력** 조롱, 욕설, 성차별적 언어 희롱, 강제적이고 위협적 언어 등
- **관계적 폭력** 협박, 강압, 나쁜 소문 만들어 퍼뜨리기, 개인적·집단적으로 따돌리기, 이메일이나 문자를 통하여 거짓을 퍼뜨리기 등

학교폭력은 또한 폭력의 내용에 따라 신체적 폭력, 심리적 폭력, 언어적 폭력, 괴롭힘, 금품갈취 등으로 분류하기도 한다(차광수, 2000).

- **신체적 폭력** 때리기, 구타, 상해, 패싸움, 기물파괴, 흉기 소지, 성폭력 및 흉기 사용 행위
- **심리적 폭력** 따돌림, 조롱, 놀림, 비웃음, 성적 놀림 등 정신적으로 부정적 반응을 일으키는 행위
- **언어적 폭력** 위협, 협박, 욕설, 공연한 시비 등에 관련된 행위
- **괴롭힘** 심부름을 시키기, 숙제를 시키기, 가방을 들게 하기, 불량 서클이나 폭력 조직에 가입을 강요하기, 커닝을 강요하기 등 하기 싫은 일을 억지로 하게 하는 행위
- **금품갈취** 폭행이나 위협을 동반하는 경우가 많고, 위협하거나 때림으로써 돈이나 물건을 강제로 빼앗는 행위

이 외에 최근에는 인터넷 상의 욕설, 비방 및 허위사실 유포 등의 사이버 폭력이 학교

폭력의 주요한 유형으로 대두되고 있다.

2) 초등학교 학교폭력의 유형

초등학교 학교폭력의 유형 또한 이상의 유형을 포함하면서도 아동의 발달 특성에 비추어 좀 더 구체적인 폭력 행동이 일어난다. 이러한 폭력 유형을 제시하면 다음과 같다(최태진 외, 2006).

(1) 금품 및 물품 갈취

- 돈을 가져 오게 하고 갚지 않는다(일명 돈 셔틀).
- 남의 물건을 허락 없이 가져간다.
- 다른 아이의 돈을 빼앗는다.
- 무선데이터 무제한 요금제에 가입하게 한 뒤 공짜로 인터넷을 사용한다.
- 남의 신발을 몰래 가져간다.
- 남의 돈으로 먹을 것을 사 오게 한다(일명 빵 셔틀).
- 게임에 사용되는 도구를 상납하게 한다(일명 아이템 셔틀).

사례

초등학교 4학년인 A군은 학교생활을 충실히 하고 수업 시간에도 열심히 공부하는 학생이다. 그런데 A군은 어린 나이에 벌써 중학생들과 어울려 다니곤 하면서 학교 앞에서 아이들의 돈을 자주 가로채고, 같은 반에 있는 몇몇 아이들에게는 그 아이들 돈으로 먹을 것이나 물건을 사 오도록 강요하곤 했다. A군이 학급에서는 평소에 성실한 태도를 보여 담임교사는 이 사실을 전혀 몰랐다.

그런데 어느 날 피해를 당한 아이의 할머니로부터 신고가 들어와 담임교사가 이 사실을 알게 되었다. 담임교사와 상담한 결과, A군은 어머니가 저녁에 일을 나가서 거의 집에 없는 경우가 많으며, 집에 컴퓨터가 없어서 PC방에 가려고 아이들 돈을 가로채곤 했다는 것이다. 그리고 처음에 아이들에게 돈을 달라고 하니까 무서워서 얼른 주고 도망가길래 괜히 기분이 으쓱해지고, 아이들이 자기를 무서워하는 모습이 재미있어서 자주 그렇게 하게 되었다고 하였다.

(2) 언어 협박 및 강요

- 무서운 말투로 '죽는다' 등의 협박을 한다.
- 자기 숙제를 남에게 대신하라고 시킨다(일명 숙제 셔틀).
- 시험을 볼 때 답안지를 보여 달라고 위협한다.
- 학교에서 해야 할 일을 강제로 남에게 시킨다.
- 잔심부름을 시킨다.
- 자기 가방을 다른 아이가 들고 다니게 한다(일명 가방 셔틀).
- 화장실에 가두고 밖에서 지키면서 나오지 못하게 한다.

사례

초등학교 5학년인 B군은 엄마와 저녁을 먹다가도 휴대전화가 울리면 수시로 뛰어나가서 받고 오곤 한다. 너무 자주 그런 행동을 보여 부모님이 알아보니 같은 반 친구 하나가 평소에 B군을 '죽인다' 등의 말로 무섭게 위협하면서 자기 전화를 제때 받지 않으면 1분 늦을 때마다 한 대씩 맞을 것이라고 협박하였다고 한다. 그리고 수시로 문자 메시지를 보내어 B군의 행동을 통제하였다고 한다.

특히 특정한 날짜와 시간을 정해서 인터넷 메신저에 그 시간에 들어와 있지 않으면 다음 날 집에 못 들어갈 것이라고 위협할 때가 많아 B군은 평소에 활발했던 성격을 잃고 학교에서나 가정에서 매우 신경질적인 행동을 하는 경우가 많아졌다고 한다.

(3) 신체적 폭력

- 주먹으로 때린다.
- 다른 아이를 일부러 세게 밀어 넘어뜨린다.
- 다른 아이를 발로 걷어찬다.
- 다른 아이에게 침을 뱉는다.
- 일부러 다리를 걸어 넘어지게 한다.
- 장난삼아 자꾸만 툭툭 친다.
- 일부러 손이나 옷을 잡아당기거나 몸을 밀친다.
- 분필이나 물건을 던진다.

사례

C군은 소심한 성격으로 평소에 친구들이 만만하게 보는 아동이다. 같은 반 아이들은 교실을 지나가면서 C군의 머리나 어깨를 툭툭 치고, 실내화 주머니로 얼굴을 치는 일이 잦았다. 어느 날 집에 가는 길에 학원 셔틀 버스를 기다리다 무료 신문 가판대의 비닐 부분이 뒤집혀 있는 부분을 만지작거리고 있었다. 그랬더니 옆에 있던 반 아이가 그걸 왜 그렇게 하느냐면서 C군의 다리를 걸었고, 또 다른 아이는 평소에 자기의 펫이라고 말하고 다니던 여학생을 불러 C군의 머리를 잡아당기게 하였다. 그 친구는 재미있다고 하면서 이번엔 C군에게 그 여학생의 머리를 잡고 배를 발로 차도록 강요하였고, C군이 가만히 있자 때린다고 협박하여 C군이 그 여학생을 폭행하도록 만들었다.

(4) 언어적 희롱

- 다른 아이를 '바보' '멍청이' 등으로 부르며 심하게 놀린다.
- 누군가의 부모나 가족을 욕한다.
- 거짓말을 퍼뜨려 창피하게 만든다.
- 아주 심한 욕설을 한다.
- 다른 아이의 신체 특징에 대해서 놀린다.
- 누군가를 보면 항상 빈정거린다.

사례

초등학교 6학년인 D군은 같은 학교에 친구가 하나도 없다. 이른바 전따(전교생이 1명을 찍어서 왕따시키는 것)였다. D군은 체구가 왜소하고 내성적이어서 친구들과 잘 어울리지 못하고 3학년 때부터 서서히 따돌림을 당해 왔다.

그렇다고 친구들이 D군을 때리거나 돈을 빼앗지는 않았다. D군을 수년간 괴롭혀 온 것은 친구들의 '말'이었다. 같은 반에 있는 어떤 친구는 D군이 자기 옆을 지날 때마다 "전따 새끼 혼자 또 어디 가나."라고 하면서 킥킥댄다. 또 다른 학생은 시간이 날 때마다 자기들끼리 모여 "쟤 면상이 너무 구리다" "쟤 가까이 가면 냄새가 난다"면서 수다를 떤다.

(5) 따돌림

- 학교에서 놀 때나 점심시간에 끼워 주지 않고 홀로 둔다.
- 억울한 누명을 씌운다.
- 힐끗힐끗 쳐다보며 보란 듯이 친구들끼리 귓속말을 한다.
- 신체적인 약점을 과장하여 안 좋은 소문을 낸다.
- 말을 걸어 올 때 답하지 않고 계속 무시한다.

따돌림의 종류로 학생들 사이에 은어로 사용되고 있는 따돌림의 다른 호칭은 다음과 같다(정종진, 2012).

- 은따 학급이나 학교에서 은근히 따돌림을 당하는 학생
- 전따 학교 전교생에게 따돌림을 당하는 학생
- 반따 학급(반)에서 따돌림을 당하는 학생
- 대따 반 아이들에게 드러내어 대놓고 따돌림을 당하는 학생
- 뚱따 뚱뚱해서 따돌림을 당하는 학생
- 찐따 덜떨어졌다고 따돌림을 당하는 학생(한국전쟁 때 지뢰를 밟아 다리가 잘린 사람을 지칭했었지만, 지금은 덜떨어져 지뢰나 밟는 놈이란 뜻으로 '찌질이 왕따'를 속되게 이른 말)
- 개따 개인적으로 따돌림을 당하는 학생
- 집따 집에서 따돌림을 당하는 학생
- 쌩까 집단에서 따돌리기 위해 피해학생을 무시하는 행동

사례

초등학교 5학년인 E군은 평소에 말도 곧잘 하고 명랑한 성격이다.

그런데 어느 날 갑자기 어머니에게 학교를 그만 다니면 안 되냐고 묻고 중학교부터는 검정고시를 치겠다고 하기도 하며 죽고 싶다는 말도 함부로 하였다.

이유를 알아본 결과, E군은 학년 초부터 같은 반 남자 아이들에게 이유 없이 맞는 경우가 잦았으며, 수업 시간에 책을 읽으면 반 아이들이 "야, 너 목소리 듣기 싫어."라고 한

다는 것이다. 그리고 집에 올 때 어쩌다가 다른 아이랑 같이 걷게 되면 다른 친구들이 그 아이에게 "E랑 놀면 우리와 못 논다. 너도 따당하고 싶냐."라는 말을 하여 자기와 떼어 놓는다고 하였다.

(6) 사이버 폭력

- 인터넷으로 상스러운 욕설이나 허위, 비방 글을 올린다.
- 억지로 동영상을 보거나 인터넷 채팅을 하게 한다.
- 게임 카드를 훔쳐서 사용한다.
- 인터넷 캐시(마니)를 빼앗는다.
- 인터넷 게임을 할 때 돈을 속여서 가로챈다.
- 자신의 ID를 주면서 일정 레벨까지 올려놓으라고 시킨다.
- ID를 훔쳐서 사용한다.
- 문자메시지로 지속적으로 모욕을 준다.
- 자기의 게임을 대신하게 한다(일명 게임 셔틀).

사례

초등학교 5학년 아동 3명은 학교만 마치면 저녁 시간을 틈타서 부모가 일을 나가 집을 비운 아이의 집에 모였다. 그리고 반 아이들에게 미리 정해진 시간에 인터넷에 접속하게 한 다음, 엽기 동영상을 전송하거나 반의 몇몇 아이에 대해 입에 담지 못할 욕설을 하였다. 참다못한 아이들이 채팅창에서 로그아웃을 하고 나가려고 하면, 학교 선배들을 불러서 보복하겠다고 위협하여 억지로 채팅을 계속하게 하였다. 반 아이들은 대부분 보복이 두려워서 아무에게도 말하지 못하고 부모에게는 숙제한다는 핑계를 대며 억지로 인터넷 채팅을 하고 있었다고 한다.

제 2 장

초등학교 아동의 발달 및 학교폭력의 특성

초등학교 아동의 학교폭력 피해 경험률은 상당히 높게 보고되고 있으며(임광규, 2011), 이러한 학교폭력 경험의 후유증은 피해아동과 가해아동 모두에게 신체적 · 정서적 · 사회적으로 부정적인 영향을 미치며, 이러한 영향은 성인기 이후에도 지속된다(Haddow, 2006). 그리고 학교폭력을 경험한 초등학생은 이를 경험하지 않은 학생보다 신체적 · 정신적으로 높은 스트레스를 보이고, 학교 결석, 학업 수행 능력의 저하, 외로움, 버림받은 느낌, 자살에 대한 생각 등이 증가하며, 불안과 우울과 같은 정신 장애와의 관련성도 높다(Smokowski & Kopaz, 2005).

또한 12세 전에 반복적으로 집단 따돌림을 받은 청소년은 성장하면서 다양한 생활사건에 대해 효과적으로 협상하는 데 문제를 가지며(Haddow, 2006), 청소년이 되어서도 계속 집단따돌림 경험에 대해 떠올리게 된다(Duncan, 1999). 특히 초등학생은 자신을 방어하거나 자신의 갈등을 외부에 알리고 도움을 청하는 능력이 중 · 고등학생보다 부족할 뿐만 아니라 대부분 같은 지역 내에서 중학교에 진학하므로 이러한 관계 유형이 계속 유지되기 쉽기 때문에(이해경, 김혜원, 2001), 초등학교 시기의 학교폭력의 경험은 중 · 고등학교 시기에 비하여 한 인간의 삶에 장기적이고 지속적인 영향을 미친다.

아동에게 지속적으로 영향을 미치는 이러한 초등학교 시기의 학교폭력을 이해하기 위해서는 폭력행동의 결과보다는 폭력이 일어나게 되는 근원으로서의 아동기 발달 특성에 주목하여야 한다. 왜냐하면 초등학교 시기의 폭력행동은 다른 시기보다 특히 아동의 발달적 특성과 긴밀한 관련을 맺고 있기 때문이다. 특히 아동기 발달 특성 중 사회성의 발달과 또래관계의 형성 및 발달 과정은 아동기의 학교폭력을 지도하기 위해서 우선적으로 이해되어야 할 필요가 있다.

따라서 여기에서는 아동기의 사회성과 또래관계의 발달 특성에 대하여 먼저 살펴보고 그와 관련하여 최근의 초등학교 학교폭력의 특성에 대하여 알아보고자 한다.

1. 초등학교 아동의 사회성 및 또래관계의 발달 특성

아동기는 또래와의 비교와 주위의 평가에 의해 자아개념이 확립되는 시기이며, 또래에 의한 수용은 아동의 학교폭력 행동에 영향을 미치는 주요한 요인이다(김동현, 이규미, 2010; 정현정, 김경성, 2009). 그러므로 초등학교 아동의 폭력 특성을 알기 위해서는 폭력행동의 결과보다는 보다 근원적으로 아동기의 사회성 발달의 특성을 알아야 한다. 여기서는 우선, 아동기의 사회성 발달을 폭력행위의 이해에 기초가 되는 사회적 개념의 발달 및 사회적 행동의 측면에서 살펴보고, 이와 관련된 아동기 또래관계의 발달에 대해서 살펴보고자 한다(허승희, 2003b).

1) 아동기의 사회성 발달

아동기의 사회성 발달은 사회적 개념과 사회적 행동의 발달의 두 측면에서 볼 수 있다. 학교폭력과 관련될 수 있는 사회적 개념에는 사회인지 개념, 권위에 대한 개념, 우정 및 사회규칙에 대한 개념이 포함될 수 있으며, 사회적 행동은 크게 친사회적 행동, 반사회적 행동 및 비사회적 행동으로 나누어 볼 수 있다.

사회적 개념 중 아동의 권위에 대한 사고, 우정과 사회규칙에 대한 사고는 아동기의 학교폭력 행동을 이해하는 데 중요하며, 사회적 행동 중에서는 학교폭력 가해아동의 특성인 반사회적 공격 행동과 피해아동의 특성인 위축, 고립된 비사회적 행동의 원인과 발달과정에 특히 주의를 기울일 필요가 있다.

(1) 사회적 개념의 발달

1 사회관계에서의 권위에 대한 개념의 발달

사회관계는 사회생활을 영위하는 데 필요한 인간관계를 말한다. 즉, 사람과 사람 사이에 행동과 교섭이 거듭됨으로써 생기는 관계로, 주로 사회생활의 정적 · 구조적 측면을 나타낸다. 이 중 권위의 개념은 아동과 성인 간의 사회관계의 핵심이다. 권위의 개념에는 합법성과 복종의 두 요소가 밀접하게 관계된다. 아동은 부모, 교사, 주위의 성인 및 사회적으로 힘을 지닌 또래 아동의 권위가 합법적이라고 인정되면, 이것을 복종행위의 근거로 삼는다.

Damon(1975)이 제시한 권위 개념의 발달 중 초등학교 시기의 대체적인 발달 특성은 다음과 같다.

유아기 및 아동 전기에 권위는 권위자의 신체적 힘, 사회적 · 물리적 능력 등에 의해 결정된다. 복종은 권위자의 사회적 · 신체적 위력에 대한 존경을 바탕으로 한다. 이러한 권위의 요소는 어디서나 전능한 힘으로 간주되고, 불복종은 나쁜 일이며, 이것은 곧 물리적 보복과 관련된다고 인식한다.

아동 전기에서 중기의 경우는 권위자가 우수한 사람으로 보이는 요소, 즉 권위자의 특수한 능력이나 재능 등에 의해 권위가 결정된다. 이 시기에는 아직도 권위자와 아동의 관계는 종속적, 열등적인 관계이다. 이 시기에 복종의 개념은 상호 호혜적 바탕에서 형성된다. 즉, 권위자가 자신을 돌보아 주기 때문에 또는 과거에 자신을 도와주었기 때문에 복종한다.

그러나 아동 중기에서 아동 후기의 경우에는 권위자는 다른 사람보다 리더십을 가진 사람으로 간주된다. 따라서 복종은 이러한 리더십에 대한 인정에서 이루어진다. 이 단계의 아동은 벌을 피하기 위한 복종과 자발적이고 협동적인 벌을 구분하며, 복종은 주로 자발적으로 이루어진다. 아동은 모든 사람은 기본적으로 똑같은 권리를 가지고 있는 동등한 관계라고 보며, 이러한 차원에서 권위를 이해한다. 이 단계는 권위에 대한 획기적인 사고의 변화가 일어나는 시기이다.

아동 후기 및 청소년기에는 구체적인 상황과 그에 포함된 다양한 특성을 조정하여 권위를 개념화한다. 권위는 분담적이고 협의적인 관계로서 간주되며, 한 개인이 어떤 상황에서 잘할 수 있지만 또 다른 상황에서는 그렇지 못할 수도 있다고 생각한다. 복종의 개념도 특정 사람에 대한 일반화된 반응이 아니라 구체적인 상황에 따라서 다를 수 있는 협동적인 노력이라고 본다.

2 우정에 대한 개념의 발달

우정은 아동기의 또래집단 내에서 중심이 되는 사회관계이다. 아동기의 우정관계는 이후의 다른 주변 사람과의 관계를 발전시키고 친구의 역할을 보다 발전시킬 수 있는 기본적이고 중요한 역할을 한다.

우정 개념의 발달은 다음의 과정을 통하여 이루어진다.

첫째, 초기의 우정의 개념은 물건 등을 나누어 갖는 것이나 즐거운 활동을 함께하는 일로부터 발전해 가면서 점차 고차적인 우정의 이해, 즉 개인적인 생각과 상호 관심의 감정을 나누는 수준으로 발달해 나간다.

둘째, 우정의 형성과 유지에 있어서도 함께 놀고 나누는 우정에서 점차 서로에게 도움을 주는 우정, 즉 공감, 동정, 이해, 위로 등의 심리적인 도움을 주는 우정으로 발전해 나간다.

셋째, 아동의 우정 개념은 연령이 높아짐에 따라 상호 간의 갈등이나 부적절한 상태를 보다 바람직한 상황으로 전환하는 역할에 중심을 두게 된다. 그리고 그러한 행동을 하는 것이 친구의 책임이라고 본다.

Gurucharri, Phelps와 Selman(1984)이 연구한 아동의 우정에 대한 개념의 발달 과정은 다음과 같다.

7세 미만의 경우, 우정은 물리적 · 지리적 연관(같은 동네, 같은 학교 등) 등을 통하여 형성되며, 친구와 함께 활동하는 기회가 있느냐의 여부와 어떤 상황에 대한 자기중심적인 욕구를 바탕으로 이루어진다. 이 시기에는 아직 타인의 내적 사고나 감정에 대한 이해가 없다.

7세에서 8세경까지는 상호 호혜성과 주관성의 개념이 싹트기 시작한다. 그러나 이 개념은 아직 성숙되지 못한 수준이며, 상호적인 우정을 형성하는 과도기적인 단계에 속한다.

9세에서 10세경까지는 우정의 개념은 공평하고 협동적인 상호 호혜성을 바탕으로 이루어진다. 친구란 상대방의 개인적인 흥미와 요구에 응하고 서로 도와주는 사람으로 간주된다. 이것은 사회인지 발달과 더불어 이루어지는데 아동은 두 사람이 서로의 주관성을 인정하고 이해할 수 있음을 이해하고 신뢰의 감정도 갖게 된다.

11세 이후에는 앞 단계의 상호 호혜적 흥미에서 나아가 친구관계에서의 공동의 관심사에 좀 더 초점을 둔다. 우정은 오랜 기간을 두고 형성되는 것으로 인식하며, 우정은 공동의 관심의 표현을 통해 더욱 강해지고 안정되는 것으로 본다. 또한 우정의 형성에는 서로에 대한 신뢰와 상호 공동의식이 중시된다.

(2) 사회적 행동의 발달

① 친사회적 행동의 발달

이타성(altruism)은 타인의 행복에 대해 관심을 갖고 배려하는 내재적인 심리 특성이다. 이타성이 행동으로 표출된 것이 친사회적 행동(prosocial behavior)이며 여기에는 나누기, 돕기, 위로하기, 보살피기 및 협조하기 등의 행동이 포함된다.

친사회적 행동을 하기 위해서는 일정 수준의 인지능력 발달이 요구되며, 친사회적 행동은 4~6세경에 증가하기 시작하여 9~10세경에 가장 높은 수준을 보인다. 즉, 아동이 성장함에 따라 사회적 협동 등의 가치와 필요성을 이해하는 인지능력이 더욱 발달하며, 또한 이 시기에 타인의 감정과 사고를 조망할 수 있는 사회인지능력도 발달하기 시작한다.

아동기에 이타성에 따른 친사회적 행동이 발달될 수 있는 중요한 사회적 요인은 강화와 모방이다. 그러므로 다양한 강화방법을 이용하여 아동의 친사회적 행동을 촉진할 수 있는 여러 프로그램의 개발과 사용이 필요하다. 친사회적 행동은 타인의 생각과 감정조망을 격려해 주는 양육방식, 역할놀이, 공동작업 활동 등을 통한 친사회적 행동의 증진 및 도덕적 판단의 검토와 이야기 나누기 활동 등의 인지적 방법 등의 다양한 방법에 의해서 증진할 수 있다.

또한 아동의 친사회적 행동은 모델의 행동을 모방함으로써 이루어진다. 아동의 이타성 발달을 위해서는 주변에 있는 실제 모델의 이타적 행동의 시범이 중요하다. 실제로

TV나 책 속 주인공의 이타적 행동은 아동의 친사회적 행동을 증진하는 데 크게 효과가 없는 반면 부모, 교사 및 또래가 일상생활에서 보여 주는 친사회적 행동은 모방학습에 큰 효과가 있다.

2 반사회적 공격행동의 발달

① 반사회적 공격행동의 의미

사회부적응 행동은 신체적 · 심리적 · 사회환경적 요인으로 인하여 주변의 사회환경에 잘 적응하지 못하는 행동을 말한다. 환경에 대한 부적응 상태는 욕구불만, 정서불안 등의 긴장을 일으키게 하며, 이러한 긴장을 해소하기 위해서 일어나게 되는 부적절한 행동이 반사회적(antisocial), 비사회적(desocial) 이상행동이다.

반사회적 행동이란 이러한 상황에서 일어나는 주위 환경에 대한 공격적 · 적대적 행동을 말하며, 반사회적 행동은 품행장애, 사회일탈행위 또는 비행이라는 용어 등으로 다양하게 불린다. 반사회적 행동에는 단순한 언어적인 폭력에서부터 심한 신체적 손상 및 범죄 행위에 이르기까지 다양한 수준이 있을 수 있다. 이것은 해당 행동의 공격성과 사회화의 정도에 따라 신체적 폭력, 가정 밖에서의 절도 등으로 나타나는 사회화된 공격형, 만성적 규칙 위반, 가출, 거짓말 등으로 나타나는 사회화된 비공격형과 동료와의 애정적 결속이 전혀 없이 폭력, 절도 등을 나타내는 사회화되지 않는 비공격형 등으로 분류된다.

이러한 반사회적 행동의 여러 유형 중 반사회적 공격행동은 특히 다양한 폭력행동을 불러일으킨다는 점에서 매우 주의를 요하는 행동이다.

폭력행동을 일으키는 심리적 요인으로서의 공격성은 자신이나 타인에게 상처나 고통을 주려는 의도를 가진 행위이다. 최근에는 무언가를 목적으로 하는 이러한 도구적 공격성보다는 아무런 목적 없이 상대방에게 해를 입혀 쾌락을 추구하려는 적의적 공격성이 초등학교 아동에게 늘어나고 있다. 공격성은 또한 그 형태에 따라 크게 외현적 공격성과 관계적 공격성으로도 나눌 수 있으며, 외현적 공격성은 때리기, 위협하기 등 타인에게 신체적으로 피해를 주거나 협박하는 등의 행동을 말하며, 이것은 또래 거부와 관련성이 높다. 관계적 공격성은 친구 간의 험담하기, 따돌리기 등의 행동을 말한다.

② 반사회적 공격행동의 발달

공격성의 발달에 있어서, 영아 후기인 18~36개월 사이에 공격적인 성향이 최초로 나타나며, 이러한 공격성은 아동기 이후까지 계속 유지되면서 그 이후 청소년기의 비행과 반사회적 공격행동에 영향을 미친다. 반사회적 공격행동은 아동기의 경우, 초등학교 3학년 시기에서부터 급진적으로 증가되는 경향을 나타낸다. 이 시기는 타인과 가족을 의식하기 시작하면서 공개적으로 공격성이 표출되기 시작하는 시기이다. 특히 아동기의 공격성은 반사회적인 행동 특성인 사회적 기술의 미발달, 바람직하지 못한 또래관계, 사회성의 부족, 타인에 대한 공감 능력의 부족 및 학업 결손 등의 문제를 유발한다고 한다(이정혜, 2004).

반사회적 폭력행동은 기질적인 성향인 공격성에도 그 원인이 있지만 유아기 때부터의 사회 · 문화적 환경과 아동기의 사회인지적 성장 및 그에 따른 친사회적 대인관계 경험이 주요 요인이 될 수 있다. 실제로 아동기에 학급 내에서 배척받던 아동은 그것이 지속적으로 영향을 미쳐 청소년기에 비행아가 되는 확률이 높다고 한다(Loeber & Stouthamer-Loeber, 1998).

아동의 공격성의 원인은 아동의 잘못된 사회인지적 판단에 기인되기도 한다. 즉, 공격적인 아동은 자신에 대한 또래의 행동의 원인을 지나치게 적의적인 것으로 돌리는 의도판단 경향을 가질 수 있다. 적의적 귀인판단은 또래에 대한 적의적 행동을 낳게 하고 그렇게 됨으로써 서로 간에 공격적 관계를 형성하며 결과적으로 공격적 아동이 거부되거나 배척되는 적의적 반응이 생기고, 이것은 공격적 아동의 적의적 귀인을 강화하는 악순환을 낳을 수 있다.

③ 반사회적 공격행동을 나타내는 아동의 특성

반사회적 공격행동을 나타내는 아동의 일반적인 특성은 다음과 같다.

첫째, 인지적 수준에서 대체로 학업성취도가 낮은 편이며 특히 사회적 조망능력이나 사회적 문제해결 능력과 도덕적 추리력이 일반 청소년보다 월등히 떨어지는 경향이 높다.

둘째, 정의적 측면에서 분노의 정서를 자주 나타내며, 자아수용, 도덕적 자아, 가정에 대한 자아 수준 등이 상당히 낮다. 성격 특성에 있어서도 매우 공격적이고 파괴적이며 사회적 경향에 냉담하고 동정심이 부족하다. 또한 내적 자존감의 저하로 인하여 항상 타인이 자기를 모욕하거나 무시할 것을 두려워하여 일부러 남 앞에 나서서 충동적 · 모험적 행동을 과시하고자 한다.

셋째, 행동적 특성에 있어서는 파괴적이고 싸움을 유도하는 행동 및 광대 짓, 백일몽 등 과제에 부적합한 행동을 나타낸다. 특히 모욕, 위협 등 적대적인 언어를 많이 사용하며 비사회적 행동과 유사한 외톨이 행동도 많이 나타낸다.

넷째, 폭력행동이 일어나는 경우에도 단독으로 행동하는 경우는 주로 내적 갈등, 분노, 불안, 우울 등의 정서적 문제가 주로 개입되어 있으나, 비슷한 문제를 지닌 또래의 갱 집단의 일원으로서 행동을 하는 청소년의 경우에는 도덕적 판단 수준이 낮거나 자기 통제 능력이 결여된 경우가 많아 행동 통제가 더욱 어려운 경향이 있다.

이러한 반사회적 폭력행동을 나타내는 아동들의 개인 성격 요인은 다음과 같다.

첫째, 반사회적 폭력행동을 나타내는 아동은 대개 외향성이 많으며 강인성 성향이 높다. 일반적으로 외향성적 성격은 내향성보다 생리적인 각성수준이 낮기 때문에 그것을 만회하기 위하여 인위적인 자극을 자주 찾게 되며, 강인성 성향이 높으면 사회적으로 더욱 무감각해지고 자신에게 닥치는 위험을 무시하는 경향성을 많이 가지게 된다.

둘째, 반사회적 폭력행동을 나타내는 아동은 공격적 성향이 아주 높다. 공격성의 유발 요인을 생리학적 모델로써 설명하면 뇌에 특정 유형의 공격을 통제하는 신경계가 있는데 이 신경계가 저역치이면 공격과 적대감이 자주 나타난다고 본다. 공격성을 심리적 측면에서 설명하면 욕구좌절 요인을 들 수 있다. 욕구좌절이란 자신의 목표를 획득하는데 간섭을 받거나 방해를 받을 때 나타나는 심리적 긴장 상태를 말한다. 즉, 욕구좌절을 자주 심하게 겪음으로써 공격성이 유발된다고 볼 수 있다. 예를 들면, 공격행동을 심하게 처벌하는 양친의 자녀 또한 공격적이 되는 경우가 많은 것이다.

셋째, 반사회적 폭력행동을 나타내는 아동은 충동성이 높으며, 충동을 통제할 때에 적당한 수준을 벗어난 과잉 통제나 과소 통제의 성향을 띤다. 극단적인 공격행동을 보이는 사람은 평소에는 공격행동을 지나치게 억제하는 경향이 있으며, 이들에게 그 억제수준을 넘어선 촉발자극이 주어지면 심한 공격행동이 일어난다고 한다.

이상의 성격 특성 이외에 통제소재, 억압-민감화 성향, 실패 추구 동기, 스트레스 대처 양식 등도 공격성을 유발하는 주요 요인이 될 수 있다.

초등학교에서의 대부분의 공격행동은 소수의 일정한 공격적인 아동에 의해 주도되는 경향이 많으며, 이들의 특성은 첫째, 공격행동의 결과에 대해서 긍정적인 기대를 가진다. 즉, 자신의 공격적 행동은 다른 아동의 자신에 대한 공격행동을 예방하며 자기존중감을 높인다고 믿는다. 둘째, 이러한 아동은 공격행동의 결과에 높은 가치를 둔다. 즉, 타인을 지배하거나 통제하는 능력을 중시하며 타인이 고통을 받는다거나 자신을 싫어할 가능성에 대해서는 거의 고려하지 않는다. 이러한 공격성에 대한 긍정적 기대와 가치는 이전의 공격행동이 대부분 정적으로 보상받아 왔기 때문에 형성된 특성이다.

사회학습 이론가인 반두라(A. Bandura)의 실험에서는 모델의 공격적 행동을 모방하는 과정에서 공격성이 형성된다는 것이 밝혀졌다. 즉, 아동이 타인에게 해를 끼침으로써 자신이 무언가를 얻을 수 있다는 것을 인식하고 공격성도 허용될 수 있다는 것을 성인이나 주위 환경으로부터 학습한 아동은 자기가 경험한 공격적 행동을 그대로 재현해 내는 것이다(Bandura, 2001).

아동기에는 타인의 정서를 이해하고 그 결과를 예기할 수 있는 능력이 발달되기 때문에 학교에서는 아동 자신의 공격행동의 동기나 결과를 숙고해 볼 수 있게 하는 경험을 교육과정에서 중시할 필요가 있다. 또한 자신의 분노를 사회적으로 적절한 방식으로 표현하게 하는 훈련과 타인에 대한 공감능력을 증진하는 훈련을 통해서 아동의 공격성을 줄이려는 노력도 필요하다.

실제로 남자 아동의 경우에 정의적인 공감이 높을수록, 여자 아동의 경우에는 인지적 · 정의적 공감력이 높을수록 학교폭력 피해아동을 도우려는 긍정적 행동 반응을 나타낸다는 연구결과(오인수, 2010)에서도 알 수 있듯이, 아동의 공감 능력의 발달은 학교폭력의 감소를 위한 중요한 요인이다.

3 위축, 고립된 비사회적 행동의 발달

① 위축, 고립된 비사회적 행동의 의미와 원인

비사회적 행동이란 주위 환경에 대한 도피행동을 말하고 이러한 도피행동이 습관화될 때 불안으로 인한 신경증적 행동이 나타나게 된다.

이러한 비사회적 행동은 주로 사회적인 정적 강화자극의 결핍에서 비롯하여 교사나 친구들의 요구에 대해 거의 반응을 나타내지 않는 행동 결핍 현상을 나타내거나, 주위 환경으로부터 소외됨으로써 사회적으로 적절한 행동 모형을 학습하지 못하기 때문에 엉뚱하거나 비정상적인 행동 등의 부적절한 행동을 나타낸다. 위축, 고립된 비사회적 행동은 이상의 행동 결핍 현상이 주요인이 될 수 있는데, 비사회적 행동이 일어나는 원인을 아동 개인적 요인의 측면에서 살펴보면 다음과 같다.

첫째, 신체적 특성을 들 수 있다. 즉, 아동 개인의 신체적 조건은 개인의 정서적·사회적 적응에 영향을 미치며 신체적 조건에는 신장, 체중 및 신체활동성의 요인 등이 포함된다. 학급 내 고립아동의 경우에 기본적으로 신체 활동성이 고립의 주요 원인이 될 수도 있다.

둘째, 성격적 특성을 들 수 있다. 즉, 고립아동은 환경의 요구에 신속하게 대응하는 성숙 수준이 뒤떨어져 있으므로 자기를 주장하는 방법을 모른다. 그러므로 사회관계를 회피하게 되고 점차 타인에 대한 신뢰감을 잃게 된다. 비사회적 행동을 나타내는 사람들의 성격 특성은 일반적으로 활동성, 사려성, 지배성, 안정성, 협동성 등이 현저히 낮으며, 반면에 우울증, 불안감, 무력감 등의 수준은 높은 편이다. 또한 이타성, 친애의 욕구, 근접성이 특히 낮으며 외로움의 정서를 과도하게 가지지만 자기 노출을 잘하지 못한다. 성격적으로 나타나는 이러한 특성은 물론 개인의 환경 특성과 밀접한 상호관계를 갖겠지만, 기질적으로 이러한 특성을 가진 아동의 경우, 비사회적 행동을 일으킬 수 있는 한 요인으로 작용될 수 있다.

셋째, 사회인지 능력의 결함을 들 수 있다. 즉, 사회인지 능력은 자기가 속한 사회집단 내의 구성원과 그 구성원의 행위에 대한 이해력을 말한다. 즉, 자기 자신에 대한 이해, 타인에 대한 이해, 그들과 나와의 사회관계에 대한 지각, 사고, 지식 등이 모두 포함된다. 사회인지 능력의 차이는 아동의 사회적 인간관계의 형성에 중요한 영향을 미치며, 특히 학급 내 고립아동의 비사회적 행동은 그 아동의 사회인지 능력의 부족으로 인해 나타나는 경우가 많다. 즉, 학급 내 고립 아동은 동료가 느끼는 감정과 욕구를 잘 파악하지 못하기 때문에 동료와 원활하게 상호 작용하는 방법을 잘 익히지 못하게 된다. 따라서 동료나 교사가 원하는 행동을 잘 나타내지 못하고 사회부적응 행동을 보이는 경우가 많다.

② 위축, 고립된 비사회적 행동을 나타내는 아동의 특성

위축, 고립된 비사회적 행동을 나타내는 아동의 사고 및 행동 특성을 살펴보면 다음과 같다.

첫째, 자기가 항상 놀림을 당하고 있으며 친구들에게 오해받고 있다고 생각한다.

둘째, 다른 사람이 어떤 일을 앞서 해 주기 바라는 타인의존성이 강하다.

셋째, 주위에서 발생하는 일에 대해 변명과 구실이 많으며 회피행동을 많이 나타낸다.

넷째, 심리적으로는 우울 정서를 많이 가진다.

다섯째, 사회적 위축성으로 인하여 비현실적 만족 수단인 공상, 수줍음, 은둔성, 열등감 등을 많이 가진다.

2) 아동기의 또래관계 발달

(1) 아동기 또래관계의 중요성

학령기의 아동이 학교에서 성공적으로 적응하는 것은 아동의 건강한 발달을 위한 중요한 과제이다. 학교에서의 바람직한 적응을 위한 과제 중 또래와의 긍정적인 관계 형성은 아동기의 가장 중요한 발달과업 중의 하나이다.

아동기에는 또래와의 상호작용을 통하여 타인의 문제에 관심을 가지고 타인의 관점을 알게 되며 신체적 · 인지적 · 사회적 기술을 발달시킨다(윤운성, 정정옥, 1998).

또래란 단순히 동년배라기보다는 행동의 복잡성이 유사한 수준에서 상호 작용하는 아동으로, 아동은 성장하면서 가족과는 다른 형태인 또래집단과 접촉하게 된다. 또래집단이 아동에게 영향을 미치는 기능 중에 중요한 것은 사회화의 기능이다.

또래를 통하여 아동은 대인관계의 규칙, 타협 및 협동심을 기르며 이때 친구에게서 인정받는 것은 자신을 지각하는 자아개념의 형성에 중요한 역할을 한다. 즉, 또래집단은 서로에게 사회적 모델로서의 영향을 끼치고 각자에게 적합한 사회적 행동에 대한 피드백을 받는 역할을 한다. 특히 또래관계는 아동에게 대등한 입장의 사람과 사회적으로 상호 작용하는 기술을 연습하는 기회를 제공한다. 이러한 사회적 상호작용의 기술에는 가까운 관계를 협동하여 만들고 유지하는 기술과 의사소통, 갈등 해결, 신뢰와 친밀성을 관리하는 기술이 포함된다.

아동의 초기 또래관계 형성에는 아동의 자아존중감, 부모와 아동 간의 대화와 관계의 친밀도 및 교사에게서 인정받고 정서적, 평가적으로 지지받는 교사와의 관계가 중요한 영향을 미친다(송영명, 이현철, 오세희, 2010; Erwin, 2001).

그리고 또래집단은 아동에게 소속감의 원천이 되며, 아동의 자기평가를 통한 자아개념의 형성에 중요한 역할을 한다. 또한 또래는 서로에게 심리치료자의 역할을 하며, 동조, 공격성 등의 다양한 모델로서의 역할을 한다. 특히 아동기의 공격성은 또래의 영향이 큰데, 공격적 행동을 위한 기술 및 공격적 행동의 조절 및 통제방법 등을 주로 또래에게서 배운다. 아동기에 동료로부터 소외당하거나 인기가 없는 것은 그 자체로 끝나는 것이 아니라 심리적인 우울증, 다양한 부적응행동 등의 위험 요인으로 작용하는 경향이 있다(정익중, 박현선, 구인회, 2006).

부모와의 의사소통이 적을수록, 또래집단의 응집력이 클수록, 아동이 독립된 주체로서의 의사결정력이 약할수록 또래집단의 영향력은 커진다. 또래집단의 문화가 학업이나 부모, 교사를 비롯한 성인에 대하여 부정적인 태도를 갖게 되면 그만큼 또래집단이 아동에게 미치는 영향은 부정적이라고 볼 수 있다(신명희 외, 2013).

(2) 아동기 또래관계의 발달

초등학교 시기의 또래관계는 아동의 인지적 · 도덕적 · 사회적 발달과 성역할 발달 등에 중요한 영향을 미친다. 아동은 6~8세경에는 주로 비조직적인 또래집단에서 어울리지만, 10~11세 정도가 되면, 인지적 성숙과 또래에 대한 동조성의 증가로 조직적인 또래집단을 형성하며 이에 소속하고자 하는 욕구가 강해진다. 이러한 발달 특성을 이용한 것이 학교에서의 보이스카우트나 아람단 등의 집단활동의 장려이다.

일반적으로 또래집단 내에서 원만한 상호작용을 하는 아동은 또래의 감정, 사고 및 의도에 대해서 자기와 상호적인 관점에서 조망할 수 있는 능력을 가지게 된다. 그러므로 그 이후의 청소년기에도 이러한 또래집단을 통한 사회적응력을 더욱 발달시켜 나갈 수 있다. 그러나 또래와 원만한 인간관계를 형성하지 못하는 공격적인 아동은 타인에 대한 조망능력이나 사회적 문제해결력이 뒤떨어지게 되며, 그로 인해서 또래와 상호 작용하는 기회가 더 적어지고 따라서 또래와의 인간관계가 더욱더 힘들어지는 악순환을 겪게 된다. 이러한 초등학교 아동기의 또래관계 중 특히 아동 중기의 또래관계는 청소년기의 폭력행동과 밀접한 관계가 있다.

일반적으로 아동 중기에서부터 부모 및 교사에 대한 동조성(conformity)보다는 또래에 대한 동조성이 증가되기 시작하고, 초등학교 고학년부터 중학교 3학년 사이는 그 절정기를 이룬다고 본다(Berndt, 1979). 또래에 대한 동조성이란 또래집단에서 중시하는 행동 규범을 지키고 그 집단에서 결정하는 것을 따르려고 하는 경향성을 말한다. 즉, 아동을 둘러싼 또래집단은 아동의 정서와 도덕성의 발달 및 성정체감의 형성에 중요한 역할을 하는데, 아동 후기의 또래에 대한 동조성이 아동 후기에서 중학교 3학년 사이의 시기에 절정을 이루는 이유는 이 시기에 또래집단의 압력이 가장 중요한 사회적 압력으로 작용하기 때문이다. 이러한 현상은 청년 후기가 되면 독립심과 자율심이 매우 증가되면서 점점 감소하게 된다. 이것은 이 시기가 기존의 사회와 규칙을 비판하는 능력이 증가되는 시기이며, 아동의 사고가 좀 더 심리적인 상황을 고려하는 다원화된 사고로 변화하는 과정이기 때문이다.

이상적인 경우에 아동은 또래집단을 통하여 자율성과 사회생활의 요구 간에 적절한 균형을 이루는 것을 학습할 수 있지만, 어떤 경우에는 또래집단이 아동의 성장 과정에서 독재적이고 파괴적인 영향을 미칠 수도 있다. 그러므로 아동이 어떤 또래집단에 동조하느냐의 문제는 매우 중요하다. 아동이 또래집단에 얼마나 동조하게 되느냐 하는 것은 아동이 또래집단의 압력을 어떻게 생각하고, 자기를 또래집단과 얼마나 유사하게 생각하는지 그리고 다양성에 대한 가치를 어떻게 사고하느냐에 따라 달라지는데 이러한 또래집단에 대한 동조성의 발달 과정은 다음 5단계로 나누어 볼 수 있다.

- 1단계 또래의 외현적인 가시적 행동을 막연하게 모방함
- 2단계 일방적 관계로서 물질적 이익을 위해 동조함
- 3단계 양면적 관계에서 실용적으로 서로 도움이 된다는 실용적 협응으로서의 동조성
- 4단계 또래집단이라는 공동체 속에서 전체적인 태도에 동조하는 동질적 동조성
- 5단계 또래집단의 문화적인 가치와 다원성을 인정하는 다원적 동조성

초등학교 시기는 부모보다는 친구에 대한 동조성이 증가되면서 물리적 동조성에서 점차 심리적인 동조성으로 나아가 3단계 내지 4단계의 또래 동조성이 발달하게 된다. 이때는 사회인지 능력이 발달하면서 공격적 행동보다는 협동, 화해 및 나누기와 같은 긍정적인 대인관계가 발달한다.

2. 초등학교 학교폭력의 특성

1) 학교폭력의 전반적 특성

학교폭력은 학교 안이나 밖에서 모두 발생할 수 있지만 대다수는 물리적으로 제한된 학교라는 공간에서 일어나는 경우가 많으며, 이러한 학교폭력은 다음과 같은 측면에서 다른 폭력과는 구분된다(김준호, 2006).

- 가해자와 피해자가 같은 공간에 있는 시간이 많아 피해자는 항상 불안감을 느낄 수밖에 없다. 왜냐하면 언제라도 폭력이 행사될 수 있기 때문이다.
- 피해자가 폭력을 미연에 예방할 수 있는 방법이 많지 않다. 일반적인 폭력은 피할 수도 있지만 학교폭력은 같은 공간에 있기 때문에 피하려고 해도 피할 수 없는 경우가 대부분이다.
- 피해자의 행동에 관계없이 가해자의 의도나 기분에 따라 폭력이 행사되는 경우가 많다. 즉, 학교라는 공간에서는 가해자가 폭력을 행사할 의도만 있으면 어떤 구실을 만들어서라도 피해자를 학대할 수 있다.
- 같은 공간에서 오랫동안 생활하기 때문에 폭력이 장기적으로 지속화되는 특성이 있다.
- 이와 같이 예측 불가능하고 언제든지 행사할 수 있는 심각한 폭력에 장기간 시달리게 되면, 폭력에 둔감해지고 여러 정신병리학적인 이상 증상을 수반하여 정상적인 생활을 유지하기가 힘들다.
- 폭력에 장기간 노출되면 그 폭력은 학습되어 피해자가 가해자가 되는 경향이 있다.

학교폭력의 이러한 특성을 바탕으로 한 최근 학교폭력의 전반적인 특성은 다음과 같이 요약할 수 있다(김혜원, 2013; 조정실, 차명호, 2012).

- 학교폭력의 다양한 유형이 복합적으로 나타나며 심리적 폭력, 사이버 폭력 등으로

그 범위와 유형이 매우 넓어지고 있다.

- 학교폭력 정도의 심각성이 커져 일반적인 범죄의 수준에 이르는 폭력이 많아지고 있다.
- 학교폭력 가해자와 피해자의 구분이 어려울 정도로 가해, 피해가 동시에 일어나는 경우가 많다.
- 학교폭력 피해자의 신고가 적어 은밀하고 지속적으로 이루어진다.
- 특정 비행 집단에서만 폭력이 일어나는 것이 아니라 일반 학생에게도 폭력이 일반화되어 학교에서 일상적으로 폭력행위를 쉽게 발견할 수 있다.
- 폭력, 금품갈취 이외에도 집단따돌림 등 심리적인 폭력이 나타나고 있으며, 단순 폭력보다는 지속적으로 가해지는 학대적 폭력 경향을 보이고 있다.
- 재미로, 아무 이유 없이, 건방지게 구니까 등 충동에 의해 우발적으로 일어나는 경향이 있다.
- 저연령화되고 여학생 폭력이 늘고 있다.
- 집단적인 폭력의 경향을 많이 띤다.

이와 유사한 결과는 청소년폭력예방재단(2012)의 연구 결과에서도 나타나고 있는데, 초등학교, 중학교 및 고등학교 학생을 포함한 전국 학교폭력 실태 조사에서 최근의 학교폭력의 특성은 다음과 같이 보고되고 있다.

- 학교폭력의 피해 및 가해율이 지속적으로 증가되고 있다.
- 학생들의 학교폭력을 심각하게 생각하는 비율이 늘고 있다.
- 학교폭력 피해로 인한 자살 생각이 증가되고 있다.
- 학교폭력이 저연령화되고 있으며 초등학교에 대한 집중적인 대책이 필요하다.
- 학교폭력에서 집단 가해가 증가되고 있다.
- 학교폭력 피해자가 가해자가 되는 경향이 많다.
- 학교폭력을 방관하는 학생이 많다.
- 가해학생은 죄의식을 느끼지 않는 경우가 많다.

이상의 결과를 초 · 중 · 고등학교의 학교 급별로 나누어 구체적인 사항을 살펴보면 〈표 2-1〉과 같다.

표 2-1 초 · 중 · 고등학교의 학교 급별 학교폭력 특성

구분	학교폭력의 특성
초등학교	• 장난과 폭력을 구분하지 못하는 경우가 많다. • 성과 관련된 폭력이 많아 체계적인 성교육이 필요하다. • 특별활동 시간, 급식 시간, 방과 후 등 담임교사가 곁에 없을 때 학교폭력이 발생하는 경우가 많다. • 기절놀이, 수술놀이, 노예놀이, 왕따 대물림 등 새로운 폭력 유형이 계속 발생한다. • 선후배 관계를 이용한 폭력 및 금품갈취가 심각하다. 특히 저학년의 경우에 피해사실에 대한 민감성 및 대응력이 약하여 더 큰 피해가 발생할 가능성이 높다.
중학교	• 성폭력 사건(성희롱, 성추행)이 자주 발생한다. • 욕설로 시작되는 언어폭력이 신체폭력으로 진행되는 사례가 많다. • 빵 셔틀, 금품 상납 요구 등 금품 갈취 사례가 많다. • 장애인에 대한 괴롭힘 및 외모로 인한 집단따돌림이 심각하다. • 폭력 서클을 통한 금품상납 등 금품갈취 및 신체 폭행이 자주 일어난다. • 사이버 폭력 현상이 심각하다.
고등학교	• 선후배 간에 군기 잡기, 금품갈취 등이 심하다. • 집단따돌림 및 성희롱과 성폭력 사례가 많다. • 조직적으로 운영되는 폭력 서클이 있다. • 남학생은 금품갈취와 폭행 등 겉으로 드러나는 사례가 많고, 여학생은 따돌림, 욕설과 같은 은근한 폭력 사례가 많다. • 기숙사 생활을 하는 학생들의 경우 기숙사 내 금품갈취, 괴롭힘, 강제 심부름과 같은 사례가 많다.

자료: 교육과학기술부(2012). 학교폭력 실태 조사에 따른 후속업무 처리 매뉴얼.

이상의 연구결과를 종합해 볼 때, 학교폭력의 정도는 점점 심각해지고 있고, 이것은 일반화된 비행 유형으로 나타나고 있으며, 특히 이전의 중 · 고등학교에서의 폭력 현상이 초등학교로 저연령화되어 나타나고 있다는 점이 두드러진다.

2) 초등학교 학교폭력의 특성

이전이나 지금이나 학교에서는 학생 간의 분쟁과 그로 인한 다툼이 끊임없이 일어나고 있지만 그것을 폭력이라고 칭하지는 않았다. 그러나 최근의 아동 간의 다툼은 두 사람 간이 아닌 한 사람 대 다수의 사람과의 관계에서, 하급생 대 상급생의 관계에서 일어

나는 경우가 많으며, 이전의 다툼과는 달리 주기적이고 반복적으로 일어난다. 그리고 문제를 해결하고자 하는 것이 목적이 아닌 의도적으로 상대방을 해치고자 하는 행위로 나타나고 있으며, 또한 그 결과는 승자와 패자로 양분되고 있다는 점에서 이전의 단순한 다툼이라고 보기가 어렵다(최성애, 조벽, 2013). 즉, 이전에는 이러한 아동 간의 다툼이 아동이 성장하면서 발생하는 자연스러운 행동으로 치부되었으나 이제는 그 양상이 단순한 다툼이 아닌 일반 사회에서 발생되는 폭력 행위와 유사한 형태로 일어나고 있는 것이다.

특히 초등학교 시기는 유아기에 비해 타인의 의도나 동기를 추론하는 사회인지 능력이 발달되기 시작하고, 그에 따른 의사소통 능력이 발달되기 시작하면서 유아기의 도구적 공격성보다는 의도적으로 남을 비판하고 적대적으로 상대방을 조롱하는 적대적 공격성이 발달되게 되는데(유안진, 1994), 이러한 공격성은 학교폭력 행위와 직접 관련될 수 있는 적극적인 가해행위를 유발할 수 있는 원인이 될 수 있다. 이것은 최근의 초등학교에서의 폭력이 가해에 대한 별다른 죄의식이나 특정한 목적이 없이 재미로 이루어지는 경우가 많은 것도 그 예가 될 수 있다.

초등학교에서의 학교폭력은 앞서 언급된 바와 같이 학교폭력의 전반적인 특성과 유사한 특성을 가지면서도 또한 초등학교의 특성상 다음과 같은 또 다른 특성도 나타내고 있다.

(1) 초등학생의 학교폭력 경험 비율의 증가

일반적으로 사춘기를 경험하는 11~15세에 학교폭력 현상이 가장 많이 나타난다(Berger, 2007). 그리고 초등학교 고학년부터 시작된 학교폭력은 중학교 3학년에 그 절정을 이룬다(주은선, 박은란, 2003). 최근 초등학교 폭력 가해 비율이 점점 늘어나고 있으며(2001년 8.5%, 2002년 11.2%, 2006년 17.8%, 2007년 23.6%; 교육인적자원부, 2007), 초 · 중 · 고등학생 중 초등학생이 학교폭력을 경험한 비율이 가장 많은 것으로 나타났는데(김혜원, 2011; 청소년폭력예방재단, 2006), 전체 응답자의 35.1%가 초등학교 시절 적어도 한 가지 이상의 학교폭력을 반복적으로 경험하였다고 보고하였다(한인영 외, 2008).

초등학교 아동의 학교폭력 피해 경험에 있어서도 폭력 경험의 비율은 중등학교에서보다 높은 비율을 나타내고 있는데, 특히 중학교보다 2.5배 이상이라는 피해 실태가 보고되었다(한국청소년개발원, 2006).

(2) 초등학생의 학교폭력 피해-가해 경험의 증가

초등학생은 학교폭력 가해 경험이나 피해 경험보다 피해-가해 경험을 더욱 많이 한다(김혜원, 이해경, 2001; 최수미, 김동일, 2010). 특히 집단괴롭힘에 있어서 또래괴롭힘 가해 경험과 피해 경험을 중복적으로 지니고 있는 피해-가해 아동의 수가 학교폭력 경험 전체 수의 58.2%의 비율로 나타났다(김예성, 김광혁, 2008).

그리고 학교적응에 있어서도 또래 폭력 가해와 피해 경험을 모두 한 학생이 학교 적응에서 가장 어려움을 겪는다(조수현, 2005). 즉, 피해-가해 아동의 경우, 우울 불안과 공격성의 수준이 가장 높고, 학교에 대한 유대감이 가장 낮은 것으로 나타났다(김예성, 김광혁, 2008).

또한 초등학교 학교폭력 가해아동 중 80% 이상이 그 이전에 학교폭력의 피해 경험이 있었고, 더 이상 피해자가 되지 않기 위해 가해자 역할을 선택하고 있었다(이귀옥, 2001). 학교폭력 가해아동이 피해아동이 되는 현상은 여학생이 남학생의 경우보다 더 많으며, 남학생의 경우, 가해와 피해를 모두 경험하는 정도가 1년 사이에 17%에서 26%로 증가되었다(김선애, 2003).

(3) 초등학생의 학교폭력 유형별 동향

학교폭력을 유형별로 보면, 언어폭력에서는 초등학생이 중 · 고등학생보다 더욱 많은 피해를 입고 있다. 그리고 괴롭힘 피해에서도 강제 심부름과 놀림에서 초등학생의 피해가 중 · 고등학생보다 더욱 높은 것으로 나타났다(김준호, 2006).

초등학교의 경우, 폭력 유형별로 볼 때 신체적 폭력이 증가하고 있으며, 그와 관련한 금품갈취 행동도 유의하게 증가되고 있다(한인영 외, 2008). 또한 관계적 영역에서의 따돌림 등의 피해가 늘고 있는데, 신체적 영역에 비해 관계적 영역에서 피해를 당한 학생이 다른 친구에게 자신이 받아들여진다는 생각을 적게 하고, 외로움을 더 많이 느끼게 된다(최지영, 2008).

(4) 초등학교 학교폭력의 성별 차이

초등학교 남학생은 여학생보다 가해 경험과 피해 경험이 모두 더 많으나(이해경, 김혜원, 2001), 여학생의 경우에도 피해 경험이 계속 증가되고 있다. 남자 아동의 경우에 신체적 폭력을 더 많이 경험하지만 여학생의 경우도 이전의 괴롭힘보다 신체적 폭력의 경험이 뚜렷하게 증가되는 현상을 나타내고 있다(한인영 외, 2008).

이와 관련된 초등학생 성별에 따른 피해 유형 차이에 관한 연구에서는 남학생은 신체 피해형과 신체 및 관계 피해형이, 여학생은 관계피해형이 많은 것으로 나타났다(최지영, 2008).

학교폭력 가해행동에 있어서 초등학교 남학생은 여학생보다 주로 언어형과 신체형 가해를 많이 하고, 여학생은 소외형 가해를 많이 한다(정은순 외, 2002). 강제 심부름과 놀림의 경우도 여학생보다 남학생의 경우에 특히 더 높은 것으로 나타나는 것도 동일한 현상이다(김준호, 2006).

(5) 초등학교 학교폭력의 학년별 동향

초등학교 학교폭력에서는 학년이 높아질수록 피해-가해 집단과 가해집단이 많아진다(이해경, 김혜원, 2001). 그리고 초 · 중 · 고등학교를 함께 비교한 연구를 종합해 볼 때, 학교폭력은 초등학교 고학년과 중학교 저학년 시기에 가장 빈번하게 발생한다(김혜원, 2013). 집단괴롭힘 피해아동의 경우에 학년이 올라가도 계속 학교폭력 피해자가 되는 경우가 많다. 이것은 이전의 집단괴롭힘을 당한 경험이 또래 환경이 바뀌어도 본인에게 지속적으로 영향을 미치기 때문으로 나타났다(이은주, 2003).

초등학교에서의 괴롭힘은 학년에 따라 그 이유가 다르다. 즉, 학년이 낮을수록 외현적인 특성이 그 이유가 되는 경우가 많고, 학년이 올라갈수록 내면적인 특성 때문에 괴롭힘을 당하는 경우가 많다(정은순 외, 2002).

(6) 초등학교 학교폭력과 청년기 및 성인기 발달과의 관계

초등학교 아동의 공격행동은 청소년기와 성인기의 공격행동과 밀접한 관련이 있다. 즉, 초등학교 시기의 공격행동은 그 이후의 신체적 공격, 범죄 행동 및 배우자 학대를 비롯한 많은 반사회적 행동을 예측할 수 있게 하는데 특히 아동 중기의 또래관계는 청소년기의 폭력행동과 밀접한 관계가 있다(Dishion & Patterson, 1997; Fraser, 1996; Loeber & Stouthamer-Loeber, 1998).

(7) 초등학교 학교폭력과 또래관계

또래에 의한 수용도가 높을수록 아동의 공격행동은 감소된다. 즉, 또래관계가 좋을수록 아동의 외현적 공격성과 관계적 공격성은 덜 나타난다(정현정, 김경성, 2009). 그러나 또래에 의해 수용을 받지 못하더라도 자아존중감이 높은 아동은 정서적으로 우울을 덜 겪게 되어 폭력행동에 더 적게 관련된다(김지형, 박정자, 2009). 또한 학교폭력과 또래지위와의 관계에서 또래에 의한 선호도와 인기도는 아동의 학교폭력 행동에 서로 다른 영향을 미치기도 한다. 즉, 또래가 선호하는 아동일수록 공격성이 낮으며 또래에게 인기도가 높은 아동과 낮은 아동 모두에게서 공격성이 확인되어(김동현, 이규미, 2010), 또래관계에서의 인기도와 선호도는 아동의 공격행동에 서로 다른 영향을 주는 것을 알 수 있다.

(8) 사이버 폭력의 증가

최근 초등학교에서도 문자 메시지나 사이버 채팅 등을 활용하는 사이버 폭력이 늘어나고 있다. 인터넷을 통하여 특정 아동을 괴롭히는 이러한 사이버 폭력은 게임 중독 현상과 더불어 초등학교 아동에게 급속히 확산되고 있는 추세이다(청소년폭력예방재단, 2012). 특히 사이버 폭력의 경우, 다른 폭력을 당했을 때와 달리 상대에게 복수하고 싶다는 감정이 가장 많이 나타나(정인희, 2003; 최태진 외, 2006), 이것은 또 다른 학교폭력 가해자를 양산하는 주요 원인이 될 수 있다.

초등학교에서는 학생의 17%가 사이버 폭력 가해 경험이 있으며, 사이버 폭력 피해 경험은 여학생일수록 그리고 고학년이면서 인터넷 이용 기간이 긴 아동일수록 피해 경험이 더 많다. 그리고 아동은 주로 온라인 게임에서 욕설, 협박, 저주, 비웃음 등 언어적 폭력에 시달리는 경우가 많은 것으로 나타났다(정인희, 2003).

이상의 결과에서 보았을 때 초등학생도 이제 학교폭력의 주요 피해자로 노출되고 있으며 가해 경험 또한 증가되고 있는 것을 알 수 있다. 따라서 초등학생의 안전에 대한 관심이 더욱 높아져야 할 것이다. 최근 학교폭력이 사회문제로 부각하면서 학교폭력의 근절을 위한 노력이 다각도로 기울여지고 있음에도 초등학교 학교폭력은 오히려 증가하고 있는 추세이다. 따라서 초등학교 학교폭력의 피해를 최소화하기 위한 예방교육의 활성화가 무엇보다도 필요하다.

제 3 장

초등학교 학교폭력의 전개 양상

최근 우리나라에서는 청소년 범죄의 문제가 사회적으로 그 대책이 시급한 실정에 놓여 있으며, 전체 범죄 중 소년 범죄가 차지하는 비율과 소년 범죄 중에서 학생 범죄가 차지하는 비율이 계속 증가 추세에 있다. 이러한 학생 범죄의 유형에는 여러 가지가 있으나 그중 폭력의 문제는 성인 범죄 못지않게 집단화 · 흉포화되고 있고, 더욱 다양한 양상으로 전개되고 있다.

그러므로 학교폭력의 지도를 위해서는 이러한 폭력의 전개 양상을 더욱 구체적으로 살펴보아야 한다. 이 장에서는 초등학교 학교폭력 가해아동 및 피해아동의 가해 · 피해의 원인을 아동 개인의 심리적 특성에 근거하여 알아보고, 이러한 초등학교 학교폭력의 다양한 전개 양상을 살펴보고자 한다(최태진 외, 2006; 허승희 외, 2006; 허승희, 최태진, 2008).

1. 초등학교 학교폭력 가해행동과 피해행동의 심리적 원인

1) 가해행동의 심리적 기제

초등학교에서의 학교폭력 가해행동의 심리적 기제로서, 가해행동의 전반적인 이유와 학교폭력 유형에 따른 원인을 살펴보면 다음과 같다.

첫째, 초등학교에서의 학교폭력 가해 이유는 다음과 같다.

- 분노 표현 방식의 부적절성　짜증이 나서, 화가 나서 등
- 낮은 자존감　겁이 나서, 너무 어려워서, 몰라서, 걱정되어서, 대신해 준다고 해서 등
- 충동성　장난으로, 계속 까불어서, 너무 흥분해서 등
- 폭력에 대한 잘못된 가치　기를 죽이려고, 내가 반드시 이기려고 등
- 사회적 기술 및 갈등해결 기술 부족　놀려서, 기분 나쁘게 해서, 먼저 시비를 걸어서, 거짓말을 해서 등
- 자기중심성　반말해서, 같이 안 놀아 줘서 등
- 힘과 지배의 욕구　말을 안 들어서 겁주려고, 시비가 붙어서 등
- 왜곡된 인지적 평가　나를 무시하는 것 같아서 등
- 강화와 모방　나도 한번 해 보고 싶어서 등
- 욕구좌절　기분이 계속 나빠서, 내 말대로 안 하니까 등
- 기타 반응　바빠서, 그냥, 더워서 등

둘째, 초등학교 아동이 빈번하게 나타내는 가해행동은 언어 희롱, 신체 폭력, 따돌림, 금품 및 물품 갈취, 언어적 협박 및 강요, 사이버 폭력의 순으로 나타나는데, 이러한 학교폭력 가해행동의 원인은 여러 원인이 상호 관련되어 나타날 수 있지만 가장 높이 나타난 빈도순으로 두 가지 주된 이유를 초등학교 학교폭력 유형별로 제시해 보면 다음과 같다.

- 금품 및 물품 갈취　자기중심성, 충동성
- 언어적 협박 및 강요　자기중심성, 충동성
- 신체 폭력　사회적 기술 및 갈등해결 기술의 부족, 충동성
- 언어적 희롱　자기중심성, 분노표현 방식의 부적절성
- 따돌림　사회적 기술 및 갈등해결 기술의 부족, 왜곡된 인지적 평가

이상에서 볼 수 있듯이, 초등학교 아동의 가해행동의 중요한 심리기제로서 가해행동의 원인은 매우 다양하게 나타났으며, 이 중 주된 원인은 가해아동의 자기중심성과 충동성, 사회적 기술과 갈등해결 기술의 부족 및 분노 표현 방식의 부적절성 등이라는 것을 알 수 있다. 그러므로 이러한 내용을 바탕으로 한 심리교육이 절실하다는 것을 알 수 있다. 또한 이러한 초등학교 폭력 유형에 대한 학년 간 비율은 높지 않으나 남학생의 경우 여학생보다 가해 비율이 높은 것으로 나타나 남학생을 위한 초등학교 폭력 예방 프로그램의 구안도 필요한 것으로 보인다.

2) 피해행동의 심리적 기제

초등학교 아동이 빈번하게 경험하는 피해행동은 신체 폭력, 언어 희롱, 금품 및 물품 갈취, 따돌림, 언어적 협박 및 강요, 사이버 폭력의 순으로 나타나고, 대다수의 아동이 이런 내용을 중복적으로 경험한다고 한다. 가해의 경우와 마찬가지로 피해행동의 학년 간 비율은 높지 않으나, 남학생의 경우에 여학생보다 시험 볼 때 억지로 답안지를 보여 준 적이 있는 등의 강한 위협과 주먹으로 얼굴을 맞는 등의 신체적으로 심각성이 높은 피해를 경험하는 것으로 나타나고 있다.

이러한 초등학교에서의 학교폭력 피해 이유는 다음과 같다.

- 낮은 자아존중감　거절하기가 미안해서, 친구가 억지로 시켜서, 외모가 못생겨서, 인기가 없어서 등
- 높은 불안　맞을까 봐, 힘이 약해서, 무서워서, 협박을 해서 등
- 위축 행동　자주 울어서, 함께 못 놀아서 등

- 복종적 행동 시키니까, 거절을 하지 못해서 등
- 예민한 성격 잘 참지 못해서, 시끄럽다고 자주 말해서 등
- 주의산만한 행동 지나다가 자주 부딪혀서, 잘 비켜 주지 않아서, 엉뚱한 행동으로 까불어서 등
- 충동성 화를 자주 내어서, 갑자기 밀어서 등
- 신체적 허약 몸이 약해서, 몸이 약하게 보여서 등
- 겁이 많음 같이 상대하면 맞을까 봐, 나를 따돌릴까 봐 등
- 기타 반응 학교생활이 즐겁지 않아서, 그냥 등

전반적으로 볼 때 초등학교 학교폭력 피해의 주요 원인은 피해아동의 공격적 태도, 낮은 자기표현, 위축된 태도, 주의산만, 나약한 태도 등에 기인하고 있다는 것을 알 수 있다. 그리고 가해행동과 마찬가지로 피해행동의 경우도 피해 유형별 그 원인이 다르게 나타나고 있는데, 자기표현을 잘하지 못하는 것은 금품 및 물품 갈취와 언어 희롱과 관련이 있고, 위축적인 태도는 언어 협박 및 강요와 관련이 있으며, 나약한 태도는 신체 폭력, 따돌림 및 사이버 폭력의 내용과 관계가 있다. 즉, 학교폭력 피해행동도 가해행동과 마찬가지로 아동의 심리적 기제와 밀접한 관계가 있다.

2. 초등학교 학교폭력의 전개 양상

초등학교 교사와 학생은 학교폭력에 대해, 안전한 학교 환경이어야 할 학교에서 학교폭력이 자주 발생하며, 학교폭력 피해 정도가 심각하고 자신들이 학교폭력으로부터 안전하지 못하다고 생각하고 있으며, 따라서 초등학교에서의 학교폭력 발생의 현황을 직시하고 이에 대한 대책을 마련해야 할 필요가 있다고 인식하고 있다(박황규, 2007).

그러므로 학교폭력의 구체적인 전개 과정을 더욱 확실히 살펴볼 필요가 있으며, 여기에서는 초등학교 학교폭력의 현황을 학교폭력의 전개 양상을 중심으로 살펴보고자 한다.

1) 초등학교 학교폭력의 유형별 양상

초등학교 학교폭력의 유형은 언어 희롱, 신체 폭력, 따돌림, 금품 및 물품 갈취, 언어적 협박 및 강요, 사이버 폭력의 6개 영역으로 나누어 볼 수 있는데, 초등학교 폭력 가해자 및 피해자 모두는 그중 평균 2.7개 이상의 영역에서 가해 및 피해의 경험이 있었다. 특히 가해자의 경우는 언어적 희롱, 신체폭력의 비율이 우세한 반면, 피해자의 경우는 금품 및 물품갈취, 신체폭력의 비율이 더 우세하다.

여기서 주목할 것은 신체폭력은 가해 경험과 피해 경험 모두에서 우세하게 나타나며, 특히 남학생의 경우 여학생에 비하여 신체 폭력 가해 및 피해 비율이 높다는 것이다.

2) 초등학교 학교폭력이 일어나는 장소

초등학교에서의 폭력은 친구나 선배에 의하여 학교 내에 있는 시간에 많이 발생하며(박황규, 2007), 폭력이 일어나는 장소는 교실, 등하굣길, 복도, 운동장, 화장실 및 식당, 컴퓨터실, 어학실 등의 순서로 많이 나타난다. 즉, 학교폭력의 많은 부분이 행하여지는 장소가 교실이며, 그다음으로 등하굣길로 나타나는데, 이는 과거에 학교폭력이 주로 사람의 눈에 띄지 않던 곳에서 행하여진 것과 달리 최근에는 오히려 가장 사람이 빈번한 장소에서 이루짐을 알 수 있다. 또한 이것은 학교폭력이 일상화, 집단화되고 있음은 물론이고 주위 사람의 방관자적 행위가 증가했음을 말하는 것이기도 하다. 그리고 이러한 사실은 교실과 등하굣길에서의 교사의 생활지도가 매우 중요하다는 것을 알려 준다.

다른 폭력 유형과는 달리, 신체폭력은 등하굣길보다는 복도에서 훨씬 더 빈번하게 일어나며, 따돌림의 경우도 등하굣길에 비해 복도에서 더 빈번하게 일어나지만 그 횟수는 신체폭력에 비해 상대적으로 적다. 다만 사이버 폭력의 경우에 컴퓨터실, 식당, 어학실 등이 가장 많은 가해 · 피해 장소로 나타나고 있다. 컴퓨터실, PC방 그리고 스마트폰 등으로 이루어지는 사이버폭력은 폭력발생의 사각지대이며, 이는 새롭게 떠오르는 학교폭력 유형이라는 점에서 이에 대한 적절한 대처가 시급하다.

3) 초등학교 학교폭력 가담자 수

학교폭력 영역별 가담자 수를 살펴보면 전체적으로 가해자나 피해자 모두 1명인 경우가 가장 많으나, 2명 또는 3명 이상인 경우도 상당한 비율로 나타난다. 2명 이상의 가담자가 포함된 경우는 가해아동의 경우에 언어적 희롱이나 따돌림을 하는 경우가 그 비율이 높은 반면, 피해아동의 경우에는 금품이나 물품의 갈취, 언어적 희롱을 당했을 때 2명 이상이 가담하였다는 비율이 상대적으로 높다. 특히 금품 및 물품 갈취의 경우, 다른 폭력 유형과는 달리 3명 이상이 폭력에 가담하는 경향이 높다.

4) 폭력 가해 및 피해의 빈도

폭력 가해 및 피해의 빈도는 대부분 폭력 하위 영역별로 1회 정도의 경험이 많고(가해: 46%, 피해: 45%), 폭력 영역당 한 가지 혹은 두 가지의 가해 및 피해의 경험이 있는 것으로 나타난다. 그러나 주 2~3회 혹은 거의 매일 3~4건의 가해나 피해 경험이 있었다는 사례가 가해의 경우 평균 8%, 피해의 경우 11% 정도로 나타나 심각한 사례도 보고되고 있음을 알 수 있다. 그리고 주 2~3회의 경우 가장 많이 일어나는 폭력 유형은 언어적 희롱이며, 그다음으로 따돌림 및 신체 폭력으로 나타나고 있다.

초등학교 아동기에 가장 많이 나타나는 언어적 희롱은 그 빈도가 많아질수록 강도가 심해져서 언어적 협박과 강요로 발전되어 나갈 확률이 높으며, 이에 따라 초등학교에서의 언어 지도가 매우 중요함을 알 수 있다.

5) 폭력 경험 이후의 사후감정

폭력을 당한 피해자의 감정을 조사해 보면 복수하고 싶음, 아무렇지 않음, 학교가 싫음, 창피함, 전학 가고 싶음의 순으로 나타난다.

초등학교 폭력을 경험한 후 나타난 반응로로는 '복수' 감정이 매우 높은 비율을 보이는데, 이는 초등학교 학교폭력 예방 프로그램 구안을 위한 중요한 시사점을 주는 결과이다. 즉, 이것은 피해자가 또 다른 가해자로 전락할 수 있음을 시사하기 때문이다. 이러한 결과는 피해자를 위한 프로그램에 가해자를 위한 프로그램이 함께 포함해야 함과 아울러 분노통제, 충동성 극복, 공감 등의 훈련을 적극적으로 반영해야 함을 시사한다.

여기서 주목할 점은 '아무렇지도 않음'이라고 응답한 아동이다. 아무렇지도 않다는 의미 속에 '체념'이라는 의미가 함축되어 있다면 사실 가장 문제시될 수도 있는 부분이다. 이는 잠재적 · 공격적 성향으로 분류될 수도 있기 때문이다. 어떻게 보면 드러나는 행동은 지도나 관리로 통제될 수 있는 부분이기도 하지만 자신의 의사를 숨기는 경우에는 어떤 형태로 표출될지 모르기 때문에 사회적으로 상당히 심각한 의미를 내포하고 있는 것이다. 이러한 숨겨진 분노를 가진 사람이 많아질수록 사회적으로 심각한 범죄의 유형이 나올 가능성이 많다.

반면에 폭력을 경험한 후 '아무렇지 않음'의 비율이 높게 나타난 것은 부분적으로 가해자의 행동을 장난으로 이해하였기 때문일 가능성도 있지만, 한편으로는 학교폭력의 경험 빈도가 높아 가해 경험에 대하여 '둔감화' 현상을 보이는 것일 수도 있다. 그러므로 피해아동에게 타인과 자신의 감정을 지각하는 훈련 역시 필요하다는 것을 알 수 있다.

복수하고 싶다는 감정을 폭력 유형별로 분석해 보면 사이버 폭력을 당했을 때, 언어적 희롱을 당했을 때, 언어적 협박 및 강요를 당했을 때, 따돌림을 당했을 때의 순으로 나타난다. 즉, 사이버 폭력을 당했을 때 상대방에게 복수하고 싶다는 감정이 가장 많이 나타나, 초등학교 시기에 사이버 폭력에 대한 예방 및 대책이 매우 필요하다는 것을 알 수 있다.

6) 피해아동이 피해 사실을 타인에게 알린 경험

아동이 학교폭력을 당하고도 피해 사실을 알리지 않는 경우는 전체의 55% 정도이다. 즉, 부모에게 알린 경우는 24%, 교사에게 알린 경우는 11%로 나타나 피해아동이 타인에게 알리는 경우는 매우 낮음을 알 수 있다. 특히 언어적 협박 및 강요를 당할 때와 따돌림을 당할 때 알리지 않는 비율이 가장 높으며, 언어적 협박 및 강요의 경우, 다른 유형과는 달리 자신의 부모보다는 교사와 자신의 형제에게 알리는 경우가 상대적으로 더 많고, 사이버 폭력의 경우, 피해를 당했을 때 교사보다는 자신의 형제에게 그 사실을 알리는 경향이 높다.

언어적 협박과 따돌림은 신체적 폭력에 비하여 교사의 눈에 잘 드러나지 않는다. 그러므로 피해아동의 지도를 위해서는 이에 대한 교사의 평소의 세심한 관찰과 배려가 필요하다.

7) 피해 사실을 알리지 않은 이유

학교폭력 피해 사실을 알리지 않은 이유는, '참으면 그만이기 때문에'가 가장 높은 비율로 나타나며, 그다음으로 '말하기 싫어서' '말해 봤자 소용이 없어서' '보복이 두려워서' 등의 순으로 나타난다. 이것은 학교폭력 영역별로 큰 차이가 없이 나타나며, 이러한 모든 이유는 공통적으로 지속적인 폭력 가해행위를 낳게 할 수 있다는 점에서 차후 학교폭력 예방을 위하여 고려해야 할 필요가 있다.

실제로 주은선과 박은란(2003)의 연구에서도 학교에서 집단따돌림을 당한 피해아동은 가만히 참는다는 반응이 가장 많았으며, 외부 요청을 하였으나 거절당한 경험이 몇 번 거듭되어 아예 요청할 생각을 하지 못한 아동이 많았다. 따라서 피해아동이 피해 사실을 공개적으로 알려 편안하게 도움을 받을 수 있는 조치가 시급하다.

8) 가해아동이 폭력을 사용한 이후 지도를 받은 경험

가해아동이 폭력을 사용한 이후 지도를 받은 경험을 보면 지도를 받지 않은 비율이 74%로 나타나 학교폭력 사후 지도의 비율이 낮음을 알 수 있다. 그리고 신체폭력과 따돌림의 경우, 다른 폭력 유형과는 달리 자신의 부모보다는 교사에게서 사후지도를 더 많이 받는다고 한다.

대체로 학교에서는 가해자에게 어떠한 방식으로든 지도를 하는 것으로 인식하고 있는데 그 비율이 이렇게 낮게 나타난 것은 아직 학교나 사회가 학교폭력의 대처에 미숙하다는 것을 나타내는 것이다. 또한 가해자가 실제로 지도를 받은 건수 자체가 아주 소수라면 이것은 아직 학교폭력에 대처하는 시스템이 학교에 제대로 구비되지 않았다는 것을 말해 주는 것으로 볼 수 있다. 그리고 지도를 받았다는 26%의 아동의 경우에, 지도한 사람을 분류해 보면 부모 혹은 교사에게서 가장 높은 비율을 나타내고 있는데 이것은 초등학교에서의 전문상담 교사의 필요성을 뒷받침해 주는 결과이기도 하다.

즉, 초등학교에 전문상담 교사를 배치하여 전문상담 교사의 역할인 개별상담과 집단상담, 교사와 부모를 위한 자문, 아동 이해를 위한 정보수집 그리고 전반적인 학교 생활지도 체제 지원 등을 실행함으로써(허승희, 박성미, 2009), 학교폭력 지도 체제를 먼저 갖추고 그에 따라 학교폭력 지도를 해야 폭력에 대한 사전-사후 지도가 원활하게 이루어질 수 있을 것이다.

가해아동이 폭력행위로 인해 누군가에게 지도받은 비율이 26%로 낮게 나타난 것은 그만큼 가해행위가 교정되지 못하고 방치되고 있음을 시사하고, 이는 결과적으로 초등학교 학교폭력의 저연령화, 흉포화 현상과 무관하지 않다. 그나마 신체폭력 등과 같이 외현적으로 분명한 행동의 경우에는 지도받은 비율이 34% 정도로, 다른 초등학교 폭력행동 영역보다는 상대적으로 높은 편이다. 그러나 사이버 폭력 등과 같이 은밀히 진행되며 쉽게 관찰되지 않는 행동의 경우는 지도받은 경우가 8%에 불과하다. 이는 가해아동을 대상으로 한 초등학교 폭력 교정 프로그램의 필요성은 물론 이와 같은 교육적 환경 마련이 매우 시급하다는 것을 보여 준다.

피해아동의 경우도 아예 피해 사례를 알리지 않은 경우가 55.4%로 높게 나타나고 있다. 이것을 학교폭력 하위 영역별로 보면, 언어적 협박 및 강요, 따돌림, 언어적 희롱, 신체폭력, 사이버 폭력 및 금품 및 물품갈취의 순으로 나타난다. 여기서 언어적 협박 및 강요나 따돌림을 당할 때 알리지 않는 비율이 높게 나오는 것은 언어, 정신, 심리적 폭력인 경우 겉으로 잘 드러나지 않음으로써 정확한 상황을 전달할 수 없는 경우가 많기 때문인 것으로 보인다. 이는 학교현장에서 학교폭력을 지도하는 사람들의 주의 깊은 관찰이 요구되는 부분이라 할 것이다.

9) 피해아동이 도움을 받은 경험

피해아동이 피해 사실을 알린 건수는 부모의 경우 24%, 교사의 경우 12% 정도에 불과하여 결과적으로 사후지도가 이루어질 가능성 자체가 어려워지는 결과를 나타낸다. 언어적 협박 및 강요, 따돌림을 받을 때 알리는 사례는 상대적으로 더욱 낮다. 이는 실제로 많은 초등학교 아동들이 학교폭력을 당해도 그에 대한 사후조치에 별로 기대하지 않고 있음을 말해 주며, 이것은 동시에 피해아동에 대한 자기표현 및 자기주장 훈련, 무기력감의 극복을 위한 훈련 등의 필요성을 나타내 준다.

10) 학교폭력 피해 사실을 남에게 알리지 않은 이유

학교폭력 피해 사실을 남에게 알리지 않은 이유로는 '참으면 그만이기 때문에' '말하기 싫어서' '말해 봤자 소용없어서' '보복의 두려움' 등의 순으로 나타난다. 즉, 많은 학교폭력 피해아동이 참으면 그만이라는 반응을 나타낸 것은 지속적 피해를 두려워하고 있다는 것을 나타낸다. 그리고 말하기 싫다거나 말해 봤자 소용이 없다는 반응은 그만큼 피해아동이 위축감과 소외감을 느끼고 있다는 증거이다. 그러므로 이에 대한 더 많은 주의와 배려가 필요하다.

11) 학교폭력 사후 지도의 효과

가해아동이 폭력을 경험한 후 누군가에게 사후 지도를 받고 난 다음에 유사한 행위를 하지 않게 되었다고 응답한 비율은 75.2%이다. 지도를 받고서도 가끔 폭력을 행사한다(23.5%), 더 자주 폭력을 행사한다(1.3%)에 비해서 월등히 높은 것으로 나타나는데, 이것은 영역별로 차이가 있다. 즉, 금품 및 물품 갈취와 신체 폭력의 경우에는 매우 높게 나타나지만, 언어적 협박 및 강요와 언어적 희롱의 경우에는 이보다 낮은 비율로 나타난다. 실제로 언어적 협박 및 강요, 언어적 희롱의 경우 사후 지도 이후에도 여전히 지속한다는 비율(37%, 47%)이 높게 나타난 것은 교사가 외현적으로 자주 눈에 띄는 폭력에는 관심이 있으나 순간적이지만 지속적으로 이어지는 언어폭력에는 관심을 보다 덜 두고 있다는 것을 말해 준다.

피해아동이 폭력을 경험한 후 누군가에게 사후 지도를 받고 난 다음에 도움이 되었다고 응답한 비율이 37.7%로 나타났고 이는 도움이 안 된다고 느끼는 경우와 그저 그렇다는 비율을 합쳐 볼 때 결국 62%는 도움이 안 된다고 느끼는 것으로 나타났다. 초등학교 학교폭력이 점점 증가 추세에 있는 요즈음, 낮은 피해신고율과 신고 후의 효과에 대한 낮은 인식도에 대해서는 매우 심각하게 주의를 기울여야 할 것이다. 그리고 이것은 초등학교 폭력 지도를 위해서는 아동뿐만 아니라 교사와 학부모를 위한 교육 프로그램 또한 마련해야 한다는 것을 시사한다.

제 4 장

초등학교 학교폭력 가해아동, 피해아동, 피해-가해 아동 및 방관아동의 특성

초등학교 학교폭력을 초등학교 내외에서 대항할 힘이 없는 약한 대상에게 의도적이고 지속적이며 반복적으로 행해지는 공격행동으로 볼 때, 여기서 지속적이며 반복적으로 공격행동을 행하는 아동이 가해아동이며, 대항할 힘이 없는 약한 대상이 피해아동이다. 그러나 학교폭력 대상자에는 가해아동과 피해아동뿐만 아니라 피해아동이 가해아동이 되는 피해-가해 아동과 학교폭력을 목격했을 때 그것을 보고도 보지 못한 척하는 방관아동도 함께 고려되어야 한다. 즉, 학교폭력에 관계되는 이러한 다양한 아동의 심리도 함께 파악해야 학교폭력에 대한 실제적인 개입이 이루어질 수 있을 것이다.

따라서 여기에서는 초등학교 학교폭력 가해아동, 피해아동, 피해-가해 아동 및 방관아동의 주요 특성을 살펴보고자 한다.

1. 초등학교 학교폭력 가해아동

1) 학교폭력 가해아동의 특성

우리나라 초 · 중등학생 중 재학 기간의 학교폭력 가해 경험이 1회 이상 있다고 대답한 학생은 전체의 23.4%이며, 그중 74.6%는 초등학교 시기에 처음으로 학교폭력 가해행동을 한 것으로 나타났다(청소년폭력예방재단, 2012). 특히 학교폭력에서는 학교라는 장소의 제한성 때문에 가해아동이 폭력을 행사할 의도만 있으면 어떤 구실을 붙이더라도 피해자를 학대할 수 있다는 점에서 가해아동에 대한 지도는 교사의 세심한 주의를 더욱 요한다.

그리고 최근 1년간 학교폭력 가해 경험이 있는 아동이 전체 15.7%였으며 그 이유가 장난이었고 그것이 정당한 행동이었다고 생각하거나 아무런 생각도 들지 않는다가 전체 20.7%로 나타나 학교폭력 가해아동이 폭력행동에 대하여 죄의식을 느낄 수 있도록 하는 인성교육이 매우 필요함을 알 수 있다. 그리고 가해행동을 하는 목적에 있어서도 이전에는 가해행동을 하는 이유가 물리적 이득을 얻기 위한 목적이 주가 되었으나, 최근에는 또래 간의 우월성을 드러내 보이고, 또래 지지를 통해 다른 아동에 대한 지배력을 강화 · 유지하기 위한 수단으로 가해행동을 하는 것으로 나타났다(곽금주, 2006).

이것은 호나이(K. Horney)의 신경증적 성격이론에서도 그 근거를 찾을 수 있다. 즉, 공격형의 성격은 힘의 욕구, 착취 욕구, 특권 욕구, 존경 욕구 및 성취 혹은 야망에 대한 욕구가 강하며, 이것은 아동이 어렸을 때부터 기본적 불안을 처리하는 자아보호 기제로서의 방어적 태도에서 기인된다. 즉, 이런 유형의 사람은 타인에게서 인정을 받음으로써 자신이 우월하다는 만족감을 얻기 때문에 타인에 대해 적대적인 행동을 하게 되는 것이다(노안영, 강영신, 2003).

가해아동의 개인적인 심리적 특성으로서는 공격성, 공감 능력의 부족, 충동성과 자기통제력의 결여 등이 나타날 수 있다(김혜진, 2002). 즉, 가해아동은 폭력에 대하여 보통아동보다 더욱 긍정적인 태도를 보임은 물론이고, 힘이 세고 성격이 급하며, 충동적이며 타인을 지배하는 데에 강한 욕구를 가지고 있으며, 피해아동의 입장에 대해 감정이

입을 잘하지 못한다.

가해아동은 또래와의 관계에 있어서도 그들 또래 사이에서 평균 또는 평균보다 낮은 수준의 인기를 얻고 있는데, 가해 주동 집단의 경우, 다른 사회관계보다도 친구와의 관계가 비교적 만족스럽고 정상 집단 아동과 비슷한 정도의 인기를 지니거나(이춘재, 곽금주, 2000), 동료 간의 관계에서 사회적 선호도는 낮으나 아동이 지각하는 인기도는 높게 나타나는 경우가 많다(심희옥, 2008).

2) 가해아동의 분류

일반적으로 학교폭력 가해자는 공격행동의 주도성에 따라 공격적 가해자와 수동적 가해자로 구분할 수 있다(Macklem, 2003).

공격적 가해자는 타인에 대한 지배 욕구가 강하고, 공격적 행동을 통해 그 욕구를 충족하려 하며, 공격적 행동을 통해 다른 학생으로부터 지위와 명성을 얻는 것을 좋아한다. 수동적 가해자는 학교폭력에 있어 공격적 가해자보다 그 수는 적지만 다른 사람을 괴롭히는 공격적 가해자를 따르고 그 행동에 함께 참여하는데, 그들은 심리적으로 자아존중감이 낮고, 불안 수준이 높은 경우가 많으며 공격적 가해자에 비하여 다른 학생에게 거부당하는 경우가 많다.

또한 가해아동은 그 특성에 따라 전형적인 가해아동, 불안한 가해아동, 가해-피해아동으로 분류되기도 하며 그 특성을 살펴보면 다음과 같다.

첫째, 전형적인 가해아동이다. 이 유형의 아동은 폭력에 대해 더욱 적극적인 태도를 취하고, 충동적인 성격과 타인을 지배하려는 욕구가 강하다. 남자 아동의 경우는 신체적 힘이 강한 경우가 많다(Olweus, 1994; Stephenson & Smith, 1989).

둘째, 불안한 가해아동이다. 이 유형의 아동은 가해아동 중에서 가장 자신감이 없고, 인기가 낮은 편이며, 다른 아동보다 가정 문제가 많은 편이다(Stephenson & Smith, 1989).

셋째, 가해아동이면서 학교폭력 피해아동의 경험을 겪은 아동이다. 이 유형의 아동은 자신이 학교폭력의 가해아동이기도 하고 동시에 피해아동이기도 하다.

3) 가해아동의 행동 특성 및 징후

가해아동의 행동 특성은 외현적으로 가시화되는 전형적인 특성과 가해행동을 할 수 있는 잠재적인 특성으로 나누어 볼 수 있다.

(1) 전형적인 학교폭력 가해학생의 특성

- 신체적으로 다른 학생보다 우월하다.
- 폭력을 통해 자신의 위상을 높이려는 과시욕구가 강하며, 다른 학생에게 자신의 영향력을 발휘하고 억압하려 하며, 힘과 협박을 통해서 자신을 증명하고 원하는 것을 얻으려 한다.
- 쉽게 잘 흥분하고 규칙을 지키려 하지 않으며, 저항심과 분노가 강하다.
- 자신이 처한 어려운 상황에 대하여 또래뿐만 아니라 성인에게도 자신의 분노를 표현하고 의심이 많으며 공격적이다.
- 고집이 세고 집요하며, 전혀 동정심을 보이지 않는다. 자신의 공격적 · 폭력적 행동으로 피해를 입은 학생에 대하여 죄의식을 잘 느끼지 않으며, 감정이입의 능력이 약하다.
- 자신에 대한 자아상이 지나치게 긍정적이다.
- 매사에 민감하고 주위에 대한 불평, 불만이 많다.

(2) 잠재적인 학교폭력 가해학생의 특성

- 어떤 특정한 집단에 소속되어 있을 수 있다.
- 자신의 문제를 폭력적으로 해결하고자 하는 경향이 높다.
- 지나치게 활발하며 지나치게 잘 흥분한다.
- 항상 주위 사람이 자신을 부당하게 취급하고 있다고 생각한다.
- 자신이 어떤 규칙이나 주어진 상황 때문에 억압되어 있다고 자주 느낀다.
- 다른 사람의 비판에 매우 민감하다.
- 반사회적, 비사회적 정신병리적 문제가 있는 경우가 많다.

(3) 초등학교 학교폭력 가해아동의 학교와 가정에서의 행동 징후

이상의 학교폭력 가해아동의 특성에 따라 이들이 학교 및 가정에서 자주 나타내는 행동 징후는 다음과 같다.

① 학교에서 자주 나타내는 징후

- 동료에게 싸움을 자주 걸고, 흉기를 소지하거나 사용한다.
- 친구나 교사와의 약속을 잘 지키지 않고 규칙을 심하게 위반한다.
- 껌을 잘 씹고 다른 친구에게 뱉는 행동을 자주 한다.
- 수업시간에 자주 빠진다.
- 학교 교문을 나가는 등의 무단 외출을 자주 한다.
- 급식 시간에 다른 학생의 것을 빼앗아 먹는다.
- 옷을 보통 학생과 다르게 눈에 띄게 입는다.
- 돈을 빌려간 후에 돌려주지 않고 그 학생에게 시비를 건다.
- 담배를 핀다.
- 가래침을 학교에서 아무 곳에나 뱉는다.
- 수업 시간에 잘 빠진다.
- 수업 시간에 잠을 자는 경우가 많다.
- 교과서를 학교에서 아무 곳에나 놓고 다닌다.
- 여학생의 경우에는 화장품을 가방에 채워 다닌다.
- 욕설이 심하고 은어를 자주 사용한다.
- 이성 친구가 여럿이 있다.
- 몇몇이 항상 몰려다닌다.
- 주로 학교 화장실 등 교사의 눈길이 잘 가지 않는 곳에 몰려 있다.
- 남의 일에 간섭하거나 나서기 좋아한다.
- 소집단의 또래 친구와 결속력이 강하다.

② 가정에서 자주 나타내는 징후

- 부모와 대화를 잘 하지 않고 반항하거나 화를 자주 낸다.

- 갑자기 비싼 소지품을 가지고 다니고 친구에게 빌린 것이라는 변명을 자주 한다.
- 돈을 지나치게 많이 쓴다.
- 귀가 시간이 계속 늦어지고 불규칙하거나 외박을 한다.
- 자신의 행동을 숨기려 하며, 부모에게 뭔가 감추는 일이 많아진다.
- 부적응 행동을 하는 친구들과 자주 어울리며 친구들이 자신에 대해 말하는 것을 두려워한다.

2. 초등학교 학교폭력 피해아동

1) 학교폭력 피해아동의 특성

청소년폭력예방재단(2012)의 연구에서는 재학 기간 동안 1회 이상의 피해 경험이 있다고 한 학생은 전체 28.9%로 나타났으며, 이 중 72.9%는 초등학교 때 처음으로 학교폭력의 피해를 당했다고 응답하였고, 학교폭력을 처음 당한 시기로 초등학교 1~3학년 시기가 26.5%로 나타나 이전의 17.5%보다 늘어난 추세를 보이고 있다. 그리고 2인 이상의 학생에게 피해를 당한 학생이 전체의 67.9%로 나타나 학교폭력에 있어서 집단적인 가해로 인한 피해학생이 점점 늘어나고 있는 추세이다. 최근 1년간의 학교폭력 피해 경험에 있어서도 10명 중 2명은 학교폭력 피해 경험이 있으며, 3개월 이상 피해 경험이 30.4%로 나타나 학교폭력의 피해가 지속적이고 장기적으로 진행되고 있음을 알 수 있다.

학교폭력의 피해 유형은 맞았다, 욕설이나 모욕적인 말을 들었다, 말로 협박이나 위협을 받았다는 반응 순으로 나타나며, 남학생의 경우는 신체적 폭력을 당한 경우가, 여학생의 경우는 집단적으로 따돌림을 당한 경우가 가장 많은 것으로 나타나 여학생의 집단 동조 행동과 따돌림 현상이 심각하다는 것을 알 수 있다.

그리고 학교폭력을 당하고 난 이후, 많은 학생이 고통스러웠다. 또는 죽고 싶을 만큼 고통스러웠다는 반응이 전체 63.4%로 나타나고 있으며, 이 중 31.4%가 자살을 생각해 본 적이 있다고 밝혔다.

학교폭력 피해아동은 항상 불안감을 느끼며, 학교폭력의 특성상 그러한 불안감은 장기적으로 지속화될 수 있고, 그에 따라 피해아동은 점점 폭력에 둔감해지고 다양한 정신병리적 이상 증상을 수반할 수도 있다.

학교폭력 피해아동의 심리적 특성은 우울, 불안, 낮은 자존감, 공격적 태도, 낮은 자기표현, 위축된 태도, 주의산만함, 나약한 태도 등이며, 통제소재에 있어서도 외적 통제보다 내적 통제를 하는 경우가 많다.

그리고 스트레스가 생겼을 때의 대처행동에 있어서도 가족이 자신을 지지한다고 생각하는 아동은 적극적 대처행동을 하는 반면, 친구들이 자기를 지지하지 않는다고 생각하는 아동은 소극적이고 회피적인 대처행동을 많이 나타내며, 또한 교사가 자신을 지지하지 않는다고 생각하는 피해아동은 공격적 대처행동을 많이 나타낸다(김윤경, 2008).

그리고 학교폭력 피해아동은 가해아동에 대한 복수 충동을 가지기도 한다. 최태진 등(2006)의 연구에서도 학교폭력 피해아동의 복수하고 싶다는 심리가 상당히 많이 나타나 피해자가 또 다른 가해자가 될 수 있는 가능성이 높게 나타났다. 가해자에 대한 복수 충동이 높게 나타난 이러한 경향성은 학교폭력 피해아동이 가해아동으로 변하여 이러한 악순환이 반복되는 피해-가해 아동이 계속 늘고 있다는 점에 비추어 보았을 때, 학교폭력 근절을 위해서 중요하게 다루어져야 할 부분이다.

2) 피해아동의 분류

학교폭력 피해아동은 수동적인 피해자와 도발적인 피해자로 나누어 볼 수 있다(Olweus, 1994). 우리나라의 경우도 집단따돌림을 당한 피해아동의 특성으로서는 다른 아동보다 적극적이고 과잉행동을 하는 아동과 그 반대로 지나치게 수동적이고 회피적인 행동을 하는 아동으로 분류되고 있다(주은선, 박은란, 2003).

학교폭력 피해아동을 수동적 피해아동과 도발적 피해아동으로 나누어 살펴보면, 수동적인 피해 유형에 속하는 피해아동은 수동적이고 자신감이 없고, 또래 간에 인기가 없으며, 다른 아동보다 나약하다는 특성을 가지고 있다. 그리고 도발적인 피해아동은 다른 피해아동보다도 더욱 능동적이고 자기주장적이며, 자신감이 있고 쉽게 도발되는 특징을 가진다. 이들은 무례하고 눈에 띄는 행동을 해서 가해아동을 자주 도발한다. 즉, 갈등 상황을 쉽게 자주 만들고, 가해아동에게 폭력을 당하면 그 문제를 더욱 크게 만드

는 유형의 피해아동이다

학교폭력 피해 유형에서 대부분의 피해자는 거의 수동적 피해의 유형에 속하는데, 수동적 피해자는 가해자를 직접적으로 자극하지는 않으며, 이들은 자존감이 매우 낮고, 친구가 적으며, 우울하거나 두려워하는 모습을 자주 보인다. 가해아동은 이러한 아동을 표적으로 삼으며 피해학생이 저학년인 경우는 울거나 무리에서 벗어나거나 소용없는 분노를 표현하고 고학년인 경우는 학교에 결석하거나 가출하는 등의 행동을 보인다.

도발적 피해자는 화를 잘 내고 싸우는 등 동료에게 부정적인 반응을 이끌어 내는 행동을 하는 집단이다. 이들은 동료들이 자신을 거절하거나 화나게 하거나 적대감을 일으키게 만드는데, 자신이 해야 할 일을 잘 하지 않고 수업을 방해하는 행동을 많이 한다. 이러한 도발적 피해아동은 학교폭력 가해아동과 수동적 피해아동과는 분명히 구별되지만, 학교폭력 가해아동과 수동적 피해아동의 특성을 나타내기도 한다. 즉, 폭력 가해아동처럼 동료를 지배하려 하거나 공격적이고 반항적인 행동을 하거나 수동적 피해아동처럼 사회적으로 불안해하거나 어떤 일을 할 때 자존감이 매우 낮은 모습을 보이기도 한다.

이 유형의 피해아동은 학습장애나 주의력결핍장애 등이 있을 가능성도 있다. 왜냐하면 그러한 장애의 속성이 이러한 도발적 피해자가 도발적인 행동을 하는 데 영향을 미칠 수 있기 때문이다(청소년폭력예방재단, 2012).

3) 피해아동의 행동 특성 및 징후

학교폭력 피해아동을 수동적 피해아동과 도발적 피해아동으로 나누어 이들이 자주 나타내는 행동의 특성을 살펴보면 다음과 같다.

(1) 수동적 피해아동의 행동

- 힘이 약하거나 체구가 왜소하여 스스로를 방어하지 못한다.
- 우둔하거나 판단력이 흐린 행동을 자주 나타낸다.
- 내성적인 행동을 자주 나타낸다.
- 동료가 보기에 너무 착한 행동만 한다.

- 동료가 따돌려도 맞서지 않는다.
- 문제가 생기면 혼자서만 고민한다.
- 거의 항상 구석진 자리에 위치해 있다.

(2) 도발적 피해아동의 행동

- 성격이 괴팍하고 이기적인 행동을 자주 한다.
- 무슨 일이든지 잘 나선다.
- 자기 자랑이나 잘난 척을 많이 한다.
- 자기주장이 매우 강하다.
- 말을 많이 하고 앞뒤가 맞지 않는 경우가 많다.
- 욕설을 잘한다.
- 친구들의 비위에 거슬리는 행동을 자주 한다.
- 가해아동의 옷차림이나 머리 모양을 흉내 낸다.
- 거짓말을 자주 한다.

친구의 질투를 불러일으키는 학교폭력 피해아동의 특징

본인의 행동보다는 친구의 질투에 따른 학교폭력 피해도 자주 발생하는데 이에 해당하는 아동의 특징적 행동은 다음과 같다.

- 선생님에게 귀여움을 독차지한다.
- 외모가 예쁘면서 공부도 아주 잘한다.
- 옷을 잘 입고 다닌다.
- 항상 깨끗한 척한다.
- 돈을 많이 가지고 다닌다.
- 교사 앞에서 자주 잘난 척한다.
- 교사에게 아양을 잘 떤다.
- 공부를 수준 높게 하는 척한다.
- 너무 착한 척하면서 동정을 유발하려고 한다.

(3) 초등학교 학교폭력 피해아동의 학교와 가정에서의 행동 징후

학교폭력 피해아동이 나타내는 행동 징후는 다음과 같으며 부모나 교사는 아동이 다음의 징후를 자주 나타내는지 유의하여 살펴보아야 한다(청소년폭력예방재단, 2012).

① 가정에서 발견할 수 있는 징후

- 비싼 옷, 고가의 소지품, 운동화 등을 자주 잃어버린다.
- 몸에 멍이나 상처가 많으나 설명을 하지 않는다.
- 교과서, 메모장, 일기장 등에 '죽이고 싶다' '죽고 싶다'와 같은 표현을 한다.
- 용돈이 모자란다고 하거나 지나치게 많은 학용품비를 자주 달라고 한다.
- 몸이 좋지 않다고 호소하며 학교 가기를 싫어한다.
- 메신저를 통한 인터넷 채팅을 부쩍 자주 한다.
- 갑자기 전학을 보내 달라고 하거나 자퇴를 하고 검정고시를 보겠다는 말을 자주 한다.
- 아침에 학교 가기를 꺼리거나, 두통과 복통을 호소한다.
- 지나치게 잠을 자거나, 잠을 못 자고 악몽을 꾼다.
- 가정에서 돈을 요구하거나 훔치는 경우가 발생한다.
- 등하교 시 일상적이지 않은 먼 길로 돌아온다.
- 이유 없이 짜증을 낸다.
- 무슨 일을 해도 될 대로 되라는 식으로 자포자기한다.

② 학교에서 발생할 수 있는 징후

- 학교에 찢긴 옷이나 손상된 책, 학용품 등을 놓고 간다.
- 수업시간에 다른 학생에게서 야유나 험담을 많이 듣는다.
- 잘못했을 때 놀리거나 비웃는 학생이 많다.
- 체육시간, 점심시간, 야외활동시간 등에 혼자 있는 경우가 많다.
- 옷이 지저분하거나 단추가 떨어지고 구겨져 있다.
- 안색이 안 좋고 평소보다 기운이 없다.
- 친구가 시키는 대로 그대로 따른다.

- 항상 학생들이 힘겨루기를 할 때 그 상대가 된다.
- 자주 친구의 심부름을 해 준다.
- 혼자 하는 행동이 많다.
- 주변 학생에게 계속 험담을 들어도 반발하지 않는다.
- 성적이 갑자기 떨어진다.
- 청소당번을 도맡아 한다.
- 다른 학생에게 눈치를 많이 받는다.
- 자주 지각을 하거나 몸이 아프다는 이유로 조퇴하거나 결석한다.
- 수업시간에 열중하지 못하고 멍한 표정을 짓거나 엎드려 있다.
- 담임교사나 교무실, 상담실 주위를 서성이거나 보건실을 찾아오는 횟수가 잦다.
- 수업 시작 후에 자주 화장실을 가려 한다.
- 다른 학생이 급식 반찬을 가져가도 아무 대응을 하지 못한다.
- 쉬는 시간에는 주로 엎드려 잠을 잔다.
- 수련회나 소풍 가기를 꺼린다.

3. 초등학교 학교폭력 피해-가해 아동

1) 피해-가해 아동의 특성

피해-가해 아동은 학교폭력 피해 경험이 있으면서 다른 아동에게 공격적 행동을 하는 아동을 말하며, 이들은 도발적 피해자 또는 공격적 피해자로도 불린다.

최근 학교폭력의 경향은 학생들이 학교폭력 가해와 피해를 모두 경험하는 경우가 증가되고 있으며, 특히 집단괴롭힘에 있어서 가해아동과 피해아동이 반복적으로 순환되고 있는 경우가 많다(고재홍, 박나영, 2005; 김예성, 김광혁, 2008; 김태웅, 2003). 실제로 초등학생과 중학생 모두 집단괴롭힘 피해 경험이 많을수록 가해행동을 하는 정도가 높은 것으로 나타났다. 즉, 또래폭력의 피해자가 다시 가해를 저지르는 과정이 일어나게 되는 것이다(조유진, 2008). 실제로 초등학생의 학교폭력 경험 중 가해와 피해를 동시에 경험한 아동이 전체 40.8%로 나타났고(이해경, 김혜원, 2001), 초 · 중등학교 학생을 대상으로 한 연구를 종합하여 볼 때 전체의 31.8%가 학교폭력 가해와 피해 경험을 동시에 하고 있다는 결과는(김혜원, 2013), 청소년의 경우에도 따돌림 피해를 많이 경험한 청소년일수록 따돌림 가해도 많이 경험한다고 보고된 결과(이은희, 강은희, 2003; 최윤자, 김아영, 2003)와 일치한다. 최태진 등(2006)의 연구에서도 학교폭력 피해를 경험한 아동은 '복수하고 싶다' 는 심리를 가지는 경향이 많다고 나타나 학교폭력 피해자가 가해자가 될 수 있는 우려를 낳고 있다. 즉, 학교폭력 가해 경험이 전혀 없던 아동이 학교폭력 피해를 경험하면서 심리적 스트레스가 증가하고, 학교유대감 등이 감소하면서 공격성은 증대하여 결국 또 다른 학교폭력 가해자가 되는 악순환이 이루어지게 된다.

그러나 학교폭력 피해 경험 자체가 공격성의 유발로 이어지는 것이 아니라 매개 효과로서의 적대적 귀인과 같은 사건에 대한 해석이나 아동 자신이 가진 거부 민감성 등의 심리적 · 인지적 변인이 공격성을 유발하는 데 큰 영향을 미친다는 연구 결과도 있다(이경연, 2013). 또한 집단괴롭힘 피해의 수준에 관계없이 학생의 자존감이 높을수록 그리고 내적통제력이 높을수록 가해행동의 수준은 낮아지는 경향이 있다(조유진, 2008).

피해-가해 아동은 순수한 가해아동보다 심리적으로 더 부정적이며, 어떤 경우에는 가해아동보다 더 공격적이 될 수도 있다. 초등학생을 대상으로 한 이해경과 김혜원(2001)의 연구에서는 피해-가해 집단의 비행 정도가 다른 집단에 비해 가장 높아 이들이 일반적인 비행에 많이 개입한다는 것을 나타내었다. 이 집단의 아동은 소수이지만 전형적인 피해아동보다 신체적으로 강하며 자기주장도 강한 편이다. 또한 이 아동은 또래 사이에서 가장 인기가 낮으며, 쉽게 화를 잘 내고 다른 사람을 자주 화나게 한다. 즉, 가해 및 피해 아동보다 복잡한 심리적 특성을 나타낸다.

특히 피해자이면서 가해자인 집단은 피해만을 경험하는 집단에 비해 자기효능감이 부족하고, 솔직하게 자신의 속내를 털어놓고 친구를 사귀거나 관계를 유지하는 데 어려움을 보인다. 그리고 정신건강 측면에서도 위축감의 수준이 더 높으며, 신체화 증상, 우울/불안 등과 같은 심리적 부적응 증상을 자주 나타낸다(이귀숙, 정연희, 2005). 이 집단의 아동은 자기개념이 부정적이고(이은주, 2004), 특히 이들이 어려움을 호소하는 영역은 대인관계 상황이며, 다른 사람을 잘 믿지 못한다(강은희, 이은희, 임은정, 2002).

피해자이면서 가해자가 되는 아동의 또래관계에 있어서 이들은 일반적으로 학급에서 가장 인기가 없으며 타인을 가해하면서 동시에 자신이 피해당하는 것을 불평하는 집단으로 알려져 있다. 따라서 이들은 열등감이나 피해의식으로 인한 좌절감을 약한 상대방에게 폭력으로 상쇄하려는 심리적 경향을 보인다. 즉, 약한 사람은 당연히 폭력을 당하는 것이기 때문에 또 다른 약한 친구를 괴롭히는 자신의 행동이 당연하다고 여긴다. 그러므로 이들은 단순 피해자 집단이나 가해자 집단에 비해 심리적 위험성이 가장 높다(곽금주, 2006).

2) 피해-가해 아동의 행동 특성

피해-가해 아동은 스스로에 대해 느끼는 심리적 어려움이 크고, 문제의식도 강하며 따라서 학교나 가정에서 적응하는 데 많은 어려움을 가지기 때문에 다른 집단에 비해 공격성이 높게 나타날 수도 있다.

이 유형의 아동이 나타내는 특징적인 행동은 다음과 같다.

- 일상적으로 과잉행동을 많이 나타낸다.
- 자주 우울과 불안감을 나타낸다.
- 학급에서 가장 인기가 없어 또래 친구가 거의 없다.
- 심리적으로 불안정한 행동을 자주 한다.
- 운동장 등 공개적인 곳에서 친구들을 괴롭히는 행동을 많이 한다.
- 자기주장이 매우 강하여 학교생활에 잘 적응하지 못한다.
- 쉽게 화를 잘 내고 친구들을 자주 화나게 한다.

4. 초등학교 학교폭력 방관아동

1) 학교폭력 주변인으로서의 방관아동

학교폭력을 목격한 주변인은 그들이 보이는 반응에 따라 동조자(assistant), 강화자

(reinforcer), 방어자(defender) 및 방관자(outsider)의 4개 하위 집단으로 나눌 수 있다(Salmivalli et al., 1996).

동조자는 다양한 방법으로 가해학생을 돕고, 다른 학생이 괴롭힘을 하면 함께 괴롭히는 학생들이다. 강화자는 괴롭힘을 보며 그 괴롭힘을 옆에서 부추기는 학생이며, 괴롭힘 상황을 구경하고 즐기기 위해서 그 주변을 맴돈다. 방어자는 괴롭힘을 멈추게 하기 위해 나름대로 노력을 하는 학생을 말한다. 그러므로 피해학생을 위로하거나 교사에게 말하도록 격려해 준다. 방관자는 괴롭힘 상황에서 어느 편에도 들지 못하고 못 본 척하는 학생을 말한다. 이런 학생은 자신도 괴롭힘을 당할까 봐 두려워서 그 상황을 빠져나온다.

학교폭력을 목격한 주변인이 동조자, 강화자, 방어자 및 방관자의 행동을 하게 되는데 영향을 미치는 요인으로는 주변인의 성별, 학년, 인기도 및 목격한 괴롭힘의 종류 및 주변인과의 친분관계 등을 들 수 있다. 예를 들어 여학생 주변인이 남학생에 비하여 피해학생을 도우려는 성향이 높으며, 학년이 낮은 학생일수록 피해학생을 도울 가능성이 높다. 그리고 인기가 높은 주변인일수록 피해학생을 돕는 경우가 많으며, 주변인이 목격한 폭력의 종류에 따라 이들의 행동 반응이 다르고, 주변인과 피해 및 가해 학생과의 친분관계에 따라 도움 행동이 달라진다(오인수, 2010). 이러한 주변인은 수적인 면에서 방관자가 가장 많고 그다음으로 방어자, 강화자, 동조자의 순으로 나타난다(Oh & Hazler, 2009).

방관학생은 학교폭력에 일정 거리를 유지하고 학교폭력 가해자와 피해자 중 누구에도 관여하지 않음으로써 이들은 잠재적으로 학교폭력을 인정하는 역할을 하게 된다. 그리고 방관자가 가해 조력자의 역할을 할 수도 있는데 이들은 가해자의 편에서 가해자를 지지하기도 한다. 이러한 방관자 집단의 경우, 부모의 지나친 과잉보호로 독립심과 사회성이 부족해 폭력 피해 또래에게 무관심하거나 가족 내에서 수용받고 인정받은 경험이 부족해 타인의 관심에 대한 욕구좌절 경험이 있어 그런 행동을 나타내기도 한다(Olweus, 1993).

학교폭력이 일어나는 교실에서 실제로 한 학급의 1/3 이상의 학생이 가해자 편에 직간접으로 참여한다(이훈구, 2001). 그리고 초등학교의 경우, 여자 아동이 남자 아동보다 더 방관적인 성향을 보인다. 즉, 여자 아동이 또래괴롭힘 상황에서 더 미온적인 태도를 취한다(심희옥, 2008).

학교폭력 가해아동이 공격행동을 할 때 그것을 목격하는 아동이 가해아동을 배척하던 이전과는 달리 최근에 와서는 그러한 가해행동을 아무것도 아닌 것으로 묵인하는 경우가 늘고 있다. 그 이유는 이러한 방관아동은 피해자와 어울림으로써 자신의 지위를 상실하거나 자신이 피해를 당할지도 모른다는 두려움에 폭력을 암묵적으로 묵인하거나 가해자의 편에 설 수도 있다.

또 한편으로는 핵가족화 이후의 가정교육의 기능 상실, 과도한 경쟁적 교육 상황과 입시 위주의 교육 분위기로 인한 학생들의 극단적인 이기심과 친구관계의 미형성 등이 타인에 대한 무감각과 무관심을 형성하여 방관아동의 폭력 피해학생에 대한 무관심을 일으키기도 한다. 즉, 무관심이 방관적 행동을 하는 학생들의 주요 특성이며, 이것은 최근의 학생들이 친구에 대한 친사회적 능력이 약화되어 친구의 고통에 둔감해지는 경향을 나타내는 한 현상이기도 하다(유국화, 2011). 방관학생이 폭력 사실을 목격하고도 주변의 학생이 교사나 부모에게 폭력 사실을 알리지 않는 것은 학습된 결과이다(조정실, 차명호, 2012). 즉, 신고해도 소용없다는 경험을 하거나, 보복 폭행에 대한 대리학습을 하거나 부모에게 알렸을 때 부모에게 그것을 무시당한 경험을 하면 학교폭력을 방관하게 될 수 있다는 것이다.

이렇게 방관아동이 학교폭력을 방관하게 되는 것은 사건을 호기심으로 바라보거나 무관심하게 행동하고 피하는 판단적 인식 단계, 자신이 타격의 대상이 되는 것에 대한 두려움으로 회피하는 초기 개입 단계, 피해학생의 잘못을 탓하면서 피해학생과 어울리면 자신도 당할 수 있다는 두려움을 가지고 스스로를 무마하는 중재 단계 등의 심리적 과정을 거친다(조정실, 차명호, 2012).

학교폭력 상황에서 일차적으로는 가해행동이 없어야 하지만, 그렇지 못할 경우 학교폭력 방어자가 많아진다면 학교에서의 폭력 상황은 줄어들 수 있을 것이다. 그러나 학교폭력 방관자가 증가한다면 이들은 제2의 학교폭력을 야기할 수 있는 근원이 될 수도 있다.

학교폭력의 근절을 위해서는 학교폭력 가해아동과 피해아동에 대한 지도뿐만 아니라 이러한 방관학생의 심리를 이해하여 그들이 학교폭력 방어자로서 적극적인 행동을 할 수 있게 하기 위한 방안이 필요하다.

2) 방관아동의 특성

학교폭력은 단순히 가해자와 피해자와의 관계에서만 발생하는 것이 아니다. 한 학교 또는 학급에서 학교폭력 행위를 보고도 못 본 척 방관하는 학생이 어떤 면에서는 학교폭력을 조장하는 측면도 있다. 방관아동은 이러한 유형의 아동을 말한다. 즉, 학교폭력 방관 집단은 "학교폭력 상황에서 개입을 꺼리고 모른 척하는 태도를 보이는 집단"이다(김현주, 2003).

청소년폭력예방재단(2012)의 연구에서도 학교폭력을 목격한 적이 있느냐는 질문에 31.8%의 학생이 경험이 있다고 대답하였고, 이 중 56.3%가 학교폭력을 목격하고도 모른 체하였다고 하며, 그 이유 중 가장 많은 것이 '같이 피해를 입을까 봐' 였다. 실제로 괴롭힘 행동을 목격한 초등학생 중 7.4%가 가해아동을 직접적으로 돕는 부정적 행동을 보였고, 6.0%가 가해아동의 행동을 부추기는 부정적 강화 행동을 보였으며, 41%의 아동이 방관적인 중립적 태도를 취했다고 보고하였다(오인수, 2010). 이렇게 학교폭력을 목격하고도 모른 체하는 학교폭력 방관자의 행동 또한 제2의 학교폭력으로 볼 수 있다면 학교폭력 방관자에 대한 이해와 지도는 학교폭력 예방을 위해 매우 중요한 사안이라고 할 수 있다.

방관학생이 학교폭력을 목격한 후의 심리적 느낌은 답답하다, 무섭다, 화가 난다, 별 느낌이 없다는 순으로 나타났는데, 별 느낌이 없다는 학생이 17.1%로 나타나(청소년 폭력예방재단, 2012), 방관학생 중 이 유형의 학생들에 대한 지도가 매우 필요하다는 것을 알 수 있다.

이러한 학교폭력 방관학생은 학교폭력의 대리 피해자가 되기도 한다. 대리 피해자는 학교폭력 사건을 직접 목격하거나 누군가에게 들어서 알게 되는 학생으로서 폭력적인 학교 분위기 속에서 자신들도 학교폭력을 당할 수 있다는 불안과 두려움에 빠지기 때문에 제2의 피해자라고도 볼 수 있다. 이런 학생은 학교폭력 피해학생에 대하여 동정심을 가질 수 있지만 학교폭력을 신고하거나 피해학생을 도와주는 행동은 거의 보이지 않는다. 그러므로 이런 학생은 자신이 친구가 고통당하는 상황을 목격했음에도 도와주지 않았다는 사실 때문에 심리적으로 죄책감을 가지는 경우가 많다.

이러한 방관학생이 지속적으로 또래 압력에 의해 방관하는 행동을 취할 경우, 만성적인 무력감이 일어나며, 이로 인한 자존감 및 자기효능감의 저하가 일어날 수 있다. 즉, 학교폭력이 일어나는 상황에 대해 자신이 취해야 할 행동을 잘 모르고 자신이 행동을 잘못할까 봐 매우 불안해하는 경우가 많다. 그리고 반면에 공격적인 모델을 통해서 폭력이 긍정적 효과가 나타났을 경우에 그런 행동을 정당화하는 신념을 발달시키기도 한다(Perry & Rasmussen, 1986). 그러므로 방관자 집단 또한 이러한 다양한 심리적 문제를 안고 있는 것이다.

리(C. Lee)는 방관자가 방관 행동을 하는 다양한 이유를 다음과 같이 설명하고 있다(김혜원, 2013, 재인용).

- 손씻기형 '나와 상관없는 일이야.'
- 중립형 '어느 쪽도 편들고 싶지 않아.'
- 장막형 '진실은 양쪽 어딘가에 있어.'
- 평형형 '나는 문제를 만들고 싶지 않아.'
- 혼란형 '보기보다 상황이 복잡해.'
- 미완의 그림형 '나는 모든 정황을 알지 못해.'
- (폭력) 유경험형 '나는 다시 당하고 싶지 않아.'
- 잔챙이형 '내가 개입해도 달라질 게 없을 거야.'
- 판단형 '나는 내가 본 대로 진실을 이야기하고 있어.'
- 순응형 '나는 그저 규칙을 따를 거야.'
- 무관심형 '나는 그저 내 일에 충실하려고 해.'
- 비난형 '피해자에게도 문제가 있어.'

학교폭력의 원인에 관한 이론적 관점은 그 초점을 어디에 두느냐에 따라 매우 다양하게 제시될 수 있다.

지금까지 제시된 이론적 관점은 정신분석학적 관점, 학습이론적 관점, 생물학적 관점, 사회학적 관점, 생태학적 관점 등 여러 가지가 있으나 제2부에서는 이 중 생태학적 관점을 취하여 학교폭력의 원인을 살펴보고자 한다. 왜냐하면 생태학적 관점은 위에 제시된 다양한 관점 중에서 인간 발달에 관한 환경체계를 가장 포괄적으로 다룸으로써 학교폭력의 원인에 대한 좀 더 구체적인 설명이 가능하기 때문이다(Burns, 2011).

가르치고 배우는 교육의 과정에 중요한 영향을 미치는 것은 학교, 가정, 사회, 국가라는 학습 생태계이다. 이러한 학교, 가정, 사회, 국가라는 학습 생태계는 아동의 건강한 발달을 에워싸고 있는 하나의 숲이라고 볼 수 있다. 이러한 학습 생태계 속에서 아동의 성장에 관여되는 부분들은 아주 다양하며, 이 부분들은 아동의 삶에 직접 관여하기도 하고 또한 이 부분들의 상호 관련 속에서 아동의 행동은 잠재적으로 많은 영향을 받게 되기도 한다.

초등학교에서의 학교폭력 현상도 이러한 학습 생태학적 관점에 따라 분석해 볼 필요가 있다. 그러므로 제2부에서는 학교폭력의 원인에 대한 생태학적 접근과 그 필요성을 고찰해 보고, 이러한 생태학적 접근에 따라 제시되고 있는 학교폭력의 원인과 특히 초등학교 학교폭력과 관련하여 연구된 학교폭력의 원인을 브론펜브레너(Bronfenbrenner, 1979)의 다섯 가지 생태학적 환경 체계에 따라 살펴보고자 한다.

제 2 부

초등학교 학교폭력의 생태학적 원인

제 5 장

학교폭력의 원인에 대한 생태학적 분석

1. 학교폭력의 원인에 대한 생태학적 접근의 필요성

아동의 행동은 가정, 학교, 교실, 이웃, 또래집단 및 그 사회의 문화 등을 포함한 여러 다양한 체계가 가진 환경적 특성과 아동이 지닌 개인적 특성이 상호 작용하여 나타난 결과로 이해할 수 있다(Meyers et al., 2012). 학교폭력과 관련된 아동의 행동도 아동 개인뿐만 아니라 가정과 사회의 환경이 상호 밀접한 관련성을 맺어 이루어진다. 특히 학교폭력에는 다른 폭력과는 달리 폭력 가해학생, 피해학생, 가해 및 피해 학생의 가정과 그 주변 사람의 관계가 복잡하게 얽혀 있다. 이들은 학교폭력의 상황에 영향을 미칠 뿐만 아니라 또한 영향을 받기도 한다. 일상적인 폭력과는 달리 학교폭력은 대부분 학교라는 제한된 공간을 중심으로 많이 발생하므로 그것은 장기적이고 예측이 불가능하며, 다양한 유형의 폭력이 지속적으로 일어나기 쉽다. 이에 따라 그에 관련된 학생뿐만 아니라 부모, 교사 및 관련 주변인 상호 간에 심각하면서도 지속적인 영향을 미친다.

그러므로 학교폭력의 위험 요인을 감소시키기 위해서는 학생이 생활하는 생태계의 관점에서 관련 요인을 고려해야 할 필요가 있으며, 최근 이러한 학습 생태학에 대한 조

많은 교사교육 및 학교심리학의 영역에도 새롭게 적용되고 있다(Burns, 2011; Lin, 2011).

학교폭력의 원인에 관한 생태학적 관점은 브론펜브레너의 생태학적 체계이론에 그 기반을 둔다. 왜냐하면 그의 생태학적 체계 이론은 인간을 둘러싼 환경을 좀 더 체계적으로 구조화하고 그들 간의 상호 관계를 이해하는 것을 주요 목적으로 삼기 때문이다.

그는 인간의 발달이란 '인간이 자신의 환경을 지각하고 다루는 방식에서의 지속적인 변화' 라고 보며, 여기에서 강조되는 것은 인간의 발달을 이해하고자 할 때는 개인의 지각, 동기, 사고 등에서 무엇이 지각되고 사고되는지 그리고 이러한 심리적 요인이 환경에 노출되었을 때, 그것이 환경과 상호 작용하면서 어떻게 변화해 가는가를 파악해야 된다는 것이다. 그리고 이러한 생태학적 환경은 발달하고 있는 개인을 포함하고 있는 즉각적인 환경에서부터 개인이 속해 있는 사회제도의 이념과 조직을 포함하는 보다 큰 사회 맥락까지를 포함한다고 보았다.

이러한 생태학적 관점에서 아동의 부적응행동은 다음과 같이 이해될 수 있다(Apter & Conoley, 1984; Burns, 2011).

- 개인은 체제와 분리될 수 없다.
- 심리적 장애는 아동의 몸에 있는 병으로 진단되는 것이 아니라 아동을 둘러싼 체계와의 불일치로 간주된다.
- 부적응행동은 개인의 지식과 기술 그리고 환경적 요구 간의 부조화의 결과이다.
- 인간 발달에 대한 어떤 개입이건 그것이 효과적이기 위해서는 그를 둘러싼 환경 체계에 초점을 맞추어 접근해야 한다.

생태학적 관점은 학교폭력을 학생의 가족, 친구, 이웃 및 학교를 포함한 다각적인 환경과의 상호작용을 통해서 분석해야 할 문제라고 보았다는 점에서 학교폭력의 원인을 예측하는 데에도 많은 시사점을 제공해 준다(Chitiyo & Wheeler, 2009). 즉, 학교폭력을 바라보는 시각과 문제 해결에 있어서 생태학적 접근을 통해서 지금까지의 단편적인 방안보다는 학생 개인에 미치는 다양한 환경의 특성과 다양한 환경 간의 관계가 학생의 학교폭력에 미치는 영향을 다각도로 검토해 볼 수 있다. 이러한 생태적 맥락 안에서 학교에서 일어나는 학교폭력과 관련된 위험 요인은 학생 개인의 특성과 이와 관련된 생태체계적 요인으로 설명될 수 있는데(Hong & Espelage, 2012), 이러한 생태학적 체계는 다섯 가지의 환경 체계로 나누어 볼 수 있다. 즉, 인간을 둘러싼 환경 체계로서의 미시체계, 중간체계, 외체계, 거시체계 및 시간체계가 그것이다.

지금까지의 학교폭력의 원인에 관한 다양한 해석이 주로 아동 개인이나 아동을 둘러싼 가정과 학교 문제 등의 미시체계 내에서 이루어졌다면, 중간체계, 외체계, 거시체계 등의 생태학적 체계로 학교폭력의 문제를 바라볼 때, 보다 광범위한 차원에서 각 환경 간의 유기적인 관계망을 통해서 학교폭력의 문제를 진단해 볼 수 있을 것이다. 실제로 아동의 또래관계 및 학교폭력의 현상을 생태학적 관점으로 바라보는 것은 지금까지의 미시체계적 접근보다 훨씬 많은 현상에 대한 이해를 도울 수 있다(Baker, 1998; Elias & Dilworth, 2003).

학교폭력의 원인은 워낙 방대하고 밝혀진 원인 또한 그 인과관계가 명확하지 않다. 그러므로 학교폭력에 대한 생태학적 접근에서는 학교폭력에 처해 있는 모든 당사자의 각각의 생태학적 환경이 세세하게 분석되고 또한 그 분석된 환경 간의 관계를 지각하는 아동의 맥락에서 그 관련성을 규명하여야 한다.

2. 학교폭력의 원인에 대한 생태학적 분석

1) 학생 개인의 위험/보호 요인

학생 개인이 가지고 있는 위험/보호 요인에서 위험 요인이란 학교폭력을 일으킬 수 있는 원인이 되는 요인이며, 보호 요인이란 학교폭력의 위험과 폭력 행동 간의 관계를 완화해 줄 수 있는 요인으로서 학교폭력 행동을 줄이고 예방할 수 있는 요인을 말한다. 이러한 위험/보호 요인에는 나이, 성별, 인종/민족성, 성적 취향, 건강 상태, 우울과 불안의 정도, 학업적 발달/장애, 지능 수준 및 빈곤 상태 등의 광범위한 요인이 포함될 수 있다(Hong & Espelage, 2012).

우리나라의 경우도 학교폭력과 관련하여 나이, 성별, 가정의 사회 · 경제적 지위 등의 배경 요인이 연구된 바 있으며, 아동의 자기중심성, 지배 욕구, 분노통제 능력, 공격성,

충동성, 친구의 수 등의 개인적 특성과 학교폭력과의 관련성이 밝혀진 바 있다(유현근, 2007; 장금순, 2005; 최태진 외, 2006).

학교폭력 위험 요인으로는 일반적으로 과거의 폭력 및 비행, 어린 나이의 조기 폭력, 학업성취도, 무단결석 등의 학교 관련 문제, 어릴 때의 학대, 비난 또는 무시 경험, 가족 내 부적응 등의 배경적 측면의 위험 요인이 있을 수 있으며, 알코올, 약물 복용, 정신적 · 행동적 장애, 정신병, 충동성과 위험 감수 행동, 반사회적 태도와 사회인지적 결함 및 왜곡되거나 낮은 자기존중감 등의 심리 · 행동적 영역의 위험요인이 있다(김광수, 2013b).

학교폭력의 심리 · 행동적 보호 요인으로는 높은 자존감과 자기통제력 및 적응유연성 등을 들 수 있으며, 이러한 적응유연성과 관련된 보호 요인, 즉 자기효능감, 내부 통제 소재, 공감 능력, 문제해결 기술, 의사소통 기술, 반성적 사고, 자율성 등도 관련 보호 요인이 될 수 있다(조유진, 2008; Daniel & Wassell, 2008).

이 중 자기존중감은 특히 아동의 또래 인정 욕구가 우울에 미치는 영향을 매개하는 주요 변인이다(김지형, 박경자, 2010). 즉, 또래관계에서 인정을 받지 못하더라도 자아존중감이 높은 아동은 우울감을 많이 가지지 않고 따라서 학교폭력에 많이 노출되지 않는다는 것이다. 그리고 공감 능력 또한 주요한 보호 요인으로서 학교폭력을 목격한 아동 중 남학생의 경우에 정의적 공감 능력이 높을수록, 여학생의 경우는 인지 · 정의적 공감이 높을수록 폭력 피해아동을 보호하기 위한 긍정적 행동을 보였다(오인수, 2010).

학교폭력 보호 요인에는 또한 환경 체제에서의 보호 요인이 있는데 이는 가족지지와 교사지지, 친구지지 등의 배경적 측면의 보호 요인을 말한다(양종국, 김충기, 2002).

2) 미시체계와 학교폭력

미시체계(microsystem)란 즉각적인 환경 내에서 아동을 둘러싼 상호관계의 복합체를 말한다. 즉, 아동이 함께하는 다른 사람 간의 관계, 그 관계의 본질 등을 말한다. 이것은 아동에게 가장 근접한 환경으로서 아동이 살고 있는 집, 그 근처의 시설물, 학교 도서관, 놀이터 등의 물리적 특성과 아동과 직접적으로 관계하는 가족, 친구, 학교, 이웃 등이 여기에 포함된다. 예를 들어 부모의 교육 수준, 양육 태도, 교사의 신념 등이 아동 발달에 영향을 미치는 것이다. 여기서 아동은 수동적으로 환경을 받아들이는 것이 아니라 아동과 부모, 친구, 교사, 이웃 등과 능동적으로 상호 작용하면서 발달해 나간다.

대부분의 아동 발달에 관한 연구는 이 미시체계에 초점이 맞춰진 경우가 많으며, 건강한 미시체계는 부모, 교사, 또래처럼 아동이 상호 작용하는 사람, 아동의 미시체계를 구성하는 환경이 아동과 호혜적인 관계를 유지해야만 이루어진다. 아동이 미시체계에서 발달하는 방식을 이해하기 위해서는 이러한 미시체계 내의 다양한 상황에서의 그들의 행동을 알아야 한다.

미시체계에서의 학교폭력과 관련된 요인으로서 국내 · 외에서 밝혀진 요인을 종합하여 살펴보면 다음과 같다.

(1) 가정환경 요인

1 가정환경의 분류

아동의 행동은 그를 둘러싼 환경과 상호작용을 통하여 이루어진다. 그러므로 아동의 이해에는 아동의 개인적 특성과 그와 상호 작용하는 환경 요인에 대한 이해가 복합적으로 이루어져야 한다. 아동에게 영향을 미치는 환경의 유형은 크게 지위환경, 구조환경, 과정환경으로 나누어 볼 수 있다.

지위환경이란 아동의 발달에 영향을 미치는 가정, 학교 및 사회기관의 지위와 상태를 나타내는 정적 환경이며, 구조환경이란 동일한 환경 변인이라도 그것을 받아들이는 개인의 특성에 따라 다른 결과를 가져올 수 있는 의미에서 물리적 환경과 심리적 환경이 혼합되어 있는 환경을 말한다. 과정환경이란 하나의 심리적 과정으로서, 아동의 환경을 구성하는 인적 · 물적 조건이나 자극과의 관계에서 발생되는 환경을 말한다. 이에 따라 가정환경의 요인은 다음과 같이 분류할 수 있다(정원식, 1982).

① 가정의 지위환경

- **양친의 상태** 양친의 유무, 양친의 혼인 상태, 양친의 혼인, 별거 등의 상태
- **거주지의 생태적 환경**
- **가정의 사회 · 경제적 지위** 부모의 교육, 직업 및 경제적 수준
- **가족 구성** 가족의 수, 형제자매의 수, 조부모의 유무 및 동거인의 상황

- **가옥 상황** 집의 크기, 가족구성원을 위한 배실 상황

② 가정의 구조환경

- **문화적 상태** 대중매체 및 문화전달 매체의 시설 상태와 그 교육적 활용 상태
- **영양 및 위생 상태** 식생활에서의 적절한 영양공급과 신체적 건강을 위한 위생적 환경의 조건
- **생활공간** 아동의 개인생활에 필요한 공간의 정도, 적절한 운동을 할 수 있는 조건, 자연과의 접촉 가능성
- **언어모형** 가정의 언어 수준, 즉 부모가 사용하는 어휘의 양과 질, 추상적 개념의 사용 수준, 언어 표현 방식
- **강화체제** 가정에서의 보상과 벌의 일관된 체제
- **가치지향성** 가정의 지배적인 가치체제
- **학습체제** 아동학습을 위한 조력 조건, 학습동기를 유발하는 자극과 조건, 지적 학습과 성취를 강조하는 풍토를 포함한 체제적 조건
- **집단적 특성** 부모에 대한 역할 기대, 집단구성 및 상호 간의 태도, 집단의 응집력

③ 가정의 과정환경

- 수용-거부, 자율-통제, 보호-방임 ,성취-안일, 개방-폐쇄

2 가정환경 유형에 따른 학교폭력의 원인

위의 세 가지 가정환경 유형에 따른 학교폭력의 원인을 살펴보면 다음과 같다.

① 가정의 지위 환경과 학교폭력

- **가족 결손** 부모의 이혼으로 인한 편부모 가정, 조손 가정 등
- **부모와의 사별**
- **빈곤 가정** 학교폭력을 일으키는 대부분의 아동은 위의 가족 결손의 문제와 관련하여 경제적으로 빈곤한 가정의 아동이 많다. 그러나 최근에는 중류 계층과 상류 계층 아동의 비행도 증가되고 있어 이것은 아동 폭력과 관련된 다른 개인적 · 심리

적 매개 변인, 예를 들어 자기존중감, 자아탄력성 등과 관련하여 좀 더 심층적으로 이해하여야 한다.

② 가정의 구조환경과 학교폭력

- 부모의 언어 모형에 있어서 언어 표현이 위협적이고 간섭적인 경우
- 부모와 대화가 거의 없는 경우
- 부모의 강화 체제에 있어서 부모의 체벌이 많은 경우
- 가정폭력 및 아동 학대가 일어나는 가정
- 부모가 억압적인 처벌을 많이 하는 가정
- 가족 구성원이 아동의 공격행동을 방임하는 경우
- 부모와 아동 간에 자주 불화가 있어 가족 간의 유대관계가 형성되어 있지 못한 경우
- 부모와의 격리 경험

③ 가정의 과정 환경과 학교폭력

- 부모-자녀 관계의 친밀도
- 부모의 양육 태도가 수용보다는 거부적인 태도, 보호보다는 방임하는 태도인 경우. 이에 따라 아동의 폭력 사실을 모르거나 알아도 무시하거나 방임하는 경우
- 부부 갈등
- 자녀에 대한 비합리적인 기대

(2) 학교 요인

1 학교 스트레스

- 학교 훈육의 규칙과 형태에 따른 학교 불만족
- 과밀 학급에 따른 수동적이고 소극적인 학교생활
- 집단 기준에 순종해야 하는 학교의 심리적 환경

② 교사 스트레스

- 교사의 폭력 아동에 대한 부정적 피드백
- 교사에 대한 아동의 분노와 적개심
- 아동을 평가할 때 성격, 사회성, 도덕성 등의 인성보다는 학업 성적에만 중점을 두어 평가하는 경우
- 교사에게 인정받지 못함으로써 생기는 불만족감
- 처벌 중심의 훈육 방식
- 학교폭력 행동에 대한 교사의 태도

③ 학교에 대한 애착

- 학교에 대한 소속감
- 학교생활 만족도
- 학교교육의 가치에 대한 지각

④ 학교 환경에 대한 인식

- 학교 환경에 대한 긍정적 · 부정적 인식

(3) 또래집단 요인

- 또래에 의한 수용도
- 독점적이고 배타적인 친구관계
- 따돌림과 괴롭힘을 받지 않기 위해 가해자가 되는 경우
- 학급에서의 배척과 고립
- 또래 친구의 수
- 또래집단에서의 선호도와 인기도

(4) 학교 밖 폭력 조직 요인

- 일진회와 같은 학교 밖 폭력 조직의 유혹
- 학교 밖 폭력 조직에 가입하지 않을 경우의 위협과 협박

초기 청소년의 학교폭력에 대한 생태체계에 있어서, 이상의 요인 중 학교폭력에 가장 큰 영향을 미치는 요인은 개인의 위험/보호 요인과 또래집단 요인이며, 가정환경 요인과 학교 요인은 개인의 위험/보호 요인과 또래집단 요인에 비하여 보다 낮은 직접적 영향을 미친다고 한다(황혜원, 신정이, 박현순, 2006).

3) 중간체계와 학교폭력

중간체계(mesosystem)란 미시체계 간의 상호관계, 즉 미시체계 환경 간의 관계에서 이루어지는 환경이다. 여기에는 미시체계와 연관을 갖는 가정, 학교, 각종 시설은 물론이고 미시체계에서의 두 집단 이상이 갖는 관계와 영향까지가 포함된다.

구체적으로는 부모와 교사 간의 관계, 형제관계, 학생끼리의 관계가 포함되며 여기서의 아동 발달은 개인이 서로 다른 환경에서 각각의 역할을 수행한다는 것을 전제로 한다. 즉, 아동이 누구의 아들과 딸로서, 누군가의 친구로서, 어떤 학교의 학생으로서, 어느 축구팀의 구성원으로서 등 동시에 다중 역할에 참여한다는 것이다.

일반적으로 이 체계 간의 관계가 밀접할수록 아동의 발달은 바람직하게 진행된다. 예를 들어, 교사의 돌봄을 받지 못하는 아동은 친구와 좋은 관계를 가지기 어렵고 부모의 사랑을 받지 못하는 아동은 교사와도 긍정적 관계를 맺기 어려울 수 있다. 따라서 아동 발달에 영향을 미치는 미시체계 간의 관계를 체계적으로 이해하기 위해서는 가족, 친구, 학교, 학원 등 다양한 상황에서 아동이 하는 행동을 잘 관찰하는 것이 중요하다.

중간체계 내에서의 미시체계 간에는 여러 다른 미시체계가 서로 다른 가치관을 표방할 때 문제가 일어날 수 있다. 즉, 또래집단은 음주, 흡연 및 성행위 등을 영웅시하고 보상을 받는 반면, 부모나 교사는 이에 대해 처벌을 내리는 경우 그리고 미시체계 간에 의미 있는 연결이 거의 없는 경우도 문제가 일어날 수 있다. 예를 들어, 아동의 친구들을 잘 알지 못하는 부모, 아동이 따돌림을 받아도 알지 못하는 교사 등이 그것이다(신명희 외 2013; 정옥분, 2004).

학교폭력에 영향을 미치는 것으로 보고된 중간체계 요인은 다음과 같다.

(1) 부모와 교사의 관계

- 부모와 교사 간에 소통이 원활하지 않음
- 부모가 아동의 학교생활에 대한 구체적 정보가 없음
- 교사에 대한 부모의 불신
- 교사에게 맞서 부모는 자녀의 가해 및 피해 행동을 인정하지 않음

(2) 부모와 아동 친구 간의 관계

- 학교 내외의 비행학생과의 관계 등 부모의 아동 친구 관계에 대한 인지도
- 부모가 아동의 친구에 대한 공격 행동에 개입하는 정도

(3) 학교와 교사와의 관계

- 학교의 훈육 원칙과 교사의 호응도
- 학교 관리자와 교사의 학교폭력에 대한 태도

(4) 학교 분위기와 또래집단 간의 관계

- 학교 전체의 분위기와 학급 내 또래집단의 특성

(5) 학급 내 아동 간의 상호작용

- 학급 내 아동 간의 배척, 고립, 방관 등의 힘의 균형 관계와 그 속에 속해 있는 아동의 학급 내 사회적 지위

(6) 학급 분위기와 아동 간의 관계

- 학급의 협동적 또는 경쟁적 분위기와 그에 따른 학급 아동 간의 대화와 협력

(7) 교사의 학교폭력 아동에 대한 처벌과 개입의 수준

- 교사의 학교폭력 가해아동과 피해아동에 대한 태도 및 적극적 개입 여부

(8) 학교에서의 폭력서클에 대한 인지

- 학교폭력 해당 학생에 대한 파악과 당사자가 가입된 폭력 서클에 대한 인지 여부

(9) 학교 특성과 또래 집단의 특성의 상호작용

- 학교 풍토와 아동을 둘러싼 또래집단과의 관계

4) 외체계와 학교폭력

아동이 적극적인 참여자로 관여하지는 않으나 아동의 발달에 영향을 끼치는 환경을 말한다. 즉, 아동이 직접적으로 관여하지는 않지만 그로 인해 아동의 경험이 달라지는 환경이다. 이러한 외체계(exosystem)가 변화하면서 미시체계와 중간체계의 변화를 가져오게 된다. 예를 들어 외체계에는 부모가 다니는 직장의 특성이나 손위 형제가 다니는 학교와 학급의 특성, 부모의 친구 조직망, 아동이 속해 있는 학교를 지원하는 교육청, 교육지원청의 활동 등이 포함된다. 그리고 대중매체, 정부기관, 교통 · 통신 시설, 사회복지기관 등도 외체계에 포함될 수 있다(Bronfenbrenner, 1992).

이 중 학교폭력에 대한 정책을 결정하는 교육청과 교육위원회 등은 폭력 행동지도에 관련된 중요한 외체계 변인이라고 볼 수 있다.

외체계는 이상의 요인이 건강성을 유지할 때 아동 발달에 긍정적인 영향을 미치게 된다.

학교폭력과 관련하여 연구된 외체계 요인을 몇 가지 예로 들면 다음과 같다.

(1) 지역사회의 유해 환경

- 학교 주변 환경, 즉 학교폭력과 관련된 퇴폐업소의 유무

(2) 거주 지역과 주변 환경

- 이웃 환경에서의 폭력과 폭력 경험

(3) 학교의 학군

- 학교가 속해 있는 지역의 환경과 생활 조건

(4) 학교 내의 교육 환경

- 학교 구성원의 학교폭력에 대한 관심
- 학교폭력 예방 프로그램의 실행 여부
- 전문상담교사의 유무
- 학교 구성원에 대한 학교폭력 관련 교육 유무
- 학교폭력에 대한 감시 활동의 적극성

(5) 교육청과 교육지원청 그리고 교육위원회의 학교폭력에 대한 태도

- 교육청과 교육지원청 그리고 학교폭력 문제에 대한 이해 및 적극성
- 학교폭력 문제 해결에 대한 실천적 대안 구성

(6) 지역사회의 관심과 협력

- 아동이 생활하는 지역사회의 학교폭력에 대한 관심
- 아동의 여가생활을 지원할 수 있는 문화적 시설

(7) 폭력적 미디어에의 노출

- TV, 비디오, 인터넷 게임, 만화 등에서 보여 주는 폭력 행위

5) 거시체계와 학교폭력

거시체계(macrosystem)는 주어진 문화 또는 하위문화 내에서 그것을 구성하는 미시체계, 중간체계 그리고 외체계의 형태와 내용이 나타나는 일관성과 그런 일관성에 기초가 되는 신념체제 또는 이념을 의미한다. 여기에는 개인이 속해 있는 사회의 이념, 전통, 문화적 가치, 법, 관습 등이 포함된다. 즉 거시체계는 미시체계, 중간체계, 외체계의 모든 요소에서부터 아동이 살고 있는 문화적 환경까지 모두 포함한다.

아동발달에 영향을 미치는 사회문화적 배경으로서의 거시체계는 아동의 발달에 직접적으로 관여되지는 않지만 아동 발달에 지속적이고 강력한 영향을 미친다. 예를 들어, 아동이 속해 있는 사회에서의 가치 있는 행동 및 사회적으로 적절한 행동 기준 등이 거시체계에 의해 제시된다.

거시체계의 요인 중 학교폭력과 관련하여 연구된 결과를 몇 가지 제시해 보면 다음과 같다.

(1) 사회의 문화 규범과 신념

- 폭력 행동에 대한 사회적 규범과 신념

(2) 종교

- 폭력행동의 보호 요인으로서의 종교 유무

(3) 사회 환경

- 폭력에 관대한 문화
- 만연된 폭력 문화
- 학교폭력에 대한 사회적 무관심
- 윤리관의 붕괴

(4) 대중매체의 영향

- 폭력이 정당화되는 대중매체의 내용
- 대중매체의 폭력에 대한 무분별한 보도

(5) 성적 결과 위주의 교육

- 인성교육의 부재

(6) 교육제도의 문제

- 획일적 · 권위적 교육의 문제

- 경쟁적 동료관계를 조장하는 교육의 문제

(7) 인터넷 게임의 폭력성

- 폭력에 대한 무감각의 증대
- 폭력에 대한 관대함의 증대

(8) 사회적 소외 계층의 증가

- 실직, 집 없는 가정 등의 증가와 빈곤 현상
- 그로 인한 가족 해체의 문제

6) 시간체계와 학교폭력

인간은 시대가 흐름에 따라 달라지는 경험을 할 수 있는데 이를 시간체계(chronosystem)라고 한다. 시간체계는 전 생애에 걸쳐 일어나는 변화와 사회 · 역사적인 환경을 포함한다. 시간체계는 아동이 성장함에 따라 겪게 되는 주거지의 변화와 IMF와 같은 경제 순환의 변화, 부모의 죽음, 전쟁 발발 등의 외적인 사건이나 심한 심리적 변화를 겪게 되는 내적인 사건 등이 그 구성요소가 된다.

여기서는 인간의 생애에서 발생되는 단일한 사건이 아동의 발달에 미치는 영향도 있지만 시간이 경과하면서 연속적으로 일어나는 사건이 누적적으로 아동 발달에 미치는 영향을 더욱 중시한다. 예를 들어, 부모의 이혼이 종단적인 시간대에 따라 아동 폭력에 미치는 영향과 유아기 및 아동기의 강한 스트레스와 청년기 및 성인기의 폭력행동과의 관계 등이 여기에 속한다.

제 6 장

생태학적 접근에서 본 초등학교 학교폭력의 원인

학교폭력의 원인은 개인적, 제도적, 구조 · 문화적 수준에서 서로 복합적으로 연관되어 있다. 그러므로 학교폭력의 원인을 모두 제시할 수는 없지만 이 장에서는 제5장에서 살펴본 학교폭력의 원인에 대한 생태학적 접근을 중심으로 초등학교와 관련하여 국내 및 국외에서 수행된 학교폭력의 원인에 대한 연구결과를 종합하여 살펴보고자 한다.

1. 아동의 개인적 특성과 학교폭력

학교폭력과 관련된 아동의 개인적 특성에는 연령, 성별 차이, 아동의 건강 상태, 학업 및 발달상의 부적응 등의 외현적 특성과 자기존중감, 통제소재, 우울, 불안, 분노 등의 심리적 특성이 모두 포함될 수 있으며, 이와 관련하여 밝혀진 내용은 다음과 같다.

1) 연령

우리나라의 경우 학교폭력을 처음 경험한 시기가 거의 초등학교 시기이며, 유치원 시기인 경우도 가끔 나타나고 있다. 그리고 중학교나 고등학교 시기보다 초등학교 시기에 학교폭력을 가장 많이 경험하고 있다(청소년폭력예방재단, 2012). 미국의 경우에도 중학생보다 초등학생이 신체적, 언어적, 또래관계적 측면에서의 피해 경험이 많다고 한다(Varjas, Henrich, & Meyers, 2009).

초등학교 시기의 경우에 5학년보다 6학년의 신체 폭력, 금품갈취, 가해행동의 집단화, 흉폭화 정도가 높은 것으로 나타나 학년이 높을수록 학교폭력의 정도가 높다(유현근, 2007).

2) 성별

대부분의 연구가 남학생이 여학생보다 학교폭력에 더 많이 관여된다고 보았는데, 초등학교 아동을 대상으로 한 연구에서 남학생의 경우, 여학생보다 가해 경험의 비율이 높았다(유현근, 2007; 최태진 외, 2006). 특히 피해아동 중 남학생의 경우, 여학생보다 강한 언어적 위협(예: 시험 볼 때 억지로 답을 보여 줌)이나 신체적으로 심각성이 높은 피해(예: 주먹으로 얼굴을 맞음)를 경험하는 것으로 나타났다.

3) 건강 상태

아동의 건강 상태와 학교폭력의 문제를 직접 다룬 것은 없으나, 자신의 건강에 대한 불안이나 신체적 허약으로 인해 학교폭력 피해아동이 되는 경우가 있다. 예를 들어 최태진 등(2006)의 연구에서는 힘이 약하거나 허약해 보인다는 이유로 학교폭력 피해 경험을 하는 경우가 많은 것으로 나타났다.

4) 학업 및 발달상의 부적응

일반적으로 아동의 학업 부적응과 발달상의 부적응은 학교폭력 피해자로서의 위험요인이 될 수 있다. 학업에 대한 부적응의 경우, 학업발달이 뒤처지거나 학습장애를 가진 아동이 학교폭력 피해아동이 될 가능성이 있다(청소년폭력예방재단, 2012; Hong & Espelage, 2012). 그러나 학업에 대한 부적응보다는 발달적으로 부적응행동을 나타내는 아동이 더 쉽게 학교폭력 피해자가 되는 경우가 많다. 예를 들어 집단따돌림을 당하는 피해아동은 대부분 과잉행동을 자주 하거나 지나치게 소극적이고 회피적인 행동을 하는 경우가 많다(주은선, 박은란, 2003).

5) 우울, 불안, 분노 등의 심리적 특성

우울과 불안 등과 같은 심리적 특성은 아동의 성별에 관계없이 학교폭력 피해의 경험을 많이 갖게 한다. 우울과 불안 증상을 보이는 아동은 다른 아동의 눈에 띄어 학교폭력 피해자가 되는 경우가 많으며, 학교폭력을 경험할 때에도 우울과 불안이 없는 다른 아동보다 견디는 힘이 약하다.

학교폭력 피해아동의 심리적 특성은 우울, 불안, 낮은 자존감, 공격적 태도, 낮은 자기표현, 위축된 태도, 주의 산만함, 나약한 태도 등이며(최태진 외, 2006), 가해아동의 개인적인 심리적 특성으로서는 분노와 공격성, 공감 능력 부족, 충동성과 자기통제력 결여 등이 나타날 수 있다(김혜진, 2002).

6) 자기존중감과 내적 통제소재

자기존중감이 높고 내적 통제소재를 가진 아동은 학교폭력 가해 및 피해의 관여율이 낮은 편이다. 자기존중감과 내적 통제소재는 학교폭력 피해와 가해행동을 중재하는 중요한 요인이다(김혜진, 2002; 조유진, 2008).

2. 미시체계와 아동의 학교폭력

미시체계는 아동의 삶에 직접 영향을 미쳐 발달을 촉진하기도 하고 위기와 문제를 일으키기도 한다. 즉, 학교폭력 행동의 가장 직접적인 영향은 미시체계 내에서 일어나며, 미시체계 내의 가정, 학교 등 친밀한 환경 안에서 아동의 폭력은 개인이나 집단으로 구성되어 서로 상호작용적으로 발생하게 된다.

초등학교 폭력에 영향을 미치는 미시체계에서의 학교폭력 관련 요인을 가정 요인, 학교 요인, 또래관계 요인으로 나누어 살펴보면 다음과 같다.

1) 가정 요인

가정 요인은 매우 다양하나 여기에서는 아동과 관련하여 밝혀진 부모-아동 상호작용, 부모의 양육 태도, 부부 갈등, 부모와의 애착, 부모의 아동 학대 및 폭력 등의 요인을 살펴보고자 한다.

(1) 부모-아동 상호작용

어머니의 교육 수준이 낮거나 편모인 경우 그리고 그에 따른 경제적 빈곤 등이 부모-아동 간의 상호작용에 부정적 영향을 미치며, 학교에 대한 부모 참여를 감소시킨다(Hong & Eamon, 2012). 또한 부모-아동 간의 상호작용이 부정적일수록 부모는 아동의 친구관계에 대해서 잘 인지하지 못하며, 이것은 아동의 폭력 행동에 간접적인 영향을 미친다.

그리고 부모가 반사회적인 폭력행동을 자주 나타내는 것도 아동의 폭력행위에 영향을 미친다(Lipsey & Derzon, 1998). 특히 부모의 우울과 양육행동의 질이 아동의 학교 적응에 따른 문제행동을 초래하기도 하며, 이것은 특히 저소득 가정의 아동의 경우에 보다 간접적으로 영향을 미친다(김순규, 2006; 송신영, 박성연, 2008; 이은해 외, 2010).

(2) 부모의 양육 태도

아동의 발달에 부정적인 영향을 미치는 행동을 하는 부모, 아동의 생활에 대해 거의 관여하지 않는 부모, 아동을 지지하거나 수용하지 않는 부모의 자녀는 가해아동이 될 경향성이 많다. 이것은 성별 차이를 나타내는데, 예를 들면 어머니가 남자 아동의 자율성을 발달시키지 못하고 여자 아동의 경우 심리적 애착을 발달시키지 못하면 학교폭력 피해자가 될 경향성을 가지게 된다.

또한 과잉보호적인 부모-자녀 관계에서의 아동은 학교폭력 피해자가 될 수 있는 경향이 높다(Duncan, 1999).

(3) 부부 갈등

부부 갈등 요인에 관한 연구는 상대적으로 적으나, 부부간의 갈등을 자주 목격하는 아동의 경우, 학교폭력 가해 및 피해 행동을 나타낼 수 있다. 즉, 부부간에 폭력이 자주 일어나는 것은 공격성과 따돌림 등의 아동의 학교폭력 가해 및 피해 행동과 관련성이 있다(Monks et al., 2009).

(4) 부모와의 애착

아동이 부모와 정서적으로 애착관계를 강하게 가질 때 아동은 무슨 일이 있으면 부모가 자신을 보호할 것이라고 기대한다. 따라서 타인을 신뢰하는 것을 배우고, 불쾌한 사건이 일어나도 위협을 덜 느끼게 된다.

부모와 안정적 애착관계를 형성한 아동은 불안, 분노, 신념, 심리적 반응 모두에서 부모와 불안정한 애착관계를 형성한 아동보다 낮게 나타났으며, 또한 부모와 안정적 애착관계를 형성한 아동은 또래관계에서도 더 잘 수용된다(이경숙, 서수정, 신의진, 2000).

(5) 부모의 아동 학대 및 폭력

가정에서의 사회화 과정에서 폭행이나 학대를 경험한 아동은 부모의 폭행을 학습하게 되고, 다른 아동에 비해 공감 능력이 부족하고, 충동적으로 행동하는 경향이 있다. 아동기의 정서적 학대 경험은 대인관계 문제해결력과 자기효능감에 부정적 영향을 미치며(조은정, 이기학, 2004), 이것은 학교폭력 가해의 원인이 될 수 있다.

특히 아동에 대한 신체적 학대, 정서적 학대, 방임 등은 모두 공격성의 증가를 매개효과로 하여 직간접적으로 또래집단과의 소외와 연결되어(정익중, 2008), 이것은 폭력에 영향을 미치는 주요 요인이 될 수 있다.

초등학생의 스트레스에 영향을 미치는 요인은 공부에 대한 압력, 부정적인 자존감, 부모의 폭력인데 초등학교 4학년 아동 중 3% 정도의 아동이 부모의 언어적 폭력 및 신체적 폭력을 경험한다고 한다(황혜정, 2006). 이러한 부모 폭력의 영향은 누적되어 아동의 성격 형성이나 신체적 · 심리적 발달상의 문제를 일으킨다. 즉, 부모의 폭력은 자녀가 타인과 신뢰감을 가지고 친밀한 관계를 형성하지 못하게 하며, 자기존중감의 손상을 일으켜 아동으로 하여금 스스로 학대받을 만하다고 인지하게 하거나 폭력행동에 대해 둔감해지게 한다.

2) 학교 요인

학교 요인에는 학교의 물리적 환경뿐 아니라 심리적 환경까지가 포함된다. 건강한 학교란 학교구성원이 함께 의사결정과 계획을 하고, 지역사회 활동에 잘 참여하고, 아동을 위한 신체적 · 사회적 환경이 잘 구성되어 있고, 학교와 지역사회 간의 연계가 잘되어 있는 등의 특성을 가진 학교이다. 즉, 바람직한 학교환경에서는 아동이 교사나 동료와의 사회관계망에 대해 더욱 긍정적으로 지각하고, 서로에 대해 심리적인 애착을 가지며, 행동을 자율적으로 한다.

이러한 학교 환경의 특성에 따라 학교폭력은 증가할 수도 감소할 수도 있다. 여기에서는 학교 요인을 학교 애착, 학교 환경과 학교 규칙, 수업, 교사의 폭력에 대한 관여, 교사와 아동 간의 관계, 또래관계 등의 측면에서 살펴보고자 한다.

(1) 학교 애착

학교 애착은 주로 학교에 대한 소속감으로 나타난다. 학교에 대한 소속감은 학교폭력 가해행동과 관계가 있다. 즉, 학교에 대한 소속감이 높을수록 또래에 대한 공격성, 폭력 노출 등의 부정적인 요인을 감소시킨다. 아동이 소속 학교에 대해 애착을 덜 가질수록 학교폭력 가해 및 피해 경험이 증가된다. 학교에 대한 소속감이 증대되기 위해서는 아동이 학교에서 학업적 성공 경험을 자주 하고 또래와의 바람직한 상호작용을 통하여 학교에 대한 애착을 가지는 것이 학교폭력 가해행동을 간접적으로 억제해 주는 효과가 있는 것으로 나타났다(Stewart et al., 2004).

(2) 학교 환경과 학교 규칙

학교 환경에 대해 아동이 긍정적으로 인식할수록 학교폭력 가해 경향성이 있는 행동이 적어진다. 이것은 학교 내의 사회적 · 물리적 환경이 학생들의 학교 안전에 대한 인식에 영향을 주기 때문이다. 물론 학교 환경에 대한 긍정적 인식은 아동 개인의 특성에 따라 달리 영향을 받을 수도 있다.

그리고 학교나 교실 환경이 무질서할 경우, 학생들은 학교폭력의 피해자가 될 것이라는 두려움을 더 많이 느낀다고 한다(Akiba, 2008). 즉, 학교에서의 행동 규칙이 명확하고 그것이 엄격하게 시행되는 학교에서는 아동이 학교폭력의 위험 요인을 덜 가지게 된다.

정현정과 김경성(2009)의 연구에서도 초등학생의 공격성에 가장 큰 영향을 미치는 심리 변인이 '학교규칙 준수'로 나타났다. 즉, 아동이 학교에서의 행동 규칙을 잘 준수할수록 공격성이 낮아지고 이것은 학교폭력에도 중요한 영향을 미친다.

또한 아동이 학교에 대해 지니는 전반적인 느낌과 학교활동 참여의 중요성에 대해서 지각하는 학교태도는 아동의 학교생활 적응과 학업 성취 증진과 관계가 있으며, 이러한 학교태도에 영향을 미치는 것은 창의적 학교환경 및 교수적 학교 환경이다(안도희, 2009).

(3) 수업

교사가 학생 중심의 수업을 할 때 학생들은 학교폭력 피해자가 될 것이라는 두려움을 덜 느낀다고 한다(Akiba, 2008). 즉, 교사가 학생들을 지지하고 수용하는 학생 중심의 수업 분위기에서 학생들은 자신의 학교가 좀 더 안전하다고 지각하기 때문이다. 교사의 수업에 대한 열정 또한 건강한 학교 생태계를 구성하는 데 중요한 역할을 하며(이상수 외, 2013), 수업의 내용에 있어서 정서, 감성교육의 중시 여부도 폭력행동 감소의 주요한 요인이 될 수 있다(서미경, 2007).

(4) 교사의 폭력에 대한 관여

교사의 학교폭력에 대한 태도와 개입 정도는 학교폭력의 양과 빈도에 매우 중요한 영향을 미친다. 그러나 실제 교사가 아동의 학교폭력 행동에 개입하고 중재하는 비율은 매우 낮다. 최태진 등(2006)의 연구에서는 학교폭력 가해아동의 경우, 지도를 받은 적이 있는 경우가 26%에 불과하였다. 외국의 경우에도 교사는 관찰된 학교폭력 사건의 약 29%에만 개입한 것으로 나타났다(Macklem, 2003).

(5) 교사와 아동 간의 관계

학교폭력은 학생과 교사와 긍정적인 관계를 가질 때 줄어들 여지가 높다. 학교폭력의 주요 무대가 학교임을 감안할 때, 특히 교사와 학생 간의 긍정적인 관계는 학교폭력을 예방할 뿐만 아니라 피해 결과를 최소화하는 데 매우 중요한 요소가 된다(김혜원, 2013). 학급에서 학생 간에 그리고 교사와 학생 간에 원활한 소통이 이루어질 때 그것은 건강한 학교라고 볼 수 있다(이상수 외, 2013).

실제로 교사가 학생들의 친구관계에 관심을 가지고 아동의 개인 문제를 기꺼이 도우려고 하는 학교는 학교폭력이 감소한다. 아동이 교사와 학교에 대해 애착을 가지는 것이 폭력 가해행동을 직접적으로 억제하며, 교사와 학교에 대해 애착을 가지는 것이 학생들의 분노조절 능력을 높이고, 비행 친구와의 접촉을 줄여서 학교폭력 가해행동을 간접적으로 억제하는 효과가 있다(이은희 외, 2004).

그리고 교사와 아동과의 관계에 있어서 교사가 아동에게 차별적 상호작용을 하는 것이 아동의 집단따돌림 현상에 주요한 영향을 미치기도 한다(이정선, 최영순, 2001).

(6) 또래관계 요인

① 또래에 의한 수용

사회적 환경으로서의 또래관계는 아주 중요하다. 즉, 아동이 또래와의 관계에서 소속감을 느끼고 친밀한 관계를 형성하여 학교에 대한 유대감을 형성해 주는 것은 학교폭력 예방을 위한 주요한 요인이 된다(Cunningham, 2007).

학급 내 또래관계가 안정적일 때, 즉 또래 사이에서 배척되거나 고립되는 아동이 거의 없을 때 학교폭력은 줄어들 수 있다. 또래 간의 수용과 인기, 우정 등은 많은 아동의 안정적 학교생활에서의 필수 요소로 또래 수용과 사회적 지지 경험 수준이 낮을수록 그것은 학교폭력, 특히 따돌림을 당할 수 있는 위험 요인이 될 확률이 높다. 실제로 우리나라 초등학교 아동의 가장 큰 스트레스는 '친구로부터 괴로움을 당할 때' '친구가 자기를 무시할 때' '자신이 친구로부터 따돌림을 당할 때' 등 또래관계에서 비롯한다고 한다(홍관식, 히로소리 시미다, 주호수, 1998; 황혜경, 김순자, 2001).

또래에게 수용되는 아동은 친절하고 사교적이며, 협동적인 특성을 가진다(Rubin, Bukowski & Parker, 1998). 또래수용도가 높을수록 아동은 외현적 공격성과 관계적 공격성을 덜 나타낸다(정현정, 김경성, 2009). 이와 유사한 결과로 초등학교 5, 6학년 아동의 또래관계에서는 또래가 선호하는 아동일수록 공격성이 낮으며, 또래 간의 인기도에서는 인기가 높은 집단과 낮은 집단 모두에서 공격성이 확인되었다(김동현, 이규미, 2010).

친구 구성에 따른 학교폭력 행동의 정도도 차이가 있는데 친구 수가 1명, 4~5명, 6명 이상 등의 순으로 학교폭력 경향이 높게 나타난다. 이것은 친밀한 친구가 없고, 친구관계 형성에 어려움을 느끼거나 친구 집단에 수용되지 못하는 것이 정서불안, 부정적 성격 및 낮은 자아존중감을 형성하여 폭력 가해행동에 간접적인 영향을 미치는 것으로 볼 수 있다(유현근, 2007).

② 비행 친구와의 접촉

학교 내외에서의 비행 친구와의 접촉은 폭력을 미화하고 폭력에 대한 보상을 제공해주는 환경을 제공한다. 초등학교에서도 폭력 집단에 소속되는 아동이 늘어나는 것도 이러한 원인에 귀인될 수 있다.

특히 학교폭력 집단인 일진회의 경우, 초등학교 5학년 때부터 선발되기 시작하면서 6학년 때 2차 선발이 되고 중학생이 되면 신고식을 치르게 한다. 그리고 일단 학생이 지목되면 가입하지 않았을 때 끊임없이 괴롭힘을 당하고 일단 가입되었을 때는 폭력에 대한 보상을 제공받아 장기적인 비행을 저지르게 된다(정지원, 2006).

초 · 중 · 고등학교 교사, 학생 및 학교 관리자를 대상으로 한 이상수 등(2013)의 연구에서는, 미시체계에서의 학교 환경 중 학교폭력이 없는 건강한 학교 생태계를 구성하기 위한 중요한 학교 요인이 '교사의 수업에 대한 열정' '학급 내 학생 간의 소통' '학교 구성원 간의 신뢰' 로 나타나 이상의 학교 요인인 학교 환경, 교사의 수업, 학생의 또래관계가 학교폭력 감소를 위하여 고려하여야 할 매우 중요한 요인임을 알 수 있다.

3. 중간체계와 아동의 학교폭력

중간체계는 아동이 적극적으로 참여하는 미시체계 간의 상호관계이다. 즉, 중간체계는 아동 발달에 영향을 주는 2개 이상의 미시체계 간의 상호관계를 포함한다. 여기에서는 연구된 결과에 따라 학부모와 학교와의 관계, 부모와 아동 친구 간의 관계, 학교 풍토, 학교 특성과 또래집단 특성과의 상호작용의 측면에서 살펴보고자 한다.

1) 학부모와 학교와의 관계

우선 학부모의 학교 참여 측면에서 학부모가 학교 회의에 참여하는 횟수, 교사나 상담자와 대화하는 횟수, 학교 행사에 참여하는 횟수, 그리고 학교 일에 자원봉사로 참여하는 횟수 등은 아동의 학교폭력 가해, 피해의 경향과 관계가 있다(Hong & Eamon, 2012).

그리고 학부모의 학교에 대한 상호작용 측면에서 부모가 학교 일에 대해 긍정적으로 수용하는지 부정적인 태도로 임하는지의 여부는 아동의 학교폭력과 간접적으로 관계가 있다(Hong & Espelage, 2012).

2) 부모와 아동 친구 간의 관계

부모가 아동의 친구관계에 대하여 얼마나 잘 인지하고 있느냐의 여부와 부모가 아동의 친구에 대한 공격행동에 개입하는 정도는 아동의 학교폭력 행동에 간접적으로 영향을 미친다. 부모는 아동의 친구관계에서 외현적 공격성의 문제에는 중요하게 개입하지만 친구들과의 관계에서 관계적 공격성에 대해서는 개입을 낮게 한다. 즉, 아동 간의 신체적 폭력 등의 외현적 공격성은 해롭고 바람직하지 않다고 생각하는 반면, 집단에서 배척하고 소외시키거나 나쁜 소문내기 등의 관계적 공격성은 덜 해로운 것으로 생각하고 개입하지 않는 경향이 많다(김지현 외, 2009). 이러한 부모의 인식과 행동은 아동의 집단따돌림 등의 폭력행동에 영향을 미치게 된다.

3) 학교 풍토

학교 풍토는 학교 구성원과 학생 간의 상호작용의 질과 빈도를 말한다(Emmons, 1993). 건강한 학교 풍토는 학교체계가 활기를 가지고, 학교 조직이 공정하고 효율적으로 구성되어 있으며, 학교 구성원의 자아탄력성 수준이 높다고 한다(Costanza, 2012). 학교 풍토에서 학교 구성원이 스트레스를 잘 이겨 내고 변화에 잘 대처하는 자아탄력성을 기르기 위해서는 교사와 관리자의 리더십, 신속한 의사결정, 구성원 간의 신뢰와 문제를 해결하고자 하는 전향적 자세가 필요하다.

(1) 학교 훈육의 공정함에 대한 학생들의 인식과 이에 따른 교사와의 관계

학교 훈육의 공정함에 대한 학생들의 인식과 이에 따른 학생과 교사와의 관계의 질은 학생들의 학교 적응이나 학교 학습에 중요한 영향을 미치며, 학생 간의 괴롭힘에는 이러한 학교의 풍토가 중요한 역할을 한다(Nansel et al., 2001).

학교 풍토는 학교에서의 괴롭힘 행동과 특히 관련되어 있으며, 부정적인 학교 풍토 속에서 학교폭력 가해학생은 처벌에 대한 두려움 없이 공격적으로 행동하며, 방관학생은 수동적으로 이 행동을 더욱 부추기게 된다.

(2) 긍정적이거나 부정적인 학교 분위기와 교사와의 관계

학교 분위기에서도 서로 존경하고 인간관계에 중요한 가치를 두는 긍정적인 학교 분위기보다는 교사가 부정적 피드백을 자주 하고, 학생들에게 부정적인 피드백이 많은 학교 환경에서 학생들은 더 많은 학교폭력을 행사하게 된다(Thomas, 2011).

(3) 교사나 학교행정가의 학교폭력에 대한 태도 및 개입

교사나 학교행정가의 학교폭력에 대한 묵인과 방조는 학교폭력 관련 요인으로 매우 중요한 작용을 한다. 학교에서 학교폭력을 잠재적으로 허용하고 학교폭력 문제를 경시하거나 무시할 때 학교폭력이 더욱 빈번해지며(도기봉, 2008), 학교에서의 폭력에 대한 묵인이 집단따돌림, 신체폭력 등의 학교폭력의 전반적인 발생과 밀접한 관련이 있다(정진성, 2009). 즉, 교사나 학교행정가의 학교폭력에 대한 태도와 관여는 아동의 친구관계 형성과 학교 환경에 대한 지각에 영향을 미치며, 이것은 아동의 학교폭력 행동과 관련된다(Lee, 2009). 교사나 학교행정가가 학교폭력을 묵인하거나 방조하는 태도는 괴롭힘을 당하는 피해자가 피해를 당했다고 신고하는 데 어려움을 갖거나, 도움을 기대할 수 없는 학교 풍토를 조성하게 된다. 그리고 이러한 괴롭힘이 피해자에게 영향을 미칠 뿐만 아니라 학교 전체에 공포와 협박 분위기가 조성됨으로써 학교 전체 환경에도 좋지 않은 영향을 미친다.

(4) 학교 내의 교사들 간의 관계

긍정적인 학교 풍토를 가진 학교는 교사들 간의 관계도 서로 우호적이다. 따라서 학생들의 학교폭력의 빈도가 낮으며, 학생들 사이에서도 학교폭력에 대한 두려움이 적고 행동문제도 덜 일어난다. 예를 들어 학교에서 학생과 교사 간에 정기적인 대화를 하는 만남의 시간을 정하여 실행하고, 학생과 교사 간에 행동의 규준이 명확하며, 서로에 대한 기대를 공유하는 학교에서는 학생의 문제행동 빈도가 낮다(Bryk & Driscoll, 1998).

(5) 학교 구성원 간의 상호 신뢰 관계

건강한 학교 생태계를 구성하기 위해 가장 중요한 요인은 교사, 학생 및 학교행정가 간에 의사소통이 원활하고 서로 간에 신뢰의 분위기가 형성되는 것이다. 초등학교에서는 특히 교사 간의 사회관계가 건강한 학교의 구성에 가장 중요한 요인이 되며(이상수 외, 2013), 이러한 교사 간의 사회 분위기는 아동의 폭력 행동 유발에 간접적으로 영향을 미친다.

교사에게 자신의 문제를 털어놓을 만큼 상호 신뢰가 형성되어 있는 학교는 학교폭력이 적은 편이며, 이런 학생은 또한 폭력행동에 대해서도 부정적인 태도를 가질 가능성이 높다(Bandyopadhyay et al., 2009).

4) 학교 특성과 또래집단 특성과의 상호작용

학생들이 다니는 학교의 특성과 또래집단의 특성은 상호작용을 한다. 즉, 학교 전체 분위기가 학생들을 지지하고 우호적일 때 학급 내 또래집단의 관계는 상호 지지적이고 안정적일 수 있다. 그러나 학교 전체의 분위기가 학생들에게 관심이 덜하고 방임적일 때 학급 내 또는 학교 내 또래집단은 학교와 상호 배척관계를 형성하고 학교 밖의 폭력조직과의 관련성도 높아진다. 또한 이것은 잠정적으로 학생 개인에게 학교폭력 가해 및 피해의 영향을 미친다(Hong & Espelage, 2012).

4. 외체계와 아동의 학교폭력

외체계는 아동에게 영향을 미치지만 직접적인 역할은 하지 않는 환경체계로서 개인이 발달하는 직접적 환경에 영향을 주거나 그것을 구성하는 형식적 · 비형식적인 사회구조를 포함한다.

외체계에서 학교폭력 관련 요인은 폭력적인 미디어 노출, 아동의 주변 환경, 지역사회 환경, 폭력에 대한 사회풍토, 폭력에 관련된 지역사회 전문기관의 연계망 등의 측면에서 살펴보면 다음과 같다.

1) 폭력적인 미디어 노출

대중매체를 통한 폭력 경험은 아동의 학교폭력 현상을 늘리는 원인이 될 수 있다. 아동의 폭력적인 TV 노출 경험, 비디오 게임, 인터넷이 아동의 공격적 사고와 공격 행동 가능성을 높인다. 이러한 미디어에 대한 노출은 학생들에게 학교폭력 행동에 대하여 낙관적인 생각을 일으키며, 이에 따라 학급 분위기를 폭력적으로 만들고, 또래집단에서 폭력적인 아동을 지지하도록 하는 분위기를 형성한다.

실제로 학교폭력 가해행동에는 또래 폭력, 가정 폭력 및 대중매체 폭력이 중요한 예측 요인이며(김혜원, 이해경, 2000; 이해경, 김혜원, 2001), 초등학생의 경우, 학교폭력 가해 경험에 영향을 미치는 매우 중요한 시기에 TV나 인터넷 게임 등을 통하여 직간접적으로 폭력적인 경험을 자주 하게 되는 것이 학교폭력 가해행동에 심각한 영향을 미칠 수 있다.

2) 아동의 주변 환경

학교폭력 행동은 학교 장면 이외에 아동이 생활하는 주변 환경의 영향을 많이 받는다. 특히 빈곤 지역에 거주하거나 아동이 거주하는 곳의 주변 환경에서 폭력행위가 자주 일어나면 아동의 학교폭력 가해행동이 더 많이 발생한다(Hong & Garbarino, 2012).

즉, 아동이 거주하는 지역사회에서의 폭력에 자주 노출되는 것은 아동의 공격성과 그에 따른 학교폭력 발생 위험도를 높일 수 있다(Farrell, Valois, Meyer, & Tidwell, 2003). 우리나라에서도 학교폭력 경험과 아동의 거주 환경과의 관계에서 상가 및 유흥가에 인접한 지역에 거주하는 아동은 다른 아동에 비하여 초등학교에서 다른 아동에게 욕설과 협박을 더 많이 하는 경향이 있는 것으로 보고되고 있다(유영수, 2002). 또한 학교폭력 피해의 경우에 있어서도 주변 환경이 안전하지 않은 곳에 거주하는 아동은 학교폭력 피해자로서의 경험을 할 가능성이 높다(Hong & Espelage, 2012).

3) 지역사회 환경

교육공동체로서의 지역사회는 아동의 학교폭력 행동에 간접적인 영향을 미친다. 예를 들어, 지역사회에 있는 교육청의 초등학교에 대한 학교폭력 관련 정책이나 해당 교육위원회의 학교폭력 관련 의결 사항은 아동에게 중요한 영향을 미친다. 그리고 그 정책의 현실성과 실현 가능성 등도 학교폭력의 실태에 중요한 영향을 미친다. 예를 들어, 학교폭력 지킴이 활동의 확산, 학교폭력이 없는 블루존 프로그램의 실시와 확산은 학교폭력 근절에 중요한 영향을 미칠 수 있다.

학교폭력과 관련된 지역사회 변인을 연구한 정진성(2009)의 연구에서는 청소년이 속해 있는 지역사회의 환경과 관련된 변수가 폭력, 폭언, 왕따, 갈취, 협박 등의 전체 학교폭력행동과 밀접한 관계가 있는 것으로 나타났다. 즉, 학생들이 거주하는 지역사회의 환경이 무질서할수록 학교폭력을 늘리는 주요 원인이 된다는 것이다.

4) 폭력에 대한 사회풍토

지역사회에서 폭력을 방관하고 묵인하는 풍토, 학교폭력에 대한 무감각함, 학교폭력 피해학생이나 학부모의 신고 정신 부재 등이 학교폭력이 증가되는 주요한 원인이 될 수 있다(서미경, 2007).

5) 폭력에 관련된 지역사회 전문기관의 연계망

지역사회 차원에서 학교폭력의 문제를 해결하기 위해서 가장 필요한 것은 다양한 전문기관과의 연계망 형성(networking)이다(김선형, 2005). 지역사회에 존재하는 전문기관이 학교폭력 예방과 대책에 관한 논의를 활성화하여 지역사회의 학교폭력에 대한 관심을 증진하고 전문성을 함양할 수 있는 방안이 학교폭력의 근절에 중요한 영향을 미친다.

5. 거시체계와 아동의 학교폭력

거시체계는 중간체계와 외체계를 포함하는 체계로서 각 문화권 특유의 가치, 태도, 신념 및 이데올로기 등을 포함한다. 아동을 둘러싼 이러한 거시체계 환경은 아동의 학교폭력 문제에 직간접적으로 많은 영향을 미친다.

거시체계에서의 학교폭력의 발생 요인을 국가의 문화, 사회규범과 신념, 입시 경쟁에 따른 교육의 위계성과 획일성, 국가 수준의 학교폭력 관련 정책 및 종교 등의 측면에서 살펴보면 다음과 같다.

1) 국가의 문화, 사회규범과 신념

국가적으로 학교폭력 행동을 근절하고자 하는 신념과 학교폭력을 근절하고자 하는 사회규범 및 문화적 분위기 등은 학교폭력 발생에 중요한 영향을 미친다.

특히 우리 사회에서의 사회 · 문화적 요인으로서 학교폭력 문제와 관련이 있는 환경은 특유의 집단주의적 문화를 들 수 있다. 집단주의란 외집단보다는 내집단의 화합을 중요하게 생각하는 문화이다. 학교폭력 현상은 이러한 집단주의적 문화와 관련될 수 있다(가우디, 1999). 우리 사회의 집단주의 문화는 출신 지역, 출신 학교, 출신 군대 및 종교적 성향에 따라 그리고 다양한 이익집단이 나타내는 배타적인 성향에 따라 내집단끼리의 결합이 강조되고 그에 따라 그 집단에 속하지 않은 외집단에 대해서는 극단적인 배타성을 나타내는 경향이 강하다. 그러므로 학교폭력의 문제도 자신과는 뭔가 다른 집단은 경계하고 위해를 가하려는 사회 특성이 반영된 것일 수 있다. 즉, 학교폭력은 서로 다름을 인정하고 수용하지 못하는 문화의 한 측면을 반영한 결과라고도 볼 수 있다.

2) 입시 경쟁에 따른 교육의 위계성과 획일성

학교교육의 모든 과정이 줄 세우기 교육과 성적 위주의 경쟁 교육으로 획일화될 때, 학생들은 자신의 성취보다는 타인과 비교하여 성취하는 점수에 경쟁적으로 집착하게 된다. 이런 상황에서 경쟁할 수 없는 많은 학생은 학교에서 성공적 성취감을 가지지 못하고 많은 스트레스를 겪으며, 그것은 또래에 대한 반사회적 행동을 일으키는 원인이 된다. 실제로 김지현(2009)과 한태희와 홍상황(2004)의 연구에서도 아동의 공격적 행동과 스트레스 수준과의 정적 관계가 밝혀진 바 있다.

우리나라의 상당수 초등학교 아동이 학원이나 과외 등으로 자신만의 시간을 갖지 못하고 각종 스트레스 상황에 노출되어 있다는 것과(조성연, 신혜영, 최미숙, 최혜영, 2009), 성적 위주의 심각한 교육 현실로 인하여 아동들이 지나친 학업스트레스를 겪고 있다는 것은(김선혜, 2004), 이러한 입시경쟁의 한 부산물이라고 볼 수 있다. 이에 따라 아동의 삶의 질이나 심리적 행복감은 낮아지며 이것 또한 아동의 학교폭력 문제와 중요하게 관련된다.

3) 국가 수준의 학교폭력 관련 정책

국가수준의 학교폭력 관련 규정이 학교의 안전을 어떻게 지켜내는지, 그리고 학교에서의 폭력문제에 얼마나 종합적으로 대처하는지는 학교폭력의 예방과 대책에 중요한 영향을 미친다. 그리고 이러한 학교폭력에 대한 대책이 일선 학교에서 실제적으로 수행되고 있는지의 여부 또한 매우 중요하다.

4) 종교

종교는 학교폭력 행동을 억제하는 보호 요인이 될 수 있다. 최근 연구에서는 아동의 어머니가 종교를 가지고 적극적으로 참여하는 수준이 높을수록 아동 폭력행동의 가능성이 낮은 것으로 보고되고 있다(Hong & Espelage, 2012).

6. 시간체계와 아동의 학교폭력

시간체계는 생애주기를 통한 가족 구조의 변화와 개인과 환경의 안정성과 변화를 말하며, 역사적인 사건이나 생애 사건을 포함한다.

아동기에 부모가 이혼했거나 재혼한 가정의 청소년은 공격성 수준이 높고, 동료들과 잘 어울리지 못하며, 반항적이고 자기를 통제하는 능력이 매우 떨어진다고 한다. 왜냐하면 아동기의 양육 경험은 성격 형성에 매우 중요한 영향을 미치기 때문이다.

아동기에는 이러한 가족 구조의 변화가 행동 발달에 중요한 영향을 미치므로 시간체계에 따른 아동의 가족구조 변화 및 환경 변화에 대한 연구가 더욱 필요하다.

우리나라의 경우, 시대 변화에서 연령대에 따른 학교폭력 피해 경험의 차이가 나타났는데 첫째, 학교폭력 피해 경험률은 연령대가 낮을수록, 즉 현 시대에 가까울수록 증가하며, 특히 신체적 폭력이 증가되는 경향이 있었다. 둘째, 연령대별 변화 양상의 성별 차이에 있어서 여성의 경우 남성보다 학교폭력 피해율이 증가되는 추세이며 괴롭힘보다 신체적인 폭력이 증가되는 경향성이 나타났다(한인영 외, 2008).

제2부에서 살펴보았듯이 학교폭력 문제는 가정, 사회, 학교, 그리고 학생 모두가 관련되어 있는 복합적인 차원의 문제이다. 따라서 학교폭력의 문제는 단기간에 일시적인 방법으로 해결될 수 있는 간단한 문제가 아니다. 학교폭력 근절을 위해서는 장기적인 계획과 아동을 둘러싼 다양한 환경의 정비를 통한 거시적인 노력이 필요하다.

그동안 학교폭력을 근절하기 위하여 많은 시책이 연구되고 시행되어 왔지만 학교폭력은 근절되지 않고 계속 발생하며 초등학교에서는 오히려 증가 추세에 있는 실정이다. 이것은 학교폭력의 문제를 폭력이 일어나는 학교 현장에 초점을 맞추어 더 장기적인 시각에서 대처하지 못한 결과라고도 볼 수 있다. 학교폭력을 해결하기 위해서는 근본적으로 학교 현장에 밀착하여 학교와 교사를 중심으로 한 근본 대책을 강구해 보아야 한다.

특히 중 · 고등학교와는 다른 초등학교 교육의 특성은 인간 행동의 기초를 형성하는 데 있다. 치료보다는 예방적 차원에서, 사법적 심판보다는 교육적 보살핌이 필요한 이유가 그것이다. '사후 약방문' '소 잃고 외양간 고치기' 등의 옛말이 있다. 초등학교 시기에 적절한 예방교육이 이루어지지 않으면 중 · 고등학교에서의 학교폭력 대책은 '사후 약방문'이 될 확률이 높다.

제3부에서는 이러한 초등학교 학교폭력에 대처하기 위한 환경 체계로서 학교 차원에 중점을 두고 그 예방 대책을 살펴보고자 한다. 이를 위해 초등학교 교육의 전반적 차원에서의 초등학교 인성교육의 강화, 학교폭력 예방을 위한 생활지도 교육과정의 구성과 실행, 그리고 학교폭력을 예방하기 위한 학급에서의 교사의 역할 정립에 대해서 살펴보고자 한다.

제 3 부

초등학교 학교폭력 예방을 위한 학교와 교사의 역할

제 7 장

초등학교에서의 인성교육의 강화

초등학교에서 폭력 가해 및 피해 행동을 나타내는 아동의 주요한 특성이 자기중심성, 분노조절 능력의 결여, 비사회적 기술, 공격적 태도, 위축적이고 나약한 태도 및 자기표현의 미숙 등으로 나타난 것은(최태진 외, 2006), 이러한 아동을 위한 개인적 정서의 발달, 친사회적 태도와 공감 능력 등의 교과지도와는 또 다른 영역의 인성교육이 학교에서 필요하다는 것을 말해 준다. 실제로 교사도 학교폭력 예방을 위해서 가장 중요한 것은 가정교육의 강화와 학교에서의 인성교육 강화라고 인식하고 있다(김선형, 2005; 박황규, 2007).

최근 사회적으로 문제시되고 있는 학교폭력 문제는 아동과 청소년을 대상으로 하는 이러한 인성교육의 필요성을 단적으로 나타내고 있으며, 정부의 '학교폭력근절 종합대책'(2012)에서도 2004년 이후의 수차례에 걸친 학교폭력 대책이 학교 현장의 근본적인 변화를 이끌어 내지 못하였다고 보았고, 특히 학생들의 배려, 공감 및 협동심을 키우는 실천 중심의 인성교육에 대한 정책 추진이 미흡했음을 밝히고 있다. 이에 따라 학교-가정-사회가 함께 인성교육 실천을 해야 한다는 것을 강조하면서 '학교폭력근절 종합대책' 중의 하나로 교육 전반에 걸친 인성교육 실천의 내용을 제시하고 있다. 그것은 첫째, 바른 인성의 기초를 마련하는 3~5세까지의 누리과정 운영, 둘째, 배움이 실천으로 연결되는 프로젝트형 인성교육 실시, 셋째, 중학교 체육활동 대폭 확대, 넷째, 학생-학부모-교사가 함께 학생 생활규칙을 통한 인성교육 실현, 다섯째, 인성 관련 학생부 기재 강화와 입학 전형에의 반영, 여섯째, 생활지도 등 인성교육을 잘하는 교원과 학교 우대, 일곱째, 시 · 도 교육청 평가를 통한 책무성 확보 등이다.

최근에 보도된 교육부의 학교폭력 대책(현장중심 학교폭력 대책, 교육부 보도자료, 2013. 7. 23)에서도 체험 중심의 인성교육인 학교폭력 예방 '어울림 프로그램'을 2017년까지 전 학교에 도입하고 또래보호, 사제동행 등 학교의 자발적 학교폭력 예방 활동을 활성화하고, 학교 내 대안교실을 100개 시범 운영하며, 대안학교와 대안교육기관을 확충한다는 등의 방안이 제시되었다.

인성교육에 대한 이러한 새로운 대책은 학교폭력이 사회적으로 문제시될 때마다 제시되고 있지만 지금도 이러한 대책이 실효성을 거두지 못하고 있는 것은 이러한 인성교육 정책이 현장에서 인성교육을 실시해야 하는 교사의 입장을 그 중심에 두고 수립된 것이 아니라는 점이다. 인성교육을 내실화할 수 있는 실천 방안은 현장에서 인성교육을 실천할 교사를 그 중심에 두고 실제적인 방안을 연구해야 할 것이다.

실제로 교사들은 인성교육의 필요성과 중요성에 대해서는 공감하고 있지만 실천을 위한 구체적인 내용과 방법에 있어서는 분명한 방향감이 없어 혼란해하는 경우가 많으며, 인성교육이라는 용어 자체에 대하여 혼란을 느끼기도 한다. 왜냐하면 교과지도와는 달리 인성지도는 명백하고 구체적인 교육과정이 없기 때문이다.

이 장에서는 초등학교 학교폭력을 예방하기 위한 한 방안으로서 초등학교에서의 인성교육의 강화 방안에 대해 탐색해 보고자 한다. 이에 따라 인성교육의 의미, 초등학교 교육에서의 인성교육, 초등학교 인성교육의 목적, 내용 및 방법을 탐색해 보고, 현장의 초등학교 교사가 생각하는 인성교육 실천의 문제점 및 효과적인 실시 방안 등을 살펴보고자 한다(박성미, 허승희, 2012; 허승희, 2003a).

1. 인성교육의 의미

인성교육은 상담, 생활지도와 함께 학교의 학생지도 서비스의 가장 중요한 요소이다(Hornby, Hall, & Hall, 2007).

인성교육의 의미는 각국의 전통과 사회 · 문화적 상황에 따라 그리고 인성교육을 하고 있는 부모 및 현장 교사의 필요성에 따라서도 서로 다르게 정의되고 있으며, 학계에서도 인성의 개념을 서로 다르게 정의하고 있다.

인성교육은 대개 도덕교육(손봉호, 1995)의 차원에서, 그리고 건강한 성격과 성숙된 인격교육(김경숙, 2007; 김정진, 2008; 이충호, 2008; 황상규, 2009) 등의 차원에서 제시되고 있다. 이러한 인성에 대한 개념을 종합해 보면 인성을 도덕적 차원에서는 넓은 의미에서의 인격을, 심리적인 차원에서는 인간의 정의적 측면의 발달, 즉 사회성, 성격 및 정서적인 발달 특성을 광범위하게 포함하고 있다.

인성은 또한 인성이 적용되는 다양한 측면에서 볼 때 개인적 가치, 대인 간 가치 및 사회적 차원에서의 가치 등의 영역에서 조명될 수도 있다(Althof & Berkowitz, 2006; Dior, 1993). 미국의 경우 인성교육은 주로 인격교육의 측면에서 조명되어 신뢰, 존중, 책임감, 공정성, 보살핌 및 시민의식 등의 덕목이 학교교육을 통하여 적극적으로 가르쳐져야 할 인격적 요소로 보고 있다(Etzioni, 1995; Lickona, 1993).

위의 인성의 개념을 종합하여 정리해 보면, 인성이란 개인의 심성, 성격 및 인격을 포괄적으로 통합하는 개념이며, 인성이란 "인간이 개인적으로 갖추어야 할 바람직한 심성과 사회적으로 갖추어야 할 가치 있는 인격 및 행동 특성"으로 볼 수 있다. 조연순(2007)도 인성교육을 "자신의 개성을 발휘하여 사회와 공동체에 유익을 줄 수 있는 인간으로서의 자질과 능력을 기르는 교육"으로 보아 개인과 공동체를 모두 중시하는 종합적 차원의 인성교육의 개념을 제시하고 있다.

이러한 인성의 의미를 종합적으로 고찰해 보면, 인성의 구성요소는 긍정적 생활태도, 심미적 소양, 타인에 대한 존중, 타인에 대한 용서와 관용, 사회구성원으로서의 역할과 책임, 시민정신 및 도덕적 판단력 등의 일곱 가지 요인으로 정리할 수 있다(박성미, 허승희, 2012).

2. 초등학교 교육과 인성교육

1) 초등학교에서의 인성교육의 중요성

초등학교 교육은 중·고등학교와는 달리 아동의 전인적 성장을 위한 기초 자질을 형성하는 교육이다. 초등학교 교육에서는 중·고등학교 교육과 달리 인간발달의 기초를 형성하고, 통합적이고 전인적인 교육이 특히 강조된다. 초등학교에서의 인성교육이란 이러한 초등교육의 특수성을 기반으로 하여, 교과지도의 과정 속에서 혹은 교과지도와 병행하여 아동의 전인적 성장을 지원하는 활동이다.

초등학교에서의 인성교육의 중요성은 다음의 몇 가지 측면에서 강조할 수 있다.

(1) 초등학교 교육의 목적 및 교육과정에 비추어 본 인성교육

세계 여러 나라에서의 초등교육의 목적은 추구되는 교육이념에 따라 서로 달리 설정되어 있지만, 초등교육이 지적능력, 태도, 가치관 등의 기초적인 발달이 이루어지는 시기이며, 이에 따라 기초적인 전인성, 즉 신체적·정신적·사회적·정서적 및 지적으로 균형된 인간성을 기르는 데 그 목적을 둔다는 점에서는 공통적이다. 1997년에 제정·공포된 우리나라 「초·중등 교육법」에서도 초등학교 교육의 목표는 학생들의 학습과 일상생활에 필요한 기초 능력 배양 및 기본 생활습관을 형성하는 데 중점을 둔다고 보아, 초등교육에서의 기본적 인성교육의 필요성을 강조하고 있다.

기초적인 전인성의 문제를 초등학교에서 고등학교까지의 전체적인 학교 교육과정에서 살펴본다면, 초등학교 시기는 생활적응 능력을 바탕으로 한 기초교육과 기본교육이 중심이 되는 시기이다. 여기서 기초교육에는 기능교육과 감각교육이 포함되며, 기능교육의 내용에는 신체적 기능과 지적 기능, 그리고 감각교육에는 자연 감각, 사회 감각 및 인간 감각이 포함된다.

초등학교 시기의 기초교육으로서의 감각교육의 내용은 인간으로서의 일상생활을 영위하는 데 기본적으로 필요한 인성교육의 내용을 담고 있으며, 감각 교육으로서의 자연 감각에는 자연에 대한 인간의 태도, 사회 감각에는 사회생활에의 적응과 대처, 그리고 인간 감각에는 인권, 도덕성, 공정성 등의 내용이 포함된다. 기본교육은 이러한 기능과 감각능력을 바탕으로 한 이해와 적용 단계를 말하며 중 · 고등학교로 올라갈수록 이러한 기초와 기본을 바탕으로 한 개별화 · 개성화 교육이 강조된다(安彦忠彦, 1998).

따라서 초등학교에서의 인성교육은 굳이 인성교육이라는 말을 따로 붙이지 않더라도 초등교육의 목적 그 자체가 인성교육을 기본으로 하고 있으며, 교육과정에서도 기본지식을 습득하기 위한 기초적 인지 기능을 제외한 대부분의 내용은, 차후 성숙된 한 인간으로서의 삶을 살아가는 데 필요한 기본적 태도 및 감각을 익히는 데 중점을 두고 있다.

(2) 아동기의 발달적 특성에 비추어 본 인성교육

인간의 성장 과정에는 인지적 · 사회적 · 도덕적 · 정서적 및 행동적 차원 등에서의 각 발달단계가 존재한다. 이러한 각 발달단계에는 성장의 일정 시기 동안에 반드시 성취해 내어야 할 발달과업이 있다. 이러한 발달과업은 그 시기에 적절하게 발달되지 않으면 후기의 각 발달단계로의 이행이 어려워진다. 결국 바람직한 교육은 삶의 단계에서 다양한 발달과업이 적절한 발달시기에 잘 성취될 수 있도록 돕는 과정이라고 볼 수 있다.

초등학교 시기는 다른 시기에 비하여 인간발달에 필요한 다양한 발달과업의 기초적인 성취가 이루어지는 곳이며 따라서 인간발달에 가장 중요한 영향력을 미치는 시기이다. 특히 사회성과 도덕성의 발달에 있어서 그러한데, 예를 들어 에릭슨(E. Erikson)의 심리사회적 발달이론에서는 아동기의 근면성의 발달은 청년기의 자율성의 기초가 되며, 이는 이후의 원만한 대인관계 형성의 지름길이 된다. 즉, 아동기의 근면성의 발달과업이 제대로 잘 성취되면 청년기의 자아정체감 형성의 기초가 되며, 이것은 나아가 성인기 이후의 생산성과 친밀감 형성에 중요한 영향을 미치게 되는 것이다(노안영, 강영신, 2003). 또한 도덕성의 발달에 있어서도 자율적 도덕성이 싹트기 시작하는 시기는 10~11세 정도이며 이 시기의 도덕성 교육의 효과는 일생의 도덕성의 형성에 매우 중요한 역할을 하게 된다(이신동, 최병연, 고영남, 2011).

그리고 아동기의 부적응적 발달은 그 이후의 청년기 및 성인기의 발달에 있어서도 부적응적인 장애를 초래할 수 있다는 연구 결과(Loeber & Stouthamer-Loeber, 1998)에 비추어 볼 때에도 기본적인 생활양식이 형성되고, 자아개념이 확립되는 과정에 있는 아동기 인성교육의 중요성을 확인할 수 있다.

3. 초등학교 인성교육의 목적, 내용 및 방법

1) 초등학교 인성교육의 목적 및 내용

인성교육의 의미는 개인적으로 갖추어야 할 바람직한 심성 및 사회적으로 갖추어야 할 가치 있는 인격 특성을 개발하고 발달시키고자 하는 교육적 작용으로 볼 수 있으며, 초등학교 인성교육의 목적도 개인적으로 바람직한 심성을 개발하고, 사회적으로 가치 있는 인격을 발달시키기 위한 것으로 볼 수 있다.

개인적으로 바람직한 심성이란 아동 자신이 가질 수 있는 건강한 성격의 특성이며, 이에는 원만한 대인관계 형성을 위한 특성이 포함된다. 또한 사회적으로 가치 있는 인격이란 개인이 그 사회에서 가치 있게 수행해야 할 역할에 필요한 가치관의 올바른 형성으로 볼 수 있다. 가치 있는 인격의 내용은 일반적인 인격교육의 제 이론에 따라 다양하게 제시될 수 있겠지만, 초등학교 시기의 발달적 특성에 비추어 보아, 아동이 속한 사회집단에서 자신의 역할을 가치 있게 수행하기 위해서 필요한 민주시민으로서의 기초 자질로 볼 수 있다.

그러므로 인성교육의 내용으로서의 바람직한 심성의 내용은 지금까지 연구된 성격심리학자들이 생각하는 건강한 성격의 특성과 아동기의 발달과업 중 개인적 · 사회적 차원에서의 발달과업을 중심으로 살펴보고, 가치 있는 인격의 내용은 민주시민으로서의 기초 자질에 관한 선행 연구와 아동기의 발달과업 중 개인이 자기가 속한 사회에서 수행하여야 할 가치를 중심으로 살펴보면 다음과 같다.

(1) 개인적으로 바람직한 심성

개인적으로 바람직한 심성, 즉 건강한 성격의 특성을 종합해 보면 다음과 같다 (Schultz, 2001).

- 개인의 고유한 특성 자아인식, 정서안정, 자신에 대한 책임감, 자발성, 자기통제력, 자율성, 자신에 대한 가치감, 긍정적 자아개념, 인내심 등

- **타인에 대한 특성** 타인에 대한 책임감, 대인관계를 잘하기 위한 특성(친밀감, 연민, 사랑, 수용, 배려, 나눔 등)

(2) 사회적으로 가치 있는 인격

사회적으로 가치 있는 민주시민으로서의 인격은 공동체 의식(의리, 조화, 우정, 이타심), 공감, 신뢰, 협동정신, 인류애, 봉사정신, 질서의식, 준법정신, 책임감, 정의감, 애국심, 환경보호의식 등을 들 수 있다(손봉호, 1995; 조연순, 김아영, 1998; 진홍섭, 2003).

이러한 인성교육의 내용 중 아동을 위한 폭력행동의 보호 요인으로서의 자아존중감, 공감 및 그것을 바탕으로 한 배려심의 증진 등(이미식, 2003; 양미진, 김은영, 이상희, 2009)은 학교폭력을 예방하기 위해서 더욱 관심을 기울여야 할 부분이다.

그리고 이러한 인성교육의 내용을 지도하고자 할 때, 최근 긍정심리학의 관점에서 학교폭력 예방을 위한 방안의 하나로서 학생들의 강점 성격과 긍정적 측면을 활용하고 이를 개발하여 증진해 나가고자 하는 시도 또한 중시되고 있다(김광수, 2013a).

학교폭력 예방을 위한 인성교육의 내용에는 사회적 기술, 대인관계 능력 및 자기 성찰, 자기통제 능력 등이 포함될 수 있으며, 그에 따른 하위 내용은 다음과 같다(홍종관, 2013).

- **사회적 기술** 의사소통 기술, 분노 조절 기술, 주장적 자기표현 기술
- **대인관계 능력** 이타성, 공감 능력, 용서 능력, 갈등해결 능력
- **자기 성찰과 자기 통제 능력** 자아존중감, 스트레스 및 불안 관리 능력, 자아탄력성

2) 초등학교 인성교육의 방법

(1) 인간주의적 교사의 태도를 통한 인성교육

인성교육의 가장 효과적인 방법은 인간적인 품성과 자질을 갖춘 교사가 아동에게 모범을 통해서 일상적 관계 속에서 자연스럽게 인간다움의 자질을 훈습하는 것이라고 할 수 있다.

인간주의적 교사란 고유하고 가치 있는 한 개인으로서의 아동을 존중해 주는 교사, 아동의 입장에 서서 공감적 이해를 해 주는 교사, 아동에 대한 진솔한 애정을 가진 교사이다. 인성교육의 기본은 교사와 아동 간의 역동적이고 진솔한 인간관계에서부터 시작된다. 교사와 아동 간의 진솔한 인간관계는 '학급 공동체'를 만들어 내며, 학급공동체 속에서 아동은 서로에게 관심을 갖고 격려하게 된다. 학급에서 아동이 가치 있고 존중받는다는 의식을 경험하고, 서로에게 그리고 교사에게 중요한 존재가 될 때 아동은 서로가 연계되어 있다는 것을 느끼고 자신들 각자가 '우리'의 부분임을 느끼게 된다(Kohn, 2005). 이러한 학급에서 아동은 심리적 안정을 느끼게 된다.

(2) 교사의 올바른 품성과 행동의 모방을 통한 인성교육

유능한 교사는 아동의 마음을 다스릴 줄 아는 기술을 가진 사람이며, 교사와 아동 간의 마음의 교류는 교사가 아동의 중요한 행동 모델이 될 수 있을 때 가능하다. 아동이 교사의 말과 행동을 중요하게 모방한다는 것은 사회학습이론에서 그 근거를 찾아볼 수 있다.

사회학습이론에서는 인간은 의도적 강화를 받지 않아도 어떤 행동의 관찰을 통해 그 행동의 모방이 일어날 수 있다고 본다. 즉, 학교에서 교사가 아동에게 의도적으로 보이는 모습 이외에 보이고 싶어 하지 않는 일상적인 모든 활동도 아동에게는 모방의 대상이 될 수 있다는 것이다. 여기에는 교사의 긍정적 · 부정적 사고방식, 가치관 및 행동방식 등의 모든 측면이 포함된다.

사회학습이론은 초등학교에서의 인성교육에 많은 시사점을 주고 있다. 즉, 교사의 학교에서의 부정적 · 긍정적인 대부분의 행동은 교사가 의식하지 못하는 사이에 아동의 관찰 대상이 되며, 특히 아동의 교사에 대한 인식과 관심이 아동의 긍정적인 행동의 모방학습에 중요한 역할을 미친다는 것이다. 따라서 인성교육의 가장 기초적인 실천 기반은 교사의 올바른 품성과 행동방식의 형성이다.

(3) 정의적 교수방법을 통한 인성교육

인성교육에는 주로 아동의 성격, 사회성, 정서 및 도덕성 등의 정의적(情意的) 발달의 영역이 포함된다. 그러나 이러한 정의적 영역의 교육에 필요한 방법은 지금까지 교수방법의 연구에서 거의 도외시되어 왔다. 이것은 아동의 정의적 특성의 교육방법이 지적 행동 특성의 교육방법만큼 명백하지 못하며, 우리나라의 학교교육에서는 정의적 특성의 교육보다는 아동이 무엇을 얼마나 알고 기억하느냐는 지적 측면에만 지나친 관심을 갖고 있었기 때문이라고 볼 수 있다.

지적 학습과는 달리 정의적 학습은 습관과 태도의 학습이기 때문에 한번 형성되는 데 오랜 시간이 걸리는 반면, 한번 획득된 정의적 특성은 쉽게 없어지지 않는다는 특성을 가진다. 정의적 학습은 교과학습과 마찬가지로 그 영역이 매우 광범위하며, 또한 각 영역에서 길러야 할 정의적 특성 또한 다양하다. 이것은 앞에서 예를 든 인성교육의 내용에서도 그 예를 찾을 수 있다. 예를 들면, 사회성의 발달에도 이타성의 발달, 공격성의 발달, 책임감의 발달, 협동성의 발달 등 다양한 영역이 포함되어 있다.

정의적 특성의 교수를 위해서는 각 정의적 영역에서 기르고자 하는 특성에 따라 구체적 목표, 정의교육 내용의 체계적 구안이 필요하며, 이에 따라 정의적 행동과 연결하기 위한 다양한 교수 방법이 요구된다. 그 방법으로서는 기르고자 하는 특성에 따라 행동수정의 다양한 방법, 관찰학습 및 체험학습 등이 있고, 간접적으로는 협동학습과 협력학습, 자기조절학습과 심성 개발을 위한 집단상담 등의 방법도 포함될 수 있다.

(4) 인성교육의 실천 원리

인성교육은 교과교육처럼 어떤 특정한 내용과 방법에 의해서 이루어질 수 있는 것이 아니다. 그러나 교사가 수업을 할 때 지켜야 할 일반적인 수업의 원리와 교수-학습의 과정이 있는 것처럼 학교에서 인성교육을 실천하고자 할 때도 기본적으로 유념해야 할 몇 가지 원리가 있다(Brooks & Kahn, 1993; Burret & Rusnak, 1993).

첫째, 인성교육은 특별한 프로그램으로서가 아니라 학교교육의 전체적인 맥락과 분위기 속에서 조화롭게 이루어져야 한다. 인성교육은 특별한 교과의 설정을 통해서 이루어지는 것이 아니라 학교 전체의 교육과정의 운영을 통해서 실시되는 것이 바람직하다. 즉, 인성교육을 위해서는 교과외 활동의 구안도 필요하겠지만, 학교활동 중 중심이 되는 모든 교과 수업 시간의 교육내용을 통하여 자연스럽게 이루어져야 효과적일 수 있다. 학교교육에서 학생들의 바람직한 인성 형성이 제대로 되지 못하고 있다고 본다면 그것은 교과교육의 과정에서 지식교육에만 치중하고 정의적 측면이 간과되었기 때문이라고 볼 수 있다.

둘째, 인성교육이 효과적이기 위해서는 교사와 학생 간의 인간관계가 보다 긍정적으로 형성될 수 있어야 하며, 이것이 선행되어야 인성교육이 이루어질 수 있다. 인성교육의 실천은 교과교육처럼 새롭고 효율적인 교수방법에 의해서만 이루어지는 것이 아니다. 인성교육의 가장 효과적인 방법은 인간적인 품성과 자질을 갖춘 교사가 아동에게 모범을 통해서 일상적 관계 속에서 자연스럽게 인간다움의 자질을 훈습하는 것이라고 할 수 있다. 아동 인성교육에서 가장 중요한 것은 아동 개개인에 대한 공감적 지지이다. 교사가 아동을 공감하고 정서적으로 지지해 줌으로써 아동은 스스로 자신들의 행동을 반성적으로 사고해 보고, 그에 따른 바람직한 행동을 내면화할 수 있게 된다. 아동은 자신의 정서가 지지되고 격려받았을 때, 사회적 동조행동이 증가되며(Eisenberg, Fabes & Murphy, 1996), 또한 자신을 정서적으로 지지해 주는 사람이 가까이 있을 때 아동의 사회적 능력이 더욱 향상된다(Booth, Rubin, & Krasner, 1998). 그러므로 인성교육의 시작은 아동이 교사가 자기를 신뢰하고 사랑한다는 것을 느끼게 될 때부터 이루어지는 것이다.

셋째, 지역사회는 인성 형성의 바탕이 된다. 그러므로 인성교육을 위해서는 건강한 지역사회 문화와 구성원의 협조가 필수적이며, 지역사회의 기관과 인적자원이 최대한 활용될 수 있어야 한다. 인성교육이 효과적으로 되기 위해서는 부모, 교사 및 관련인사의 협의를 통한 인성의 핵심 가치에 대한 합의가 있어야 하며, 이러한 핵심 가치를 실현하기 위한 방법이 학교의 구성원과 지역사회에 제시되어 아동교육에 관련된 모든 인사가 이 계획에 동참할 수 있어야 더욱 효과적이다. 특히 부모의 참여가 중요하며, 부모가 학교에서의 인성교육의 내용을 알고 교육과정 계획에 참여되어야 한다.

넷째, 인성교육은 교사의 개인적 노력뿐만 아니라 행정적인 정책과 그 실행을 통하여 촉진되어야 한다. 그러므로 학교행정가의 인성교육에 대한 관심과 실천이 우선적으로 중요하다.

다섯째, 교사는 교과교육의 전문가로서뿐만 아니라 인성교육의 살아 있는 모델이 되어야 한다. 전문가로서의 초등교사는 전인 형성을 위한 모델로서의 생활지도 전문가가 되어야 한다(고재천, 2001). 유능한 교사는 아동의 마음을 다스릴 줄 아는 기술을 가진 사람이며, 교사와 아동 간의 마음의 교류는 교사가 아동의 중요한 행동 모델이 될 수 있을 때 가능하다. 교사의 학교에서의 부정적 · 긍정적인 대부분의 행동은 교사가 의식하지 못하는 사이에 아동의 관찰 대상이 되며, 특히 아동의 교사에 대한 인식과 관심이 아동의 긍정적인 행동의 모방학습에 중요한 영향을 미친다. 따라서 인성교육의 가장 기초적인 실천의 기반은 교사의 올바른 품성과 행동방식의 형성이다.

여섯째, 인성교육은 행동으로 연결될 수 있도록 계획되어야 한다. 인성교육은 학생들에게 직접적인 체험과 경험을 통하여 행동의 실천으로 나타날 수 있도록 그 과정이 중요시되어야 한다. 인성교육은 의도적으로 직접적인 가치를 체험할 수 있도록 가르쳐져야 하며, 학교에서는 그것을 연습하고 적용할 수 있는 기회를 체계적으로 제공하여야 한다.

일곱째, 인성교육은 아동 주도적으로 이루어질 수 있도록 구성되어야 한다. 인성교육은 아동이 자기주도적으로 행할 수 있을 때 가장 효과적으로 이루어질 수 있다. 교사가 어떤 행동방식을 가르쳐 주는 것보다는 아동이 교사와 함께 구체적인 목표 설정에 참여하여 아동 스스로 행할 수 있는 행동 목표를 자율적으로 구성하여 실행할 수 있을 때 최선의 인성교육이 이루어질 수 있다. 즉, 인성교육에 있어서 교사 중심의 집단지도적 방법은 아동의 감정과 동기가 유발되지 않는다는 점에서 비효과적인 방법일 수 있는 것이다.

여덟째, 인성교육은 정의적(情意的) 교수방법을 통하여 이루어져야 한다. 인성교육에는 주로 아동의 성격, 사회성, 정서 및 도덕성 등의 정의적 발달의 영역이 포함된다. 지적 학습과는 달리 정의적 학습은 습관과 태도의 학습이기 때문에 한번 형성되는 데 오랜 시간이 걸리는 반면, 한번 획득된 정의적 특성은 쉽게 없어지지 않는다는 특성을 가진다.

4. 초등학교에서의 인성교육의 실천

1) 초등학교 교사가 생각하는 인성교육 실천상의 문제점

초등학교 교사는 인성교육에 대하여 관심도는 아주 높으나 초등학교 현장에서는 실제로 인성교육이 바람직하게 실천되지 못하고 있다고 생각하고 있는 경우가 많다(김황규, 2007). 여기에서는 교사가 인성교육의 효과적 실시에 장애가 된다고 생각하는 초등학교 현장의 문제점과 인성교육을 실천하는 데 있어서 초등학교 교사가 생각하는 방법상의 문제점을 종합하여 살펴보고자 한다(배영민, 2002; 이관수, 2002; 이현수, 2001; 임정렬, 2002; 진홍섭, 2003).

(1) 인성교육 실천에서의 문제

- 성품개발을 중시하는 인성교육보다 기능 중심의 인성교육이 실시되고 있다.
- 인성교육이 지식 위주로 형식적으로 이루어지고 있다.
- 인성교육이 실적 및 행사 위주로 이루어지고 있다.

(2) 인성교육 실천을 위한 현실적 지원의 문제

- 과열 입시 경쟁의 여파로 아동 1인당 평균 2개 이상의 학교 밖 과외 활동을 하고 있어 교사와 인간관계의 시간을 가질 겨를이 없다.
- 다인수 학급, 교사에게 부과되는 잡무 과다로 인성교육을 위한 시간이 부족하여, 개개인의 개성에 맞는 인성지도가 불가능하다.
- 현장교사는 인성교육의 중요성에는 공감하지만 구체적인 교육의 실천 장면에는 분명한 방향감을 잡고 있지 못하다.
- 학교에서는 인성교육의 당위성과 중요성만을 강조할 뿐 인성교육의 구체적인 내용, 방법, 평가에 대한 체제가 미흡하다.
- 교사가 활용할 수 있는 전문적이고 구체적인 다양한 인성교육 프로그램이 부족하다.
- 인성교육에 대한 연수가 부족하다.

(3) 교사 자신의 문제

- 인성교육에 대한 장기적, 지속적, 반복적인 교사의 지도가 미흡하다.
- 인성교육과 교과지도와의 연계가 잘되지 않고 있다.
- 학교, 학급 및 가정의 인성교육에 대한 연계지도가 이루어지지 못하고 있다.
- 사회적으로 교사의 학생에 대한 정신적, 행동적인 모범적 역할이 위축되고 있다.
- 인성교육에 대한 교사의 적극적이고 모범적인 실천의지가 부족하다.

(4) 인성교육 실시 방안의 문제

- 인성교육과 밀접한 관련이 있는 특별활동이 매우 형식적으로 운영되고 있고 인성교육의 내용을 통합한 균형 있는 교과교육이 실시되지 못하고 있으며 교수-학습과정에서 이루어질 수 있는 인성지도가 소홀히 되고 있다.

(5) 행동지도 위주의 인성교육의 문제

- 인성교육의 방법은 심리교육적 방법을 중심으로 이루어져야 한다. 하지만 초등학교 현장의 인성교육의 방법은 주로 행동지도 위주의 인성교육으로서 예전의 훈화지도 및 독서지도 등을 답습하고 있는 경우가 많고, 인성교육이 실천적 행동 위주로만 강조되어 아동의 정서함양을 위한 정의적 지도가 부족하다.

(6) 인성교육 실시의 효과성 문제

- 인성교육이 학생들의 발달 수준 및 특성에 맞게 실시되지 못하고 있으며, 학교 교육의 전체적 맥락 속에서 이루어질 수 있는 인성교육의 실시가 부족하다.

2) 초등학교에서의 인성교육 강화를 위한 실천 방안

위에서 언급된 인성교육 실천에 있어서의 몇 가지 장애요인을 고려하여 초등학교에서의 인성교육을 강화하기 위한 실천 방안을 제시해 보면 다음과 같다.

(1) 인성교육을 위한 시간의 확보

학교에서의 인성교육은 다음의 세 가지 방식으로 실천할 수 있다(Hornby, Hall, & Hall, 2007).

- 교육과정 내의 모든 교과에 통합되는 인성교육: 모든 교사가 가르치는 교과의 한 부분으로서 인성교육의 내용을 가르친다. 예를 들어, 사회과에서는 차별의 주제를 다루며, 과학과에서는 성교육을 다룰 수 있다.
- 개별지도 프로그램에 포함된 인성교육: 학교에서 개별적으로 지도집단을 만들어

시행한다. 예를 들어, 특별활동이나 창의적 체험활동 시간에 인성교육을 원하거나 필요로 하는 아동에게 실시할 수 있다.

- 별도의 독립교과로 운영되는 인성교육: 학교의 교육과정에서 특정 교과로 인성교육을 운영한다. 이것은 학교에서 생활지도 담당교사, 학교전문상담교사 혹은 그에 준하는 위치에 있는 교사에 의하여 운영될 수 있다.

우리나라 초등학교의 현 상황을 고려해 보았을 때, 인성교육을 위한 별도의 시간이 주어지지 않는 한 인성교육을 위한 최선의 방안은 교과지도 속에 융합된 인성교육의 방법을 찾는 것이다. 즉, 교육과정 내의 모든 교과에 통합되는 인성교육을 실시하여야 한다. 이를 위해서 초등학교 교사는, 첫째, 교과 연구를 철저히 하여 각 교과의 목표와 내용 속에 녹아 있는 인성교육의 내용을 파악하고 그것을 수업에 연계하여 가르쳐야 한다. 둘째, 교사가 수업을 진행하는 방식 자체가 인성교육이라는 것을 인식하고 보다 인간주의적으로 수업을 이끌 방식을 연구해야 한다. 인성교육은 교과의 내용, 수업방식, 수업 중 교사의 언행 및 교사가 학급을 관리하는 방식 등의 총체적 과정을 통해서 자연스럽게 주어지는 것이다(진홍섭, 2003). 즉, 교과의 내용적 지도도 중요하지만 그것이 전달되는 방식이 아동의 인성발달에 미치는 영향은 더욱 중요한 것이다.

(2) 인성교육의 방향성

인성교육은 단기간의 학교 행사나 교육 정책만으로는 이루어지지 않는다. 인성교육은 새로운 교육적 구호가 아니라 교육이 지속되는 한 계속되어야 할 본질적인 교육활동이다. 따라서 단기간의 실천 사례나 프로그램 개발 위주로 추진하게 되면 형식 위주로 흐를 수밖에 없다. 그러므로 인성교육 정책은 보다 장기적인 시각에서 교사의 자율성을 살려 주는 방향으로 진행되어야 하며, 인지적 기술과 기능의 연수가 대부분인 현장의 각종 연수 프로그램도 인성교육 관련 연수로 보완해야 한다.

(3) 교사의 모범과 실천의지

인성교육은 교사와 학생 간에 심리적이고 행동적인 차원에서의 즉각적인 상호작용이 누적되어 이루어진다. 이것은 수업 장면뿐만 아니라 아동의 학교생활에서의 모든 상황에서 이루어진다. 그러므로 평소에 교사의 인성교육에 대한 실천 의지와 관심 그리고 지도가 있어야 이루어질 수 있다.

그리고 모든 교과 수업에서도 교사가 인성교육에 대한 실천 의지가 있다면 교수-학습 과정에서의 인성교육을 바탕으로 한 과정적 지도가 이루어질 수 있을 것이다. 한편으로는 교사의 인성교육에 대한 실천의지는 학교에서의 교권 확립, 그리고 보다 근원적인 차원에서는 초등교사 양성과정에서의 교육과정 문제와도 관련이 될 수 있다. 즉, 초등교사 양성기관에서 일차적으로 예비교사의 정신건강과 교사로서의 가치관을 함양할 수 있는 다양한 프로그램이 부족하다는 것도 교사의 인성교육 실천의지를 저하하는 원인이 될 수 있다.

(4) 인성교육 프로그램의 활용

각종 인성교육을 위한 프로그램은 각 교육청별로 그리고 각 대학에서 출판된 많은 자료만으로도 가히 포화상태에 이르고 있다고 볼 수 있다. 그러나 이러한 자료가 거의 활용되지 않고 있는 것이 현실적인 문제이다. 그리고 이러한 프로그램은 교사와 아동의 실정에 맞추어 재구성하여 적용되어야 한다는 점에서 교사의 인성교육에의 의지와 노력이 필요하다.

그러나 여기서 유념해야 할 점은 학교에서의 인성교육이 몇 가지의 패키지화된 프로그램만으로는 이루어질 수는 없다는 점이다. 개발된 몇 가지 프로그램을 활용하는 것은 필요한 일이겠지만 그 실천에 있어서는 학교, 학급의 맥락과 아동의 개인차를 고려해야 할 것이다.

(5) 학교에서의 특별활동과 봉사활동 등의 효과적 운영

인성교육을 강화하기 위해서는 학교에서의 특별활동과 봉사활동 등을 더욱 효과적으로 운영해야 한다. 그러나 실제로 인성교육을 위한 시간 활용에 있어서 많은 학교에서는 특별활동 시간을 유용하게 활용하지 못하고 있는 경우가 많다. 현재의 학교 상황에서 특별활동이나 재량시간 등의 교과지도 외 시간을 아동의 자아개념 증진, 타인에 대한 공감능력의 배양 등을 위한 집단상담의 시간으로 활용한다면, 그것은 인성교육을 위한 매우 효율적인 시간 활용이 될 수 있을 것이다. 학교에서의 인성교육은 교과지도 시간과 아울러 학교 전체의 교육 프로그램이 내실 있게 운영될 때 그 성과가 있을 수 있다.

(6) 교수-학습 과정에서 이루어지는 인성교육

실제로 수업 과정에서의 아동의 학습 행동에 대한 교사의 피드백 방법이라든지, 학습 결과 평가 과정에서 교사의 아동에 대한 태도 등은 아동의 자기존중감, 정서 행동 등에 중요한 영향을 미치는 것들이다. 그러므로 교사는 교수-학습 과정에서 내용으로서의 인성교육도 중요하지만 과정으로서의 인성지도도 그 못지않게 중요하다는 점을 항상 염두에 두어야 할 것이다. 학교 인성교육의 효과적 방법으로서는 논쟁과 토론을 통한 문제해결 학습, 참여와 실천을 통한 학습, 사회적이고 역사적인 경험을 소재로 한 학습 등이 제시되고 있다(차우규, 2007).

(7) 외현적 행동과 내재적 정서의 지도

대부분의 교사는 인성교육에 있어서 아동의 심리적 건강보다는 외현적 행동의 지도에만 관심을 가지는 경우가 많다. 이것은 단기적이고 가시적인 결과를 우선시하는 현장 분위기에도 그 원인이 있다. 그러나 인성교육에서 눈에 보이는 행동만을 강조하게 되면 그것은 그 행동을 일으키게 하는 내재적 특성을 발달시키지 못하게 됨으로써 인성의 발달은 내면화되지 못한다. 예를 들어, 책임감 있는 행동을 발달시키려는 인성교육은 책임감과 관련된 시민의식이나 긍정적 자아개념의 발달이 먼저 이루어져야 한다. 그렇지 않고 보상 등을 통한 행동 위주의 지도만 하게 되면 그 행동 또한 가시적으로 될 수밖에 없다. 그러므로 인성의 지도에는 외현적 행동을 일으키게 하는 내재적인 심리 교육이 필수적이다. 이를 위해서는 다음의 심리적으로 건강한 사람의 특징을 고려해 보아야 한다(Cole, 1982).

- 높은 자존감　안전감, 자기 인식, 소속감, 목적의식, 심리적 유능감
- 내적 통제의 중심　자기 목표 성취에 있어서 자신의 노력에 의해 행동이 이루어질 수 있다는 신념
- 자기 관리　자신의 행동을 계획하고 선택하며 스스로의 의사결정에 의하여 다양한 상황에 적응하는 것

- 내재적 가치 자신의 행동을 좌우하는 철학적, 종교적, 영적 신념을 갖는 것
- 사회적 책임 다른 사람의 삶에 도움이 되어야 한다는 필요성을 느끼는 것
- 유능한 삶의 기술 개인적, 사회적, 직업적인 삶의 기술과 여가를 즐길 수 있는 기술

(8) 인성교육과 학교 전체의 교육적 맥락

인성교육은 학교뿐만 아니라, 넓게는 가정 및 지역사회와 연계된 통합적 맥락에서 이루어져야 한다. 인성교육을 학교 전체의 교육적 맥락에서 실시하기 위해서는 학교 행정가의 인성교육에 대한 소신과 의지가 필수적이다. 즉, 단기간에 가시적으로 나타나는 인성교육보다는 교과지도, 생활지도, 방과 후 활동, 특별활동 및 학교재량시간 등에서의 일관성 있고 지속적인 인성교육에 관한 강조가 필요하다.

또한 학교 전체가 인성교육의 장으로 운영될 수 있도록 개개 아동이 학교생활에서 심리적으로 안정감을 느낄 수 있는 학교 분위기를 조성해야 하며, 무엇보다도 인성교육을 위한 교사의 창의적인 시간 활용을 위한 자율성을 고려해야 한다.

인성교육의 결과는 바로 눈앞에서 가시적으로 드러날 수 있는 것은 아니기 때문에 더욱 신중히, 먼 시간을 보고 실행할 수 있어야 한다. 왜냐하면 인성교육은 아동이 훗날 한 인간으로서 잘 기능할 수 있게 하기 위한 기본적인 삶의 기술을 가르치는 것이기 때문이다. 이를 위해 인성교육은 가시적인 아동 행동을 지도하고자 하는 관점에서가 아니라 아동의 행동을 전생애 발달적인 차원에서 장기적으로 고려할 수 있는 관점에서 이루어져야 한다.

5. 인성교육 강화를 위한 가정과 학교의 연계

1) 인성교육 강화를 위한 가정과 학교의 연계의 필요성

인성교육은 특히 학교에서 이루어지는 것만으로는 그 효과를 달성하기 어렵다. 그러므로 가정과 지속적으로 연계될 수 있는 인성교육의 방안이 필요하다. 학교에서는 부모교육 등을 통하여 지속적으로 학교에서의 인성교육이 가정과 연계되어 이루어질 수 있

는 방안을 구체적으로 강구하여야 할 것이다.

실제로 초등학교 교사 자신도 가정과 학교의 연계지도가 미흡하여 학교폭력 예방교육에 대한 효용성이 떨어진다고 인식하고 있다(박황규, 2007). 일본의 경우도 학교폭력 문제를 해결하기 위한 예방책으로서 학교, 가정, 지역사회 관계기관과 연결되는 행동연계 시스템 만들기, 가정과 사회와의 협력체제 구축 등 아동을 둘러싼 환경 체계 간의 협력을 매우 중요시하고 있다(유평수, 2005).

가정과 학교 그리고 지역사회는 모두 하나의 상호 의존체계로서 아동발달에 기여한다. 특히 지금의 다원화된 사회에서는 부모가 학교 교육에 적극적으로 참여하고 아울러 학교에서는 개방적으로 학교교육에 부모를 참여시키고자 하는 지원 체제를 상호 보완적으로 구축함으로써 학교와 가정이 아동의 바람직한 성장을 일관성 있게 지원하는 상호작용의 참여가 이루어질 수 있다. 부모가 학교교육에 관심을 가짐으로써 부모 역할 기능은 더 발달될 수 있으며, 더불어 학교 교육의 기능도 강화할 수 있다. 이전과는 달리 학교 외 교육과정의 영향이 지대한 현재의 시점에서는 바람직한 아동발달을 위해 우선 학교와 가정을 연계하고 그것을 기초로 지역사회와의 연계망을 구축하여야 할 것이다.

2) 인성교육 강화를 위한 가정과 학교의 연계 방안

일반적으로 현재 초등학교에서 하고 있는 가정과의 연계 방식은 가정통신문, 학교에서의 부모교육 특강, 그리고 학교 자원봉사자로서의 부모 참여 등을 들 수 있다. 그러나 이러한 연계 방식은 소수의 부모만이 참여 대상일 수 있고, 학교에 참여함으로써 경험하는 초등학교 교육에 대한 경험은 피상적일 수밖에 없다.

학교에서 인성교육을 강화하고 그것을 실천하고자 할 때는 가정과 학교의 연계가 소수의 부모가 아니라 전체 부모에게 확산되어야 하고, 학교에서의 인성교육에 관한 구체적인 정보가 부모에게 제공될 수 있어야 하며, 이것은 학교의 일상적인 업무로서 일관성 있게 이루어질 수 있어야 한다.

학교와 가정을 연계할 수 있는 구체적 모형으로서는 다양한 부모교육의 모형 중 다음의 학교중심 부모교육 모형을 들 수 있다.

(1) 학교중심 부모교육 모형

학교중심 부모교육 모형은 유아교육에서 학교와 부모 간의 연계를 위하여 고안된 모형이다. 유아교육에서의 연계 모형은 학교중심 부모교육 모형, 가정중심 부모교육 모형, 지역사회중심 부모교육 모형 및 대중매체를 통한 부모교육 모형이 있는데, 이 중 학교중심 부모교육 모형이 학교와 가정을 좀 더 적극적으로 연계하고자 하는 모형이라고 볼 수 있다.

일반적으로 부모교육의 효과가 가정에서 시작하여 학교나 기관으로 파급되는 학교중심 부모교육은 부모가 자녀양육에 대한 이해의 차원에서 벗어나 학교나 기타 교육기관에 직접적으로 참여하게 하는 것이 그 목적이다. 학교중심 부모교육 모형에서 부모의 학교 참여 수준은 다음과 같이 분류할 수 있다(유안진, 김연진, 2003).

- 1단계　학교의 모임 참여, 학교에서의 통신문 받기 등의 수동적 참여
- 2단계　자녀에 대해 자신의 관점과 통찰력을 피력하는 참고인으로 능동적으로 참여
- 3단계　학급에서의 수업에 일일 교사 등으로서의 능동적 참여
- 4단계　학급에 자원봉사자로서의 참여
- 5단계　학교 일을 위하여 특별히 훈련된 유급 보조자로서의 참여
- 6단계　학교 운영의 의사결정자로서의 참여

이러한 학교중심 부모교육 프로그램에서 부모가 학교와 연계하여 할 수 있는 활동의 구체적인 예는 다음과 같다.

- **학교 전체 활동**　즉, 부모가 학교에서 할 수 있는 강습회, 가족의 밤 행사, 학교 축제 그리고 학급보조자로서의 부모 훈련 프로그램의 참여 등이다.
- **의사소통 활동**　이것은 부모가 전화 상담을 해 주거나 학교 소식지 등을 만들어 서로 의사소통을 하는 활동이다.
- **교육활동**　이것은 부모가 학교 학급과 센터 활동에 참여하고 자녀를 위한 특수한 교육 프로그램에 참여하는 것을 말한다.

- **봉사활동** 도서관에서 자료를 활용하도록 돕는다든지 학교에서 운영하는 다양한 프로그램을 운영하는 데 도움을 주는 활동이다.
- **결정 활동** 이것은 학교에서의 교육과정 개발과 검토 작업에 참여하고, 학교 정책 수립에 관여하는 활동을 말한다.

(2) 학교중심 모형을 활용한 초등학교에서의 연계 방안

위의 모형을 기준으로 학교폭력 예방을 위하여 초등학교 차원에서 학교와 가정이 서로 연계될 수 있는 방안을 제시해 보면 다음과 같다.

① 정기적인 부모-교사 협의회

한 학기 동안 정기적인 기간과 시간을 정해서 학급의 모든 부모와 담임교사가 만나도록 한다. 교사는 학부모를 개인별로 만날 수 있는 시간을 사전에 협의하여 정하고, 정례적으로 부모와 만나서 아동의 행동 문제에 대해서 협의한다. 이때 담임교사는 평소에 학급 아동에 대한 관찰 기록을 준비해 놓고 이와 관련된 아동의 태도와 행동에 대해 부모에게 정보를 제공한다.

② 교사-부모 협력 집단 구성

학부모 중에서 학교 운영, 교육과정 운영 등에 전문적으로 도움을 줄 수 있는 인사를 발굴하여 평소에 학교의 다양한 일에 참여시킴으로써 실천적 연계를 할 수 있다. 특히 학교폭력을 연구하는 연구자, 학교폭력 관련 실무자가 있다면 평소에 연계하여 학교폭력이 일어났을 때의 학교폭력 대책 위원회가 아니라 일어나기 전의 예방 차원에서의 업무를 추진한다.

③ 학교폭력 등 교육 현안에 관한 정기적인 부모교육

한 학기에 두세 차례 기간을 정해 놓고 지속적으로 학교폭력에 관한 실제적인 사례, 예방 방안, 사전 징후 발견 등의 실천적 정보를 제공한다.

④ 학교 운동회나 발표회 등 부모의 공식적인 학교 방문의 날 활용

학교의 공식적인 행사 계획 속에 담임교사들이 학부모와 학급에서의 만남의 시간을 갖도록 계획한다. 이때 학교폭력 등의 당면 사안 그리고 개별 아동의 행동에 대한 조언과 격려를 제공한다.

⑤ 학교폭력 등 학교 부적응 문제를 가진 아동의 학부모 집단상담

학교에서의 부적응 행동을 보이는 아동의 학부모에게 집단적으로 관련된 정보를 제공해 주고 공통의 주제로 집단상담을 실시하여 부모 간의 자녀교육에 대한 고민을 공유한다.

⑥ 학교폭력 등 부적응 행동을 나타내는 아동의 학급담임과 학부모 집단상담

담임교사와 학부모의 집단상담을 통하여 아동의 가정에서의 행동과 학교에서의 행동, 그리고 교사의 지도 방안 등을 서로 공유한다.

⑦ 학교 차원의 뉴스 레터 활용

학교 홍보나 사건 중심의 내용보다는 인성 교육 중심의 내용을 계속적으로 제공하고, 특히 학교폭력의 예방과 지도와 관련된 다양한 사례를 제시한다.

⑧ 학급 차원의 뉴스 레터 활용

매주 학급에서의 학생들의 수업 태도, 학교폭력 가해 및 피해 행동의 징후, 담임교사의 지도 방안, 애로점 등에 대해 구체적으로 정보를 제공한다.

⑨ 개별 학부모에 대한 휴대전화 문자 활용

학교에 오기가 힘든 부모를 대상으로, 특히 가정에서의 아동 행동수정에 관한 개별적인 사항을 구체적으로 자주 휴대전화 문자를 통하여 소통한다. 이것은 부모와 교사가 사전에 의논하여 진행한다.

⑩ 학교폭력 가해 및 피해 아동 부모를 위한 소규모 워크숍 개최

학교폭력 가해아동과 피해아동의 부모를 대상으로 의무적으로 워크숍에 참여할 수 있도록 한다. 특히 학부모의 감정과 인식의 변화를 유도할 수 있는 프로그램이 필요하며 워크숍의 강사는 가능한 한 부모나 교사 집단에서 선택한다.

제 8 장

초등학교 학교폭력 예방을 위한 장기 프로그램의 구성과 실행: 발달적 생활지도 교육과정의 구성과 실행

학교폭력에는 다양한 유형이 있으며 그 유형에 따라 폭력이 행해지는 양상도 다르다. 학교폭력은 또한 분명한 증상이 있어 치료가 단일화될 수 있는 단순한 행동장애라고도 볼 수 없다. 학교폭력은 그 원인에 있어서도 그리고 나타내는 행동의 증상에 있어서도 그리고 그 파급 효과에 있어서도 매우 복합적인 행동 양상을 띤다. 또한 학교폭력 행동은 일시적으로 이루어지는 것이 아니라 장기간의 진행 과정을 통해 이루어지는 행동이다.

그러므로 학교폭력을 줄이기 위해서는 어떤 단일한 처방이 필요한 것이 아니라 학교와 가정, 지역사회에서의 장기간의 포괄적인 대책을 통하여 점진적으로 접근해 나가야 한다. 즉, 학교폭력을 일으키는 아동 개인과 그 아동의 증상만을 치료하려고 할 것이 아니라 학교폭력이 일어나는 학교 전체의 교육풍토와 교육정책의 쇄신이 필요하다. 개개 아동이 학교폭력을 일으킬 수 없도록 하는 학교풍토의 쇄신은 학교폭력을 예방하기 위해서는 필수적인 것이다. 최근 이러한 의미에서 학생들이 사회적으로 긍정적인 행동을 할 수 있도록 학교 차원에서 학교 교육과정 및 교육 활동에 필수적인 사회적-행동적 표준 지침을 만들어 시행하려는 전략에 대한 관심도 증가되고 있다(Sailor et al., 2007).

이 장에서는 그러한 학교풍토 변화의 일환으로서의 초등학교 생활지도의 개혁이 필요하다고 보아, 초등학교 생활지도가 학급 담임의 의지와 노력에 의해 좌우될 것이 아니라 학교 차원에서 행해지는 발달적 생활지도 체제가 확립되어야 한다는 것을 강조한다. 즉, 교과지도를 위한 교육과정이 필요하듯이 아동의 생활지도를 위한 교육과정이 구성되어야 하고 학년별로 아동에게 필요한 생활지도의 내용이 체계적으로 가르쳐져야 한다고 보아, 초등학교에서의 발달적 생활지도 교육과정 구성과 실행의 문제를 탐색해 보고자 한다.

1. 초등학교 교육과 생활지도

초등학교 시기는 모든 발달의 기초가 형성되는 중요한 시기로서 중학교나 고등학교 시기에 비하여 인간의 통합적 발달과 전인적 발달을 위한 많은 도움이 필요한 시기이다. 그러므로 아동기는 다른 어떤 발달 시기보다도 체계적인 생활지도가 더욱 요구된다. 그러나 오늘날의 다원화된 사회에 적응하고 자신에게 주어진 문제를 해결해 나가는 데 있어서 아동은 이전에는 제기되지 않았던 많은 어려움을 겪고 있다. 즉, 사회는 점점 변화해 가고 있고, 그 변화는 더욱 가속화되고 있으며 이러한 사회의 구조적 변화는 아동의 개인적 · 사회적 발달에 있어서 많은 부담을 가중하고 있다.

초등학교 교육은 아동의 전인적 성장을 위한 기초자질을 형성하는 교육이다. 여기서 기초자질이란 아동의 기본적인 학습능력과 기초적인 기술뿐만 아니라 정서, 사회성, 성격, 신체적 발달 등의 전반적 영역에서의 성장과 발달을 의미한다.

이러한 초등학교 교육의 특수성에 따른 초등학교 생활지도는 다음과 같은 특성을 가진다.

첫째, 초등학교에서의 생활지도는 모든 아동의 최대한의 성장과 발달을 지원하는 데에 초점을 둔다. 즉, 중등학교에서 주로 치중되는 부적응적 행동에 대한 치료보다는 초등학교에서는 모든 아동의 교육적 발달에 중심을 둔다.

둘째, 초등학교 생활지도에서는 중등학교에서 주로 초점을 두는 문제 중심적 접근 및 장기간의 개인상담과 치료보다는 생활지도 및 상담의 방법에 있어서 아동발달 상태에 따르는 다양하고 복합적인 방법이 강조된다(Muro & Kottman, 1995).

셋째, 초등학교에서는 중 · 고등학교에서의 생활지도에 비하여 모든 아동을 대상으로 한 예방적 활동인 발달적 생활지도가 더욱 강조된다(Myrick, 1997). 예를 들어, 생활지도의 활동에 있어서도 초등학교에서는 아동 행동지도에 있어서 예방적 · 발달적 측면을 보다 강조하여 생활지도 교육과정의 구성과 운영을 전체 생활지도 활동의 40% 이상을 구성할 것이 이상적으로 제시되는 반면, 중학교에서는 35%, 고등학교에서는 20%가 제시되고 있다(Gysbers & Henderson, 1994).

2. 초등학교 생활지도의 새로운 전환의 필요성

오늘날의 학교교육은 시대의 중요한 전환기에 서 있다고 볼 수 있다. 이것은 최근에 부쩍 늘어나고 있는 아동의 집단 괴롭힘 행위와, 나아가서 교사가 아동에 대하여 통제력을 잃어 가는 현상에서도 그 예를 찾아볼 수 있다.

아동이 성장하는 사회 · 문화적 구조가 급변함에 따라 아동에게는 행동의 모델이 될 만한 바람직한 행동모델이 줄어들고, 정보화 사회에서 아동이 습득해야 할 지식은 늘어나고 있다. 그에 따라 학교 내외에서 과도한 성취압력을 받고, 학교 내에 성취에 대한 경쟁적 분위기가 만연되어 간다. 이러한 상황에서 아동은 친구들과의 상호작용 대신 인터넷 등을 통한 혼자 놀이를 즐기고 또 그로 인한 다양한 부적응적 행동 양상도 학습하게 된다.

아동의 폭력 행동 또한 이러한 전반적인 사회구조의 영향을 받는다. 그러므로 학교에서의 생활지도도 이러한 사회구조의 변화에 따라 다음과 같은 새로운 전환이 이루어져야 한다(허승희, 2003c).

1) 아동 생활지도와 학교교육의 열림

현재의 학교교육은 극단적인 능력주의에 의해 아동을 통제하고 있다. 예를 들어 교육에 대한 신자유주의적 정책이 모두 여기에 포함될 수 있다. 이것은 전체적으로는 사회 · 경제적 구조의 변화와 직업선택과 그에 따른 생활 기반의 변화에도 그 원인이 있을 수 있다. 그러나 능력과 실적 위주의 교육에서는 교육의 형식적 구조만 강조되며, 결국은 그 과정 속에서 인간이라는 변수가 소외되게 된다. 학교교육은 궁극적으로 인간을 위한 교육이고 이것이 곧 생활지도의 목표라면 학교교육에서의 능력주의와 실적주의는 아동 생활지도의 방향과는 대립되는 것이다.

능력주의의 가장 심한 병폐는 획일주의로 나타난다. 교육과정, 교수방법 등이 효율성만을 위주로 한 획일주의에 빠질 때, 아동의 사고와 정서, 행동양식은 어떤 생활지도의 방법으로도 개선할 수 없는 획일적 틀에 매이게 되는 것이다. 학교 현장에서 강조되고 있는 자기주도적 학습이나 체험학습 등이 아무리 다양하게 펼쳐진다 하여도 아동이 몸담고 있는 학교교육 자체가 실적 위주로 경직되어 있고 획일화되어 있다면, 그것은 잠재적으로 아동의 모든 행동양식에 중요한 영향을 미치게 되는 것이다.

그러므로 넓은 차원에서의 아동 생활지도의 방향 정립은 학교교육의 열림에서부터 시작되어야 할 것이다.

2) 아동 생활지도와 아동기의 회복

아동은 자신과 주위의 자연과 인간과 교육이 만들어 내는 자연스러운 조화에 의하여 스스로 성장된다. 그러나 요즈음의 아동은 부모의 압박, 학교에서 조장되는 지나친 경쟁심 및 지나치게 선동적인 대중매체 등의 영향을 받아 성장을 재촉하고 있다. 즉, 아동은 성취와 성공에 대하여 학교에서나 가정에서 무리하게 강요당하고, 그 결과로 학교에서의 실패를 경험하고, 생에 대한 불행감을 느끼고, 지나치게 활동적이거나 무감각한 아동으로 되어 버리고 있다. 따라서 이러한 성취와 성공에 대한 지나친 재촉에 의하여 아동은 아동다움을 잃어버리고 정서와 행동이 조기 성인화되어 버리는 것이 오늘날의 현실이며 이것을 아동기 실종현상이라고도 한다.

아동생활지도에서도 아동의 이러한 정서적 불안과 스트레스는 학교에서의 부적응적 행동을 일으키게 하며, 결과적으로 공동체적인 아동사회를 파괴하는 주요한 원인이 되고 있다.

그러므로 바람직한 생활지도를 실천하기 위해서는 학교교육과정 자체에서 아동의 아동다움을 길러 주는 사회 · 정서적 발달의 내용이 중시되어야 한다.

3) 아동 생활지도와 학교 외 교육과정

학교 외 교육과정이란 학생들이 학교 밖의 대중매체, 또래집단, 학원 등을 통해서 하는 다양한 경험을 말한다. 현대사회에서의 아동은 학교 내 교육과정보다 오히려 이러한 학교 밖 교육과정을 통하여 더 많은 것을 습득한다. 그러나 아동의 생활지도에 있어서 교사는 아동의 이러한 학교외적 지식이나 경험을 전혀 모르는 채 그 처방을 내리는 수가 많으며, 이것은 병원에서 증상이 서로 다른 사람에게 똑같은 처방을 내리는 일과 같이 오히려 생활지도의 부정적 효과를 야기하는 결과가 된다.

그러므로 아동 생활지도를 위해서는 교사는 학교 내에서 이루어지는 표면적 교육과정뿐 아니라 이러한 학교 외 교육과정에 대해서도 폭넓은 관심을 가져야 한다.

4) 아동 생활지도와 지역사회와의 연계

현대사회에서의 생활지도는 더 이상 학교교육의 전유물이 아니다. 오늘날의 아동이 성장하고 있는 생활공간은 이전에 비하여 무한대로 넓혀지고 있다. 어떤 의미에서는 학교생활에서 아동이 받는 교육적 영향보다는 학교 밖의 공간에서 무의도적으로 이루어지는 잠재적 교육의 영향이 더 크다고도 볼 수 있다.

따라서 초등학교에서 생활지도를 담당하는 교사는 학교 내에서의 아동의 생활지도와 함께, 보다 시야를 넓혀서 그 지역사회에서 아동 교육에 관여하는 여러 전문 단체와 연계하여야 한다. 예를 들어, 사회복지관, 아동상담소, 봉사활동 센터 등 여러 시설에 종사하는 사람들과 협력하여 연대관계를 맺어 그 지역사회에서의 아동교육의 문제에 관한 전반적인 관심을 높이고 아동문제에 관하여 협력관계를 맺어야 한다.

3. 초등학교에서의 발달적 생활지도 교육과정의 구성과 실행

아동의 폭력행동을 비롯한 부적응 행동을 예방하고 지도하기 위해서는 초등학교에서의 발달적 생활지도 구성과 실행은 매우 시급한 사안이다. 이를 위하여 발달적 생활지도 교육과정의 개념, 발달력 생활지도 교육과정 구성을 위한 절차 및 실행의 문제를 살펴보면 다음과 같다(허승희 외, 2004).

1) 발달적 생활지도의 의미

발달적 생활지도는 학생들의 문제를 적극적으로 예방하기 위한 활동이다. 이런 의미에서 미국 학교상담학회(American School Counseling Association: ASCA)에서도 적극적 예방 프로그램에 관하여 언급할 때 발달적 생활지도라는 용어를 사용하고 있다.

생활지도는 발달적 생활지도와 교정적 생활지도의 두 부분으로 나누어 볼 수 있다. 교정적 생활지도는 지금까지 학교에서 전통적으로 행해지던 학생들에 대한 수동적 생활지도로서 치료적이고 위기개입적인 접근을 취한다. 즉, 아동에게 문제가 발생하였을 때 그 문제를 중심으로 하여 위기지향적으로 문제를 해결하려 하고, 생활지도의 주요 대상도 부적응 행동을 일으키는 특수한 아동이었다. 또한 그러한 문제 해결의 과정도 주로 아동과 교사와의 일대일의 관계 속에서만 진행되어 왔다. 그러나 생활지도의 궁극적인 목적으로서 지향하여야 할 아동의 자기지도나 자아실현의 관점에서 보았을 때, 그러한 생활지도의 방식은 아동의 단기적인 행동 증상의 개선에만 역점을 둔 것이라고 볼 수 있다.

이와는 달리 발달적 생활지도는 학생들에 대한 능동적인 생활지도의 방안이다. 즉, 아동의 문제를 발달지향적으로 보고, 문제되는 행동의 즉시적 교정이나 치료보다는 잠재적인 학습 분위기의 쇄신에 초점을 둔다. 또한 아동과 교사와의 일대일의 관계보다는 모든 아동이 참여하는 협동적인 학습 분위기 형성을 통한 생활지도에 그 강조점을 두고 있다. 즉, 발달적 생활지도는 모든 학생을 대상으로 하여 학생들의 개인적인 발달을 최대한으로 촉진해 주는 데 그 목적이 있다.

발달적 생활지도가 아동의 자존감 증진, 사회적 기술의 획득, 문제해결력의 증진, 삶에 필요한 대처 기술의 증진 등이 그 목표라면, 교정적 생활지도는 아동의 문제가 발생했을 때 교사가 직접 개입하여 문제해결을 시도하는 것이다.

생활지도는 이러한 발달적 기능과 교정적 기능이 균형을 이루면서 진행되는 활동이다(Baker, 2000). 하지만 지금까지의 생활지도는 주로 소수의 행동 교정이 필요한 학생을 대상으로 하는 교정적 생활지도에 치중되어 왔고, 그것은 결과적으로 학교에서의 생활지도 기능을 축소해 왔고, 생활지도를 학생들의 문제 행동 처리에만 매달리게 하는 결과를 가져오게 하였다.

생활지도를 교정적 접근으로만 보게 되면 학생들의 본질적인 삶의 성장을 위해서는 아무런 도움도 주지 못하게 된다. 그러므로 아동의 장기적인 삶의 태도에 도움을 주기 위해서는 발달적 생활지도의 정립과 실천이 필요하다. ASCA에서도 현대의 학교에서의 생활지도는 보다 전향적이고 예방적인 목적에 초점을 두어야 하며, 그 내용과 과정에서는 보다 발달적인 관점으로 접근되어야 한다는 것을 강조하여 학교에서의 발달적 생활지도의 필요성을 중요시하고 있다.

발달적 생활지도에서도 전통적인 치료적 · 교정적 생활지도의 필요성을 부정하는 것은 아니지만, 개개 아동의 학습과 개인적 발달을 위하여 각 학생이 최대한으로 그의 교육적 기회를 활용할 수 있도록 지원하는 작업을 더 중시한다.

2) 발달적 생활지도 교육과정의 개념 및 필요성

발달적 생활지도 교육과정은 학생들의 전인적 발달과 교육을 목적으로 하는 발달적 생활지도를 체계적으로 실현하기 위해서 보다 계획적이고 장기적인 안목에서 조직화된 생활지도 교육과정을 말한다.

학교에서의 학습지도를 위한 교육과정 계획이 필요하듯이 생활지도에 있어서도 아동의 발달 수준에 맞는 체계적인 내용 구조와 구조화된 활동이 필요하다. 즉, 생활지도가 학교교육에서 교과교육과 병행하여 아동의 전인적 성장을 지원하기 위한 종합적인 교육계획이 되기 위해서는 지금까지의 단기적인 활동 위주와 특수한 소수의 학생만을 대상으로 한 소극적인 측면에서 벗어나 생활지도가 학교교육 목적을 달성하기 위한 발달적 차원에서의 프로그램으로 변화되어야 한다.

즉, 생활지도에 있어서도 모든 아동이 조직적이고 발달적인 계열에 맞게 학습해야 할 정의적인 영역의 내용이 있으며, 초등학교에서는 학교에서 생활지도 교육과정을 계획하고 실행하고 평가하고 또한 그것을 기존의 교육과정 속에 통합하여 실행하는 활동을 할 수 있어야 한다.

이러한 측면에서 Baker(2000)는 학교 생활지도 활동은 학생들의 장기적인 발달과 문제 예방을 위한 교육활동과 문제해결을 위한 처치활동의 균형 속에서 이루어져야 한다고 보았고, 이 중 모든 학생을 대상으로 하여 그 전인적 발달을 촉진하는 활동을 일차적 예방활동 그리고 그중 소수의 특정한 영역에서의 교육이 필요한 학생을 대상으로 한 활동을 이차적 예방활동으로 보았다.

발달적 생활지도에는 이러한 일차적 · 이차적 예방활동이 포함된다. 따라서 발달적 생활지도에서는 문제를 일으킨 아동을 포함한 모든 아동이 건강한 인생의 목표를 설정하고 그 목표를 달성하기 위한 행동을 발달시켜 나가도록 조력하는 것이 그 목적이며, 이러한 목적을 위하여 아동이 바람직한 지식과 기술을 획득할 수 있도록 계획적으로 조직된 교육과정이 발달적 생활지도 교육과정이다.

발달적 생활지도 교육과정 구성과 실행은 기스버와 헨더슨(Gysbers & Henderson, 2000)이 제기하고 ASCA의 학교상담 표준 모델에서도 제기된 종합적 학교상담의 네 영역 중 하나이며, 현대 사회에서는 학교에서의 생활지도도 국어나 영어 등의 교과목처럼 자체의 교육과정을 가져야 한다는 주장에서 비롯되었다. 이것은 1984년 이래 미국 전역에 전체적으로 혹은 부분적으로 적용되어 온 미주리 종합 생활지도 프로그램(Missouri Comprehensive Guidance Program: MCGP)을 그 대표적인 예로 들 수 있다. 미국의 경우, 1997년까지 24개 주가 발달적 생활지도 교육과정을 구성하고자 하였고, 다른 17개 주는 발달적 단계에 따른 예방 프로그램을 실행하고 있다(Sink & Macdonald, 1999).

발달적 생활지도 교육과정은 1970년대의 심리교육 및 가치명료화 등을 위한 고전적 프로그램에서부터 학생들의 문제해결기술, 의사결정기술, 갈등해결기술 등의 향상을 위한 다양한 방안으로 발전되어 왔으며, 최근에는 이러한 프로그램을 더욱 체계적이고 종합적으로 학교 교육과정 속에 통합하려는 종합적 발달적 생활지도 프로그램의 구성이 강조되고 있다(Baker, 2000).

국가 수준, 시도 교육청 수준, 또는 각급 학교 수준에서 발달적 생활지도 교육과정을 구성하기 위해서는 우선 아동의 발달적 특성을 알고, 그에 따라 적절한 발달관계를 분석하고, 그러한 과제를 습득하기 위하여 아동이 습득해야 할 기본 기술과 그를 위한 학습 조건을 계획하고 조직하여야 한다.

3) 발달적 생활지도 교육과정의 영역

발달적 생활지도 교육과정의 영역은 다양하게 분류되고 있다. 예를 들어, 신체 발달, 사회성 발달, 자아개념 발달, 인지 발달과 진로 발달의 다섯 가지 영역으로 구분하기도 하고(Worzbyt & O' Rurke, 1989), 자신에 대한 지식과 대인관계기술, 생애역할 상황 및 사상(event), 그리고 생애 진로 계획이라는 세 가지 영역으로 구분하기도 하며(Gysbers & Henderson, 1994), 미국의 미주리 주에서는 진로 계획과 탐색, 자신과 타인에 대한 지식 그리고 교육적/직업적 발달이라는 세 가지 영역으로 구분하고 있다.

그러나 오늘날 가장 보편적으로 사용되는 영역 분류 방식은 ASCA가 채택하고 있는 것으로, 생활지도 교육과정의 내용을 세 가지 영역, 즉 개인적 · 사회적 영역, 학업 영역, 진로 영역으로 구분하는 것이다. 즉, 발달적 생활지도 교육과정의 영역은 아동의 개인적, 사회적 발달, 학업적 발달 및 진로 발달 등의 영역으로 분류할 수 있다(ASCA, 1997; Gysbers & Henderson; Baker, 2000).

이러한 영역에 따라 세부 목표가 구성되면 발달적 생활지도 교육과정에서는 각 학년별 아동 수준에 맞는 다양한 활동을 개발하여 그에 필요한 체계적 기술을 지도할 수 있다.

초등학교를 중심으로 위의 각 영역별 생활지도 교육과정의 주요 내용은 다음과 같이 구성될 수 있다(Worzbyt & O' Rdorke, 1989).

(1) 학업적 영역

초등학교 아동이 겪는 학교 스트레스의 주요 요인 중 학업 관련 스트레스는 아동이 학교에서 겪는 스트레스 중 가장 중요한 요인으로 지적되고 있다(김선혜, 2004; 황혜정, 2006). 그러므로 아동기에 학업에 대하여 긍정적인 인식을 갖고, 또한 효과적인 학습기술을 습득하는 것은 대단히 중요한 발달과제라고 볼 수 있다.

아동기에 학업과 관련하여 발달되어야 할 주요 내용은 다음과 같다.

- 자기 자신이 세운 목표를 성취하기 위한 동기의 유발
- 자기 자신을 언어나 글로 표현하여 나타낼 수 있는 것
- 학업적 성취와 관련된 다양한 기술을 익히는 것
- 아동 자신이 자기의 학습 유형, 자신의 성격 유형 및 학습 습관과 행동을 인식하는 것
- 자기 자신의 학업적 성취를 스스로 평가해 보고 그 과정을 점검해 보는 것 등

이러한 내용과 관련하여 아동에게 발달시켜야 할 주요 기술은 다음과 같다.

- 타인의 말을 있는 그대로 경청하는 기술
- 공부하는 내용을 분석하고 추리해 보고 문제를 해결할 수 있는 사고 기술
- 자신에게 주어진 정보를 이해할 수 있고 이용 가능한 정보로 재해석해 보는 기술
- 언어나 문자를 사용해서 자신을 표현하는 기술
- 자기 자신이 공부할 목표를 설정하고 의사결정을 하는 기술

(2) 개인적 영역

개인적 영역은 아동의 자신에 대한 이해 및 존중의 능력을 발달시키는 것이다. 아동의 자신에 대한 이해와 존중감은 아동의 성격, 정서 및 가치관의 발달을 위한 기초 영역이다. 발달적 생활지도를 통해서 아동의 자신에 대한 이해 및 자기존중의 능력을 발달시키기 위한 주요 내용은 다음과 같다.

- 자신의 강점과 약점, 좋아하는 것과 싫어하는 것에 대하여 인식하는 것
- 자신이 살아가는 데 영향을 미쳤던 생활의 경험을 인식하는 것
- 자신의 감정을 확인하고 표현하는 것
- 자신의 희망과 포부를 인식하는 것
- 자신의 가치관과 선호에 대하여 확인하는 것

이와 관련하여 아동기에 발달시켜야 할 주요 기술은 다음과 같다.

- 자기 자신을 있는 그대로 묘사할 수 있는 기술
- 자신에게 중요하다고 여겨지는 것들에 대해서 가치화할 수 있는 기술
- 스스로 선택하고 의사 결정하는 기술
- 기쁨, 슬픔, 분노 등과 같은 자신의 감정을 인식하는 기술
- 희망을 가지고 자기 자신의 미래를 예측해 볼 수 있는 기술

(3) 사회적 영역

사회적 영역이란 공동체 사회에서 아동이 원만한 대인관계를 형성할 수 있도록 돕는 것을 말한다. 아동의 사회적 발달은 주로 집단 활동들을 통해서 이루어질 수 있으며, 아동은 이러한 활동을 통해서 서로 나누어 갖기, 협력하기, 집단의 문제를 해결하고 의사를 결정하기 등의 능력을 기를 수 있다.

발달적 생활지도에서 아동의 사회적 발달을 위해서 지도되어야 할 내용은 다음과 같다.

- 학교생활에서 다른 아동과 잘 어울려 지내기
- 집단에 대한 소속감 갖기
- 다른 친구들과 협력해서 일하기
- 집단에서 자신의 역할을 해 냄으로써 책임감 공유하기
- 학급의 한 구성원으로서 각 개인이 모두 중요한 존재라는 것을 알기

이와 관련하여 아동에게 발달시켜야 할 주요 기술은 다음과 같다.

- 효과적인 경청기술, 대화기술, 친구들에게 긍정적으로 피드백을 주는 기술, 자신의 의견을 타인에게 명확하고 직접적으로 전할 수 있는 기술
- 친구들과 자발적으로 나누어 갖는 기술
- 차례를 잘 지키는 기술

- 소집단 활동을 통한 친구들과의 협동기술

(4) 진로 영역

학교교육의 중요한 목표 중 하나는 학생들이 현실적이고 만족할 수 있는 진로 목표를 설정하도록 도와주는 것이다. 초등학교에서의 진로지도의 목적은 주로 다양한 직업세계에 대한 인식력을 길러 주는 것이며, 이러한 진로지도의 과정에서 여가지도도 이루어질 수 있다.

일반적으로 아동 생활지도에 있어서의 진로지도의 목표는 첫째, 자신의 개인적 특성, 관심, 적성 등을 스스로 인식하는 것, 둘째, 직업세계의 다양함을 알고 그것을 존중할 줄 아는 것, 셋째, 학교에서의 자신의 성취와 미래의 직업 선택 간의 관련성을 이해하는 것, 넷째, 일에 대한 긍정적 태도를 발달시키는 것 등이다(Herring, 1998).

이러한 진로의식의 발달을 위해서 발달적 생활지도에서 지도되어야 할 주요 내용은 다음과 같다.

- 자기 자신의 강점과 약점, 선호하는 일 등에 대하여 인식하기
- 직업세계가 광범위하다는 것을 인식하기
- 학교에서 현재 배우고 있는 교육내용을 자신의 진로와 관련하기
- 여가 시간의 소중함을 인식하기
- 직업세계가 복합적으로 상호 관련되어 있다는 것을 인식하기

이와 관련하여 발달적 생활지도를 통하여 아동에게 발달시켜야 할 주요 기술은 다음과 같다.

- 자기 자신을 이해하고 묘사할 수 있는 기술
- 직업세계에 대비한 의사를 결정하는 기술
- 자신에게 가능한 광범위한 직업 범주에 관한 인식
- 사람들이 가질 수 있는 다양한 흥미에 관한 인식
- 자신들의 취미 등 여가에 대한 감각을 키우는 기술

4) 발달적 생활지도 교육과정의 구성 원리와 개발 절차

(1) 구성 원리

발달적 생활지도 교육과정을 구성하기 위해서는 첫째, 아동의 개인적, 사회적, 학업적 및 진로 발달의 각 영역에서의 발달 특성이 파악되어야 하고, 둘째, 그에 적절한 발달의 과제가 분석되어야 하며, 셋째, 그것을 습득하기 위한 활동 계획과 학습의 조건이 구비되어야 한다.

발달적 생활지도 교육과정을 체계적으로 구성하기 위한 원리는 다음과 같다(Schmidt, 1996).

- 발달적 생활지도 교육과정의 내용은 모든 아동에게 필요한 활동으로 구성한다.
- 발달적 생활지도를 위한 교육과정은 조직적이고 계획적이어야 한다. 이러한 발달적 생활지도 교육과정은 인간의 성장과 발달에 대한 연구결과와 아동의 내적 성장의 이해에 따른 인지적 · 정의적 · 신체적 성장과 발달을 강조하는 통합적인 교육 내용으로 이루어진다.
- 발달적 생활지도 교육과정에서는 아동의 자기이해, 자기수용 및 자기개발이 중시되어야 한다.
- 발달적 생활지도 교육과정을 구성하기 위해서는 아동의 특수한 요구를 초기에 확인 할 수 있어야 한다.
- 발달적 생활지도 교육과정은 계열성을 가지면서도 융통성이 있어야 한다.

(2) 개발 절차

발달적 생활지도 교육과정은 크게 세 가지 수준, 즉 국가 수준, 시도 교육청 수준, 단위 학교 수준에서 개발할 수 있다. 국가 수준이나 시도 교육청 수준에서 개발되는 것이 가장 현실적으로 바람직하나 또 한편으로는 각 학교 상황에 따라 그 특성이 달리 개발될 수도 있다.

1 단계 1

발달적 생활지도 교육과정 개발위원회를 구성한다. 이 위원회에는 핵심 인사로서 교사, 교장, 교감, 장학사, 장학관 등의 교육 행정가, 학부모, 학교운영위원회 위원, 교육 관련 지역사회 인사 등이 포함될 수 있다. 적정 인원수는 생활지도 교육과정이 어느 수준에서 개발되느냐에 따라 다를 수 있다. 즉 국가 수준인지, 교육청 수준인지, 단위 학교 수준인지에 따라 다를 수 있다. 초등학교 수준의 개발이라면 교사, 교감, 교장, 학교 운영위원, 학부모, 지역사회 인사 등으로 구성할 수 있을 것이다.

2 단계 2

생활지도 교육과정의 목표를 설정한다. 생활지도 교육과정의 목표를 설정하기 위해서는 앞에서 예를 든 생활지도 교육과정의 영역을 참고하여 설정할 수 있다.

미국의 경우 많은 주에서 생활지도 교육과정을 개발하여 학교상담의 핵심 부분으로 사용하고 있다. 개발된 목표의 예로서 미국의 캔자스 주에서 개발한 생활지도 교육과정의 목표와 내용을 개인적 · 사회적 영역, 학업 영역, 진로 영역으로 나누어 제시해 보고자 한다.

① 개인적 · 사회적 영역

- 목표 1 긍정적인 자아 개념의 중요성에 대한 지식과 이해를 증진한다.
- 목표 2 모든 사람은 사물을 보는 관점, 흥미, 태도, 배경 등에 있어 개인차를 가지고 있다는 것을 알고, 이 개인차를 존중하도록 한다.
- 목표 3 다른 사람과 상호 작용하는 기술을 개발한다.
- 목표 4 자신의 정서적, 신체적 변화에 효과적으로 대처하는 방법을 개발한다.
- 목표 5 자신의 삶에 대한 책임을 감당할 능력을 획득한다.
- 목표 6 효과적인 의사소통 전략에 대한 이해를 증진한다.
- 목표 7 자신의 독특성에 대한 지각을 증진한다.

② 학업 영역

- 목표 1 배움에 대한 이해를 증진하고, 자신의 학업 능력, 교육적 요구 및 흥미에

대한 지식을 습득한다.

- 목표 2 효과적인 학습 태도를 배운다.
- 목표 3 현실적인 교육 목표를 설정하고 달성하는 과정에 대한 지식을 습득한다.
- 목표 4 학습과 일 간의 관계에 대한 인식을 개발한다.
- 목표 5 자신의 진로 목표와 일치되는 교과활동과 과외활동을 선택할 수 있는 능력을 기른다.

③ 진로 영역

- 목표 1 진로 정보를 이해하고 사용할 수 있는 기술을 배우고 익힌다.
- 목표 2 생애 역할과 진로 간의 관계에 대한 인식을 증진한다.
- 목표 3 다양한 직업과 변화하는 성 역할에 대한 지식을 증진한다.
- 목표 4 진로 의사 결정 과정에 대한 지식을 개발한다.
- 목표 5 일에 대한 긍정적 태도를 개발한다.
- 목표 6 취업 전략을 배우고 익힌다.

위에 제시된 목표 목록을 개발하기 위해서는 담당교사나 생활지도 교육과정 개발위원회의 구성원과 공동 작업을 하는 것이 바람직하다. 교사와의 공동 과정은 특히 중요한데 그 이유는 각 교과 속에 생활지도 관련 단원이 있는 경우 그 단원에 생활지도 내용을 포함할 수 있기 때문이다.

생활지도 교육과정의 목표를 선정하는 경우 한 가지 유의해야 할 점은 교육과정을 구성하고 있는 영역 및 목표를 너무 많이 선정하지 말아야 한다는 것이다. 교육과정의 영역과 영역별 목표가 많은 경우, 그 내용을 효과적으로 다루기가 어렵기 때문에 각 학교의 사정을 고려하여 그 사정에 알맞은 수만큼 개발하는 것이 좋다. 우리나라의 경우, 현실적으로 이 교육과정을 정규 수업 시간을 활용하여 수행하기가 어려울 수 있으므로 학교 정규 수업 외에 활동할 수 있는 시간, 예를 들어 재량시간이나 특별활동시간의 시수를 확인하여 이에 적합한 만큼의 내용으로 구성하는 것이 바람직하다.

③ 단계 3

생활지도 교육과정의 목표를 각 학년 수준에 맞게 구체적으로 세분화한다. 생활지도 교육과정에서 다루고자 하는 영역과 목표를 설정하고 이러한 목표를 학습자의 능력을 나타내는 용어로 진술하고 난 후, 그다음 과제는 이러한 일반적인 능력을 나타내는 진술문을 학생들의 학년에 맞게 구체적으로 세분화하여 진술하는 것이다. 예를 들어, 생활지도 교육과정의 개인적 · 사회적 영역의 목표 중 하나인 '자신과 타인의 독특한 특성과 능력에 대해 이해하고 그것을 통합할 수 있다.' 는 목표를 학년별로 세분화하여 진술해 본다면 〈표 8-1〉과 같다.

표 8-1 학년별 생활지도 교육과정의 목표 예

구분		개인적 · 사회적 영역
목표		자신과 타인의 독특한 특성과 능력에 대해 이해하고 그것을 통합할 수 있다.
유치원		나의 모습과 내가 좋아하는 것을 말할 수 있다.
초등학교	1학년	나의 독특한 면에 대해 말할 수 있다.
	2학년	내가 아는 다른 사람들의 독특한 면에 대해 이야기할 수 있다.
	3학년	나를 잘 모르는 사람에게 내가 어떤 사람인지를 말할 수 있다.
	4학년	사람들이 서로 어떻게 다른지를 말할 수 있다.
	5학년	나의 독특한 특성과 능력이 나에게 어떻게 중요한지 말할 수 있다.
	6학년	나의 특성과 능력이 어떻게 변화하고 확장될 수 있는지 말할 수 있다.
중학교	1학년	나의 특성과 내가 알고 있는 다른 사람의 특성을 비교할 수 있고 차이점을 수용할 수 있다.
	2학년	내가 현재 가지고 있는 기술과 미래에 내가 개발하고자 하는 기술을 열거할 수 있다.
	3학년	나의 독특한 특성과 능력을 이해하는 것이 왜 가치 있는가에 대해 논의할 수 있다.
고등학교	1학년	개인의 특성과 능력이 어떻게 개발되는지를 기술하고 분석할 수 있다.
	2학년	내가 가장 높이 평가하는 특성과 능력은 무엇인지에 대해 설명할 수 있다.
	3학년	나의 특성과 능력을 타인의 그것과 비교할 수 있고, 나의 독특함을 이해하고 개발할 수 있다.

④ 단계 4

세분화된 생활지도 교육과정의 목표를 달성할 수 있는 내용을 각 학교 급별 학년에 맞게 선정한다. 이것은 각 교과 교육의 내용과 연결하여 작성할 수 있다. 이런 과정을 통하여 개발된 생활지도 교육과정의 예로서 미국 펜실베이니아 주 위사이콘(Wissahickon) 교육청에서 개발한 생활지도 교육과정을 소개하면 〈표 8-2〉와 같다.

표 8-2 유치원 및 초등학교 생활지도 교육과정: 범위와 계열

내용		내용
유치원	개인적 · 사회적 발달	• 독특한 개인으로서의 자신에 대해 긍정적 태도를 가진다. • 학교와 지역사회에 있는 자원 인사를 안다. • 문제를 다루는 대처기술을 배우고 익힌다.
	학업 발달	• 학습에 흥미를 보인다. • 자신이 수행한 일과 성취에 대해 자부심을 가진다.
	진로 발달	• 지역사회에서 도움을 주는 사람의 역할을 잘 안다. • 최선을 다하는 것의 중요성을 이해한다.
초등학교 1학년	개인적 · 사회적 발달	• 자신의 느낌을 확인하고 표현할 수 있다. • 학교와 지역사회에 있는 자원 인사를 알고 어떻게 그들의 도움을 받을 수 있는지를 안다. • 문제를 다루는 데 필요한 대처기술을 익힌다.
	학업 발달	• 자신의 문제에 대해 언제 어떻게 도움을 구하는지를 알기 위해 의사소통 기술을 사용할 수 있다. • 무언가를 성취하기 위해서는 노력과 인내가 따른다는 것을 안다.
	진로 발달	• 일과 배움에 대해 긍정적 태도를 가진다. • 함께 협력해서 일하는 법을 배운다.
초등학교 2학년	개인적 · 사회적 발달	• 문제를 다루는 대처기술을 활용할 수 있다. • 적절한 행동과 부적절한 행동을 구분할 수 있다. • 안전하고 건전한 선택을 하기 위하여 효과적인 문제해결기술과 의사결정 기술을 적용할 수 있다. • 자신의 결정과 선택의 결과를 이해한다. • 개인차와 문화적 차이를 이해한다.
	학업 발달	• 집단으로 일을 할 때 어떤 행동이 도움이 되고 어떤 행동이 방해가 되는지를 안다. • 독립적이고 협력적으로 일하는 능력을 보여 줄 수 있다.
	진로 발달	• 함께 협력해서 일하는 법을 배운다. • 일과 배움에 대해 긍정적인 태도를 가진다.
초등학교 3학년	개인적 · 사회적 발달	• 자신의 장점을 안다. • 개인차와 문화적 차이를 인식, 수용, 존중한다. • 갈등 해결 기법과 스트레스 관리 기법을 배운다. • 약물 남용의 위험을 인식한다.
	학업 발달	• 자신이 수행한 일과 성취에 대해 자부심을 가진다. • 개인적 책임과 학업적 성공 간의 관계를 이해한다.
	진로 발달	• 자신의 기술, 흥미, 능력을 알고 이를 자신의 미래 진로와 관련지을 수 있다. • 자신의 능력, 기술, 흥미, 동기를 잘 인식한다. • 갈등 해결 기법을 친구나 어른과의 관계에서 사용하는 법을 배운다. • 팀 구성원으로서 다른 구성원과 협력해서 일하는 법을 배운다.

초등학교 4학년	개인적 · 사회적 발달	• 문화적 다양성을 인식하고 수용한다. • 효과적인 의사소통기법을 사용한다. • 스트레스와 갈등을 다루는 기법을 배운다. • 약물 오용과 남용의 정서적 · 신체적 위험에 대해 배운다. • 친구들의 압력이 의사결정에 미치는 영향에 대해 인식한다.
	학업 발달	• 성공적인 학습에 도움이 되는 태도와 행동을 안다. • 노력과 인내가 어떻게 학업 수행에 대해 긍정적 영향을 주는지를 이해한다.
	진로 발달	• 자신의 기술, 흥미, 능력을 알고 이것을 미래의 자신의 진로와 관련지을 수 있다. • 목표를 설정하고 성취하는 법을 배운다.
초등학교 5학년	개인적 · 사회적 발달	• 약물 오용과 남용의 정서적. 신체적 위험에 대해 배운다. • 생활사를 다루기 위한 대처 기술을 배운다. • 의사결정기법과 문제해결기법을 배우고 적용할 수 있다. • 현실적인 목표를 설정하고 달성하기 위한 행동 계획을 세운다.
	학업 발달	• 노력과 인내가 어떻게 학업 수행에 긍정적 영향을 주는지를 보여 준다. • 성공적 학습에 도움이 되는 행동을 보여 준다.
	진로 발달	• 진로 목표를 달성하는 데에 필요한 교육과 훈련을 잘 인식한다. • 진로 정보를 찾고, 평가하고 해석하는 기술을 배우고 익힌다. • 흥미, 능력, 성취가 어떻게 자신의 사회적 · 교육적 · 직업적 목표와 관련되는지를 보여 준다. • 공부가 성공과 만족에 어떻게 도움이 될 수 있는지를 설명할 수 있다.
초등학교 6학년	개인적 · 사회적 발달	• 자신과 타인에 대한 존중을 중시하는 대인관계기술을 익힘으로써 친구를 사귀고 친구 관계를 유지하는 법을 배운다. • 자신의 문제 해결과 의사결정을 위해 언제, 어디서, 어떻게 도움을 구하는지를 보여 준다. • 안전하고 건전한 선택을 하기 위해 효과적인 문제해결기술과 의사결정기술을 적용할 수 있고, 이런 기법을 스트레스와 갈등해결에도 사용한다.
	학업 발달	• 학습 과정에는 실수가 수반된다는 것을 받아들인다. • 자신의 행동에 책임을 진다.
	진로 발달	• 자신의 능력, 기술, 흥미, 동기를 인식한다. • 진로 선택과 성공에 영향을 주는 개인적 선호와 흥미를 안다.

⑤ 단계 5

생활지도 교육과정을 실행할 방법과 아동에게 실시할 활동을 개발한다. 생활지도 교육과정의 목표와 내용에 따라 각 내용에 대해서 아동이 활동할 수 있는 활동 계획을 수립한다.

생활지도 활동 개발의 결과는 〈표 8-3〉에 제시되어 있는 수업안으로 나타나는데, 생활지도 수업안에는 활동목표, 활동대상, 활동시간, 준비물, 활동절차, 활동평가 등이 포함된다.

① 활동목표: 학생들이 활동을 통해 달성하기를 기대하는 기술, 태도, 지식 등을 말한다.

② 활동대상: 활동이 누구에게 적절한가를 정하는 것이다.

③ 활동시간: 활동을 수행하는 데 걸리는 시간을 결정하는 것이다. 대상에 따라 달라지겠으나, 현실적으로 볼 때 한 시간 수업에 소요되는 시간으로 하는 것이 바람직하다.

④ 준비물: 활동을 수행하는 데 필요한 자료를 말한다. 이 준비물을 교사가 준비해야 할 것과 학생이 준비해야 할 것으로 구분된다.

⑤ 활동절차: 활동을 수행하고자 하는 사람이 따라야 하는 구체적인 과정에 대한 진술이다. 이 절차는 실시자에 의해 수정되거나 응용될 수 있다.

⑥ 활동평가: 본 활동이 의도한 목표의 달성 여부를 알아보는 방법에 대한 진술이다.

개발된 생활지도 교육과정을 실행하는 활동의 예를 진로발달의 영역에서 간단히 제시해 보면 〈표 8-3〉과 같다.

표 8-3 생활지도 교육과정 수업안의 예

[활동명] 가족 직업 나무			
활동목표	가족이 종사하고 있는 직업을 안다.	영역	진로발달
준비물	12×18 규격의 종이 한 장, 사인펜, 색연필		
활동절차	1. 아동에게 많은 가지가 달린 큰 나무 한 그루를 그리게 한다. 2. 나무의 밑줄기에 자신의 이름을 적게 한다. 3. 첫 번째 나뭇가지에 자신의 부모와 그 형제자매의 이름을 적게 한다. 4. 두 번째 나뭇가지에 조부모를, 세 번째 가지에는 증조부모의 이름을 적게 한다. 5. 이름 아래에 그 사람의 직업을 적게 한다. 6. 친구들에게 가족 직업 나무를 소개한다.		
평가	아동은 3대에 걸친 가족 구성원의 다양한 직업을 확인할 수 있는 가족 나무를 완성할 수 있다.		
활동	아동에게 3대 이전의 가족이 지녔던 직업의 콜라주를 만들어 보게 한다.		

6 단계 6

생활지도 교육과정을 실행하고 평가한다. 생활지도 교육과정에 따른 활동 내용이 구성되고 실행되면 전체적인 과정과 결과에 대하여 평가한다.

5) 발달적 생활지도 교육과정 실행을 위한 조건

초등학교에서 발달적 생활지도 교육과정이 바람직하게 실행되기 위해서는 발달적 생활지도 교육과정을 실행하기 위한 보다 개방적이고 열성적인 학교행정가와 교사의 참여가 필수적이다. 학교 차원에서는 발달적 생활지도 프로그램을 실질적으로 가동될 수 있도록 구성하고 그에 필요한 자원을 행정적으로 충분히 지원하여야 한다. 그리고 발달적 생활지도 교육과정을 실행하는 데 필요한 시간, 공간, 설비 및 자료도 제공할 수 있어야 한다.

그리고 무엇보다도 이러한 일을 수행하는 데 구심점 역할을 할 수 있는 전문상담교사를 초등학교에 배치하여야 할 것이다. 실제로 우리나라 초등학교에서 요구되는 상담교사의 역할은 학교 및 학급 생활지도 교육과정 구성과 실행, 학교 생활지도 체제 지원, 학교상담 관련 행정업무, 개별 및 집단상담, 교사교육 및 부모교육, 아동 이해를 위한 정보 수집 및 제공 활동이며 이 중 초등학교에서 우선적으로 실행되어야 할 영역은 학교 및 학급 생활지도 교육과정의 구성과 실행 영역이다(허승희, 박성미, 2004, 2005).

또한 학교에서는 학교 생활지도 협의회를 구성하여 전문적으로 그 역할을 할 수 있는 구성원, 예를 들면 전문상담교사 자격을 소지하고 있는 교사 등이 여기에 적극적으로 참여할 수 있도록 배려해야 한다. 그리고 이러한 생활지도 교육과정의 실행이 그 효과를 보기 위해서는 가정과 지역사회 구성원 간의 협력도 필수적이다. 즉 학교에서 실행하는 생활지도 프로그램의 철학과 내용을 부모와 지역사회에 알리는 것도 중요하다.

발달적 생활지도 교육과정의 실행 과정에서 결정해야 할 또 하나의 중요한 사항은 누가 이 활동을 진행할 것인가 하는 것이다.

발달적 생활지도 활동은 어느 한 사람에 의해 운영될 수 없으니 기본적으로 팀 접근이 필요하다. 생활지도 활동을 중점적으로 수행할 팀은 학교의 실정에 따라 달라질 수 있겠으나, 그 결정은 달성하고자 하는 목표를 가장 효율적으로 달성할 수 있는 준거에 따라 결정하여야 한다.

발달적 생활지도는 교과시간에 일반 교사가 실행할 수도 있고, 상담교사가 실행할 수도 있으며, 학부모 또는 지역사회인사가 실행할 수도 있다. 생활지도 교육과정의 목표를 달성하기 위해서는 여러 분야에서 기능과 능력을 가진 많은 사람의 협력과 노력이 필요하다. 그러므로 발달적 생활지도 교육과정 개발위원회는 사전에 생활지도 교육과정의 목표를 달성하는 데 활용할 수 있는 자원 인사에 대한 조사를 충분히 하여야 한다.

4. 개발된 발달적 생활지도 교육과정의 예

여기에서는 미국의 각 지역에서 개발되어 시행되고 있는 발달적 생활지도 교육과정 중 몇 가지를 선택하여 그 구성 체제 및 각 영역에 따른 목적과 목표설정을 간략하게 소개해 보고자 한다.

여기에서 소개되는 발달적 생활지도 교육과정의 구성은 학교상담 프로그램의 네 가지 구성요소 중의 한 요소로서 다루어지기도 하고 어떤 경우에는 학교상담 프로그램이 생활지도 프로그램과 동일한 의미로 사용되기도 한다. 이것은 아직까지도 학교상담과 생활지도의 의미가 중첩되어 사용되는 경우가 있기 때문이기도 하며, 한편으로는 학교상담의 영역에서 생활지도 교육과정의 구성이 가장 중요하게 부각되어 있기 때문이기도 하다.

다음의 생활지도 교육과정은 각기 그 구성 체제가 다양하나 공통으로 포함되어 있는 생활지도 교육과정의 영역은 학생들의 개인적 · 사회적 발달, 학업 발달 및 진로 발달 영역이다. 여기에는 각 영역별로 그 목적이 서술되어 있고, 그러한 목적에 따른 구체적 목표 그리고 그에 따른 활동계획이 제시되어 있다.

1) 밀워키 발달적 생활지도 교육과정

밀워키 발달적 생활지도 교육과정(Milwaukee Public Schools K-12 Developmental Guidance and Career Education Curriculum)은 미국 위스콘신 주 밀워키 교육구의 K-12학년을 대상으로 만든 생활지도 교육과정이며, CHANGE(Communicating Healthy Attitudes & Skills Through New Guidance & Career Education) 교육과정이라고도 불린다. 이 교육과정의 내용은 학교 교과지도에서 목표로 하는 교육내용을 분석하여 그와 연계된 생활지도의 목표와 내용 및 활동을 계획하여 만들어진 것이다. 이것은 1986년부터 시작되어

3년간의 계획, 현장검증 그리고 재구성의 과정을 통하여 만들어졌고 그 내용은 학교교사들이 실제적으로 활용할 수 있는 활동으로 구성되어 있다.

이 생활지도 교육과정에서 설정된 주요 영역은 자아개념과 자존감 발달, 의사소통기술과 태도의 발달, 문제해결과 의사결정 능력의 발달, 학습 기술과 태도의 발달, 진로탐색 등이며 각 영역의 목적 및 목표와 그에 따른 활동 내용이 K-12 학년까지의 발달 수준에 맞게 개발되었다.

하나의 목표는 5~6개의 하위 목표로 이루어져 있으며, 각 목표는 대개 20회기 정도의 활동을 통하여 달성될 수 있도록 구성되어 있다. 각 학년별로 그리고 각 활동별로 소요되는 시간은 다르게 설정되어 있다.

참고로 초등학교 1학년을 대상으로 한 자아개념과 자존감 발달을 위한 생활지도 교육과정의 영역에서의 목적과 목표는 〈표 8-4〉와 같이 설정되어 있다.

표 8-4 자아개념과 자존감 발달 영역/초등학교 1학년

자아개념과 자존감 발달	
목적	목표
자신을 가치 있게 여기기	• 학생들은 자신의 특성을 인식할 수 있다. • 학생들은 자신이 좋아하는 것과 그렇지 않은 것을 인식할 수 있다.
자신의 견해 / 자신에 대한 동료들의 견해	• 학생들은 자신과 동료들의 독특한 특성 간의 공통성을 인식할 수 있다.
개인적 정체감과 집단 구성원으로서의 정체감	• 학생들은 보다 큰 사회적 집단에 속해 있는 개인으로서의 자신을 지각할 수 있다. • 학생들은 보다 큰 사회적 맥락 속에서의 개인의 독특성에 관한 감각을 키울 수 있다. • 학생들은 유사성을 가지면서도 독특성을 가진 가족 내의 한 구성원으로서의 자신을 이해할 수 있다.
자신의 강점과 약점 인식	• 학생들은 자신의 강점을 인식할 수 있다. • 학생들은 자신과 타인의 성취 결과들을 인정할 수 있다. • 학생들은 사람들이 가진 긍정적인 속성을 인식하고, 학급 친구들의 장점을 격려해 줄 수 있다.

2) 알래스카 생활지도 교육과정

알래스카 생활지도 교육과정(Alaska School Counseling Program: Counseling Curriculum)은 1989년에 미국의 알래스카 주 학교를 위하여 개발된 생활지도 교육과정이다. 여기에

서는 학교상담을 학교 전체 교육 프로그램의 통합적인 한 부분으로 보고 학교상담 프로그램의 구성요소로서 생활지도 교육과정 구성, 개인적인 학생들의 계획 조력, 즉각적 봉사활동 및 체제 지원의 네 가지를 들고 있다.

이 중 생활지도 교육과정은 아동의 발달적 경험을 중시하여 학급활동과 집단활동을 통해서 체계적으로 실행하도록 제시되어 있다. 생활지도 교육과정의 목적은 첫째, 학생들에게 정상적인 성장과 발달에 관한 지식을 제공하고, 둘째, 그들의 정신건강을 보다 긍정적으로 증진하며, 셋째, 학생들이 살아가는 데 필요한 삶의 기술을 획득하고 사용할 수 있도록 조력하는 것이다. 이에 따른 생활지도 교육과정의 영역은, 자신과 타인에 관한 지식 획득, 진로 및 직업적 계획과 탐색의 능력 발달 및 교육적 성취의 고양이다.

생활지도 교육과정의 구성은 초등학교, 중학교 및 고등학교 수준으로 나뉘어져 각 학교급별로 위의 세 가지 영역의 목표와 범주 그리고 학생들이 도달해야 할 구체적인 목표가 기술되어 있으며 각 목표에 따른 활동이 개발되어 있다.

이 중 초등학교에서의 자신과 타인에 관한 발달 영역에서의 여러가지 목적 중 하나를 선택하여 그에 따른 목표들을 제시해 보면 〈표 8-5〉와 같다.

표 8-5 자신과 타인에 관한 지식 획득 영역 / 초등학교

자신과 타인에 관한 지식 획득	
목적	자신을 이해하고 수용하기
목표	나는 나에게 중요한 것을 말하고 기술할 수 있다. 나는 새로운 일들을 기꺼이 시도해 본다. 나는 자신의 신체적 · 정신적인 긍정적 특성을 기술할 수 있다. 나는 나의 감정을 확인하고 말할 수 있다. 나는 나의 행동이 타인의 감정과 행위에 어떻게 영향을 미치는가를 기술할 수 있다. 나는 내가 원하는 것을 누군가에게 요청할 수 있다. 나는 나의 개인적 어려움에 대하여 누군가에게 말할 수 있다.

3) 노스사이드 생활지도 교육과정

노스사이드 생활지도 교육과정(Northside Independent School District Guidance Curriculum)은 1989년에 미국의 노스사이드 교육구에서 활용할 수 있도록 개발된 생활지도 교육과정이다. K-12학년까지의 생활지도 교육과정의 목적과 영역을 설정하였으

며, 생활지도 교육과정의 영역은 학생들의 개인적 · 사회적 발달, 학업 발달 및 진로 발달의 영역이다. 이 교육과정에서는 특히 학생들의 개인적 · 사회적 발달을 위한 목적이 중요시되어 있는데, 학생들의 개인적 · 사회적 발달, 학업 발달 및 진로 발달을 위한 주요 목표와 이에 따른 학생들의 구체적인 성취목표가 K-12학년까지의 각 학년별로 기술되어 있다. K-6학년까지의 개인적 발달영역에서의 예를 들면 〈표 8-6〉과 같다.

표 8-6 개인적 발달 영역 / K-6학년

개인적 발달	
목적	자신을 이해하고 존중하기
목표	학생들은 생활지도 프로그램에 참여함으로써 자신의 개인적 특성을 인식하고 이해하고 존중하며 자신의 신체적 · 정신적 건강에 대하여 배려할 수 있다.

학년별 목표
학생들은 각 학년별로 다음과 같은 능력을 기를 수 있다.
유치원: 자신의 신체적 · 정서적 · 지적 특성에 대해서 안다. 1학년: 자신이 타인들과 신체적 · 지적 · 정서적 측면에서 서로 다르다는 것을 이해한다. 2학년: 자신을 신체적 · 지적 · 정서적으로 돌보는 방식을 안다. 3학년: 자기 스스로가 자신을 신체적 · 지적 · 정서적으로 돌볼 책임이 있다는 것을 깨닫는다. 4학년: 자신의 신체적 · 지적 · 정서적 성취에 대해서 자긍심을 가진다. 5학년: 자신의 신체적 · 지적 · 정서적 특성을 상술할 수 있다. 6학년: 자신의 개인적인 특성과 능력이 어떻게 변화되고 있는지 그리고 그러한 것이 어떻게 보다 더 향상될 수 있겠는지를 분석할 수 있다.

4) 캔자스 종합적 생활지도 교육과정

캔자스 종합적 생활지도 교육과정(Kansas Comprehensive School Counseling Program: Guidance Curriculum)은 미국의 캔자스 학교구들에서 K-12학년까지 실행되는 생활지도 교육과정으로 1993년에 만들어졌다.

교육과정 영역으로는 학생들의 개인적 · 사회적 발달, 진로발달 및 교육적 발달이 포함된다. 생활지도 교육과정 구성은 이러한 종합적 학교상담을 실행하기 위한 중요한 구성 요소로서 그 기본 목적은 학생들의 삶의 기술, 학습기술 및 일에 관련된 기술을 발달시키는 것이다. 이에 따라 이 교육과정에서는 학생들의 삶의 기술, 학습기술 및 일에 관련된 기술을 학생들의 개인적 · 사회적 발달, 학업 발달 및 진로 발달을 위한 목적으로 분류하고 각 목적에 대한 하위목표 및 그에 따라 학생들이 도달해야 할 구체적인 목표가 설정되어 있다. 또한 각 구체적인 성취목표에 따른 활동들이 초등학교, 중학교 및 고등학교별로 개발되어 있다.

이러한 교육과정을 실행하기 위한 방법으로서는 상담활동과 발달적 봉사활동, 정보제공과 측정, 그리고 학생들의 가정, 학교 및 지역사회와의 연계를 통한 자문, 조정과 협동의 활동을 포함하는 팀활동 등을 통한 실행이 권장된다.

초등학교에서 고등학교까지의 개인적 · 사회적 발달영역에서의 관련 목적, 목표 및 활동목표 중 하나를 예로 들면 〈표 8-7〉과 같다.

표 8-7 개인적 · 사회적 발달 영역 / 초등학교~고등학교

개인적 · 사회적 발달	
목적	학생들은 긍정적 자아개념이 중요하다는 것을 알고 그것을 이해한다.
목표	학생들은 독특하고 가치 있는 한 개인으로서의 자산에 대하여 긍정적인 태도를 나타낼 수 있다.
초등학교 목표	학생들은 자신의 외모에 대해서 그리고 자신이 가장 좋아하는 일에 대해서 기술할 수 있다.
활동목표	학생들은 학급 친구들에게 자신과 자신이 가장 좋아하는 일을 그림으로 표현하고 그것에 대하여 학급 친구들과 이야기를 나눌 수 있다.
중학교 목표	학생들은 자신에 대해서 긍정적인 태도를 나타낼 수 있다.
활동목표	학생들은 자신이 가지고 있는 긍정적인 특성을 나열하고 말할 수 있다.
고등학교 목표	학생들은 자아개념의 의미에 관해서 정의를 내리고 그것에 대해서 서로 토론할 수 있다.
활동목표	학생들은 소집단 활동을 통하여 자아개념의 정의를 내리고 이러한 자아개념의 정의가 각자 자신에 대한 지각과 어떻게 관련되는 것인가를 토론할 수 있다.

5) 미주리 종합적 생활지도 교육과정

미주리 종합적 생활지도 교육과정(Missouri Comprehensive Guidance Program)은 1998년에 미국의 미주리 주에서 개발된 생활지도 프로그램이다. 이 프로그램에서는 생활지도가 종래의 보조적인 봉사활동이 아닌 종합적 교육 프로그램으로 구성되어야 한다는 것을 강조하고, 이에 따라 종합적 생활지도 프로그램을 구성하는 요소를 생활지도 교육과정 구성, 학생 개인의 조력을 위한 계획, 학생들에 대한 반응적 봉사활동 및 체제지원

의 네 가지 요소로 보았다. 프로그램은 K-12학년까지의 학생을 위한 체계적 방법으로 구성되어 있으며, 초등학교의 경우는 K-3학년과 4~6학년까지로 분리되어 그 목표 및 활동이 구성되어 있다.

이 프로그램에서 생활지도 교육과정 구성의 목적은 학생들이 일상적인 삶을 살아가는 데 필요한 기본 기술을 발달시키고 그것을 자신의 삶을 위하여 활용할 수 있도록 돕는 것이다. 이에 따라 생활지도 교육과정은 진로 계획과 탐색, 자신과 타인에 대한 지식 및 교육적 · 직업적 발달의 세 영역으로 나뉘어져 있으며 각 영역별 주요 목적은 다음과 같다.

- **진로계획과 탐색 영역** 진로인식, 진로탐색
- **자신과 타인에 대한 지식 영역** 자아개념, 갈등해결, 개인적 책임감, 동료와의 우정, 의사결정기술, 마약복용 예방, 다문화 이해
- **교육적 · 직업적 발달 영역** 학습의 계획, 취업을 위한 기술, 직업 준비, 고등학교 이후의 진로에 관한 의사결정

위의 각 영역별 목적에 따라 초등학교, 중학교 및 고등학교별 목표가 설정되어 있으며 이러한 목표에 따라 학생들이 도달해야 할 구체적인 목표 및 활동이 제시되어 있다. 이 중 자신과 타인에 대한 이해 영역에서 K-3학년까지의 관련 목적, 목표 및 활동목표의 한 예를 들면 〈표 8-8〉과 같다.

표 8-8 자신과 타인에 관한 이해 영역 / K-3학년

자신과 타인에 관한 이해	
목적	자신을 이해하고 수용할 수 있다.
목표	사람들이 가진 다양한 감정을 이해하고 확인한다. 나에게 소중한 생각과 감정을 표현하는 방법을 안다. 내 문제를 해결할 수 있는 방법을 생각하고 어디에서 그러한 도움을 받을지를 안다. 나의 강점과 재능을 이해한다. 나 자신을 이해하고 좋아한다.
활동목표	학급 친구들의 비언어적 메시지를 읽음으로써 그들의 다양한 감정을 확인할 수 있다.

제 9 장

초등학교 학교폭력 예방을 위한 교사의 역할

교사는 학교에서 아동이 생활하는 데 관여되는 대부분의 내용을 계획하고 실행한다. 예를 들어 교육과정의 제반 영역, 하루하루의 수업계획과 운영 및 평가, 그리고 교과지도 시간 이외의 학생 지도에 관계되는 훈육의 내용과 다양한 생활지도의 방안이 그것이다. 교사가 행하는 이 모든 교육 행위가 아동에게 교육적으로 다가가기 위해서는 교사는 무엇보다도 교사로서의 자신의 존재성을 지각하고, 학급을 구성하는 개개 학생에 대한 심리교육적 차원에서 학급을 운영하는 시각을 갖추어야 한다.

학급은 교사와 학생 사이에, 그리고 학생들 사이에 다양한 상호작용이 오가는 곳이다. 특히 학생들은 동료들을 통하여 다양한 정보를 교환하고, 자신들의 정서와 사회적 요구를 서로 지지해 주면서 인지적 · 정서적 · 사회적으로 성장해 나간다. 그러나 교사와 아동 사이에 그리고 학급 아동 간에 이러한 상호작용이 이루어지지 않고 서로의 요구가 겉돌게 되면 교사와 아동 간에, 그리고 아동 상호 간에 소통이 단절되고 이러한 정서적 · 사회적 소통이 단절된 학급에서는 다양한 부적응 행동이 일어나기 마련이다.

그러므로 초등학교 폭력을 예방하고 지도하는 방안도 근원적으로는 이러한 교사와 아동 간, 아동 상호 간의 소통의 문제에서 찾아야 한다.

이 장에서는 아동의 폭력행동을 예방하기 위한 교사의 역할을 이러한 소통의 문제를 중심으로 살펴보고자 한다. 따라서 여기에서는 교사와 아동 간의 심리적 소통을 위한 교사의 역할로서 교사와 아동 간의 진정한 관계 형성하기, 심리적으로 안전한 학급 환경의 구성, 아동의 폭력 행동을 잘 감지하고 이에 대처하기 위한 교사의 민감성 향상의 문제를 살펴보고, 아동 상호 간의 소통을 위한 교사의 역할로서 또래지지 체계의 구성과 실행, 폭력행동에 대한 학급에서의 규칙과 절차의 확립 등에 대해 살펴보고자 한다.

1. 교사와 아동 간의 진정한 관계 형성

1) 아동에 대한 교사의 진정성

진정성이란 진실성이라고도 하며, 인간관계에서 자기 자신을 부인하지 않으면서 배우는 사람들을 개인적으로 대면하며, 각각을 인간 대 인간으로 만난다는 뜻이다(Rogers, 2011).

교사와 아동 간에 인간 대 인간으로서의 진정한 만남, 즉 사람과 사람이 만나 서로가 서로를 인격적으로 성장시킬 수 있는 이러한 참만남이 이루어지기 위해서는 교사가 아동을 인격을 가진 전체로 보고 접촉하려는 전체성, 아동만을 생각하는 배타성과 포괄성, 아동을 있는 그대로 보아 줄 수 있는 순수성, 아동에게 관심을 기울여 자신이 되고 싶어 하는 바를 온전하게 드러내도록 돕는 구현성, 아동에 대한 간절한 기다림, 아동과 함께 모든 것을 전폭적으로 얼싸안음 등이 필요하다(박성희, 2011).

이와 관련하여 로저스(C. R. Rogers)는 인간관계에서 서로를 돕는 이러한 관계를 만들기 위해서 상담자가 고찰해 보아야 할 문제를 다음과 같이 보았으며, 이때의 상담자의 역할을 교사 역할로 보아 그 내용을 정리해 보면 다음과 같다(Rogers, 2010).

- 교사가 아동이 의지할 만큼 진실성을 가지고 있는가?
- 교사 스스로가 자신의 모든 감정을 수용할 수 있도록 민감하게 깨어 있는가?
- 교사가 아동에 대해 긍정적 태도(예: 따뜻함, 보살핌, 좋아함, 관심, 존중하는 태도)를

경험할 수 있는가?

- 자기 스스로에 대한 두려움 없이 더욱더 깊게 아동을 이해하고 수용할 수 있는가?
- 아동에게 교사를 의지하게 하고 충고하는 것보다 아동이 있는 그대로 존재할 수 있도록 할 수 있는가?
- 교사가 아동에게 완전히 공감하여 아동이 보는 것처럼 세계를 볼 수 있는가?
- 아동을 판단하지 않고 있는 그대로 받아들이고 이런 태도로 아동과 의사소통할 수 있는가?
- 교사가 과거의 자신과 아동에 속박되지 않고 현재 성장 과정 중에 있는 아동을 받아들일 수 있는가?

교사가 이러한 문제에 대하여 고민하고 스스로를 변화시켜 나가게 되면 아동과의 관계에서의 진정성이 이루어지며, 이러한 진정성을 토대로 하여 아동과의 참만남, 즉 진정한 인간관계가 형성될 수 있을 것이다.

아동에 대한 교사의 진정성은 아동 개인의 성장뿐만 아니라 긍정적인 학습 분위기 형성에도 중요한 영향을 미친다. 교사가 학생들에 대하여 갖는 기대수준은 학생들의 바람직한 교과 성취에도 중요한 역할을 하며(심미옥, 2002), 학생들의 능력에 대한 교사의 지각은 교사의 자기효능감에도 중요한 영향을 미친다. 즉, 학생들의 능력에 대하여 낮은 기대를 가질수록 교사는 무력감을 가지며, 그 결과 학생들을 가르치는 데 있어서도 노력을 기울이지 않게 된다(Ashton & Webb, 1986). 그러므로 학생들에 대한 교사의 지각과 태도는 학생들의 성취뿐만 아니라 교사 자신에게도 영향을 미치는 것이다.

따라서 교사가 진정성을 가지고 아동과의 참만남을 이루기 위해서는 다음의 사항에 대하여 유념하여야 한다.

첫째, 아동 개인이 가진 최대한의 잠재력을 인정한다. 대부분의 아동은 성인이 일반적으로 기대하는 이상의 잠재력을 가지고 있다. 교사는 항상 이러한 가능성을 생각하면서 아동 스스로가 자율적으로 자신의 일을 해낼 수 있다는 신념을 가져야 한다.

둘째, 모든 아동이 최선을 다 할 수 있도록 기대하고 격려한다. 교사는 항상 아동을 존중하고 신뢰하는 태도를 보인다. 학생들을 격려한다는 것은 상과 벌을 활용하는 것이 아니다. 아동이 상에 의존하지 않는 성숙한 인간으로서 자기가 하는 일에 대해서 일의 즐거움을 느끼고, 자기에서 주어진 과제에 대해서 내적인 흥미를 찾아낼 수 있도록 격려한다.

셋째, 개개 아동의 다양성을 인정하고 이해하고자 노력한다. 학생들의 다양성을 인정하고 그에 따라 긍정적인 학급문화를 조성하는 것은 학급에서 학생들이 심리적으로 자유로울 수 있는 공간을 마련해 주는 것으로부터 시작될 수 있다. 허용적인 의사소통과 학생들의 개인차에 대한 존중은 좋은 학급 문화 형성의 관건이 된다.

넷째, 아동에게 말하기보다 아동의 말을 먼저 들어 본다. 대부분의 교사는 학급에서 학생들의 말을 듣는 시간보다는 학생들에게 말하는 시간을 더 많이 갖는다. 말하기의 대부분의 시간은 주로 어떤 것을 설명하거나, 학생들의 행동을 꾸짖는 데 사용된다. 그러나 교사는 학생의 말을 유심히 들어주는 시간이 늘수록 이러한 설명이가 꾸짖는 시간이 줄어들 수 있게 된다는 것을 인식하여야 한다.

다섯째, 아동의 행동 결과보다는 그 행동의 동기를 이해하도록 노력한다. 교사는 학생들이 그 행동을 통해서 무엇을 이루려고 하며, 그를 통해서 어떤 만족을 얻으려고 하는 지에 대하여 알아야 한다. 또한 학생들 스스로도 이러한 것을 인식해 보는 기회가 필요하다. 대부분의 교사는 학생의 행동 결과에만 집착한 나머지 이러한 학생의 행동동기를 인식하지 못하게 되고, 그에 따라 교사의 학생에 대한 지도가 비효과적으로 되는 경우가 많다. 그러므로 교사는 학생들이 자신의 행동에 대해서 무엇을 느끼고 바라는 가에 대해서 신중히 생각하고 기다려 주는 태도를 갖추어야 한다.

2) 교사의 존재론적 성찰을 통한 아동과의 관계 맺기

교사로서의 자신의 삶을 소중히 여기는 교사는 다음과 같은 특성을 지닌다(강승규, 2007).

- 아동의 삶을 존중하고 사랑을 실천한다.
- 머리와 가슴으로 학생의 삶을 보듬을 수 있다.
- 교과를 가르치되 교과의 구조를 가르친다.
- 아동에게 지속력을 지닌 가치체계를 형성해 줄 수 있다.

이러한 특성을 가진 교사는 아동과의 관계 맺기에서도 항상 아동의 삶을 소중히 여기고 모든 아동의 행동에는 원인이 있다고 보고 그 문제를 함께 풀어 나가려고 노력한다. 학교폭력을 포함한 모든 아동 부적응 행동의 문제의 해결은 기본적으로 이러한 교사의 태도와 노력 여하에 달려있다고 해도 과언이 아니다.

학교폭력 해결의 가장 중요한 주체는 교사이다. 학교 현장에서 교사가 자신의 전문성을 개발하고 그것을 토대로 동료 교사와 점차 학교폭력 등의 문제에 체계적으로 개입해 나갈 때 학교폭력의 문제는 그 해결 가능성을 가질 수 있다.

교사가 교육의 전문인으로서 먼저 자신의 일에 대한 가치감과 정체감을 갖출 수 있어야 그다음 단계로 자신과 관계하는 아동과 공유할 수 있는 가치를 찾고 그 가치를 같이 향유할 수 있다. 즉, 교사는 교육자로서의 자신의 존재에 대한 성찰이 필요하고 이러한 성찰을 토대로 하여 아동과 교육적 관계 맺기를 할 수 있는 것이다.

교직은 우리가 전문직이라고 부르는 직종에 속한다. 전문직이란 전문성을 살릴 수 있는 직종을 말하며, 여기서 전문성이란 개인과 사회에 대하여 자신의 전문적인 준비와 봉사에 대하여 끊임없이 검토하고 진보해 나갈 수 있는 특성을 말하며, 전문적 조직의 구성원의 위치에서 전문적인 기준에 맞추어 봉사할 수 있는 것을 말한다.

전문직의 기준은 장기적이고 고도화된 교육, 지속적인 능력의 개발, 엄격한 자격 기준에 따른 자격증, 전문적 지식과 기술, 폭넓은 자율성 그리고 경제적 보상 등이 있을 수 있다(허병기, 1997). 초등학교 교사도 이러한 전문직에 종사하는 사람으로서, 전문성을 갖춘 초등학교 교사는 자신의 직업에 대한 정체감을 갖고, 이것을 실천할 수 있는 지식과 기술을 갖추어야 하며, 이 능력들이 아동과 부모를 대상으로 활용될 수 있도록 자신의 모든 업무에 대하여 책무성을 가질 수 있어야 한다.

그러므로 초등학교 학교폭력을 예방하고 지도하는 데 있어서 교사 개개인은 자신의 교육자로서의 역할에 대한 전문성 의식을 가지고, 그 지도 과정에서 학교폭력 가해아동, 피해아동 및 방관아동에 대한 개인적, 사회적, 법적 및 윤리적인 전문적 책임감을 가져야 한다.

이러한 전문성 의식을 가지기 위한 가장 기본적인 전제는 교사의 자신에 대한 그리고 자신의 직업에 대한 존재론적 성찰이다. 교사 자신이 자신의 교사로서의 삶에 대한 성찰이 있을 때, 교사와 아동 간에는 관계적 삶이 형성되며, 이 관계적 삶을 통해서 교사는 아동이 자신의 삶을 건강하게 살아낼 수 있도록 보살피고 배려하는 관계를 맺을 수 있다. 교사 효능감이 아동의 자기 효능감과 학업성취에 중요한 영향을 미친다는 다수의 연구(Goddard, 2001; Goddard, Hoy, & Woolfolk, 2000)도 이러한 사실을 뒷받침하고 있다.

다음의 예는 이러한 교사 역할에 관한 개인적 자각을 통하여 아동과의 건강한 소통관계를 회복한 한 교사의 경험담이다(박세원, 2013).

사례

2011년 ○○초등학교에 근무하게 되었을 때 나는 도대체 이 학교 학생들이 이해가 되지 않았다. 하늘 아래 이런 학교도 있는가? 승진을 목적으로 희망한 ○○초등학교는 80% 이상이 교육적 지원을 받는 기초생활수급자, 차상위계층, 저소득층 및 결손 가정의 학생들이어서인지 학부모와 학생들과 함께 적응에 많이 힘들어했었다. 그리고 출근하자마자 부여받은 방과후학교 업무는 어둠이 내려도 끝이 나지 않는 일과였고, 승진을 향한 보이지 않는 경쟁은 나의 마음을 힘들고도 어렵게 만들었다.

그때까지 나는 나와 학생들을 이해하거나 보살펴주는 삶을 잘 살지를 못했다. 선생님보다는 공문서를 처리하는 실무원이 되어 하루를 마감하는 날이 많았다. 마음속 깊은 곳에서는 따뜻하고 관심어린 말 한마디, 이해와 소통으로 학생뿐만 아니라 교사인 나 자신조차도 누군가의 보살핌을 받고 싶었다는 한 자락의 마음이 있었던 것 같았다. 교사와 학생의 삶에 대한 이해가 조금만 있었다면 그렇게 힘들고 외롭지 않았을 것이다. 학생 위에 교사인 내가 있었고 우리 학교 아이들이 원하는 잔잔한 돌봄과 인간적인 보살핌보다는 형식적이고 결과론적인 수업과 덕지덕지 붙은 바쁜 교육으로 인해 웃음보다는 무표정한 교사로 삶을 살았다.

2011년을 무사히 보내고 2012년 역시 나의 희망대로 6학년을 맡게 되었다. 학교가 작다 보니 업무도 많고 부장의 역할 수행, 국가수준성취도 검사 성적 올리기, 생활지도 등 힘들기 보다는 항상 바쁜 나날이었다. 열심히 교육은 하는데 날이 갈수록 학생들은 지적, 인성적 성장과는 멀어지고 달아나려고만 하였다.

…… 우리 반 영민이와 탐구를 진행하면서 비로소 나는 학생들의 이야기에 귀를 기울일 줄 아는 교사가 되었다. 대부분의 학생은 이야기하는 것을 좋아하고 행복해하였는데, 그들의 이야기는 쉬는 시간, 공부시간, 방과 후에도 이루어지고 있었다. 학생들은 수업을 통해서도 배우고 있었지만 타자와 부딪히고 몰입하면서 배움을 터득하고 있었다. 이렇게 존재론적 탐구로 영민이와 학생들의 이해가 깊어지자 숨어 있던 근원적인 내 존재가 서서히 스스로를 드러내기 시작하였고, 교육과 교사로 살아가는 의미가 밝혀지는 과정을 경험하게 되었다.

영민이는 시도 때도 없이 친구들을 괴롭히고 장난으로 일관하던 학생이었다. 하지만 나 스스로 교사로서의 존재 이유를 찾고 나에 대한 탐구를 진행하면서 영민이는 오히려 친구를 돌봐주고 자신을 보살피는 학생으로, 산만한 공부에서 수업에 집중하려고 노력하는 아이로 변화해 갔다. 그리고 게임이 주는 의미를 알고 컴퓨터를 조절할 수 있게 되었고, 방과후 학교 컴퓨터부에 들어가 특기와 재능을 살리며 꿈을 키우는 공부에 열중하게 되었다. 또한 자신을 이해하고 돌봐 주는 부모님과 선생님의 존재가 있음을 굳게 믿게 되었고, 충동적으로 타자를 대하지 않으려고 노력하였고, 다른 사람의 이야기에도 귀를 기울이며 다가가 보살핌을 베푸는 사람으로 거듭나는 모습을 볼 수 있었다.

교사인 나 또한 나의 교사로서의 존재를 탐구하기 전보다 점차 권위적인 교사의 탈을 벗어 가고 있다. 학생들의 행동과 마음을 살피려고 노력하고 있으며, 결과론적인 조바심에서 기다려주는 교육활동으로 바뀌어 가게 되었다. '교사는 학생으로 인해 존재한다.'는 진실을 제대로 깨닫게 되었다. 학생과 교사의 행복한 삶의 이야기는 완성이 아니라 서로를 탐구하고 이해하면서 서로의 존재(혹은 언어)를 꿰어 가는 과정임을 깨닫게 되었다. 이제는 일방적 타자의 언어에 연연하지 않고 나의 실존의 언어로 교사의 삶을 살아갈 수 있겠다는 자신감도 갖게 되었다.

그동안 나는 열심 많은 권위적인 교사였다. 내가 하는 모든 것이 도덕적으로 옳음을 주장하고 학생들에게도 나의 방식대로 살아야 됨을 은연중에 가르치는 일방적인 교사였던 것이다. 각각의 개성과 수준별 학습을 그렇게 외치면서도 내가 경영하는 학급의 아이들은 다 같이 공부를 잘해야 되고 모두가 도덕을 일목요연하게 지켜야 된다는 아집을 갖고 사도의 길을 걸어왔던 것이다. 지금은 내 스타일에 맞게 배우고 살아가고 가고 있다고 생각하니 많이 편안하다. 그리고 인간은 저마다 기질, 성격, 관심, 능력, 세계관, 환경, 경험이 다르고, 그로 인해 표출되는 존재 속성이 다름을 알아 가면서 반 아이들에 대한 선입관 또한 묶이고 생활지도에도 큰 도움이 되고 있다.

돌이켜보면 교육과 생활지도를 모범적으로 잘 수행하겠다는 나의 의지의 중심에는 항상 권위적인 교사인 내가 자리 잡고 있었다. 수많은 교육적인 잔소리와 바른 행동 수정의 강요 뒤엔 억압과 폭력이 함께했던 것이다. '아이들이 얼마나 힘이 들었을까? 선생인 나를 얼마나 원망하고 미워도 했을까?' 정말 잘한다고 한 것들이 하나도 잘한 것이 없는 셈이 되고만 느낌이 들었다. 이 자리를 빌어서 나의 마음을 전하고 싶다.

흔히들 교사가 행복해야 학생이 행복하다고 말한다. 교사의 행복은 근원적으로 어디에서 찾을 수 있는가? 교사의 행복은 학생으로 인해 기인한다. 내가 학생을 탓했듯이 교사의 행복을 빌미로 부딪치는 교육의 문제를 학생 탓으로만 돌리지 않았는지 우리 교사는 진지하게 생각해 보아야 한다. 학생들의 입장을 진정으로 이해하고 관심을 갖고 그들의 이야기 속으로 온전하게 들어가 동병상련으로 보살펴 주는 정을 외면하지는 않았는지 우리 교사가 먼저 반성해 보아야 한다. 내가 영민이의 삶과 존재를 이해하지 못하였더라면 영민이, 나아가 학생들을 향한 진정한 교육적 체험도 없었을 것이다.

교육자로서 살아가는 본래성을 회복하는 길이 바로 교사인 내가 도덕적인 존재자로 성장하는 길임을 나는 마음에 되새긴다.

2. 심리적으로 안정된 학급 환경의 구성

심리적으로 안정된 학급 환경을 구성하기 위해서는 다음과 같은 교사의 노력이 필요하다(허승희, 2004).

1) 심리적인 안정감을 느끼는 학급 분위기 형성

학급 내 학생 간에 서로 응집력과 친화력이 있는 심리적 분위기가 구성될 수 있을 때, 그 학급에는 학교폭력이 감소될 수 있다.

안정된 학습 분위기는 효과적인 학교의 특징 중 하나이다. 심리적으로 안정된 학급에는 학생들과 교사가 공감하는 일치된 수업 및 학습목표가 존재하며, 학생들의 입장에서는 학습 활동 자체가 즐거움으로 표현된다(Henson & Eller, 1999).

유능한 교사란 교수-학습의 기술보다는 인간의 마음을 잘 다루는 기술을 가지고 있는 교사이며, 또한 학급을 운영하는 데 있어서 자신을 권위적인 존재나 훈육자로서보다 학급의 학습 분위기를 더욱 효과적으로 형성하고 그것을 유지하기 위하여 노력하는 교사를 말한다(Good & Brophy, 2003). 아동이 심리적으로 안정된 학습 분위기에서 학습하기 위해서는 다음과 같은 교사의 노력이 필요하다.

첫째, 교사는 학생들이 자신이 학습하는 내용에 대해 어떻게 이해하고 있는지, 교사가 제시하는 학습내용은 어떻게 짜여 있는지, 그리고 학생들을 둘러싸고 있는 학교 및 학급의 심리적 환경은 어떻게 구성되어 있는지 등에 대해 이해할 수 있어야 한다.

둘째, 안정된 학급 분위기는 무엇보다도 교사와 학생 간의 인간적 관계에 의하여 형성된다. 학생들은 안전한 학습 분위기에서 개인적인 안전감을 유지하고, 이것이 바탕이 되어 자신의 불안, 공포, 죄책감, 방어적 태도 등을 자유롭게 표현하게 됨으로써 최대한으로 자신이 자율적으로 성장할 수 있는 자아 체계를 갖추게 된다. 교사와 학생 간의 인간관계에서 무엇보다 중요한 것은 교사가 학생 개개인을 독자적인 개성을 가진 한 인간으로서 존중하고 그것이 학생들에게 공감될 수 있어야 한다는 것이다. 이렇게 되면 학급은 하나의 공동체로서 온전히 기능할 수 있으며, 이러한 상황에서는 학교폭력이 존재할 수 없는 것이다.

셋째, 이러한 안정적 학습 분위기를 형성하는 데 관련되는 학급 환경의 요인으로서는 교사와 학생 간의 관계의 질과 그 유형, 학생들이 학교에서 학습하는 내용, 교사의 교수 방식, 교실의 물리적 환경 등이 포함될 수 있다.

넷째, 안정적 학급 분위기는 학교에서 학생들이 무엇을 얼마나 잘해 내는가보다는 학생들 자신에 대한 인식과 자신에 대한 존중감을 느끼게 하는 학습 분위기이며, 이것은 아동으로 하여금 자신의 삶에 대하여 더욱 높은 가치감을 갖게 한다. 이러한 과정을 통하여 학생들은 자신의 삶을 위한 긍정적 가치관을 형성하게 된다. 그러나 교사가 학생 간의 비교를 통하여 지도하는 학급 환경을 만들게 되면 이것은 아동으로 하여금 자신의 능력에 대한 자각을 보다 낮게 가지게 하며(김은주, 2002), 이것은 학생들의 모든 성취 행동에 영향을 미치게 된다.

교사가 학생으로 하여금 학습에 대한 공포감과 불안감보다는 심리적 안정감을 느끼게 하고 그에 따라 자신의 감정을 안전하게 표현할 수 있는 기회를 제공하는 일상적인 학습 분위기를 형성하는 것은 학생지도의 어떤 방법보다도 학생들의 자존감과 자기 지도력을 높일 수 있는 효과적인 방법이 될 수 있다. 실제 교사의 학생들에 대한 정서적인 긍정적 반응이 학생들이 사회 · 도덕적 규칙체계를 습득하는 데 있어서도 중요한 영향을 미친다는 연구결과(박희숙, 2002)는 이러한 사실을 뒷받침하고 있다.

최근 교사와 학생 간, 학생과 상호 간의 심리적 괴리 현상이 팽배해지고 있다. 교사가 학생들을 전적으로 신뢰하고 가치감을 가지고 존중해 줄 때 학생들의 교사에 대한 태도도 긍정적으로 형성될 수 있으며 교사와 학생 간의 이러한 긍정적인 관계가 확립될 수 있을 때, 학급의 학습 분위기는 심리적으로 안정되고 이에 따라 학생들의 학습에 대한 태도는 보다 긍정적으로 변화될 수 있다.

심리적으로 안정된 학급 환경은 기본적으로 다음과 같은 특징을 가진다.

- 교사는 학급 학생들을 심리적으로 충분하게 수용할 수 있다.
- 학생들은 학급에서 자신들은 하나의 집단에 속해 있다는 일체감을 느낄 수 있다.
- 학급의 모든 구성원 간에 상호 신뢰와 상호 존중이 이루어질 수 있다.
- 학급의 환경은 학생들 각자의 내면적인 욕구를 존중해 줄 수 있는 안전한 환경이다.

- 학습 분위기를 해치지 않는 범위 내에서 학생들은 각자 자신의 욕구를 자유롭게 표현할 수 있다.
- 교사는 학생들에게 타인에 의한 평가보다는 자기평가의 중요성을 강조한다.
- 학급의 분위기는 개개 학생의 개인차가 인정되고 수용되며, 가치 있게 여겨지는 분위기이다.
- 학급 내에서 학생들의 의존성보다는 성숙을 위한 독립성이 강조된다.
- 학생들의 행동에 대한 통제에는 교사의 개인적인 감정이 영향을 미치지 않으며, 논리적이고 자연적 귀결에 의하여 이루어진다.

실제로 교사가 학급 환경을 어떻게 구성하는가는 학생들의 학습에 필요한 추론, 해석 및 연역에 필요한 고차원적인 사고의 향상과도 밀접한 상관이 있다(임엽, 2002). 즉, 학생의 발달에 관심을 가지고 자기를 개방하고 비전을 가진 교사는 학생들을 심리적으로 지지해 주며 이러한 학급 분위기는 학생들의 학습력의 신장에도 긍정적인 영향을 미친다. 이러한 측면에서 보았을 때, 학생들이 심리적으로 안정된 상태에서 학습할 수 있도록 그러한 환경을 조장해 줄 수 있는 교사의 역할은 매우 중요하다.

학교폭력 현상도 마찬가지로 아동이 학교에서 심리적으로 안정된 상태에서 학습할 수 있을 때, 폭력은 예방될 수 있다. 학교폭력을 예방할 수 있는 안정된 학급의 특성은 다음과 같다(장맹배, 2006).

- 학급 분위기에 있어서 교사와의 관계, 친구들과의 관계, 학급 생활 등 다양한 학급 장면에서 집단구성원 간에 상호 매력을 느낄 수 있는 학급 분위기가 조성되어 있다.
- 학급 응집력이 높다. 즉 학급 생활에 대하여 학생들이 적극적이고 협동심, 책임감 등이 강하다.
- 학생들에게 지각되는 학급 풍토가 긍정적이다. 즉 참여, 친애, 교사지지, 질서, 조직, 규율, 교사 통제 등이 잘 이루어진다.
- 교사의 지도성이 높다. 즉 교사가 학생들의 협동적 노력을 유도하고 촉진할 수 있는 능력이 많다.
- 학생들이 학교라는 환경 공간에 대하여 만족도가 높다.

2) 아동 행동 특성의 이해

교사는 가정과 학교에서 학생들이 자신에 대하여 유능감을 가지고 동료들과 어울려 원만하게 지낼 수 있는 성격을 형성하며, 자기가 속한 집단에서 책임을 다할 수 있는 행동을 형성하기를 원한다. 그러나 현실적으로 학교에서는 학생들의 주의 산만한 행동, 품행장애, 집단괴롭힘 등의 많은 부적응 행동이 증가되고 있으며, 이에 대한 교사의 지도는 미약한 실정이다. 그 원인은 여러 가지로 추출될 수 있겠으나 그중 가장 심각한 문제는 그에 대한 예방과 사후 대책이 학생들의 발달 특성에 근거한 객관적인 정보에 의해서 이루어지지 못하고 있다는 점이다.

그러므로 학생들의 폭력행동을 예방하기 위해서는 우선 교사가 학생들의 기본적인 발달 특성에 대하여 관심을 가지고 그에 대한 지도방안을 보다 종합적이고 체계적으로 수립할 수 있어야 한다. 즉, 자신이 가르치는 학생들의 신체적 · 지적 특성과 정서적 · 사회적 특성에 대하여 정확하게 파악할 수 있어야 하며, 이를 위해서는 학생 이해를 위한 일화기록의 방법, 관찰, 면접, 조사 및 사회성 측정의 방법을 적절하게 활용할 수 있어야 한다.

교사가 아동의 심리를 이해하는 수준은 평소에 교사가 학생을 개별적으로 접촉하는 시간에 비례한다. 바람직한 아동 지도는 아동과의 개별적인 대화 등을 통한 관계 형성에 의해서 이루어진다. 이러한 관계 형성은 교사의 아동과의 비공식적인 접촉을 통해 다양하게 이루어질 수 있으며, 예를 들어 아동끼리의 집단토론 시간 등을 통해서도 효과적으로 이루어질 수 있다. 교사는 아동 간의 학급 토론 시간을 늘려 줌으로써, 그 시간을 통하여 교사는 아동에 대하여 몰랐던 부분을 인식하게 되며, 그러한 비공식적 정보를 통해서 폭력행동의 지도는 효과적으로 이루어질 수 있다.

그리고 정규 수업 시간을 통해서도 교사는 아동의 특성을 파악할 수 있도록 민감성을 가져야 한다. 교사는 모든 교과의 지도에서 지도하는 내용 속에서 고려될 수 있는 아동의 심리적 특성을 파악하는 데 관련된 내용, 예를 들어 미술시간에 학생들이 표현하는 내용 그리고 사회시간에 학생들이 활동하는 내용 속에 내재되어 있는 학생들의 심리에 대해 세심하게 주의를 기울여야 한다.

아동의 행동 특성을 이해하기 위해서 교사가 유념해야 할 사항은 다음과 같다.

첫째, 아동의 모든 행동은 목적을 가지고 있다. 인간의 모든 행동은 자신의 발달적 욕구와 그것을 충족하려는 시도에서 이루어지며, 인간의 행동은 이러한 욕구에 따른 선택과 의사결정의 과정에 의하여 이루어진다. 그러므로 교사는 아동의 욕구가 무엇인지를 세심히 파악하고 그 욕구 상태에 적합한 교육적 시도를 하여야 한다.

둘째, 모든 아동은 자신만의 고유한 가치와 특성을 지니고 있으며, 개인별로 최적의 발달을 할 수 있는 시기는 모두 다르다. 인간은 개인별로 모두 독특하고 자신만의 고유한 특성을 지니고 있다. 학급 운영에 있어서 교사가 가장 많이 저지를 수 있는 실수 중 하나는 학급의 모든 교육적 과정과 결과를 집단적으로만 보고 평가하고자 하는 것이다. 교사가 아동 개개인의 독특성과 개별성을 존중하는 시각을 가질 수 있을 때, 그것은 개인적인 학생 지도뿐만 아니라 학급 전체의 집단적인 지도에 있어서도 바람직한 효과를 가져올 수 있다.

셋째, 모든 아동은 교육을 통하여 한 개인으로서 충분히 기능할 수 있는 인간으로 성장될 수 있다. 충분히 기능하는 인간이란 교육받은 한 인간으로서 항상 새로운 것을 발견하고, 자기 확신을 통하여 자신의 환경을 적극적으로 창조해 내고, 자신과 타인의 감정에 민감하여, 타인과 효율적으로 의사소통할 수 있는 인간을 말한다. 교사가 학급 운영에서 개개 학생에 대하여 이러한 사고로 임할 때, 그 학급의 분위기는 결코 폭력이 자리 잡을 수 없는 인간적인 환경으로 변화될 수 있다.

3) 학업에 관심을 기울일 수 있는 의미 있는 학습 내용의 구성

아동의 폭력행동은 기본적으로 학교에서의 학습 내용에 대해 무관심하거나, 흥미가 없는 것에서부터 비롯될 수 있다. 따라서 교사가 학생의 문제를 예방하기 위해서는 우선 자신이 가르치는 수업의 내용을 학습자에게 의미 있게 구성하기 위하여 노력하여야 한다.

학생에게 학습의 내용이 의미 있게 다가가기 위해서는 교사는 학습 내용이 학생의 삶과 관련될 수 있도록, 그리고 그 소재가 학생에게 흥미를 이끌 수 있도록 연구하여야 한다. 그리고 가능한 한 학생들이 현실적인 경험을 할 수 있도록 현실적인 수업자료를 준비하여야 하며, 학생들이 더욱 능동적으로 수업에 임할 수 있도록 다양한 수업 방식을 활용하여야 한다.

또한 수업 과정에서도 교사는 아동의 심리에 민감해야 한다. 즉, 수업시간의 교사의 발문 방법, 학생들에 대한 피드백 방법, 학습결과에 대한 평가 방법 등이 이에 포함된다.

수업을 통한 생활지도 기회의 활용을 위해서 필요한 것은 교사의 노련한 수업기술이다. 즉, 교사가 가르치고 학생들은 수동적으로 그것을 받아들이는 학급에서는 교육과정을 통한 부적응 행동의 지도를 위한 기회를 갖기란 불가능하다. 학생들에게 주어지는 학습 과제가 새롭고 도전적이면서, 교사와 학생 간에 자유로운 대화와 토론이 가능한 수업을 통해서만 이것이 가능하다.

3. 아동의 폭력행동을 감지하고 대처하기 위한 교사의 민감성

1) 교사와 아동 간의 효과적 의사소통

효과적인 의사소통 기술이란 남의 말을 잘 경청하는 것, 대화의 차례를 잘 지키는 것, 자신의 의견을 명확히 표현하는 것, 대화를 하는 상호 간의 지각의 차이를 존중해 줄 수 있는 것 등을 말한다(Nelson, Lott, & Glenn, 2000).

일반적으로 학생들이 교사의 말을 잘 듣지 않는 가장 큰 이유로서 교사의 학생에 대한 비판과 설교, 교사의 일 시키기, 그리고 학생들과의 진실하지 않은 의사소통 태도, 예를 들어 학생의 말을 건성으로 듣거나 말을 듣지 않는 것, 듣기 대신에 말하기를 우선적으로 하는 것 등을 들 수 있다(Fields & Boesser, 1994).

그러므로 교사가 학생들을 이해하고 학생들이 교사의 말에 공감할 수 있게 하려면 학생들을 존중하여 말하고, 학생들의 말을 적극적으로 경청하려는 자세가 필요하다. 교사가 학생들을 존중하면서 대화를 나눌 때, 학생들의 많은 행동 문제, 특히 폭력행동은 예방될 수 있고 또한 그것은 그 외의 많은 다른 문제를 해결할 수 있는 계기가 된다. 교사가 학생들에게 교사의 요구를 친절히 말할 때 학생들은 교사와 다른 친구를 배려하며 행동하게 되고, 특히 그들의 행동이 부적절할 때 그것을 스스로 바꾸려고 하는 태도를 가지게 된다. 교사가 학생들의 말을 존중하면서 경청해 줄 때, 학생들은 문제가 발생되기 전에 적절히 그 상황을 개선하도록 동기가 유발되며, 스스로 문제를 해결하고자 하는 태도를 기를 수 있다.

전문가로서의 교사는 전인 형성을 위한 모델로서의 생활지도 전문가가 되어야 한다(고재천, 2001). 즉, 교사가 학생들의 중요한 행동 모델이 될 수 있을 때 교사와 학생 간의 마음의 교류가 가능하다.

학생들이 교사의 말과 행동을 중요하게 모방한다는 것은 사회학습이론에서 그 근거를 찾아볼 수 있다. 사회학습이론에서는 인간은 의도적 강화를 받지 않아도 어떤 행동의 관찰을 통해 그 행동의 모방이 일어날 수 있다고 본다. 즉, 학교에서 교사가 학생에게 의도적으로 보이는 모습 이외에 보이고 싶어 하지 않는 일상적인 모든 활동도 학생에게 모방의 대상이 될 수 있다는 것이다. 여기에는 교사의 긍정적, 부정적인 사고방식, 가치관 및 행동방식 등의 모든 측면이 포함된다. 이러한 관찰학습은 주의집중 과정, 파지과정, 운동적 재생과정 및 동기과정을 통하여 이루어지는데, 관찰학습에서의 첫 번째 단계인 주의집중 과정에서 아동은 관찰의 기회가 많은 대상, 매력이 있거나 유능한 사람, 그리고 자기와 비슷한 점을 가졌다고 생각되는 호의적인 사람에게 주의를 집중한다(Phares, 1994). 즉, 학생들은 교사가 유능하다고 생각하거나 매력이 있다고 보거나 또는 자기를 좋아한다고 생각할 경우에 교사에 대한 주의집중력이 높아지고, 따라서 그 행동을 모방할 확률도 높아진다. 그러므로 교사는 아동이 교사를 매력적으로 보고 주의집중을 시킬 수 있는 방안을 연구하여야 한다.

교사가 자기 개방을 통하여 학생들과의 약속을 지키고, 학생들과 함께 일함으로써 학생들에게 타인을 수용하고 타인을 배려하는 모범이 될 때, 아동은 교사와 소통하고자 하는 태도를 보일 수 있게 되며, 이렇게 되었을 때 교사는 학생들과 효과적인 의사소통을 이룰 수 있다.

2) 학교폭력 예방을 위한 교사와 아동 간의 건강한 소통: 교사의 민감성 키우기

초등학교 폭력은 사후 개입보다는 예측된 학교폭력의 위험 요인을 조절하고 이에 적절하게 대응하여 사전에 예방하는 것이 중요하다. 초등학교의 경우 간혹 심각한 학교폭력의 유형이 발생하기는 하지만 처음부터 심각할 정도로 발생하는 확률은 낮은 편이다.

그러나 초기에 그 증후를 감지하지 못하고 적절하게 대응하지 못하면 그것은 점점 더 심각한 행동으로 발전되는 경우를 많이 볼 수 있다.

그러므로 초등학교 폭력은 아동의 일상적인 학교생활 속에서의 지도를 통하여 지속적으로 이루어져야 한다. 이러한 지도는 아동과의 밀착된 관계 속에서 아동에 대해 구체적으로 관심을 갖고 관찰하여 초기의 학교폭력의 증후를 민감하게 감지해 내어 조치하는 작업이 필요하다.

교사의 민감성은 아동의 감정과 생각을 이해하는 공감능력과 그것을 있는 대로 받아들이는 수용과 관계가 있으며, 여기서 한 단계 넘어선 '적절하게 반응하기' 라는 행동요소가 강조된 개념이다. 즉, 민감성이란 상대방의 감정, 생각, 행동을 신속하게 알아차리고, 이것을 정확하게 해석하고, 이에 대해 적절한 행동을 나타내는 것을 포함한다. 이러한 교사의 민감성을 바탕으로 한 아동과의 소통의 단계는 다음과 같이 설명할 수 있다(손현동, 2013).

(1) 신호 알아차리기

아동의 마음을 표현하는 다양한 신호를 신속하게 알아차리는 단계이다. 아동마다 문제 사안에 따른 신호, 즉 행동은 다르게 나타날 수 있지만 아동이 보내는 신호를 신속하고 정확하게 알아차리기 위한 전략은 다음과 같다.

첫째, 아동의 행동만 보지 말고 아동의 마음을 알기 위한 주의 깊은 관찰이 필요하다. 관찰을 잘하기 위해서는 아동에게 관심을 집중시켜야 한다. 아동의 표정, 몸짓, 눈짓, 말투 등 모든 행동에 관심을 가지고 살펴야 한다.

둘째, 평상시의 아동의 모습을 기억한다. 평상시에 어떤 상황에서는 아동이 어떤 행동을 한다는 것을 알고 있어야 아동의 지금의 변화된 행동을 알아차릴 수 있다.

셋째, 평상시와 다른 아동의 행동에 주목한다. 아동의 평소와 다른 변화된 행동은 아동이 교사의 반응을 원한다는 신호일 수 있다.

넷째, 신호는 그 순간에 신속하게 알아차린다. 신호는 그 순간에 신속하게 알아차리는 것이 중요하다. 아동이 신호를 보내는 그 순간에 그것을 알아차리지 못하면 지도의 기회를 놓치게 된다.

(2) 정확하게 해석하기

아동이 보내는 다양한 신호의 의미를 정확하게 해석한다. 즉 아동이 보이는 언어적 · 비언어적 신호 안에 숨겨져 있는 욕구, 감정, 사고를 비롯하여 그 행동의 동기와 목적을 파악하는 것이다. 여기서 중요한 것은 아동이 보내는 겉 메시지와 속 메시지를 구분할 수 있어야 한다는 것이다. 겉 메시지는 현재 아동의 행동이며, 속 메시지는 행동에 숨겨진 아동의 마음이다.

예를 들어 똑같이 학교에서 폭력행동을 나타낸 아동이라도 교사의 주의를 끌고 싶은 아동, 물건에 대한 소유욕으로 그런 행동을 하는 아동, 지나친 과시욕 때문에 폭력적인 친구의 행동을 모방하는 아동 등 다양하다. 여기서 교사가 아동의 숨겨진 마음을 잘 알아내기 위해서는 그 행동이 일어나기 위한 선행조건으로서의 유발 자극, 즉 그 아동을 둘러싼 환경 자극, 감정이나 욕구 등의 개인 내적 자극 등을 잘 알아내는 것이 중요하다.

(3) 적절하게 반응하기

적절하게 반응하기란 아동의 마음을 이해하고 수용해 주며 아동이 원하는 것을 찾아갈 수 있도록 안내해 주는 것이다. 이것은 교사와 아동 간의 소통이며, 그러기 위해서는 앞 단계들에서 아동의 마음을 정확히 읽어낼 줄 알아야 한다. 교사의 민감한 반응은 아동의 마음을 먼저 인정하고 공감해 주고, 아동이 스스로 문제 해결에 나아가도록 그 길을 안내해 주고 기다려 주는 것이다. 교사가 이렇게 민감한 반응을 나타내 주면 아동은 자신이 선택한 해결책이 자신이 원하는 것을 충족해 줄 수 없더라도 그 과정에서 자신의 문제를 해결하는 방법을 습득할 수 있다.

교사가 진심으로 아동 자신을 이해해 주고 있다는 경험을 지속적으로 하게 되면 아동의 마음의 틀은 변화하게 된다. 즉, 교사가 아동의 행동에 대해 격려하는 한마디의 말, 작은 미소, 이해 깊은 마음을 자주 보내면 아동의 행동은 변화될 수 있다. 그리고 아동은 그 과정에서 좌절할지라도 그로 인해 야기되는 감정을 충분히 느끼고 감정을 스스로 처리하는 방법을 배우게 되며, 자신이 원하는 것을 사회에서 인정되는 방식으로 표현하도록 스스로 감정과 행동을 조절할 수 있게 된다.

4. 학교폭력 행동에 대한 학급 규칙과 절차의 확립

학급 규칙은 학급 내 구성원을 위한 바람직한 학습환경의 조성과 학급 질서의 유지를 위해서 필요한 것이다. 학급 규칙의 제정은 다음의 목적에 공헌할 수 있다(박병량, 2001).

- 학생들의 활동이 가장 효율적으로 이루어질 수 있도록 돕고, 그에 반(反)하는 문제 행동을 최소화할 수 있다.
- 학급의 환경을 안정되고 안전하게 유지할 수 있다.
- 다른 학생에게 방해가 되는 행동을 예방할 수 있다.
- 학생 상호 간의 질서 있는 행동 기준을 유지할 수 있다.

학급마다 현실적인 상황과 필요성에 따라 학교폭력에 대한 다양한 규칙이 만들어질 수 있겠지만, 학생들이 그러한 규칙을 스스로 잘 실행할 수 있도록 하기 위해서는 그러한 규칙을 제정하는 방법에 있어서 학생들의 자율적인 규칙 제정의 과정이 필요하다. 이렇게 함으로써 학급 집단은 효과성을 가지게 되며, 학생 개개인은 행동에 있어서의 책임감을 강하게 가질 수 있다.

또한 이러한 규칙의 내용은 학생들의 개성을 존중하는 범위 내에서 만들어져야 하며, 특히 그 내용은 학생들의 정규 교과시간의 학습 내용과 일관성이 있어야 한다. 이렇게 함으로써 학생들은 규칙에 대한 인지와 행동의 연계가 자연스럽게 이루어질 수 있는 것이다.

아동의 학교폭력 행동을 줄이기 위해서는 교사가 학생들의 잠재적 능력에 대하여 긍정적으로 기대하고, 학생 행동에 대한 사후지도보다는 학생들의 학급 내 행동에 대한 구체적이고 명백한 사전 지침을 제시하여야 한다. 또한 이를 위한 기본적인 바탕으로서는 교사와 학생 간의 상호 존중의 태도가 우선 형성되어야 하며, 학생들의 행동에 내재된 정서적 욕구를 민감하게 인식하여야 한다.

학생들이 학급생활에서 지켜야 할 행동에 대한 지침을 사전에 철저히 이해시키는 것은 아동의 학교폭력 행동을 예방하기 위해 반드시 지도되어야 할 사항이다. 즉, 학급에서 학생들이 지켜야 할 사항에 대하여 사전에 구체적으로 인지할 수 있을 때, 학생들의 대부분의 부적응 행동은 예방될 수 있다.

절차란 학급에서 학생들이 자신에게 주어진 일을 질서 있고 순조롭게 이루어 내기 위한 체계적인 행동의 단계를 말한다. 예를 들어 학급에서 폭력이 일어났을 때, 그 폭력을 일으킨 아동과 폭력을 당한 아동에 대한 사후 행동 절차를 명확하게 인지시켜야 한다. 학생들에게 행동의 절차를 인지시킬 때, 교사는 그에 맞는 시범을 단계적으로 학생들에게 보이고, 왜 그러한 절차가 필요한가에 대하여 학생들 스스로가 반성적으로 사고할 수 있도록 하는 과정을 거쳐야 한다. 그렇게 함으로써 학생들은 자신의 행동에 대해서 사고하고 수용할 수 있다.

학급 규칙과 절차가 계획되었을 때, 다음으로 필요한 것은 교사의 그에 대한 교수과정이다. 학급에서 만든 규칙과 절차가 잘 실행되기 위해서는 다음과 같은 과정이 필요하다.

첫째, 규칙에 따라 학교에서 하지 말아야 할 폭력행동에 대해서 아동이 명확히 알 수 있도록 설명하여야 한다. 이때 교사는 가능한 한 구체적으로 예를 들어 설명할 필요가 있다.

둘째, 초등학교 아동에게는 반복적인 연습이 필요하다. 즉, 교사가 설명한 바람직한 행동을 실제 학생들이 반복하여 연습할 수 있는 기회를 제공하여야 한다. 이것은 학생들로 하여금 바람직한 행동을 학습하게 하는 기회를 제공할 뿐만 아니라 교사로 하여금 학생들이 교사가 설명한 내용을 이해하고 정확하게 그 절차를 따를 수 있는지를 확인할 수 있는 기회가 된다.

셋째, 아동의 폭력 행동과 그에 상반되는 바람직한 행동에 대하여 일관성 있게 지속적으로 피드백을 제공한다. 즉, 아동의 행동에 대하여 그것이 적절한 행동인지 이야기해 주고, 그 행동에 대해 구체적으로 피드백을 준다. 이때 교사는 학생들을 주의 깊게 관찰할 필요가 있으며, 학생들에게 규칙과 절차를 상기시켜 주고, 그에 적절한 피드백을 줄 수 있어야 한다(Everston, Emmer, & Worsham, 2000).

5. 아동 간의 건강한 소통: 또래 간의 지지 체제의 구성과 실행

학교폭력을 예방하기 위해서 필요한 다양한 요인 중에서 아동 간의 또래관계 형성은 무엇보다도 중요하며, 특히 학교폭력 피해 경향성이 있거나 피해를 당한 아동 그리고 학교폭력 방관아동을 위해서는 더욱 필요한 것이 학급에서의 또래간의 지지 체제의 형성이다.

최근 이러한 또래 간의 지지 체제의 중요성을 인식하여 각급 학교 현장에서 또래상담을 실시하도록 하는 교육정책도 시행되고 있다. 또래 간의 지지 체제는 특히 교사와 아동 간의 관계를 통한 것이 아니라 아동 상호 간의 관계를 통한 문제 해결을 목적으로 하기 때문에 아동 상호 간의 문제 해결뿐만 아니라 이들의 바람직한 상호작용을 통하여 학급의 응집력을 높일 수 있다는 장점이 있다.

또래 간의 지지 체제의 예를 혼비 등(Hornby, Hall & Hall, 2007)과 초등학교 현장에서의 사례를 중심으로 몇 가지 제시해 보면 다음과 같다.

1) 단짝 친구 체제

상담 기술은 별로 없으나 학급 친구에게 우정과 지지를 제공하는 또래가 단짝 친구이다. 단짝 친구 체제의 목적은 학급에서 소수 아동이 자주 경험하는 고립감이나 소외감을 극복하도록 돕는 데 있다. 이런 아동은 학교폭력을 당할 가능성이 있거나 학교폭력을 당하고 심한 고립감에 빠져 있으며 따라서 학급에서 대화를 나눌 또래가 없다. 또한 자신의 문제가 공개되는 것을 매우 두려워하므로 이런 아동에게는 교사가 또래상담자보다는 단짝 친구 체계를 형성해 주는 것이 필요하다.

단짝 친구 체제는 고립된 아동의 학교 적응을 도움으로써 학교폭력 문제를 줄일 수 있다. 교사는 폭력 관련 해당 아동과의 개인적 관계, 성숙의 정도 및 사교성 등을 기준으로 단짝 친구를 선정하고 단짝 친구에게 기본적인 공감적 이해와 의사소통법 등을 연습할 기회를 제공해 준다.

2) 또래 지지 체제

또래 간에 또는 학교의 상급생이 자신들보다 더 어린 학생을 위하여 집단지도자로서 훈련을 받아 보살피는 것을 말한다. 또래 지지자는 대상 학생에 대하여 지지적인 친구로서의 역할을 하며, 문제를 해결하거나 조언하기보다는 대상 학생이 자신의 생각과 가치 기준을 분별할 수 있고 자기의 생활을 위한 건강한 결정을 내릴 수 있도록 돕는다. 또래 지지자는 상담교사 등을 통하여 의사소통, 자기인식, 자신감 구축하기, 리더십 등의 구체적인 훈련과 슈퍼비전을 받는다.

미국의 경우에는 또래 지지 체제가 학교 또는 지역사회 내에 집단적으로 구성되어 학생들이 자율적으로 학교 문제에 대하여 촉진적인 역할을 하는 경우가 많다. 우리의 경우에도 이러한 또래 지지 체제가 학생들의 자율적인 학교폭력 지킴이의 역할을 해낼 수 있다면 학교폭력의 근절에 큰 도움이 될 수 있을 것이다.

3) 또래 튜터링

또래 튜터링(peer tutoring)은 학습자가 가르치는 활동을 번갈아 함으로써 서로 배우고 도와주는 교수 방법으로서 최소한의 훈련을 받았거나 상담교사의 지도하에 아동이 같은 학령 수준의 기술 혹은 개념을 배우는 데 한 명 혹은 여러 아동에게 도움을 주는 과정이다(이윤옥, 2003).

대개 또래 튜터링은 학습곤란이 있는 학습자의 독해수업 방법에 효과적인 것으로 알려져 있다. 또한 또래 튜터링이 가지고 있는 교육적 효과는 도움을 받는 학생뿐 아니라 도움을 주는 학생에게도 학업 성취가 증대되며, 그 과정에서 학생들의 또래관계에서의 위축감이나 고립감을 줄일 수 있다는 점이다. 그러므로 또래 튜터링은 학생들 간에 상호 이익을 주며, 특히 가르치는 역할을 하는 동안 아동의 자기존중감 향상에도 도움이 된다.

4) 또래상담

또래상담은 상담교사가 직접 아동 내담자를 상담하거나 지도하는 대신에 아동을 훈련함으로써 그들로 하여금 다른 아동을 직접 상담하거나 지도하도록 하는 활동을 의미한다(한국청소년상담원, 2001). 또래상담자를 활용하는 것은 상담교사의 업무와 상담 시간을 경감하고 아동 내담자와 상담자 간의 친밀감을 형성하며 내담자의 자기존중감 향상, 자신감 배양, 그리고 대인관계의 형성과 발달을 증진하는 데 효과적이다. 우리나라 초등학교 4학년 학급 내 고립 아동에게 또래상담을 한 결과, 아동의 사회적 · 정서적 고립, 외로움, 불안이 낮아지고 자아개념이 높아진 긍정적인 결과도 나타났다(유인애, 공윤정, 2007).

뿐만 아니라 또래상담은 또래상담자의 개인적인 성장에도 도움을 줄 수 있고, 또래상담자는 다른 또래들에게 바람직한 행동의 모델이 될 수 있으며, 일상생활 속에서 다른 또래들에게 영향을 줄 수 있는 기회를 많이 갖게 된다는 장점이 있다. 그리고 또래상담자는 상담 중에 다른 아동이 쉽게 이해할 수 있는 언어를 사용하기 때문에 프로그램의 효과를 높일 수도 있다(이형득, 1994).

이렇게 볼 때 또래상담은 또래의 상호작용 속에서 아동이 생각이나 느낌, 욕구, 좌절 등의 문제점을 공유하고 그들만의 특별한 관심사를 스스로 해결해 나가거나 문제에 대처할 수 있도록 하는 효과가 있으며, 또한 아동 간의 원만한 인간관계의 형성을 통하여 바람직한 사회적 행동을 유도할 수 있다.

5) 또래 옹호

학교에서 특정한 또래집단의 구성원이나 개인 학생에게 사건이 일어났을 때 그 집단이나 학생의 권리를 학생들이 솔선해서 옹호하기 위한 것으로 각 학년별로 이러한 또래 옹호 집단을 만들어 운영할 수 있다.

이것은 주로 중등학교에서 많이 활용될 수 있지만 초등학교의 경우도 이러한 조직을 초등학교의 특성에 맞게 운용할 수 있다. 또래 옹호는 특정한 사안에 따라 학생이 자발적으로 찾아올 경우에 가동된다는 점에서 위의 또래 활동과는 차이가 있다. 초등학교에서도 아동의 자율성과 권리의식 등이 잘 교육된다면 이러한 체제의 운영이 학교폭력의 근절에도 도움이 될 수 있을 것이다.

6) 또래 조정

학급에서 아동들이 자치적으로 또래조정 위원회를 구성하고, 또래 조정 규칙을 만들고, 학급에서 일어나는 갈등 상황을 또래조정 위원회를 통하여 원만히 해결하고자 하는 방안이다. 학교폭력 문제도 가해 및 피해 아동이 서로의 갈등을 이해하고 해소할 수 있도록 또래 조정을 통해 공개적으로 평화적인 해결 방법을 모색해 보도록 한다. 이것은 아동이 자율적으로 운영함으로써 학교폭력에 대한 인식을 높이고 아동 간에 해결 방안을 모색해 본다는 데 의미가 있다.

초등학교 교사의 상당수는 학교폭력의 심각성에 대해서는 공감하면서도 그에 대한 대처 요령은 상당히 미흡한 수준이다. 그리고 초등교사의 상당수는 학생들의 학교폭력 문제를 자신들이 직접 해결해야 하는 과제로 인식하지만, 그 해결을 위한 대처능력에 있어서는 낮은 자신감을 드러내고 있다(송재홍 외, 2012). 실제로 학교폭력 지도에 대한 교사와 학생의 인식에도 많은 차이가 있다. 즉, 교사는 학교폭력에 관여된 학생에게 도움을 주려고 많은 노력을 하였다고 생각하지만 학생은 실제적으로 도움이 되지 않았다고 인식하는 경우가 많다(김선형, 2005).

따라서 제4부에서는 초등학교 교사의 학교폭력에 대한 실제적인 대처 방안으로서 학교폭력을 예방하고 중재하기 위해 교사가 알아야 할 한 전반적인 사항에 대해 살펴보고자 한다. 즉, 초등학교 교사가 학교폭력 가해행동 및 피해행동 그리고 방관행동을 예방하기 위해 학급에서 행할 수 있는 생활지도 지침을 제공하고, 학교폭력이 일어났을 때의 중재 활동과 학교폭력이 신고되었을 때의 학교폭력대책자치위원회에서의 조치 사항에 대해서 알아보고자 한다. *

---

* 다음의 초등학교 학교폭력 가해행동 및 피해행동 예방을 위한 생활지도 지침은 Cohen과 Fish(1993)의 학교 기반 중재의 방안 중 폭력에 관한 부분을 현장의 초등학교 교사와 함께 수정 및 보완한 것이다. 함께 수고해 주신 이희영 교수와 허금순, 김정심, 박정묘, 김경숙, 백현정 선생님께 감사드린다.

제 4 부

초등학교 학교폭력의 예방과 중재

제 10 장

초등학교 학교폭력 가해행동 예방을 위한 학급 생활지도

초등학교 학교폭력 가해행동을 줄이기 위해서는 학급에서 학교폭력 가해아동이 될 수 있는 성향이 높은 아동에 대한 예방적 생활지도가 우선적으로 필요하다. 그리고 이것은 학교폭력 가해 성향이 높은 아동의 다양한 행동에 대한 구체적인 생활지도를 통해서 효과가 있을 수 있다.

학교폭력 예방 활동은 학교폭력이 일어나기 전에 모든 아동을 대상으로 발달적 지도를 하는 1차 예방 활동, 학교폭력 가해나 피해 성향이 감지되는 아동을 대상으로 하는 2차 예방 활동 및 학교폭력이 일어났을 때 중재에 들어가는 3차 예방 활동이 있을 수 있다. 이 중 초등학교 폭력을 줄일 수 있는 최선의 방안은 사전 단계에서 1차 및 2차 예방을 하는 것이다.

따라서 이 장에서는 아동이 자주 나타내는 폭력행동의 유형별로 폭력 성향을 가진 아동 개인에 대한 직접 지도방안과 교수-학습 상황에서의 간접적인 지도 방안을 나누어 살펴보고자 한다.

이 장에서는 학교폭력 가해행동으로 유발될 수 있는 아동의 싸우는 행동, 분노를 적절하게 표현하지 못하는 행동, 사회적 기술이 부족하여 또래와 갈등을 유발하는 행동,

물품을 훔치거나 강제로 빼앗는 행동, 거짓말하는 행동, 교사에 대한 반항적 · 공격적 행동, 학교 기물이나 다른 아동의 소유물을 파괴하는 행동에 대하여 교사가 일상적으로 학급에서 지도할 수 있는 방안을 구체적으로 살펴보고자 한다.

교사는 다음의 여러 지도방안 중 자신의 학급과 해당 학생의 특성에 맞는 방안을 선택하여 지도할 수 있다.

1. 싸우는 행동

1) 아동 개인에 대한 직접 지도

싸우는 행동에 대한 직접 지도 방안에는 다음과 같은 것이 있다.

- 학교에서 일어날 수 있는 전형적인 신체 접촉(예: 남의 발을 밟는다)이 발생했을 때 아동이 적절하게 사용할 수 있는 말을 연습하게 한다(예: 미안해. 내 실수야).
- 아동에게 다음과 같은 문제해결 기술을 가르친다.
  - 왜 싸웠는지 확인하기
  - 앞으로의 행동 방향 설정하기
  - 싸우지 않기 위한 방안 모색하기
  - 구체적인 행동계획 개발하기
  - 계획 수행하기
- 아동이 또래와의 갈등 상황에서 문제를 해결할 수 있는 다양한 방법을 가르친다. 대표적인 방법으로는 그 상황에서 한 발짝 물러나기, 설득하기, 중재자 부르기, 사과하기, 타협하기 등이 있다.
- 아동에게 긍정적인 방법으로 무언가를 부탁하는 방법을 가르쳐 준다. 예를 들어, "네 연필 좀 빌릴 수 있을까?" "너와 함께 게임을 해도 괜찮겠니?" 등의 싸우지 않고 남에게 부탁하는 방법을 가르쳐 준다.
- 경미한 싸움이 일어났을 때 더욱 심각한 문제가 발생하지 않도록 조기에 강하게

개입한다.

- 아동이 자기통제력을 잃기 전에 자신의 감정을 언어로 말할 수 있도록 가르친다. 어떤 상황을 감당하기 힘든 경우, 공격적인 행동을 하기 이전에 "그 일은 너무 힘들어." "나를 혼자 있게 내버려 둬." "너는 나를 화나게 하는구나." 식으로 자신의 감정을 언어로 표현할 수 있도록 격려한다.
- 아동의 공격적인 행동이 초래하는 결과를 확인시켜 준다. 예를 들어, 친구에게 공격적인 행동을 하는 경우에 친구들이 자신과 더 이상 어울리려고 하지 않거나 학급 활동에서 배제당할 수도 있으며, 자신의 공격적인 행동에 대해 친구나 교사에게 비난받을 수도 있다는 것에 대해 함께 이야기 나눈다.
- 아동으로 하여금 친구들과 부딪히거나 자기 몸이 건드려질 때 친구들이 의도적으로 아동에게 부딪히거나 아동을 건드리는 것이 아닐 수 있음을 알도록 한다. 교사는 이러한 부딪힘이 교실에서 자연스럽게 일어날 수 있음을 상기시킨다.
- 교사는 아동이 공격적 행동을 하기 전에 "나에게 무슨 일이 일어날까?" "나는 지금 무엇을 하고 있는가?" "나는 어떻게 해야 할까?" "어떻게 하는 것이 가장 좋은 방법일까?" 등을 먼저 스스로에게 물어보도록 가르친다.
- 학교와 교실에서의 규칙을 정하고, 이러한 규칙을 반복적으로 이야기해 주며, 이 규칙을 지키는 아동에게 보상을 준다. 규칙의 예로는 조용히 자신에게 주어진 과제 하기, 자신의 자리에서 과제 완성하기, 학교 소유물을 주의해서 사용하기, 욕설이 아닌 적절한 언어 사용하기 등이 있다.
- 싸우는 행동을 나타낸 아동이 그런 행동을 하지 않고 자기를 통제할 때까지 집단 구성원이나 집단활동에서 잠시 떨어져 있게 한다.
- 아동을 항상 관찰할 수 있도록 그리고 아동이 항상 교사를 볼 수 있도록 좌석을 배치한다. 교사는 가능하면 아동과 항상 서로 눈 맞춤을 할 수 있도록 노력한다.
- 아동이 자신의 행동을 스스로 설명해 볼 기회를 준다. 즉, 어떤 행동이 잘못되었고 (물리적인 공격행동, 폭력적인 언어사용 등), 어떤 행동을 해야 하는지(규칙 따르기, 적절한 방식으로 친구와 상호 작용하기, 자신의 분노와 좌절 다루기 등)에 대해 스스로 설명할 기회를 준다.
- 아동이 타인의 입장에서 생각해 보도록 한다. 예를 들어, "누군가 너를 어리석고

바보 같다고 하면 너는 어떤 기분이 들 것 같니?" 라고 물어본다.

- 아동이 학교에서 다른 친구와의 사이에서 일어난 문제에 관해서 교사에게 스스럼없이 이야기할 수 있도록 그 아동 가까이에서 항상 용기를 준다.
- 아동에게 자신은 이 세상에서 제일 중요한 존재이며 친구들에게 존중받을 수 있는 능력이 있다는 것을 암시해 주는 긍정적인 피드백을 자주 제공한다.
- 아동이 공격적이지 않은 말과 행동을 할 때 즉각적으로 그 행동에 대해 강화를 제공한다. 유형의 보상 제공으로는 분단장 맡기, 자료 나누어 주기, 5분 동안 자유 시간 갖기 같은 교실에서 특권 제공하기 등이 있으며, 무형의 보상 제공으로는 칭찬하기, 악수하기, 미소 지어 주기 등이 있다.
- 공격적 행동을 하는 아동 가까이에 자주 가 볼 수 있도록 한다.
- 어떤 특정한 활동이나 놀이를 시작하기 전에 아동이 그 규칙을 알고 있는지, 그 활동이나 놀이에 친숙한지, 그리고 놀이를 하는 다른 친구와 잘 지낼 수 있는지 미리 확인한다.

2) 교수-학습 상황을 통한 간접 지도

싸우는 행동에 대한 간접 지도 방안에는 다음과 같은 것이 있다.

- 아동에게 상처를 줄 수 있는 활동을 자제한다(예: 모든 아동 앞에서 시험 성적이 어떻게 분포되어 있는지 이야기하거나 시험 점수를 공개하는 것 그리고 어떤 특정한 아동의 성공을 강조하는 것 등).
- 아동이 친구를 잘 사귀고 학업에서도 성공을 경험할 수 있는 기회를 자주 제공한다.
- 아동 간의 경쟁 심리를 부추긴다든지, 아동에게 완벽함을 요구하지 않는다. 아동이 반복해서 실패하고 좌절감을 겪는 것이 공격성의 원인이 될 수 있다.
- 학교의 모든 교직원이 해당 아동의 공격적 행동의 문제를 알고 공동으로 감독할 수 있는 분위기를 만든다.
- 아동이 자신도 다른 친구처럼 공평하게 대우받는다고 느낄 수 있도록 교사의 행동에 일관성을 유지한다.

- 아동에 대해서 교사는 위협적인 말을 자제하고, 지지적이고 긍정적인 말을 자주 한다. 예를 들어 "수학문제를 풀어라. 그렇지 않으면!" "너는 언제나 같은 실수를 반복하는구나!" 등의 위협적인 말보다는 "수업 시간 끝나기 전에 수학 문제를 다 풀도록 하자." "그렇게 하는 것이 나중에 하는 것보다 더 나을 것 같아."라는 식으로 긍정적으로 말한다.
- 아동의 공격적 행동을 교사가 무심코 강화하고 있지는 않은지 확인해 본다. 예를 들어 교사가 아동이 긍정적인 행동을 할 때는 관심을 보이지 않다가, 불필요한 신체 접촉을 하거나 공격적인 행동을 했을 때에만 관심을 보인다면 이는 아동의 공격적 행동을 강화하게 되는 것이다.
- 개인적으로 아동을 칭찬하고 인정하는 기회를 많이 만든다. 많은 사람 앞에서 공개적으로 아동을 칭찬하거나 인정하는 행동을 보이는 것은 필요할 때도 있지만 때로는 친구들로 하여금 부적절한 행동을 일으키게 하는 원인이 될 수도 있다.
- 아동에게 즐겁지 않은 경험이나 문제를 상기시키는 주제나 상황은 가급적 하지 않는다. 예를 들어 부모의 이혼, 죽음 등을 경험한 아동이나 부모가 알코올중독인 경우, 이러한 주제는 해당 아동에게 부적절한 감정을 유발할 수 있으며, 이것은 아동의 공격적 행동을 일으키는 원인이 될 수 있다.
- 공격적인 아동에게 적절한 대안 모델이 될 수 있는 또래와 함께 활동할 기회를 자주 제공한다. 예를 들어 친구들에게 폭력적인 언어를 사용하는 아동의 경우, 긍정적인 언어를 자주 사용하는 아동과 함께 활동하도록 한다.
- 가정에서도 아동의 행동에 대한 정보를 공유하고, 긍정적인 행동 규범을 강화할 수 있도록 가정통신문을 보낸다든지, 전화통화를 하는 등의 방법을 통해 부모와의 의사소통을 자주 한다.
- 교사와의 약속이 지켜졌을 때 어떤 강화가 주어지며, 교사는 아동에게 어떤 행동을 기대하고 있는지에 대하여 아동과 함께 약속을 정하고 그것을 적어 보게 한다.
- 자기 자신이 소중한 존재라는 것에 대해 아동과 대화를 나눈다. 그리고 아동이 알고 있는 다른 친구의 장단점에 관해 함께 의견을 나누어 본다.
- 아동에게 좋은 영향을 줄 수 있고 아동과 함께 이야기를 나눌 수 있는 친구를 찾아 자주 대화를 나누어 볼 수 있는 기회를 제공한다.

- 학교에서 좌절감이라든지 불안감을 느낄 수 있는 상황을 미리 없앤다(예: 아동의 능력에 맞는 과제 제시하기, 아동이 짧은 시간에 할 수 있는 과제 제시하기, 아동이 공격적이 되도록 자극하는 친구와의 상호작용 줄이기 등).
- 다른 아동과 잘 어울리는 행동을 보이는 아동을 해당 아동 앞에서 자주 강화한다.

2. 분노를 적절하게 표현하지 못하는 행동

1) 아동 개인에 대한 직접 지도

분노를 적절하게 표현하지 못하는 행동에 대한 직접 지도 방안에는 다음과 같은 것이 있다.

- 아동으로 하여금 왜 쉽게 친구들에게 화를 내고 성가심을 느끼며, 과도하게 예민해 지는지 평소에 교사에게 자주 말해 보도록 하고 이를 통하여 아동이 스스로의 분노에 대해 지각할 수 있도록 한다.
- 아동이 쉽게 화를 내고 당황하는 등 분노 표현을 잘못했을 때, 차후 어떻게 행동해야 하는지에 대해 구체적으로 반복하여 설명해 준다(예: 규칙을 따른다, 다른 사람을 생각한다, 충동적인 행동을 통제한다 등).
- 아동이 화를 내기 전에 자신의 기분을 알아차릴 수 있도록 기본적인 분노통제 기술을 가르쳐 준다.
- 아동에게 다음의 문제해결 기술을 가르친다.
  - 문제 확인하기
  - 목표와 관련된 세부 목표 확인하기
  - 전략 개발하기
  - 행동계획 세우기
  - 계획 실행하기
- 아동에게 행동하기 전에 생각하기를 가르친다(예: '무슨 일이 있어났지?' '난 무엇을

하고 있지?' '난 무엇을 해야 하지?' '나에게 최선은 무엇일까?' 등을 스스로에게 묻기 등).

- 갈등 없이 상황을 성공적으로 처리하는 다양한 방법에 대해 아동에게 자주 설명한다(예: 빨리 그 상황에서 벗어나기, 다른 활동으로 바꾸기, 도움을 요청하기 등).
- 불쾌함, 화남, 좌절 등이 느껴질 때 타인에게 수용적인 방법으로 대화할 수 있도록 평소에 대화기술을 가르친다.
- 아동이 갑작스럽고 극적인 기분 변화를 일으키도록 자극하는 친구가 있다면 그 친구에게서 해당 아동을 떼어 놓는다.
- 아동에게 기대되는 행동을 구체적으로 정하고 행동계약서 쓰기 등을 통해 그런 행동을 할 수 있도록 실제적인 방안을 마련한다.
- 아동이 평소와 유사한 상황인데도 화를 내지 않는 것을 보았을 때는 그 아동에게 즉시 충분한 칭찬과 인정을 해 준다.
- 아동에게 의사결정의 과정에 대하여 가르친다.
  - 자신의 행동이 다른 사람에게 어떤 영향을 주는지에 관해서 생각해 보기
  - 자신의 행동 결과에 대해서 생각해 보기
  - 자신의 상황에 대해 주의 깊게 생각해 보기
  - 자신이 할 수 있는 가능한 행동을 다양하게 생각해 보기
  - 결과적으로 무엇이 제일 중요한지에 관해 생각해 보기

2) 교수-학습 상황을 통한 간접 지도

분노를 적절하게 표현하지 못하는 행동에 대한 간접 지도 방안에는 다음과 같은 것이 있다.

- 아동을 비판하지 않는다. 교사가 화가 나는 상황에서도 항상 그 아동을 지지해 주고 진실하게 대해 준다.
- 아동이 평소에 화를 잘 내게 할 수 있는 상황을 줄여 준다(예: 좌석 배치, 부모의 이혼 등 아동이 예민해지는 주제에 관한 토론 등).
- 교실에서 자신의 의견을 표현할 때 반드시 자신의 감정을 사회적으로 수용 가능한

방법으로 표현하도록 지도한다.

- 학교에서 친구 간의 관계에서 그리고 학업적인 측면에서 아동이 성공 경험을 많이 할 수 있도록 배려함으로써 분노를 사전에 예방하고자 노력한다.
- 아동이 가장 편안해할 수 있는 집단 구성을 다양하게 시도해 본다.
- 아동이 갑작스럽거나 극적인 기분 변화를 나타낼 때는 아동이 해야 할 과제에 대해 융통성 있게 배려해 준다(예: 더 많은 시간을 허락하거나 과제를 변경해 주기, 과제와 관련된 도움을 주기 등).
- 다른 친구들 앞에서 아동에게 갑자기 무언가를 명령하거나 요구함으로써 그 아동을 당황하게 하지 않도록 주의한다.
- 문제가 일어났을 때에는 개방적으로 대처한다. 즉, 해결책을 고려하기 위해 부모와 관련 교사 또는 필요하다면 관련인사와의 모임을 만들고 자주 대화를 나눈다.
- 학업적 · 사회적으로 적절한 행동을 보일 때에는 즉시 긍정적인 정적 강화를 늘리고 이때 학급 친구도 함께 강화를 받을 수 있도록 지지해 준다.
- 아동의 행동 진행과 관련된 정보를 가정과 항상 공유하고 그 아동을 집에서도 지도할 수 있도록 부모와 알림장, 전화 등을 통해서 자주 대화한다.

3. 물품을 훔치거나 강제로 빼앗는 행동

1) 아동 개인에 대한 직접 지도

물품을 훔치거나 강제로 빼앗는 행동에 대한 직접 지도 방안에는 다음과 같은 것이 있다.

- 아동이 친구의 물품을 빼앗았을 때, 다음 사항에 대하여 스스로 말해 보게 한다.
  - 잘못된 행동이 무엇인지(예: 다른 사람의 물건을 갖는 것)
  - 무엇을 해야 하는지(예: 물건을 쓰기 위해 요청하기, 빌리기, 공유하기, 물건 돌려주기 등)

- 아동에게 다른 사람에게서 가져온 것은 반드시 되돌려 주게 함으로써 빌린다는 것에 대한 개념을 반복해서 가르친다.
- 아동이 학교에 불필요한 물건을 가져오는 것을 제한함으로써 훔치는 기회를 줄인다.
- 처음 사건이 일어났을 때 더 심각한 문제로 발전하기 않도록 신속하게 중재한다.
- 다른 사람의 물건을 쓰기 위해서는 사용 후 반드시 반환해야 한다는 것에 대해 철저히 익히게 하고 그렇지 않을 경우에 책임을 져야 한다는 사실을 명백히 알게 한다.
- 아동이 적절한 행동을 하고 스스로 자기통제를 할 수 있을 때까지 학교에서의 모임이나 활동에 제약을 가한다.
- 아동이 정직하게 말하지 않거나 부적절한 행동을 한다고 그 자리에서 바로 아동을 비난하지 않는다. 이런 아동은 자아가치감을 향상해 주면서 지도를 해야 한다.
- 남의 물품을 빼앗지 않는 적절한 행동을 했을 때 아동에게 강화를 주며, 특히 동료에 의한 인정 강화를 받을 수 있도록 하는 것이 좋다.

2) 교수-학습 상황을 통한 간접 지도

물품을 훔치거나 강제로 빼앗는 행동에 대한 간접 지도 방안에는 다음과 같은 것이 있다.

- 우발적인 도벽 사건을 해결하기 위해서 동료끼리 교실에서 밀고자가 되도록 분위기를 조장하거나 친구들이 특정 아동에게 강요하는 분위기를 만들지 않도록 한다.
- 될 수 있는 한 항상 아동과 눈맞춤을 하면서 교사는 아동을 볼 수 있도록 하고 아동도 교사를 볼 수 있도록 한다.
- 아동이 자신의 소지품을 스스로 잘 간직할 수 있도록 사전에 교육을 철저히 한다.
- 아동이나 교사가 학교에 가져온 모든 소유물에 이름표를 붙일 때 고정 마크를 사용한다.
- 가치 있는 모든 학교 물품(예: 녹음기, 어학용품, 공예품과 전자제품 등)을 개인적으로 손댈 수 없도록 안전하게 둔다.

- 아동이 갖고 싶은 물건이 있어 훔치려는 시도를 하거나 훔쳤을 때, 일단 가정에 알려 아동이 그런 행동을 한다는 것을 알게 하고 그 후 취할 수 있는 절차와 과정을 협의한다.
- 학급에서 다른 아동과 함께 할 수 있는 활동을 많이 시킨다.
- 아동을 존중해 주고 항상 교사의 감정이 개입되지 않은 객관적인 태도를 유지하려고 노력한다.
- 평소에 훔치는 행동 등의 부적절한 행동은 묵인되지 않는다는 엄격한 학급 환경을 조성한다.
- 아동의 행동에 관련된 구체적인 사실을 항상 기록하고 그에 대해 부모에게 알리고 가정에서의 협력 방안을 상세히 전달해 준다.
- 교실에서 다른 사람의 소유물에 관하여 바람직한 행동을 나타내는 아동을 적극적으로 보상해 준다.

4. 거짓말하는 행동

1) 아동 개인에 대한 직접 지도

거짓말하는 행동에 대한 직접 지도 방안에는 다음과 같은 것이 있다.

- 우연히 일어난 사건, 잊힌 일, 부정확한 증거를 가진 상황에 대해서는 처벌을 하지 않는 것이 좋다. 이런 상황에서 벌을 주면 그 아동으로 하여금 더 자주 거짓말하게 만드는 원인이 된다.
- 의심스럽기는 하지만 명확한 증거가 없다면, 아동의 말을 진실이라고 믿는 태도를 나타낸다. 아동이 거짓말을 한 것이 밝혀진 경우에 부끄러움, 죄책감과 같은 다양한 감정을 말로 표현하게 하고 그 상황에서 어떻게 행동하는 것이 옳았을까를 이야기해 보게 한다.
- 아동이 거짓말을 하는 경우에 교사는 흥분하지 말고 침착한 태도를 취한다. 소리

를 지르거나 화부터 내는 것은 아동이 진실을 고백하고 다음에 자신이 한 실수를 인정하는 것을 더 어렵게 만든다.

- 거짓말을 하면 친구들이 자신과 더 이상 어울리려고 하지 않거나 학교 활동에서 배제당하는 등의 결과가 생길 수 있음을 아동이 확실하게 알게 한다.
- 아동이 거짓말을 하는 경우에 그것을 인정하는 데 시간이 많이 걸리더라도 그 사실을 스스로 인정할 수 있게 한다.
- 결정적인 증거가 존재하지 않는 상황에서 행동을 취하지 않는다.
- 거짓말이 진행되었더라도 충격이나 놀라움을 나타내는 태도가 아닌, 조용하고 신중한 태도로 아동과 함께 문제를 논의한다.
- 화가 났거나, 스트레스를 받거나, 좌절한 상황에서 거짓말을 하지 않고 사용할 수 있는 적절한 말을 아동에게 가르친다.
- 아동이 통제력을 잃어서 더욱 심각한 문제가 발생하지 않도록 다른 아동에게 거짓말을 하기 시작할 때 조기에 교사가 개입한다.
- 거짓말을 했을 때 그것을 빨리 인정하고 그 상황을 스스로 바로잡아야 친구들이 자기를 멀리하지 않는다는 것을 알게 한다.
- 거짓말하기 전에 거짓말한 후에 일어날 일에 대해 먼저 생각해 보도록 지도한다.
- 거짓말을 할 것 같거나 거짓말을 할 상황인데 바르게 말할 경우 아동에게 명백한 보상을 주고, 칭찬과 같은 사회적 보상을 함께 활용하여 아동을 적극적으로 강화해 준다.
- 거짓말을 하는 경우에 문제의 핵심은 아동이 아니고 아동의 행동이라는 점을 항상 인식하고 지도한다. 그렇게 함으로써 합리적인 지도가 가능하다.
- 아동이 왜 거짓말을 했는지, 그 상황에서 어떻게 행동했어야 하는지 스스로 말해 보게 한다.
- 아동이 거짓말을 하지 않고 자신의 요구를 충족할 수 있는 대안 행동은 무엇이 있을지 아동과 함께 탐색해 본다.

2) 교수-학습 상황을 통한 간접 지도

거짓말하는 행동에 대한 간접 지도 방안에는 다음과 같은 것이 있다.

- 문제가 발생했을 때는 개인의 잘잘못을 가리는 것보다 학급 친구들이 함께 협의해서 공동 책임으로 문제를 해결해 나가게 한다.
- 아동은 꾸중을 모면하기 위해 거짓말을 할 수 있지만 결국 스스로의 책임을 회피할 수 없다는 것을 역할극 등을 통해 경험해 보게 한다.
- 사실을 과장하여 말하는 것이 습관이 되면 그다음부터는 친구나 다른 사람이 자신을 믿지 않게 된다는 것을 확실하게 알게 한다.
- 아동을 존중하여 대하고 항상 일어난 일 그 자체만을 객관적으로 이야기한다.
- 아동에게 평소에 자기 방어 행동을 하게 만드는 비난이나 부정적 비판의 말은 하지 않아야 한다.
- 지나친 경쟁심을 유발하는 환경, 즉 거짓말, 부인, 과장 등을 할 수 있는 상황을 만들지 않는다.
- 아동의 거짓말과 관련된 정보를 부모와 공유하고 가정에서도 아동과 정확하고 진실하게 의사소통하여 아동을 강화해 줄 수 있도록 부모와 자주 대화하여야 한다.
- 평소에 자신의 실수를 솔직하게 말하는 행동을 칭찬해 줌으로써 자신의 실수를 인정하는 것이 불안하지 않고 오히려 편안하다는 경험을 자주 하게 한다.
- 학급에서 아동이 거짓말을 하게 되는 위협적인 상황(예: 아동을 다그치는 것, 교사가 크게 화를 내는 것 등)을 줄인다.
- 아동과 대화하면서 호소력 있게 다가갈 수 있도록 평소에 아동과 자주 상호 작용한다.
- 아동이 평소에 자신의 감정을 사회적으로 수용되는 방식으로 표현할 수 있도록 수업 시간에 자주 기회를 준다.

5. 사회적 기술의 부족으로 또래와 갈등을 유발하는 행동

1) 아동 개인에 대한 직접 지도

사회적 기술 부족으로 또래와 갈등을 유발하는 행동에 대한 직접 지도 방안에는 다음과 같은 것이 있다.

- 학급에서 평소에 발생할 수 있는 전형적인 갈등 상황을 찾아보고 각 상황에 맞는 해결책을 논의해 보게 하는 시간을 자주 갖는다(예: 친구가 내 물건을 가지고 간다, 친구가 나를 때리거나 잡아당긴다, 친구가 교실에서 규칙을 잘 따르지 않는다 등).
- 갈등 상황에서 문제를 해결하는 다양한 방법을 그 아동에게 시범을 보여 주어 가르친다(예: 물러나기, 설득하기, 중재자 부르기, 사과하기, 타협하기 등).
- 아동에게 자주 가상적인 갈등 상황을 주어 그 상황에 대한 적절한 해결책을 제안해 볼 수 있도록 지도한다.
- 갈등 상황에서 난폭하게 행동하는 등의 부적절한 반응을 할 경우에 발생되는 자연적인 결과를 아동이 알도록 한다(예: 친구들이 싫어할 것이다, 교사가 개입을 할 것이다 등).
- 갈등 상황에 빠지기 전에 그러한 상황을 미리 피하는 방법을 아동에게 가르친다(예: 그 상황에서 빨리 벗어난다, 자신의 행동을 바꾼다 등).
- 갈등 상황이 발생하는 것은 자연스러운 것이며, 중요한 것은 자신이 그 상황에 어떻게 행동할 것인가를 생각해 보는 것이라는 것을 아동이 알게 한다.
- 아동이 친구들과 갈등을 일으키는 행동을 했을 때, 아동을 책망하기보다는 함께 그 문제를 다룰 수 있는 적절한 해결책을 모색해 본다.
- 아동에게 자신이 불쾌하고, 화나고, 좌절했을 때 그것을 다른 아동이 수용할 수 있도록 긍정적으로 전달할 수 있는 방법을 가르친다.
- 행동을 하기 전에 생각을 먼저 해 보도록 가르친다(예: 나에게 지금 어떤 일이 일어나고 있지? 지금 내가 무얼 하는 거야? 어떻게 해야 하지? 어떻게 하는 것이 나에게 최선이

지? 등).

- 아동이 상대방과 입장을 바꾸어 보도록 하는 경험을 자주 시킨다(예: 누군가가 너를 바보라고 부르면 너는 기분이 어떻겠니? 등).
- 아동에게 친구들과의 갈등 상황에서 문제 해결을 할 수 있는 역할놀이를 자주 시킨다.
- 아동이 불편해하는 다른 아동과 억지로 상호 작용하도록 강요하지 않는다.
- 행동계약서를 아동과 함께 작성한다. 즉, 아동에게 어떤 행동이 기대되고(예: 친구에게 양보하기, 친구와 나누기 등), 계약서의 내용이 지켜졌을 때 어떤 강화가 가능한지를 구체적으로 기술한 계약서를 작성한다.

2) 교수-학습 상황을 통한 간접 지도

사회적 기술 부족으로 또래와 갈등을 유발하는 행동에 대한 간접 지도 방안에는 다음과 같은 것이 있다.

- 학급 친구들이 아동의 부적절한 행동을 조장할 수도 있으므로 평소에 아동 간의 갈등 상황을 유심히 관찰한다.
- 갈등 상황이 아닌 일상적인 상황에서 아동이 나누기, 돕기 등의 친사회적 행동을 보일 때 그 행동을 적극적으로 강화해 준다.
- 친구들과의 갈등 상황이 심각해지기 전에 사전에 개입해서 아동이 해야 할 행동을 가르친다.
- 아동 상호 간에 문제가 일어나 갈등 상황이 생겼을 때, 신속히 그 상황에 개입할 수 있도록 교사는 아동 간의 행동을 지속적으로 관찰하며 교실을 계속해서 돌아다니도록 한다.
- 아동이 화를 내기 전에 먼저 자신의 의견을 말할 수 있는 민주적인 학급 분위기를 만든다.
- 아동이 갈등 상황에서 문제를 적절하게 해결하는 능력을 갖추는 데 모델이 될 수 있는 동료를 찾아 자주 관찰하게 하고 그 행동에 대해 말해 보게 한다.

- 아동의 행동을 상세하게 기록하고 그에 대한 정보를 가정과 공유한다.
- 갈등 상황이 일어났을 때 먼저 아동이 무엇을 잘못하고 있는지(예: 싸우기, 별명 부르기), 그리고 어떻게 행동해야 되는지(예: 물러나기, 타협하기 등)에 대해서 생각해 볼 시간을 주고 아동과 함께 이야기를 나누는 시간을 갖는다.
- 아동이 갈등에 잘 대처하는 모습이 보이면 그 즉시 충분한 강화를 제공한다. 이를 위해서는 그 아동이 선호하는 강화물을 미리 확인해 놓도록 한다.

6. 교사에 대한 반항적이고 공격적인 행동

1) 아동 개인에 대한 직접 지도

교사에게 하는 반항적이고 공격적인 행동에 대한 직접 지도 방안에는 다음과 같은 것이 있다.

- 아동과 논쟁하는 것을 피하고 아동의 말에 흥분하지 않고 아동 행동의 결과에 대해서만 조용히 언급한다.
- 아동에게 개인적으로 상처를 줄 수 있는 활동을 자제한다(예: 모두 앞에서 아동의 행동을 공개적으로 말하기 등).
- 아동이 학교생활에서 성공 경험을 자주 할 수 있도록 기회를 제공해 준다.
- 아동에게 뭔가를 지시할 때 위협적인 언행을 자제하고 아동을 인정하고 지지하는 언행을 자주 사용한다.
- 화가 나고 좌절되었을 때 타인과 의사소통하는 적절한 방식을 아동에게 가르쳐 준다.
- 아동이 교사에게 공격적인 행동을 하면 무슨 결과가 오게 되는지를 확실히 알게 한다(예: 자신의 차후 행동에 제재를 받는다. 다른 친구에게 공격 행동에 대해 비난을 받는다든지 등).
- 아동에게 자주 행동의 선택권을 제공한다(예: 활동에 참가하지 않기, 조용한 장소로

이동하기, 다른 활동을 하기 등).

- 아동에게 주어진 과제가 너무 어렵지는 않은지 그리고 과제를 완성하기 위해 할당된 시간이 적당한지 등을 항상 점검하여 학교에서 심리적으로 안정되게 한다.

2) 교수-학습 상황을 통한 간접 지도

교사에게 하는 반항적이고 공격적인 행동에 대한 간접 지도 방안에는 다음과 같은 것이 있다.

- 아동이 학교에서 학업적으로 또는 친구 간의 관계에서 좌절감과 불안감을 느낄 수 있는 상황을 가능한 한 없앤다.
- 아동이 자신이 가치 있는 존재이고 존중받아야 할 사람임을 인식할 수 있도록 긍정적인 피드백을 자주 제공한다.
- 반복된 실패와 좌절감은 물리적인 공격을 분출시키는 원인이 되므로 교사는 아동의 경쟁 심리를 부추기는 행동을 자제한다.
- 아동이 신체적으로 공격적 행동을 하지 않도록 학업에 대한 흥미를 강화할 수 있는 방안을 탐색한다. 조금이라도 학업에 흥미를 가지게 되면 적절하지 못한 행동을 줄일 수 있는 원동력이 될 수 있다.
- 문제가 처음 발생했을 때 신속하게 중재하여 좀 더 심각한 문제가 발생하지 않도록 한다.
- 아동이 부당하게 대우받는다고 느껴서 화를 낼 가능성을 줄이기 위해서 아동에 대한 기대와 행동 결과에 있어서 항상 일관성을 유지한다.
- 아동과 대화를 나눌 때에는 공격적인 행동의 자극을 피하기 위해 보다 부드럽고 조용한 말투를 사용한다.
- 아동의 잘못된 행동을 고치려고 할 때, 이전의 잘못된 행동을 예로 들어 이야기하지 않고, 솔직하면서도 아동을 격려하는 태도를 보인다.
- 아동이 자기 자신에 대해서 부정적인 자아감을 갖지 않도록 신중하게 말하고 행동한다.

- 아동의 행동 상황에 관한 정보를 부모와 자주 공유한다. 그렇게 함으로써 부모가 가정에서도 일관성 있게 자녀를 지도할 수 있다.
- 교실에서 교사와 상호 작용할 때 교사에게 바람직한 행동을 보이는 아동을 충분히 강화하여 대리학습을 자주 시킨다.

7. 학교 기물이나 다른 아동의 소유물을 파괴하는 행동

학교 기물이나 다른 아동의 물건을 파괴하는 행동에 대한 지도 방안에는 다음과 같은 것이 있다.

- 다른 사람의 소유물을 어떻게 취급해야 하는지를 확실히 알도록 지도한다.
- 매일 아침 일과가 시작될 때마다 그날 쓸 물건에 대해 미리 이야기하고, 그것을 정돈해 놓도록 시간을 준다.
- 다른 사람의 물건을 사용하기 전에 주인에게 물어본다든지, 빌린 물건의 경우에는 주의를 기울여 사용하고 반드시 돌려주어야 한다는 것을 숙지시킨다.
- 아동이 하지 못하는 일이나 가질 수 없는 것에 대해 정확하게 말한 후 그 이유를 반복해서 설명해 준다(예: 교실에 있는 책은 학교의 공금으로 구입한 것이고, 또 우리 반 모두가 함께 보아야 하기 때문에 누구도 가지고 갈 수 없다).
- 물건을 정리 정돈하는 기술과 올바른 사용법을 익힐 수 있도록 해당 아동 곁에 자주 가 있는다.
- 아동에게 수업에 필요한 교구, 소프트웨어 등의 물건을 챙기고, 교실 내에서 정리 정돈하는 책임을 맡긴다.
- 물건을 빌려 쓴 후 깨끗하게 해서 주기, 책에 표시나 자국 따위를 만들지 않기 등 다른 사람의 소유물에 대한 적절한 보관과 취급 방법을 자주 가르친다.
- 모든 개인 소지품에 아동의 이름을 부착하도록 한다.
- 풀이나 테이프 등의 사용할 양을 말해 주고, 마커나 펜, 깡통 등의 뚜껑을 닫는 것을 익히는 등 물건을 낭비하는 것보다 절약하는 방법을 구체적으로 자주 가르친다.

- 아동과 자주 대화를 통하여 다음에 대해서 알고 직접 설명해 보게 한다.
  - 아동이 무엇을 잘못하고 있는지(예: 소유물을 손상하거나, 파괴하는 행위)
  - 아동이 무엇을 해야 하는지(예: 소유물을 잘 보관하고, 반납하는 것 등)

제 11 장

초등학교 학교폭력 피해행동 예방을 위한 학급 생활지도

이 장에서는 학교폭력 피해행동으로 유발될 수 있는 아동의 행동을 예방적으로 지도할 수 있는 학급 생활지도의 방안을 살펴보고자 한다.

여기에서 학교폭력 피해행동으로 유발될 수 있는 아동의 행동으로는 위축된 나약한 행동, 또래와 거의 상호 작용하지 않는 행동, 주의 산만한 행동, 학교생활에 활기가 없고 무감각한 행동, 다른 아동에게 수용되지 못하는 일탈적 행동, 교사와 거의 상호 작용하지 않는 행동 등이 포함된다. 교사는 이러한 행동의 유형별로 아동 개인에 대한 직접적 지도 방안과 교수-학습 상황에서의 간접적인 지도 방안을 적용해 볼 수 있다.

그리고 이 방안들을 적용해 보고자 할 때, 교사는 다음의 여러 지도 방안 중 자신의 학급과 해당 학생의 특성에 맞는 방안을 선택하여 지도할 수 있다.

1. 위축된 나약한 행동

1) 아동 개인에 대한 직접 지도

위축된 나약한 행동에 대한 직접 지도 방안에는 다음과 같은 것이 있다.

- 단체 행동에 잘 참여할 때 아동에게 적극적으로 강화해 준다. 이때 학급의 다른 아동에게도 가시적이면서 명백한 상을 주는 것이 좋다.
- 아동이 성공과 성취감을 느낄 수 있도록 부가적인 역할이나 책임을 부여한다(예: 일상적인 작은 일, 심부름 등).
- 친구들과의 관계를 촉진해 주기 위한 활동을 계획한다(예: 아동을 위해 친구와 관련된 활동을 배당하기, 아동과 친구에게 공동의 책임 주기 등).
- 교과 및 과외 활동, 학급 활동을 할 때 아동의 의견을 적극 반영해 준다.
- 아동에게 무언가를 잘하는 것보다 자신이 최선의 노력을 다하는 것이 중요하다는 것을 강조한다.
- 함께 놀 수 있을 만한 적절한 친구를 발굴하여 아동과 어울리게 해 준다.
- 일상적인 학급 상황에서 아동이 못마땅해하고, 우울해 보이면 즉시 이유를 묻고 조치를 취해 준다.
- 다른 아동 앞에서 아동에게 명령이나 요구 등을 하여 아동을 당황하게 만들지 않는다.
- 다른 아동과 어울리도록 서둘러 강요하지 말고, 행동형성법 등을 통하여 서서히 관계를 맺을 수 있도록 행동을 형성해 준다.
- 수업이나 과외 활동 그리고 학급 활동을 할 때 아동의 의견을 적극 반영해 준다.
- 아동과 대화할 때 아동의 권리와 사생활을 존중해 주면서 말한다.
- 학급 활동에 참여하지 않는 것에 대해 벌을 주지 않고 서서히 할 수 있도록 격려해 준다.
- 아동이 편안해하지 않는 상대와 상호 작용할 것을 강요하지 않는다.

- 학교 특별활동 등 수업 외의 활동에 능동적으로 참여하게 되면 긍정적인 피드백을 충분히 준다.
- 아동이 참여하기를 꺼리는 활동에는 가능한 한 다른 아동과 함께 할 수 있도록 배려해 준다.

2) 교수-학습 상황을 통한 간접 지도

위축된 나약한 행동에 대한 간접 지도 방안에는 다음과 같은 것이 있다.

- 아동에게 교사의 관심을 자주 구체적으로 나타내 준다.
- 아동이 걱정이나 문젯거리가 있을 때 같이 대화할 사람이 있는지, 그 사람들은 어떤 사람인지를 미리 파악해 둔다(예: 친한 친구, 부모, 상담교사, 보건 교사 등).
- 아동이 잘해 낼 수 있는 과제를 제공한다. 이것은 아동이 자신의 환경에 보다 긍정적인 태도를 갖고 자신과 환경을 수용하는 데 도움을 준다.
- 아동 자신이 교사에게는 소중한 존재라는 긍정적인 피드백을 자주 제공한다.
- 아동에 대한 교사의 관심이 진심이라는 것을 보여 주기 위해 아동의 말에 귀 기울이는 시간을 자주 갖는다.
- 아동이 위축되어 있을 때만 특별한 관심을 보이지 말고 평소에도 관심과 지지를 나타내 준다.
- 학급에서 평소에 경쟁에 대한 강조를 줄인다. 실패를 반복하면 불행감을 느끼고 그것은 위축 행동을 나타내게 할 수 있다.
- 다른 아동의 성공에 대해 상대적으로 평가하는 것을 삼가고 아동 개인의 수준에 맞춘 진척의 정도를 중요시하여 피드백을 해 준다.
- 학교에서의 아동의 문제를 가정에 수시로 알려 주고 그 원인과 가능한 해결책을 검토하기 위해 부모와 관련 인사와 협조 체제를 취한다.
- 아동을 존중하는 자세로 대하며 교사의 주관을 말하기보다는 항상 객관적인 태도로 대화한다.

2. 또래와 거의 상호작용을 하지 않는 행동

1) 아동 개인에 대한 직접 지도

또래와 거의 상호작용을 하지 않는 행동에 대한 직접 지도 방안에는 다음과 같은 것이 있다.

- 벽화 만들기, 교실의 게시판을 담당하기, 학급 내 리포터의 역할하기 등의 장기간의 프로젝트를 주어 아동이 한명 혹은 두 명의 또래와 함께 작업할 수 있도록 과제를 할당한다.
- 잘 어울릴 수 있는 친구와 함께 아동이 자연스럽게 친해질 수 있도록 보드게임, 색칠하기 등의 다양한 활동을 함께해 볼 수 있도록 배려한다.
- 아동이 다른 친구들과 함께 직접 할 수 있는 일을 할당한다(예: 미술, 음악, 체육 등의 활동, 남을 가르치기, 집단 프로젝트, 심부름하기 등).
- 아동이 다른 친구와 활동을 하는데 편안함을 느끼면 점차적으로 집단의 크기를 늘려 나간다.
- 친구와 어떻게 인사를 할 것인지, 함께 놀고 싶을 때 어떻게 말을 걸 것인지, 그리고 불쾌함, 분노 등 자신의 감정을 어떻게 전달할 것인지 등 친구들과 상호 작용할 수 있는 적절한 방법을 아동에게 가르친다.
- 아동에게 특정한 과제를 함께 수행할 또래를 선택하도록 한다. 만약 아동이 누군가를 선택하는 데 어려움을 겪는다면 그 반의 아동을 대상으로 조사를 해서 그 아동이 선호하는 아동이 누구인지를 확인해 본다.
- 아동이 학급에서 가장 친해 보고 싶은 친구가 있는지 반 전체를 대상으로 사회성 측정법을 시행하여 확인해 보고, 그 친구가 해당 아동과 친해질 수 있도록 배려한다.
- 교과 외 활동 시간을 다양하게 계획하여 아동을 적극적으로 참여시켜서 다른 친구와 어울리는 기회를 제공한다.
- 완성된 과제를 동료에게 돌려주기, 다른 아동의 작품을 교정해서 봐 주기 등 아동

이 반드시 동료들과 상호 작용해야 하는 상황을 자주 만든다.

- 학급 내 비품을 사용하고 함께 정리해 놓기 등 친구들과 어울릴 수 있는 학급 규칙을 만들어 학급에서 실시한다.
- 아동과의 대화 시간을 정기적으로 계획하여 아동 스스로가 자신의 어떤 행동이 잘못되었는지(예: 친구와 이야기하지 않기, 공유하지 않기), 그리고 아동이 어떤 행동을 해야 친구를 잘 사귈 수 있을지를 서로 이야기한다.
- 수업 상황이나 친구관계에서 아동이 성공 경험을 많이 할 수 있도록 배려한다.
- 아동이 소집단의 친구들과 작업을 같이 하도록 하되, 별로 긴장감을 느끼지 않는 친구들을 배정한다.
- 친구들과의 상호작용을 촉진하기 위해서 친구들과 함께 하는 심부름을 자주 시킨다.
- 놀이터, 식당, 복도 등에서 활발하고 적극적인 친구들이 아동과 자주 상호 작용하도록 친구들에게 과제를 주고 보상해 준다.
- 아동에게 아주 작은 일이라도 친구를 가르칠 수 있는 기회를 제공한다.
- 아동에게 친구에게 호의적으로 말하기, 친구와 갈등이 생기면 중재할 사람을 부탁하기, 친구와 타협하기 등의 문제해결 기술을 가르친다.
- 처음에는 짧은 시간 동안이라도 아동이 친구들과 상호 작용하도록 격려하고, 학생이 자신감을 가지게 되면 자연스럽게 그 시간을 늘릴 수 있도록 기회를 제공한다.
- 아동이 자신에게 어떤 행동이 기대되고 있는지(예: 다른 아동 옆에 앉기, 다른 아동과 이야기 나누기) 혹은 교사와의 약속이 지켜졌을 때 어떤 강화가 주어질 것인지 아동과 함께 의논하여 행동계약서를 작성해 본다.
- 아동이 친구와의 관계에서 어려움을 느끼는 문제를 학급 친구들 앞에서 이야기할 수 있도록 점진적으로 격려한다.
- 역할극 등을 통하여 학급 내 다른 아동이 해당 아동의 입장에 서 보도록 함으로써 해당 아동을 수용할 수 있도록 한다.

2) 교수-학습 상황을 통한 간접 지도

또래와 거의 상호작용을 하지 않는 행동에 대한 간접 지도 방안에는 다음과 같은 것이 있다.

- 아동과 유사한 관심을 갖고 가정배경이 비슷하며, 행동 패턴이 비슷한 아동을 찾아 그중 아동과 가장 성공적으로 잘 어울릴 수 있는 친구와 상호 작용할 수 있도록 한다.
- 아동이 가지고 있는 구체적인 소질을 파악해서 그런 과제를 해내는 소집단을 구성하여 리더가 돼 보도록 기회를 제공한다.
- 다른 친구들이 해당 아동을 학교생활에서 소외시키지 않도록 교사는 항상 아동과 가까운 곳에서 관심을 가지고 관찰한다.
- 아동과 상호 작용하는 친구가 있으면 그 친구를 격려하거나 보상한다.
- 친구들이 아동을 좀 더 긍정적으로 보도록 하기 위해서 집단 상황에서 아동에게 아동이 할 수 있으면서도 비중이 큰 책임 있는 역할을 자주 맡긴다.
- 교실에서 경쟁 분위기를 만들지 않는다. 그렇게 되면 아동은 경쟁 심리에 의해서 또래와의 상호작용을 꺼리게 된다.
- 소집단에서 협동적으로 해낼 수 있는 과제를 개발하여 아동 간의 상호작용을 원만하게 만든다.
- 다른 아동이 아동을 관찰하게 해서 아동이 하고 싶어 하는 활동이 무엇인지 그리고 해당 아동과 가장 상호작용이 잘 안 되는 아동이 있다면 그것이 무엇 때문인지 확인해 본다.
- 부모에게 아동의 친구관계에 대한 상황을 자주 알려 주고 그렇게 함으로써 부모가 가정에서 학교와 연계된 지도를 할 수 있도록 한다.
- 아동이 볼 수 있는 상황을 잘 관찰해서 친구들과 잘 어울리는 행동을 하는 아동의 행동을 그 앞에서 자주 강화해 준다.

3. 주의 산만한 행동

1) 아동 개인에 대한 직접 지도

주의 산만한 행동에 대한 직접 지도 방안에는 다음과 같은 것이 있다.

- 아동이 주의를 집중할 수 있는 기술을 향상시키도록 도움을 준다(예: 말하는 사람을 바라보며 경청하기, 메모하기, 미리 의견을 준비하기, 맥락에 맞는 의견 말하기 등).
- 아동의 장점이 나타나는 순간을 놓치지 않는다. 주의가 산만한 아동도 자신이 좋아하는 것에는 매우 잘 몰두하며 창조적으로 하는 능력을 가지고 있는 경우도 많으므로 그런 순간이 오면 충분히 칭찬을 하고 격려해 준다.
- 다음의 의사결정 단계를 주지시켜 행동하게 한다.
  - 다른 사람이 자기로 인하여 어떻게 영향을 받는지 생각하기
  - 결과를 생각하기
  - 자기에게 주어진 상황을 주의 깊게 생각해 보기
  - 가능한 행동의 여러 가지 과정을 생각하기
  - 최종적으로 나에게 최선인 것에 대해 생각하기
- 자신의 욕구를 다른 사람에게 전달하는 적절한 방법(예: 순서 기다리기, 손들기 등)을 꾸준히 지도한다.
- 아동을 교사 근처에 앉혀서 구체적으로 아동이 해야 할 일을 알려 준다.
- 아동에게 주어진 과제가 너무 많지는 않은지 혹은 과제를 위해 주어진 시간의 양이 적절한지 평가해 본다. 주의가 산만한 아동은 너무 길게 적어야 하는 과제는 다른 아동보다 훨씬 더 어려워하므로 아동에게 긴 시간을 요하는 과제는 피해야 한다.
- 큰 과제를 작은 과제로 쪼개어 제시한다. 큰 과제는 아동을 압도하게 하여 스스로 그것을 할 수 없다는 정서적인 반응을 갖게 한다. 그러므로 과제를 분할하면 자신이 해낼 수 있다는 자신감을 갖게 하는 데 도움이 된다.
- 아동 옆에 자주 가서 아동의 과제 진행 상황을 점검하고 구체적인 지시를 해 준다.

- 행동하기 전에 생각하도록 아동을 가르친다. 예컨대 무엇이 일어날까? 나는 지금 무엇을 하고 있을까? 나는 어떻게 해야 할까? 나에게 최선의 선택은 무엇인 가? 등에 대해 자신에게 묻도록 가르친다.
- 아동이 성공적인 친구들의 행동을 모델로 삼을 수 있도록 격려한다. 신중하고 책임감 있는 친구들의 행동을 모방할 수 있도록 역할 모델이 될 수 있는 아동을 그 아동과 함께 공부하도록 좌석을 배치한다.
- 아동에게 자신의 행동에 대한 학급 규칙을 알려 준다. 그리고 규칙이 잘 보이도록 교실 곳곳에 크게 적어서 붙여 놓고 수시로 읽어 준다.
- 아동이 교실에서 적절하지 못한 행동을 하거나 불필요하게 떠들기 시작하면 사전에 약속이 되어 있는 신호를 아동에게 보낸다.
- 아동에게 가능한 한 간결하고 명확한 방법으로 방향을 제시해 주고 설명해 준다.
- 아동이 타인의 입장에서 생각할 수 있도록 한다. 즉, 아동 스스로 타인의 입장에서 자신의 행동에 대해 자각할 수 있도록 지도한다(예: 다른 친구가 공부에 집중하기 어렵도록 나를 계속 방해한다면 나는 어떤 생각이 들까?).
- 아동이 할 수 있는 명백한 기대 수준을 설정한다. 아동에게 기대되는 수준이 어느 정도인지 교사가 반복해서 말해 주어 아동을 수시로 일깨워 준다.
- 충동적인 반응을 줄이기 위해 학급에서 아동에게 과제가 주어질 때 그 아동을 먼저 도와준다.
- 혼란을 야기하는 자극을 제거한다(예: 줄의 맨 앞자리에 앉히기 등). 그러나 이것이 벌의 형식이 되어선 안 된다.
- 아동이 지시 사항을 들었는지 확인하기 위해 스스로 반복해서 말해 보도록 한다.
- 아동이 무엇을 잘못하는지(예: 내가 하고 있는 일에 대해 생각하기 전에 행동으로 옮긴다), 무엇을 해야 하는지(예: 결과를 생각해 본다, 올바른 반응에 대해 생각해 본다, 다른 친구도 고려한다 등)를 구체적으로 자주 설명해 준다.

2) 교수-학습 상황을 통한 간접 지도

주의 산만한 행동에 대한 간접 지도 방안에는 다음과 같은 것이 있다.

- 아동을 늘 관찰 할 수 있고 아동도 교사를 볼 수 있도록 적절한 거리를 확보한다. 그리고 아동을 자주 바라보며 가능하면 자주 눈 맞춤을 할 수 있도록 한다.
- 수업에 집중하는 데 어려움을 겪는 아동을 위해 아동이 즐겁게 몸을 움직일 수 있는 동적인 게임과 '30초 동안 가만히 있기' 등의 정적인 게임 등을 수업 시간에 자주 활용한다.
- 아동이 다른 아동과 가장 관계를 잘 맺을 수 있는 상황을 만들기 위해서 다양한 집단 구성을 시도한다.
- 아동이 친구로부터 과도하게 자극을 받거나 친구들을 자극하지 않도록 심리적인 환경을 조정해 준다.
- 학급에서의 하루 동안의 전체 활동 스케줄에 대해 말해 준다. 언제 시작해서 언제 끝나는지에 관한 정확한 정보를 제공함으로써 과제 활동을 촉진한다. 또한 다른 스케줄로 넘어갈 때는 자주 이야기해 주며 계획을 갑자기 변경할 때는 미리 알려 준다.
- 어떤 특정한 활동을 시작하기 전에 아동이 그 규칙을 알고 있는지, 그 활동에 친숙한지 그리고 함께 하는 다른 아동과 잘 지낼 수 있을지를 미리 확인한다.
- 주의를 산만하게 하는 자극을 줄인다. 산만한 아동은 앞줄에 앉히거나 주변에 얌전한 아동을 앉히는 등 집중하기 쉬운 환경을 만들어 준다.
- 부모와 자주 의사소통하여 아동의 발달 상황에 대하여 정보를 공유한다.
- 아동이 잘 해내지 못할 때 곁에서 도와줄 수 있는 친구를 물색하여 지원해 주도록 한다.
- 처벌 대신 운동을 권장한다. 예를 들어, 교실에서 아동이 수업에 집중하지 못하고 다른 아동을 귀찮게 하는 등 적절하지 못한 행동을 할 때 처벌보다는 아동의 에너지를 방출할 수 있는 활동을 하도록 한다.
- 수업의 패턴을 활동적이고 다양하게 계획한다. 아동이 주의 집중하는 시간이 짧으므로 수업 패턴을 활동적이고 다양하게 계획하여 수업에 흥미를 가질 수 있도록 한다.
- 학교에서 아동이 성공적으로 무언가를 해낼 수 있는 많은 기회를 제공한다. 아동이 수업 시에 발표를 하거나 활동에 참여할 수 있는 기회를 자주 제공하면 아동은 더욱 적극적으로 수업에 몰입할 수 있게 된다.

- 다른 친구도 모두 아동처럼 장단점이 있으며 모든 사람이 다 똑같을 수는 없다는 것에 대해서 아동과 함께 자주 이야기 나눈다.
- 아동을 가장 성가시게 할 것 같은 친구와 멀리 떨어지게 앉힌다.
- 수업 전후나 수업 중에 해당 아동과 다른 아동이 상호 작용할 수 있는 기회를 계획적으로 제공한다.

4. 학교생활에 활기가 없고 무감각한 행동

1) 아동 개인에 대한 직접 지도

학교생활에 활기가 없고 무감각한 행동에 대한 직접 지도 방안에는 다음과 같은 것이 있다.

- 학급에서의 역할에 관하여 아동이 더 많은 의사결정을 할 수 있는 기회를 제공한다.
- 아동이 좋아하고 관심을 가질 만한 활동을 찾아서 그것을 시켜 본다(예: 배구, 축구 등).
- 아동과 자주 눈을 맞추고 아동의 행동에 관심을 나타낸다.
- 아동에게 갑자기 어떤 명령을 하거나 요구를 하여 당황하게 만들지 않는다.
- 아동에게 학급의 일에 대해 책임을 부여한다.
- 아동이 흥미를 느끼는 새로운 친구, 자원인사 등을 자주 만날 수 있는 기회를 만든다.
- 학교생활에 조금이라도 흥미를 느끼는 행동을 보일 때 적극적인 물리적 · 사회적 강화를 해 준다.
- 아동이 잘 답할 수 있겠다고 생각될 때 그 아동을 지명하여 질문한다.
- 아동이 계속해서 학급 일에 활동적으로 참여할 수 있도록 하루의 일과에 대해서 아침에 미리 알려 준다.

- 아동에게 주어지는 과제가 너무 어렵지는 않은지, 과제 수행을 위해 주어진 시간은 적절한지를 항상 점검해 본다.
- 아동의 가까운 친구 중 학교활동에 흥미를 가지고 적극적으로 참여하는 아동을 대리 강화하여 아동이 학교생활에 흥미를 갖도록 유도해 본다.
- 아동의 식습관에 대해 알아보고 방과 후에 얼마나 휴식을 취하는가를 조사해 본다.
- 아동이 어떤 일에 실패했을 때 그 원인을 능력보다는 노력에 귀인할 수 있도록 지도한다.
- 작은 성공이라도 크게 칭찬해 주고 차츰 자신의 학습 속도에 맞추어 학습할 수 있도록 격려해 준다.

2) 교수-학습 상황을 통한 간접 지도

학교생활에 활기가 없고 무감각한 행동에 대한 간접 지도 방안에는 다음과 같은 것이 있다.

- 학급에서 경쟁 상황을 만들지 않는다. 아동이 학교에서 실패를 자주 경험하면 학업에 흥미를 잃거나 활동에 잘 참여하지 않으려고 한다.
- 아동의 실패나 작은 실수에 대해 부정적인 표현을 하지 않는다. 아동에게 중요한 사람인 교사의 부정적 피드백은 아동에게 학습된 무기력을 갖게 한다.
- 친구들끼리 가르침을 주고받는 기회를 많이 갖게 하고 이를 통하여 자기효능감을 높일 수 있도록 배려한다(예: 아동 각자가 자신이 있는 분야에 교사가 되어 교대로 친구들을 가르치기 등).
- 학습 과제가 아동에게 최대한 관심을 끌고 흥미롭도록 제시한다.
- 학습이나 친구관계에서 성공 경험을 많이 할 수 있도록 배려한다.
- 교사가 제시하는 과제가 아동의 능력에 비추어 적절한지 평가해 본다.
- 아동이 학업 외의 다른 일에 빠져 있을 가능성에 대해 조사해 본다.
- 아동을 비난하지 말고 진심으로 대하고, 아동의 지지자가 되어 주어 아동이 긍정적인 자아감을 갖도록 돕는다.

- 아동과 대화할 때는 항상 편견 없는 태도로 임한다.
- 공부의 필요성 등에 대하여 대화를 자주 나눈다.

5. 다른 아동에게 수용되지 못하는 일탈적 행동

1) 아동 개인에 대한 직접 지도

다른 아동에게 수용되지 못하는 일탈적 행동에 대한 직접 지도 방안에는 다음과 같은 것이 있다.

- 친구들 앞에서 뭔가를 말하거나 행동해야 할 때, 아동이 개인적으로 그것을 미리 연습해 볼 수 있도록 도와준다.
- 아동에게 학습 능력이 있다면 그 아동에게 또래 튜터링의 책임을 맡겨 본다.
- 그 아동이 가장 편안하게 생각하는 상황을 결정하기 위해 다양한 집단구성을 시도해 본다.
- 아동이 가진 어떤 능력이나 관심 사항을 잘 관찰하여 그 아동이 잘할 수 있는 부분을 활용하여 소집단 활동에서 리더를 시킨다.
- 부적절한 행동을 하기 시작할 때 그 아동에게 미리 정한 신호를 보낸다(예: 손동작, 언어적 단서 등).
- 아동이 또래와의 관계에서 문제가 발생했을 때에는 그 문제에 대해 여러 학생에게 공개적으로 말해 보게 한다.
- 친구들이 그 아동을 좀 더 긍정적으로 보도록 하기 위해 집단 상황에서 그 아동에게 책임 있는 역할을 준다.
- 어떤 활동을 할 때 그 아동을 다른 적절한 행동을 하는 동료와 짝을 지워 줌으로써 그 아동이 동료와 우정을 쌓고 적절한 행동을 학습할 수 있도록 돕는다.
- 자신의 부적절한 행동이 무엇인지 항상 확인해 보도록 하고 그러한 행동을 변화시키는 대안적인 방법을 가르쳐 준다.

- 아동이 위축되지 않도록 특별활동이나 동아리 활동 등에 참여하도록 적극적으로 격려하고 돕는다.
- 교실에서 다른 아동과 적절하게 상호 작용하는 아동을 대리 강화하고, 그 행동에 대하여 아동과 구체적으로 이야기를 나눈다.
- 아동이 화부터 내는 것을 자제하게 하기 위해서 먼저 자신의 의견을 말할 수 있도록 배려해 준다.

2) 교수-학습 상황을 통한 간접 지도

다른 아동에게 수용되지 못하는 일탈적 행동에 대한 간접 지도 방안에는 다음과 같은 것이 있다.

- 아동이 친구들과 맞추기 위해 너무 지나치게 긴장하고 있을 수도 있으므로 아동으로 하여금 긴장을 풀고 심리적으로 안정되게 돕는다.
- 아동을 지도할 때 비난하지 말고 정직하게 있는 그대로 대한다. 그리고 항상 지지적으로 대하며 아동이 자신에 대해 부정적으로 생각하지 않도록 배려한다.
- 친구들이 아동을 좀 더 긍정적으로 보도록 하기 위해 그 아동이 가능한 한 학업적으로 또는 친구관계에서 사회적으로 성공하는 기회를 많이 마련해 준다.
- 아동과의 관계에서 항상 신뢰성을 보이고 아동의 말에 대해 비밀을 유지해 준다.
- 아동의 진전에 대한 정보를 항상 가정과 공유하고 관찰기록을 해 놓는다. 그리고 아동지도에 있어서도 항상 가정과 공조체제를 갖출 수 있도록 노력한다.

6. 교사와 거의 상호작용을 하지 않는 행동

1) 아동 개인에 대한 직접 지도

교사와 거의 상호작용을 하지 않는 행동에 대한 직접 지도 방안에는 다음과 같은 것이 있다.

- 완성된 과제를 교사에게 직접 제출하게 하거나 교사에게 어떤 말을 전달하게 하는 등 학급에서 교사와 상호 작용하지 않을 수 없는 상황을 자주 만든다.
- 플래시 카드를 들고 있게 하거나 수업에 필요한 비품 등을 어떻게 사용하는지 친구들에게 가르쳐 주는 등의 특정한 활동을 맡겨서 교사 보조자로서 활동하게 한다.
- 복도나 식당 등에서 자주 말을 걸고 아동이 잘해 낸 일에 대해서 칭찬해 주며, 아동 이름을 자주 불러 주는 등의 아동을 인정하는 행동을 자주 한다.
- 아동이 자기만의 특정한 재주를 갖고 있거나 어떤 영역에 특히 관심을 보이는지를 확인하여 그 활동에서 리더가 되게 해 준다.
- 손을 들거나 문자나 구두로 자신의 욕구를 표현하는 등의 의사소통 기술을 가르쳐 준다.
- 안면 표정과 신체 동작 등을 통해서 아동이 자신의 욕구를 나타내려고 하면 가능한 한 그것을 인정해 준다.
- 아동에게 자신의 요구를 적절하게 표현할 수 있는 말, 예를 들면, "선생님, 저 좀 도와주실래요?" 등의 말을 가르쳐 준다.
- 아동이 자기의 반대 의견을 나타내는 적절한 말, 예를 들면 "죄송합니다, 나는 그것이 옳다고 생각하지 않습니다." 등의 말을 가르쳐 준다.
- 아동이 학교에서 누구와 가장 대화를 나누기를 원하는지 확인해 보고 도서관 직원, 상급생 등 누구든 간에 가능한 한 그들과 이야기할 수 있는 시간과 공간을 마련해 준다.
- 다른 아동 앞에서 아동을 당황하게 하는 상황을 만들지 않는다.
- 출석부를 교사에게 갖다 주거나 다른 교사에게 메시지를 전달하는 등의 교사와의 상호작용이 필요한 심부름을 아동에게 자주 시킨다.
- 아동과 일대일 관계 속에서 상호 작용하는 시간을 계획적으로 늘린다.
- 아동이 친구관계와 학업적인 면에서 성공할 수 있는 기회를 자주 만들어 준다.
- 짧은 시간이라도 매일 아동과 함께 개인적인 대화를 나누는 시간을 계획한다.
- 아동이 거부감을 가질 수 있으므로 억지로 교사 또는 다른 아동과 상호 작용하도

록 시키지 않는다.

- 교사와 적절하게 상호작용을 잘하는 아동에게 해당 아동이 좋아할 만한 유형·무형의 보상을 제공함으로써 대리강화를 한다.
- 자신의 어떤 행동이 잘못되었는지(예: 교사와 말하지 않기, 눈맞춤을 하지 않기), 그리고 아동이 어떤 행동을 해야 하는지(예: 교사를 바라보며 말하기)에 관해 동료 앞에서 말할 수 있는 기회를 제공한다.

2) 교수-학습 상황을 통한 간접 지도

교사와 거의 상호작용을 하지 않는 행동에 대한 간접 지도 방안에는 다음과 같은 것이 있다.

- 처음에는 약간의 거리를 두고 아동과 상호 작용하다가 친밀한 관계를 형성해 가면 점차적으로 그 거리를 줄여 나간다.
- 아동이 말을 잘 하지 않으면 인형이나 장난감 등을 활용해서 대안적인 형태의 의사소통을 사용한다.
- 아동의 욕구를 알아내기 위해서 아동 주위의 친구와 자주 이야기를 해 본다.
- 교사와 적절히 상호작용을 잘하는 또래를 정해서 그를 모방할 수 있도록 기회를 제공한다.
- 수업 시간에 아동이 잘 대답할 수 있는 아주 간단한 질문을 자주 한다.
- 교사가 아동의 이야기를 듣는 것을 매우 즐거워한다는 분위기를 느끼게 한다.
- 수업 활동 등의 하루 일과에서 사소한 일이라도 아동을 자주 도와준다.
- 아동의 행동을 가치 있게 수용해 주고 아동의 욕구에 관심을 나타낸다.
- 학교 내의 다른 교사도 해당 아동과 자주 대화를 나눌 수 있는 상황을 만들어 본다.
- 부모나 주위 어른과 의사소통하게 하는 과제를 자주 부여한다.
- 학교생활에서 교사와 대화하는 데 적극적으로 참여하는 활발한 아동과 짝을 지어 준다.
- 아동이 잘못된 행동을 했을 때에도 아동을 비판하기보다는 솔직하면서도 배려하

는 태도를 나타내어 교사에게 좋은 감정을 느끼게끔 한다.

- 부모에게 아동의 행동 상황에 관한 정보를 제공하여 부모가 아동을 학교와 연계하여 긍정적으로 지도할 수 있도록 한다.

제 12 장

초등학교 학교폭력 방관행동의 원인별 지도

1. 초등학교 학교폭력 방관행동 지도의 중요성

학교폭력 방관아동이란 폭력을 목격하고도 그것에 대해 무관심하거나 모른 척하는 아동을 말한다. 학교폭력 방관아동은 폭력 가해아동으로 변화되거나 폭력가해행동에 협력하여 가해행동을 더 유발할 수도 있다. 학교폭력 피해아동은 가해아동보다 이러한 방관아동에게 더욱 심한 소외의식을 느끼게 되는 경우도 많다. 그러나 학교폭력 방관아동이 학교폭력 방어자의 역할을 하여 학교폭력에 개입함으로써 학교폭력 피해아동을 적극적으로 도울 수 있고 그럼으로써 학교폭력의 양상을 더욱 긍정적으로 변화시킬 수도 있다.

학교폭력 방관아동의 일부는 가해아동의 협력자가 되어 가해행동을 더 유발할 수도 있지만 반면에 방관아동이 학교폭력 개입행동을 할 때 그 효과는 강력하다는 점에서 방관아동이 학교폭력에 개입할 수 있도록 하는 전략은 매우 필요하다. 연령이 높아질수록 학교폭력 방어자를 옹호하는 또래가 줄어드는 경향이 있지만, 어린 연령에서는 학교폭력 방어자가 다른 친구로부터 매우 호감을 사고 이들의 노력으로 다수의 또래 친구의 학교폭력에 대한 반응이 달라질 수 있다는 사실로 미루어 볼 때(Berger, 2007), 초등학교에서 학교폭력 방관아동이 방관자로 머무르지 않고 학교폭력을 막을 수 있는 방어자의 역할을 할 수 있도록 하는 것은 학교폭력의 예방과 지도를 위해서 매우 중요하다.

학교폭력 방관아동이 늘어나면 학급에는 협동적 분위기보다는 배타적 분위기가 팽배해지며, 방관아동의 이러한 사회적 무관심은 개인적 발달의 측면에서도 친사회성이나 공감의 발달 측면에서 문제를 가져올 수 있다.

초·중등학교 학생을 대상으로 한 청소년폭력예방재단(2012)의 방관학생에 대한 연구 결과에서 보면 첫째, 학교폭력을 목격했을 때의 느낌에 대해 똑부러지게 대처하지 못하는 자신이 답답하다, 무섭다, 화가 난다, 별 느낌이 없다의 순으로 반응이 나타났으며, 그것을 모른 척했을 때 학생들의 느낌은 무섭다, 답답하다, 별 느낌이 없다, 화가 난다, 우울하다 등의 느낌을 가지는 것으로 나타났다.

둘째, 학교폭력을 목격한 후에 도움을 요청한다면 어떤 방법이 좋겠느냐는 질문에는 교사에게 직접 말함, 학교폭력 신고함에 알림, 어떤 방법도 안심이 안 됨, 학교의 이메일과 문자 메시지, 학교 홈페이지에 탑재함 등의 순으로 나타났다.

셋째, 학교폭력 목격 후 모른 척한 이유에 대해서는 같이 피해를 당할까 봐, 어떻게 해야 할지 몰라서, 관심이 없어서, 개입해도 소용이 없어서 등의 순으로 나타났다.

최태진 등(2006)의 연구에서, 초등학교 학교폭력 피해아동의 경우도 폭력을 당한 후에 부모나 교사에게 알리지 않은 경우가 절반이 넘었으며 이 아동이 자신의 피해 경험을 숨긴 이유가 참으면 그만이다, 보복이 두렵다, 알려 봤자 소용이 없다, 누구에게도 말하기가 싫다 등으로 나타나 방관아동과 비슷한 이유를 나타내고 있다. 즉, 학교폭력 방관아동은 피해아동과 마찬가지로 자신에 대한 무기력감과 폭력 사실을 알렸을 때의 보복에 대한 두려움이 매우 크다는 것을 알 수 있는데, 전반적으로 학교폭력을 목격하고도 그것을 방관하는 아동은 자신에 대한 무능력감으로 인하여 자신에게 화가 나고 우울해지는 등의 자존감이 저하되거나 반대로 폭력에 무감각해져서 폭력에 대한 사회적 냉담성을 키울 우려가 크다. 그리고 자신도 똑같이 폭력을 당할까 봐 두려움을 느끼기 때문에 학교폭력을 신고하는 어떤 방법에도 안심을 하지 못하는 경향도 매우 높다.

학교폭력 방관자의 방관 이유가 보복의 두려움, 어떻게 해야 할지 모르는 전략의 부재, 폭력에 대한 무관심 및 괴롭힘의 인정이라고 볼 때(오인수, 2012), 학교폭력 방관아동의 역할을 변화시켜 학교폭력의 연쇄 고리를 끊기 위한 지도 방안은 여기에 초점을 맞추어 진행해야 할 것이다.

2. 초등학교 학교폭력 방관아동에 대한 지도

초등학교에서의 학교폭력 방관아동에 대한 지도는 위의 방관아동의 특성에 비추어 다음과 같은 방안을 적용할 수 있다.

1) 학교 및 학급에서의 총체적 접근

① 학교폭력 사실을 알리는 것에 대한 보복의 두려움을 줄이기 위한 방안으로서 학교폭력을 안전하게 신고할 수 있는 신고 시스템을 정립한다.

② 학교 전체 아동에게 We class 등을 중심으로 하여 학교폭력 방관아동을 확인하고 학교폭력에 대한 방어자 역할을 할 수 있도록 하는 프로그램을 운영한다.

③ 학급 응집력을 강화한다.

- 학교의 모든 활동에 가능한 협동 집단을 운영한다.
- 수업 시간의 집단 작업을 활성화한다.
- 방과 후의 과제를 약자에 대한 배려와 돌봄을 주제로 하여 제출하도록 한다.

④ 집단상담 프로그램을 활용한다.

- 약자에 대한 배려, 용서, 돌봄을 주제로 한 집단 프로그램을 자주 시행한다.
- 방관아동만으로 구성된 동질 집단 구성, 방관아동과 폭력 가해아동으로 구성된 이질 집단 구성, 방관아동과 학교폭력 피해아동, 그리고 방관아동과 학교폭력 가해 및 피해아동으로 구성된 이질 집단 구성 등 다양한 구성원으로 이루어질 수 있는 소집단 상담을 지속적으로 실행한다.

⑤ 또래상담 프로그램의 또래상담자로서 학교폭력 방관아동을 활용한다.

⑥ 학교 수업에서 지속적 역할극을 통해 피해아동에 대한 공감력을 증대한다.

⑦ 학급 아동 모두가 협력하여 폭력 없는 학급을 만들기 위한 공개적인 선언문을 만들고 이를 교실 내 눈에 띄는 곳에 게시하고 매일 수시로 큰 소리로 말해 보도록 한다.

2) 방관아동 개인적 측면에서의 접근

학교에서의 대다수의 아동은 폭력행동을 목격했을 때 어떻게 행동해야 할지 모르고 그 상황에 관여되는 것이 두려운 목격자이거나 방관자이다.

이 중 어떤 아동은 실제로 괴롭히지는 않지만 가해자를 지지하고 가해자의 힘을 공유하고자 하는 학교폭력 가해 추종자일 수도 있다. 그리고 또한 어떤 아동은 피해아동을 도우려고 시도하기도 하고 또 다른 아동은 도와야 한다고 생각하지만 그런 행동을 나타내지 못하거나 괴롭힘이 자기와는 상관없는 일이라고 방임하기도 한다.

그러므로 이런 아동이 학교폭력에 대항하도록 할 수만 있다면 학교나 학급에서 일어나는 폭력행위를 현저하게 줄일 수 있을 것이다. 여기에서는 방관아동의 개인적 유형에 따라 그 대처 방안을 간략히 살펴보고자 한다.

① 학교폭력 행동을 보고 어떻게 해야 할지 몰라 방관하는 아동의 지도

- 실제 상황에서 잘 대처하기 위한 구체적인 대처 행동을 습득시킨다.
- 학교폭력 방관아동의 바람직한 역할을 담은 영상매체를 자주 보게 하는 행동수정 전략을 사용한다.
- 학교폭력이 일어났을 때 반응할 수 있는 다양한 상황에 대하여 구체적인 역할극을 자주 실시한다.

② 폭력에 대한 무관심으로 학교폭력을 방관하는 아동에 대한 지도

- 학교폭력의 심각한 사례를 제시하여 그 심각성을 인식하게 한다.
- 학교폭력 피해아동의 심리와 그 결과에 대해 생각해 보는 기회를 자주 제공한다.
- 학교폭력 피해자의 역할을 맡게 하는 역할극을 자주 해 보게 한다.

- 공감 훈련 프로그램 등을 통하여 학교폭력 피해아동에 대한 정서적 · 인지적 공감 능력을 향상한다.
- 피해아동을 위해 도움을 주었을 때 그 사례에 대해 학급에서 공개적으로 말할 수 있는 기회를 주어 격려하고 용기를 칭찬해 준다.

③ 자신에 대한 심리적인 무능력감과 자존감의 저하로 학교폭력을 방관하는 아동의 지도

- 학교폭력 방관아동이 폭력의 방어자로서 폭력을 줄이는 역할을 하는 사례를 뽑아서 자주 보여 준다.
- 자기주장 기술을 가르쳐 학교폭력의 상황에 적용할 수 있도록 돕는다.
- 자기감정 표현을 잘할 수 있도록 표현 행동을 연습시킨다.
- 학급 일에 적극적으로 참여시키고 자주 칭찬과 격려를 해 준다.

④ 자신도 폭력을 당할 것 같은 두려움에 폭력을 방관하는 아동의 지도

- 방관아동이 안전할 수 있는 학교 내 신고 시스템에 대해 확신시켜 준다.
- 학교폭력 방관아동을 대상으로 한 집단상담을 자주 실시하여 자신들이 학교폭력을 줄일 수 있는 주요한 주체라는 것을 확신할 수 있게 한다.
- 담임교사의 학교폭력에 대한 단호한 의지를 자주 표명해 준다.
- 방관아동의 신고에 의해 학교폭력이 감소된 사례를 자주 접하게 한다.

제 13 장

초등학교 학교폭력의 중재

학교폭력이 일단 학교나 가정에서 발견되었을 때 법적으로 명시된 학교폭력대책자치위원회에서 중재가 이루어지기 전의 단계에서 교사가 취할 수 있는 교육적 중재는 폭력 가해아동과 피해아동, 그리고 그 부모를 위해서 매우 중요한 절차이다. 그리고 학교폭력 사건이 신고되었을 때의 처리 절차 또한 정확하고 신속하게 진행되어야 한다.

여기에서는 교사의 학교폭력 예방 및 중재를 위한 과정으로 첫째, 학교폭력 사전 예방교육과 학급관리 차원에서의 교사의 개입, 둘째, 학교폭력이 가정이나 학교에서 발견된 직후의 교사의 초기 중재, 셋째, 학교폭력 사건이 신고되었을 때의 학교에서의 처리 절차 등에 대하여 살펴보고자 한다.

1. 학교폭력 사전 예방교육 및 학급 관리

교사가 유념해야 할 학교폭력을 사전에 예방하기 위한 교육 및 학급관리 사항은 다음과 같다.

- 가해 및 피해 징후가 있는 학생들을 체크리스트 등으로 주기적으로 체크하고 그 특징을 파악하여 관리해 놓는다.
- 학교폭력 프로그램 등을 통하여 주기적으로 적절한 예방교육을 실시한다.
- 학교폭력에 있어서 피해학생의 고통에 대한 인지적 공감뿐만 아니라 정서적인 공감도 중요시하여 구체적이며 실제적인 사례를 제공하고 그에 대해 토론하는 시간을 자주 갖는다.
- 자아존중감을 기를 수 있는 학급 분위기를 형성하고, 타인에 대한 배려 의식을 증진할 수 있는 기회를 자주 제공한다.
- 학급에서 학생들이 학교폭력에 대하여 개방적으로 말할 수 있는 학급 분위기를 만들고, 교과 지도 시간에도 수업 내용을 학교폭력과 관련하여 학교폭력의 폐해에 대한 체험과 인식을 자주 할 수 있도록 다양한 방안을 마련한다.
- 학생들과 함께 학교폭력 예방을 위한 학급 규칙을 만든다. 그러한 규칙에는 학교폭력 가해 및 피해의 경우를 구체적으로 명시한다.
- 학교폭력에 대한 학급 토론을 자주 하게 하고 교사가 개입하여 그 예방 방안을 구체적으로 제공한다.
- 학급에서 동료들이 학교폭력 가해 및 피해 상황을 목격했을 때 취해야 할 행동을 구체적으로 인식할 수 있도록 교실 내 다양한 곳에 포스터 등을 붙여 놓는다.
- 학교생활의 전체 일과에서 학생들이 협력하여 활동할 수 있는 과제를 자주 제시하여 협동심을 기르도록 한다. 그리고 그러한 과정을 통하여 보살핌과 배려의 심리가 향상될 수 있도록 지도한다.
- 학교폭력이 발견되면 조기에 즉각적이고 단호한 태도로 행동한다. 여기에는 모든 교직원의 협조가 필요하다.

교사는 이러한 학습관리와 교육을 통하여 학교폭력을 사전에 예방하고자 노력하여야 하며, 특히 학교폭력은 즉시적으로 잘 드러나기 어려운 경우가 많으므로 학교폭력을 조기에 감지하고자 하는 노력도 무엇보다도 필요하다.

담임교사의 학교폭력에 대한 조기감지는 학생들이 가해이든 피해이든 잠재적 학교폭력에 노출되는 것을 방지할 수 있다.

학교폭력에 대한 조기감지를 위해 교사는 개인상담을 자주 실시하여 학생 개개인의 학습 생활 및 적응 정도를 파악하고, 학교폭력 실태를 파악하기 위한 설문조사 등 여러 가지 방법을 활용할 필요가 있다(김종운, 2013).

2. 가해아동 및 피해아동에 대한 교사의 개입

1) 가해아동에 대한 개입

학교폭력이 발생했을 때 교사는 다음과 같은 교육적 개입을 먼저 시도해야 한다. 학교폭력이 발생했을 때 다음과 같은 즉각적이고 단호한 대응이 필요한 이유는 학교폭력 가해학생을 위한 적절한 조치와 교육이 미비했을 경우에 학교폭력이 재발되는 비율이 아주 높기 때문이다(청소년폭력예방재단, 2012).

- 학교폭력 상황이 발생했을 때 구체적으로 정확하게 사건의 상황을 파악한다.
- 학교폭력 가해학생에게 단호하고 직접적으로 자신이 저지른 행동과 그 결과 및 피해학생의 피해 상황에 대하여 알려 준다.
- 문제해결을 위한 핵심은 진정한 사과라는 것을 알려 주고, 그와 아울러 문제 사안에 따라 자신의 행동에 책임을 지도록 한다.
- 학교폭력 가해학생에게 어떤 과정을 거쳐 자신의 행동에 대한 조치를 받게 되는지를 알려 준다.
- 추후 가해행동이 재발되지 않도록 주의를 주고, 폭력행동이 재발할 경우 더 심각한 수준의 처벌을 받을 수도 있음을 알려 준다.
- 가해학생의 심리적 · 정서적 문제, 가정환경과 가족 역동에 대해서 이해를 하고 문제에 접근한다. 왜냐하면 심리적 · 정서적 문제가 심각한 가해학생에 대하여 외현적인 조치만 하였을 경우, 차후 부적응행동은 더욱 심각해지고 그 결과로 성인이 되었을 때에도 사회부적응과 범죄 행동을 할 가능성이 높기 때문이다.

2) 피해아동에 대한 개입

학교폭력 피해아동에 대해서도 교사는 다음과 같은 교육적 개입을 먼저 시도해야 한다(이규미, 지승희, 2008).

- 피해아동에게 학교폭력을 당한 피해아동 자신에게도 원인이 있다는 태도를 나타내지 않는다. 교사가 피해아동에게 이런 생각이나 태도를 나타내면 피해아동은 말문을 열지 않고 교사에게 솔직하게 마음을 드러내지 않는다. 그렇게 되면 피해 상황에 대해 자포 자기하거나 충동적인 분노만으로 대처할 가능성이 높다.
- 학교폭력 피해아동과 가해아동을 격리한다. 학교폭력 피해아동은 전학이나 자퇴 등을 생각하는 경우가 많은데, 그것이 현실적으로 올바른 방법이 되지 않는다면 교사는 최대한 물리적인 거리를 두어 학교폭력 피해아동과 가해아동을 격리함으로써 피해아동을 심리적으로 안정시켜야 한다. 즉, 일단 두 학생의 자리를 가장 멀리 떨어지게 배치하고 수업 중 모둠 활동을 비롯한 모든 활동에서도 따로 배치되도록 신경을 쓴다.
- 학교폭력 피해아동이 심리적으로 안정될 수 있는 여건을 만든다. 즉, 교사와 친밀감을 느낄 수 있는 기회를 자주 제공하고 심리상담의 기회를 자주 갖는다.
- 학교폭력 피해아동에게 가장 친하게 지낼 수 있는 친구를 주선해 주고, 그를 통해 안정감과 활력을 얻을 수 있도록 한다.
- 학교폭력 사실을 교사가 먼저 알게 된 경우, 학교폭력 피해아동의 부모에게 연락하여 피해 사실을 말해 주고 아동에 대한 부모의 따뜻한 양육태도가 필요하다는 것을 알린다. 즉, 부모에게 사실을 알리되, 교사가 최선을 다하고 있음을 알려 부모를 안심시키고 피해아동에 대한 가정에서의 심리적 지지가 매우 중요하다는 것을 알게 한다.
- 학교폭력 피해아동이 학교 내. 외에서 가능한 한 다른 사람이 있는 장소에 함께 머물도록 돕는다.
- 학교폭력 피해아동이 가해아동과 맞서 싸우거나 보복하려고 하지 않도록 하여 지속적인 학교폭력의 악순환이 발생하지 않도록 노력한다.

3. 학교폭력 발견 시의 초기 중재

학교폭력은 일차적으로 가정에서 발견될 수도 있지만, 학교에서의 특정한 상황에서 발견되어 교사의 개입이 우선적으로 일어나는 경우가 많다. 이런 경우에 학교폭력에 대한 개입의 단위가 가족과 교사 내에 머물고 있을 때를 초기 중재로 볼 수 있다. 이 시기는 부모와 교사가 어떻게 폭력사건에 대처하느냐에 따라 문제를 악화하거나, 오히려 그것을 아동의 성장을 위한 좋은 계기로 만들 수도 있는 중요한 시기이다.

중재의 초기 단계는 학교폭력 해결에서 가장 중요한 단계로서 이 단계에서는 개별 학생들의 문제해결을 통하여 바람직한 학교문화를 창출하고, 부모와 교사가 아동으로 하여금 학교를 긍정적으로 생각하고 친구들과의 관계를 보다 바람직하게 성장시키도록 조력하는 일이 필요하다. 초기 단계의 시간적 범위는 부모나 교사가 발견하여 신고한 후 대략 5일 이내이며, 폭력 사건발생 후 문제해결 범위가 교내에 국한되어 있고, 가해 및 피해 아동의 양측 부모가 협의와 협상을 통하여 문제를 해결해 보고자 시도할 수 있는 단계로서, 사건의 통제권을 교사가 가지고 문제해결이 가능한 단계이다. 즉, 이 단계는 법적으로 명시된 학교폭력자치위원회에서 중재조정이 이루어지기 전 단계이다.

초기 단계 중재는 학교폭력 인식 단계, 초기개입 단계, 중재 단계, 학습 단계, 실행 단계 및 잠복 단계로 나눌 수 있는데, 교사는 각 단계에서 학교폭력 관련 학생과 부모가 더욱 합리적이고 인간적으로 문제해결을 할 수 있도록 노력하여야 한다. 각 단계에서 교사가 중재하여야 할 방안은 다음과 같다(조정실, 차명호, 2010 참조).

- 학교폭력 인식 단계: 문제 사안에 대하여 판단적 인식보다는 상호 공감적 인식을 서로 가질 수 있도록 한다.
- 초기개입 단계: 문제의 회피보다는 좀 더 효과적으로 문제를 해결하고자 하는 의지를 기를 수 있도록 한다.
- 중재 단계: 문제를 무마하려고 하기보다는 문제를 공론화해서 관련 당사자 모두가 서로 다각적으로 도움을 요청할 수 있도록 한다.
- 학습 단계: 폭력행동에 대한 대안적인 행동을 학습할 수 있도록 가해아동과 피해

아동을 조력한다.

- 실행 단계: 가해아동과 피해아동 그리고 그 부모가 진정으로 상대에게 다가가 심리적 상처를 서로 치료하게 한다.
- 잠복 단계: 피해학생과 부모는 관용을 자세를, 가해학생과 부모는 책임감을 학습하여 학생들이 더욱 바람직한 학교생활을 영위할 수 있도록 돕는다.

4. 학교폭력 상담 및 지원기관

현재 국가 차원과 학교 차원 그리고 다양한 사회단체의 차원에서 체계적으로 학교폭력에 대처하는 시스템이 구축되어 있다. 학교폭력에 대한 적절한 개입을 위해서는 교사와 학부모는 다음의 학교폭력 상담 및 지원기관을 활용할 수 있을 것이다.

1) We project

- We class 단위 학교에 주로 설치되며 학교 부적응 학생들의 조기 발견, 예방 및 학교 적응 지원
- We center 교육지원청 차원에서 설치되며 지속적 관리가 필요한 학생들을 위한 전문가의 진단, 상담, 치유를 위한 원스톱 서비스 제공
- We school 시도 교육청 차원에서 설치하며 장기적으로 치료가 필요한 고위험군 학생을 위한 기숙형 장기 위탁 교육서비스 제공

2) 청소년상담지원센터

위기 청소년에 대한 보호 조치 및 상담 서비스를 지원해 주며, 전국적으로 광역 시도에 설치되어 있다.

3) 지역사회청소년통합지원체제

지역사회청소년통합지원체제(Community Youth Safety Net: CYS-Net)는 지역사회 시민 및 청소년 관련기관과 단체가 위기 상황에 있는 청소년을 발견하고 치료할 수 있도록 지원하기 위해 상호 간 협력하는 연계망을 말한다.

이것은 각 시도 및 시군구의 청소년상담복지센터에서 운영하며, 학교, 시도 교육청, 경찰관서, 의료기관, 청소년쉼터 및 청소년지원시설 등과 연계할 수 있는 협력체제를 갖추고 있다.

4) 117 학교폭력 신고센터

지방경찰청별로 운영되며, 전문상담사가 고용되어 학교폭력 신고와 접수, 상담과 수사 활동 및 지원 등의 활동을 한다. 전문상담 기관과 연계하고 있어 심층 상담도 제공한다.

5) 해바라기아동센터

만 12세 미만의 성폭력 피해아동이 주 대상자이다. 아동 폭력 문제에 대해 응급 진료와 법적 지원을 지원해 준다.

6) 청소년폭력예방재단

비영리 공익 단체로서 생활 적응에 어려움을 겪는 청소년과 가정을 위해 봉사한다. 청소년지킴이 운동, 상담 활동 및 교육 활동 등을 하며, 자체적으로 상담센터를 운영하고 있다.

7) 청소년비행예방센터

법무부 산하에 있는 일종의 대안교육센터로서 주로 대안교육 및 심리상담을 맡는다. 주요 기능으로서는 상담 전 조사 및 검사결정 전 조사 업무를 맡으며, 그 대상은 법원에서 대안교육 명령 처분을 받은 학생, 검찰에서 교육조건부 기소유예처분을 받은 학생, 학교폭력 등으로 특별교육 이수 처분을 받은 학생들이다.

8) 원스톱 지원센터

원스톱(one-stop) 지원센터는 경찰청이 관계부처 및 병원 등에 위탁하여 학교폭력 및 가정폭력 피해자와 성폭력 및 성매매 피해 여성을 대상으로 의료 지원, 상담 지원, 수사에 필요한 진술 녹화 및 증거 채취, 법률적 지원 등을 실시하는 통합지원시스템이다.

이 외에도 한국폭력대책국민협의회, 한국자살예방협회, 십대들의 쪽지, 아름다운학교운동본부, YWCA청소년상담네트워크 등 다양한 기관의 도움을 받을 수 있다.

5. 학교폭력 사안의 처리 절차

학교폭력 사건이 발생하였을 때 이전에는 대개 학교에서의 선도위원회 등을 활용하여 그 사안을 처리해 왔으나 문제 처리가 학교의 재량에 따라 이루어지면서 다양한 갈등이 야기되었다. 이에 따라 최근에는 「학교폭력예방 및 대책에 관한 법률」 제12조 제2항에 근거하여 법에 근거를 둔 학교폭력대책자치위원회를 구성하여 학교에서 1차적으로 개입하여 학교폭력 사건의 분쟁을 조정하도록 하고 있다.

일반적으로 학교폭력 사건이 발생하여 그 사실이 학교나 경찰서 등의 관계기관에 신고되면 그것이 처리되기 위한 여러 절차가 필요하게 된다. 그 절차는 우선 학교폭력 사건이 학교나 경찰 등의 관계기관에 신고됨으로써 시작되며, 신고받은 기관은 가해아동 및 피해아동의 보호자와 소속 학교의 장에게 보고한다. 그리고 소속 학교의 장은 학교폭력대책자치위원회에 그 사안을 통보하고 학교폭력대책자치위원회에서는 그에 대한 조사 책임을 가진다.

학교폭력 사안에 대한 조사가 종결되면 그 결과가 가해 및 피해아동의 보호자에게 통보되며, 조사 결과를 토대로 학교폭력대책자치위원회 개최를 결정하게 된다. 그리고 학교폭력대책자치위원회가 개최되면 가해 및 피해아동과 보호자의 의견을 듣고 심의 결과에 따라 학교의 장에게 조치를 취할 것을 요청하게 된다.

학교폭력대책자치위원회의 구성과 운영, 소집, 진행, 피해학생 보호 조처 및 가해학생에 대한 조처에 관한 구체적인 사항은 다음과 같다.

1) 학교폭력대책자치위원회의 구성과 운영

(1) 자치위원회의 역할

학교폭력의 예방 및 대책에 관련된 사항을 심의하는 심의기구이며, 그 심의사항은 다음과 같다.

- 학교폭력의 예방 및 대책을 위한 학교의 체제 구축
- 피해학생의 보호
- 가해학생에 대한 선도 및 조치
- 피해학생과 가해학생간의 분쟁조정

(2) 자치위원회의 구성

자치위원회는 위원장 1인을 포함하여 5인 이상 10인 이하의 위원으로 구성하되, 대통령령으로 정하는 바에 따라 전체위원의 과반수를 보호자전체회의에서 직접 선출된 보호자대표로 위촉하여야 한다(법률 제13조 제1항).

자치위원회의 위원은 다음 각 호의 어느 하나에 해당하는 사람 중에서 학교장이 임명하거나 위촉한다(시행령 제14조 제1항).

- 해당 학교의 교감

- 해당 학교의 교사 중 학생생활지도의 경력이 있는 교사
- 학부모 대표
- 판사, 검사, 변호사
- 해당 학교를 관할하는 경찰서 소속 경찰공무원관
- 의사의 자격이 있는 사람
- 그 밖에 학교폭력 예방 및 청소년보호에 대한 지식과 경험이 풍부한 사람

이 외에 외부 전문가가 참여하면 자치위원회나 분쟁조정 시, 법률 의료 전문가가 참여하면 진행 과정상 객관성을 확보하는 데 용이하다. 또한 외부 전문가가 관계하는 기관과의 유기적인 협력체제를 구축할 수 있으며, 자치위원회의 공정성을 제고할 수 있다.

(3) 자치위원회의 운영

- 자치위원회의 위원장 호선 및 위원의 임기
  - 위원장은 위원 중에서 호선하며, 위원장이 부득이한 사유로 직무를 대행할 수 없을 때에는 위원장이 미리 지정하는 위원이 그 직무를 대행한다(시행령 제14조 제2항).
  - 자치위원회의 위원의 임기는 2년으로 한다. 다만, 사임 등으로 새로 위촉되는 임기는 전임 위원 임기의 남은 기간으로 한다(시행령 제14조 제3항).
- 자치위원회 회의의 개의와 의결
  - 자치위원회의 회의는 재적위원 과반수의 출석으로 개의하고, 출석위원 과반수의 찬성으로 의결한다(시행령 제14조 제4항).

1 자치위원회의 역할

- 피해 · 가해학생 및 보호자 의견확인 기회 부여
  - 자치위원회는 피해학생에 따른 조치를 요청하기 전에 피해학생 및 그 보호자에게 의견 확인의 기회를 부여하는 등 적정한 절차를 거쳐야 한다.
  - 자치위원회는 가해학생에 따른 조치를 요청하기 전에 가해학생 및 그 보호자에게 의견 확인의 기회를 부여하는 등 적정한 절차를 거쳐야 한다.

● 피해학생 보호조치

- 자치위원회는 피해학생의 보호를 위하여 필요하다고 인정하는 때에는 피해학생에 대하여 해당하는 조치를 하도록 학교의 장에게 요청할 수 있다.

● 가해학생 선도 · 교육 조치

- 자치위원회는 피해학생의 보호와 가해학생의 선도 · 교육을 위하여 가해학생에 대하여 해당하는 조치를 하도록 학교의 장에게 요청할 수 있다.

● 분쟁조정

- 자치위원회는 학교폭력과 관련하여 분쟁이 있는 경우에는 그 분쟁을 조정할 수 있다.

재심청구

자치위원회 또는 학교의 장이 피해학생 보호조치 및 가해학생 선도 · 교육조치에 따라 내린 조치에 대하여 이의가 있는 피해학생 또는 그 보호자는 그 조치를 받은 날로부터 15일 이내, 그 조치가 있음을 안 날로부터 10일 이내에 지역위원회에 재심을 청구할 수 있다(법률 제17조 제1항).

자치위원회가 가해학생 선도 · 교육조치 중 전학과 퇴학조치에 대하여 이의가 있는 학생 또는 그 보호자는 그 조치를 받은 날부터 15일 이내, 그 조치가 있음을 안 날로부터 10일 이내에 시 · 도 학생조치조정위원회에 재심을 청구할 수 있다(법률 제17조 제2항).

● 자치위원회 위원의 제척 · 기피 및 회피(시행령 제26조)

자치위원회 위원은 피해학생 보호조치, 가해학생 선도 · 교육조치 및 분쟁조정에 따라 피해학생과 가해학생에 대한 조치를 요청하는 경우와 분쟁을 조정하는 경우 아래 어느 하나에 해당하면 해당 사건에서 제척된다.

- 위원이나 그 배우자 또는 그 배우자였던 사람이 해당 사건의 피해학생 또는 가해학생의 보호자인 경우 또는 보호자였던 경우
- 위원이 해당 사건의 피해학생 또는 가해학생과 친족이거나 친족이었던 경우
- 그 밖에 위원이 해당 사건의 피해학생 또는 가해학생과 친분이 있거나 관련이 있다고 인정하는 경우

- 학교폭력과 관련하여 자치위원회를 개최하는 경우 또는 분쟁이 발생한 경우 자치위원회의 위원에게 공정한 심의를 기대하기 어려운 사정이 있다고 인정할 만한 상당한 사유가 있을 때에는 분쟁당사자는 자치위원회에 그 사실을 서면으로 소명하고 기피신청을 할 수 있다.
- 자치위원회는 기피신청을 받으면 의결로써 해당 위원의 기피여부를 결정하여야 한다. 이 경우 기피신청 대상이 된 위원은 그 의결에 참여하지 못한다.
- 자치위원회의 위원이 위 내용에 해당하는 경우에는 스스로 해당 사건을 회피할 수 있다.

② 학교장의 역할

- 자치위원회의 피해학생에 대한 조치 요청이 있는 때에는 학교의 장은 피해학생 보호자의 동의를 받아 7일 이내에 해당 조치를 하여야 하고 이를 자치위원회에 보고하여야 한다(법률 제16조 제3항).
- 제1항에 따른 요청이 있는 때에는 학교의 장은 14일 이내에 해당 조치를 하여야 한다(법률 제17조 제6항).
- 학교의 장은 교육감에게 학교폭력이 발생한 사실 및 제16조, 제16조의 2, 제17조, 제17조의 2 및 제18조의 규정에 따른 조치 및 그 결과를 보고하고, 관계 기관과 협력하여 교내 학교폭력 단체의 결성예방 및 해체에 노력하여야 한다(법률 제19조).

2) 학교폭력대책자치위원회의 소집

(1) 소집의 주체와 소집 요건

자치위원회 위원장이 소집의 주체가 되어 자치위원회는 분기별 1회 이상 회의를 개최하고, 자치위원회의 위원장은 소집 요건이 충족되는 경우 반드시 소집하여야 한다.

소집의 요건은 다음과 같다.

- 자치위원회 재적 위원 4분의 1 이상이 요청하는 경우
- 학교의 장이 요청하는 경우

- 피해학생 또는 그 보호자가 요청하는 경우
- 학교폭력이 발생한 사실을 신고 받거나 보고받은 경우
- 가해학생이 협박 또는 보복한 사실을 신고 받거나 보고받은 경우
- 그 밖에 위원장이 필요하다고 인정하는 경우(법률 제13조 제2항)

(2) 소집의 방식

- 원칙 위원장이 서면으로 통보한다.
- 예외 긴급을 요하는 사안이 있는 경우에는 전화통화 등을 이용하여 신속하게 소집을 통보할 수 있다.

통보 방식

위원장이 해당 학생 및 보호자에게 자치위원회 소집에 대하여 통보할 시에는 서면으로 통보하도록 한다.

(3) 회의록 작성과 공개

- 회의의 일시, 장소, 출석위원, 토의내용 및 의결사항 등이 기록된 회의록을 작성하여야 한다(법률 제13조 제3항).

회의록 공개

- 피해 · 가해 학생 또는 보호자가 회의록의 열람 · 복사 등 회의록 공개를 신청한 때에는 학생과 그 가족의 성명, 주민등록번호 및 주소, 위원의 성명 등 개인정보에 관한 사항을 제외하고 공개하여야 한다(법률 제21조 제3항).
- 비밀의 범위는 학교폭력 피해학생과 가해학생 개인 및 가족의 성명, 주민등록번호 및 주소 등 개인정보에 관한 사항, 학교폭력 피해학생과 가해학생에 대한 심의 · 의결과 관련된 개인별 발언 내용, 그 밖에 외부로 누설될 경우 분쟁당사자 간에 논란을 일으킬 우려가 있음이 명백한 사항이다(시행령 제33조).

3) 학교폭력대책자치위원회의 진행

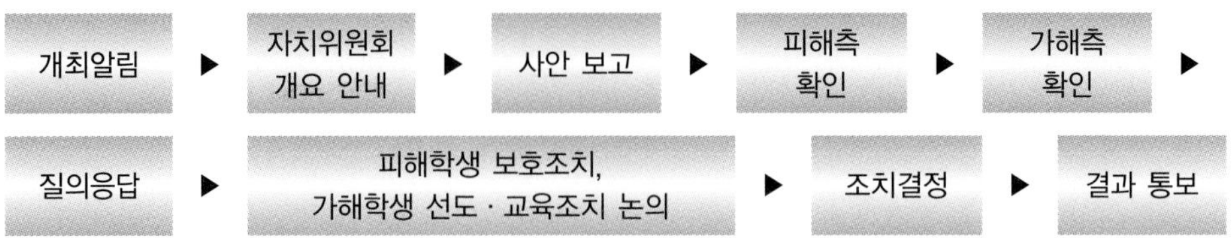

> **가해 측과 피해 측의 확인 시 대면의 문제**
>
> 피해 · 가해 측이 확인 시 같은 공간에 있는 경우, 자유로운 의견 개진이 어려울 수 있다. 따라서 피해측은 확인 후 퇴실하고, 대기하고 있던 가해 측이 회의실에 들어와서 확인하는 것이 효과적이다. 이와 같이 진행해야 피해 · 가해 측이 마찰 없이 회의를 원만하게 진행할 수 있다.

- 피해 측 확인 (사안확인, 요구사항) 및 질의응답
  - 사안을 확인하고 피해 측의 입장에서 요구를 말하도록 한다.
  - 위원회에서 피해 측에 질문하고 피해 측에서 답변한다.
- 가해 측 확인 (사안확인, 가해 측 입장) 및 질의응답
  - 사안을 확인하고 가해 측의 입장을 말하도록 한다.
  - 위원회에서 가해 측에 질문하고 가해 측에서 답변한다.
- 피해학생 보호조치, 가해학생 선도 · 교육 조치 논의 및 결정
  - 자치위원 간의 협의를 통해 피해학생 보호조치와 가해학생 선도 · 교육 조치를 논의하여 결정한다.
- 피해 · 가해 측에 결과 통보
  - 서면으로 결과 통보한다.

> **서면으로 결과통보 시 주의점**
>
> • 피해 측: 제16조 제1항 및 제17조 제1항에 따라 내린 조치에 대하여 이의가 있는 피해학생 또는 그 보호자는 그 조치를 받은 날로부터 15일 이내 지역위원회에 재심을 청구할 수 있음을 안내한다.

- 가해 측: 제17조 제1항 제8호와 제9호에 따라 내린 조치에 대하여 이의가 있는 학생 또는 그 보호자는 그 조치를 받은 날로부터 15일 이내 시 · 도 학생 조치조정위원회에 재심을 청구할 수 있음을 안내한다.

4) 피해학생 보호조치

(1) 피해학생 보호조치

자치위원회는 피해학생의 보호를 위하여 필요하다고 인정하는 때에는 피해학생에 대하여 다음 각 호의 어느 하나에 해당하는 조치(수 개의 조치를 병과하는 경우를 포함한다)를 할 것을 학교장에게 요청할 수 있다(법률 제16조 제1항).

- 제1호 심리상담 및 조언
  - 학교폭력으로 받은 정신적 · 심리적 충격으로부터 회복할 수 있도록 하기 위하여 학교 내의 교사 혹은 학교 외의 전문상담기관의 전문가에게 심리상담 및 조언을 받도록 하는 조치이다. 학교 내 상담교사가 없을 때는 외부 상담기관과 연계한다.
- 제2호 일시보호
  - 지속적인 폭력이나 보복을 당할 우려가 있는 경우 일시적으로 보호시설이나 집 또는 학교상담실 등에서 보호를 받을 수 있도록 하기 위한 조치이다.
- 제3호 치료 및 치료를 위한 요양
  - 학교폭력으로 인하여 생긴 신체적 · 정신적 상처의 치유를 위하여 일정 기간 출

피해학생 치료비 부담

피해학생이 전문단체나 전문가로부터 제1항 제1호부터 제3호까지의 규정에 따른 상담 등을 받는 데 사용되는 비용은 가해학생의 보호자가 부담하여야 한다. 다만, 피해학생의 신속한 치료를 위하여 학교의 장 또는 피해학생의 보호자가 원하는 경우에는 「학교 안전사고 예방 및 보상에 관한법률」 제15조에 따른 학교안전공제회 또는 시도 교육청이 부담하고 이에 대한 구상권을 행사할 수 있다.

석을 하지 아니하고 의료기관 등에서 치료를 받도록 하는 조치이다.

- 피해학생이 보호조치로 집이나 요양기관에서 신체적 · 심리적 치료를 받을 때는 치료기간이 명시된 진단서 또는 관련 증빙자료를 첨부하여 자치위원회에 제출하도록 보호자에게 안내한다.

● 제4호　학급교체

- 지속적인 학교폭력 상황 및 정신적 상처에서 벗어나도록 하기 위해서 피해학생을 동일 학교 내의 다른 학급으로 소속을 옮겨주는 조치이다.
- 피해학생 입장에서는 새로운 학급에 적응해야 하는 부담이 있으므로, 조치 결정에 있어 피해학생의 의견을 적극 반영하는 것이 좋다.

● 제5호　삭제

● 제6호　그 밖에 피해학생의 보호를 위하여 필요한 조치

- 피해학생 보호를 위하여 필요하다고 판단되는 다양한 조치 방법으로는 치료 등을 위한 의료기관에의 연계, 법률 구조기관 등에 필요한 협조와 지원요청, 신변보호지원 등을 할 수 있다.

(2) 자치위원회 개최하기 전 긴급한 경우의 조치

학교의 장은 피해학생의 보호를 위하여 긴급하다고 인정하거나 피해학생이 긴급보호의 요청을 하는 경우에는 자치위원회의 요청 전에 심리상담 및 조언, 일시보호 및 그 밖에 피해학생의 보호를 위하여 필요한 조치를 할 수 있다. 이 경우 자치위원회에 즉시 보고하여야 한다(법률 제16조 제1항).

위의 조치를 요청하기 전에 피해학생 및 그 보호자에게 의견확인의 기회를 부여하는 등 적정한 절차를 거쳐야 한다(법률 제16조 제2항).

추가보호조치

- 출석일수 산입: 학생의 결석이 피해학생 보호조치(법률 제16조 제1항) 등 보호가 필요한 학생에 대하여 학교의 장이 인정하는 경우 그 조치에 필요한 결석을 출석일수에 산입할 수 있다(법률 제16조 제4항).
- 불이익 금지: 보호조치를 받았다는 사실 자체가 성적평가 등에서 불이익으로 작용하지

않도록 해야 하며, 피해학생이 결석하게 되어 부득이하게 성적평가를 위한 시험에 응하지 못하게 된 경우에도 학교학업성적관리규정에 의거하여 불이익이 없도록 조치해야 한다.

• 피해학생에 대한 보호조치 등으로 인해 피해학생이 결석하게 되는 경우 학교의 장은 학생의 가정학습에 대한 지원 등 교육상 필요한 조치를 마련해 주는 것이 바람직하다.

(3) 장애학생의 보호(법률 제16조 제2항)

- 누구든지 장애 등을 이유로 장애학생에게 학교폭력을 행사하여서는 아니 된다.
- 자치위원회는 학교폭력으로 피해를 입은 장애학생의 보호를 위하여 장애인 전문상담가의 상담 또는 장애전문 치료기관의 요양 조치를 학교의 장에게 요청할 수 있다.

5) 가해학생 조치

(1) 가해학생에 대한 조치

자치위원회는 피해학생의 보호와 가해학생의 선도 · 교육을 위하여 가해학생에 대하여 다음 각 호의 하나에 해당하는 조치(수 개의 조치를 병과 하는 경우를 포함한다)를 할 것을 학교의 장에게 요청하여야 한다.

- 제1호　피해학생에 대한 서면사과
  - 가해학생이 피해학생에게 서면으로 그동안의 폭력행위에 대하여 사과를 함으로써 서로 화해하도록 하는 조치이다.
- 제2호　피해학생 및 신고 · 고발 학생에 대한 접촉, 협박 및 보복행위의 금지
  - 피해학생이나 신고 · 고발학생에 대한 가해학생의 접근을 막아 더 이상의 폭력이나 보복을 막기 위한 조치이다.
- 제3호　학교에서의 봉사
  - 가해학생에게 반성의 기회를 주기 위한 조치이다.

학교에서의 봉사

- 단순한 훈육적 차원이 아니라, 봉사의 진정한 의미를 알고 학생 스스로 잘못을 깨달을 수 있는 봉사 방법을 선정하여 선도적 · 교육적 차원에서의 봉사활동을 실시한다.
- 가해학생에게 학교 내의 화단 정리, 교실의 교구 정리, 화장실 청소, 장애 학생의 등교 도우미 등을 하도록 하게 한다.
- 학교에서의 봉사는 출석정지하고는 의미가 다른 조치이므로 되도록 학습권을 침해하지 않도록 한다.
- 지도교사를 생활지도부장 외에도 담임교사, 생활지도부 교사, 상담교사 등으로 다양하게 구성한다.

● 제4호 사회봉사

- 사회구성원으로서의 책임감을 느끼기 위한 조치이다.
- 학교에서는 사회봉사를 실시하는 기관과 업무협조를 긴밀히 하고, 각종 확인 자료와 담당자 간의 통신을 통하여 사회봉사가 실질적으로 이루어질 수 있도록 한다.

● 제5호 학내외 전문가에 의한 특별교육이수 또는 심리치료

- 교육감이 정한 기관에서 특별교육을 이수하거나 심리치료를 받아야 하며, 그 기간은 자치위원회에서 정하는 조치이다.

● 제6호 출석정지

- 가해학생을 학교에 출석하지 못하게 함으로써 반성의 기회를 주고 일시적으로 피해학생과 격리시킴으로써 피해학생을 보호하기 위한 조치이다. 가해학생에 대한 출석정지 기간은 출석일수에 산입하지 않는다.

● 제7호 학급교체

- 가해학생을 피해학생으로부터 격리하기 위하여 같은 학교 내의 다른 학급으로 옮기는 조치이다.

● 제8호 전학

- 가해학생을 피해학생으로부터 격리시키고 피해학생에 대해 더 이상의 폭력행위를 하지 못하도록 하기 위하여 다른 학교로 소속을 옮기도록 하는 조치이다. 자

치위원회에서 가해학생에 대하여 전학조치를 의결하면 학교의 장은 14일 이내에 전학조치를 취해야 하며, 가해학생이 다른 학교로 전학을 간 이후에는 전학 전의 피해학생 소속 학교로 다시 전학 올 수 없도록 하여야 한다.

> **전학 처분 시 교육감 또는 교육장의 조치사항**
>
> 교육감 또는 교육장은 전학 조치된 가해학생과 피해학생이 상급학교에 진학할 때에는 각각 다른 학교를 배정하여야 한다. 이 경우 피해학생이 입학할 학교를 우선적으로 배정한다.

- 제9호 퇴학처분
  - 피해학생을 보호하고 가해학생을 선도 · 교육할 수 없다고 인정될 때 취하는 조치이다. 다만 의무교육과정에 있는 가해학생에 대하여는 적용하지 아니한다.

> **퇴학 처분 시 학교의 장의 조치사항**
>
> - 학교의 장은 가해학생을 퇴학처분하기 전에 일정기간 동안 가정학습을 하게 할 수 있으며(초 · 중등교육법 시행령 제31조 제6항), 퇴학처분을 할 때에는 당해 학생 및 보호자와 진로상담을 하여야 하며, 지역사회와 협력하여 다른 학교 또는 직업교육훈련기관 등을 알선하는 데 노력하여야 한다(초 · 중등교육법 시행령 제31조 제7항).
> - 교육감은 퇴학처분을 받은 학생에 대하여 법률 제17조 제12항에 따라 해당 학생의 선도의 정도, 교육 가능성 등을 종합적으로 고려하여 「초 · 중등교육법」 제60조의 3에 따른 대안학교로의 입학 등 해당 학생의 건전한 성장에 적합한 대책을 마련하여야 한다(초 · 중등교육법 시행령 제23조 제1항).
> - 가해학생에 대한 조치 및 재입학 등에 필요한 세부사항은 교육감이 정한다(초 · 중등교육법 시행령 제23조 제2항).

(2) 가해학생에 대한 선도가 긴급한 경우의 조치

학교의 장은 가해학생에 대한 선도가 긴급하다고 인정할 경우 우선 제1호로부터 제3호까지, 제5호와 제6호의 조치를 할 수 있으며, 제5호와 제6호는 병과 조치할 수 있다. 이 경우 자치위원회에 즉시 보고하여 추인을 받아야 한다.

(3) 자치위원회 처분 결정에 대한 이행강제

● 협박 또는 보복행위와 조치 가중

– 자치위원회가 학교의 장에게 가해학생에 대한 조치를 요청할 때 그 이유가 피해학생이나 신고 · 고발학생에 대한 협박 또는 보복행위일 경우에는 법률 제6조 제1항 각호의 조치를 병과하거나 조치 내용을 가중할 수 있다.

● 긴급한 경우 선도조치의 거부나 회피 시의 조치

– 학교의 장이 선도가 긴급한 경우의 조치를 한 때에는 가해학생과 그 보호자에게 이를 통지하여야 하며, 가해학생이 이를 거부하거나 회피하는 때에는 「초 · 중등교육법」 제18조 및 「초 · 중등교육법」 시행령 제31조에 따라 조치하여야 한다 (법률 제17조 제7항).

● 조치거부 회피시의 조치

– 가해학생이 해당 조치를 거부하거나 기피하는 경우 자치위원회는 대통령령으로 정하는 바에 따라 추가로 다른 조치를 할 것을 학교의 장에게 요청할 수 있다(법률 제17조 제11항).

조치거부 및 회피 시 조치 내용

• 학교 내의 봉사, 사회봉사, 특별교육 이수, 1회 10일 이내, 연간 30일 이내의 출석정지, 퇴학처분에 따라 조치하여야 한다(초 · 중등교육법 시행령 제31조).

가해학생에 대한 조치별 적용 기준(시행령 제19조)

법 제17조 제1항의 조치별 적용 기준은 다음 각 호와 같다.

• 가해학생이 행사한 학교폭력의 심각성 · 지속성 · 고의성
• 가해학생의 반성 정도
• 해당 조치로 인한 가해학생의 선도 가능성
• 가해학생 및 보호자와 피해학생 및 보호자 간의 화해의 정도
• 피해학생이 장애학생인지 여부

가해학생에 대한 우선 출석정지 기준(시행령 제21조)

법 제17조 제4항에 따라 학교의 장이 출석정지 조치를 할 수 있는 경우는 다음 각 호와 같다.

• 2명 이상의 학생이 고의적 · 지속적으로 폭력을 행사한 경우
• 학교폭력을 행사하여 전치 2주 이상의 상해를 입힌 경우

- 학교폭력에 대한 신고, 확인, 자료제공 등에 대한 보복을 목적으로 폭력을 행사한 경우
- 학교의 장이 피해학생을 가해학생으로부터 긴급하게 보호할 필요가 있다고 판단하는 경우
  - 학교의 장은 출석정지 조치를 하려는 경우에는 해당 학생 또는 보호자의 의견을 들어야 한다. 다만, 학교의 장이 해당 학생 또는 보호자의 의견을 들으려 하였으나 이에 따르지 아니한 경우에는 그러하지 아니하다.

자치위원회 결과 생활기록부 기재방법

- 2012년 3월 1일 이후 발생한 학교폭력 사안부터 적용하여 학교생활기록부에 입력하는데 구체적인 기재방법은 다음과 같다.

입력 영역	가해학생 조치 사항(「학폭법」제17조 제1항)
학적 사항 특기 사항	• 8호(전학) • 9호(퇴학처분)
출결 상황 특기 사항	• 4호(사회봉사) • 5호(특별교육이수 또는 심리치료) • 6호(출석정지)
행동 특성 및 종합 의견	• 1호(서면사과) • 2호(접촉, 협박 및 보복행위 금지) • 3호(학교에서의 봉사) • 7호(학급교체)

가해학생 및 보호자 특별교육

- 제1항 제2호부터 제4호까지 및 제6호부터 제8호까지의 처분을 받은 가해학생은 교육감이 정한 기관에서 특별교육을 이수하거나 심리치료를 받아야 하며, 그 기간은 자치위원회에서 정한다(법률 제17조 제3항).
- 학교장은 가해학생 특별교육 이수조치를 결정한 경우, 교육감이 지정한 기관에서 그 학생의 보호자도 특별교육을 이수하도록 하여야 한다. 보호자가 특별교육에 불응할 경우, 학교장은 법률에 의하여 300만 원 이하의 과태료가 부과됨을 안내하고 특별교육을 이수할 것을 재 통보하여 이수하도록 하여야 한다(법률 제17조 제9항, 제22조 제2항).

통고제도(소년법 제4조 제3항)

- 개념: 10세 이상 14세 미만 소년이 법령 저촉 행위를 하는 경우 보호자 · 학교장 · 사회복리시설장이 수사기관을 거치지 않고 직접 법원에 사건을 접수시켜, 소년법원의 조사와 심리를 통해 보호처분 등 조치를 취하는 제도이다.
- 장점: 수사를 받지 않아 기록이 남지 않고 보호자 · 학교 · 법원이 공동대응, 신속한 문제 해결이 가능하며 전문조사관 조사 및 전문가진단 · 심리상담 조사 등 전문적 도움을 제공받을 수 있다.

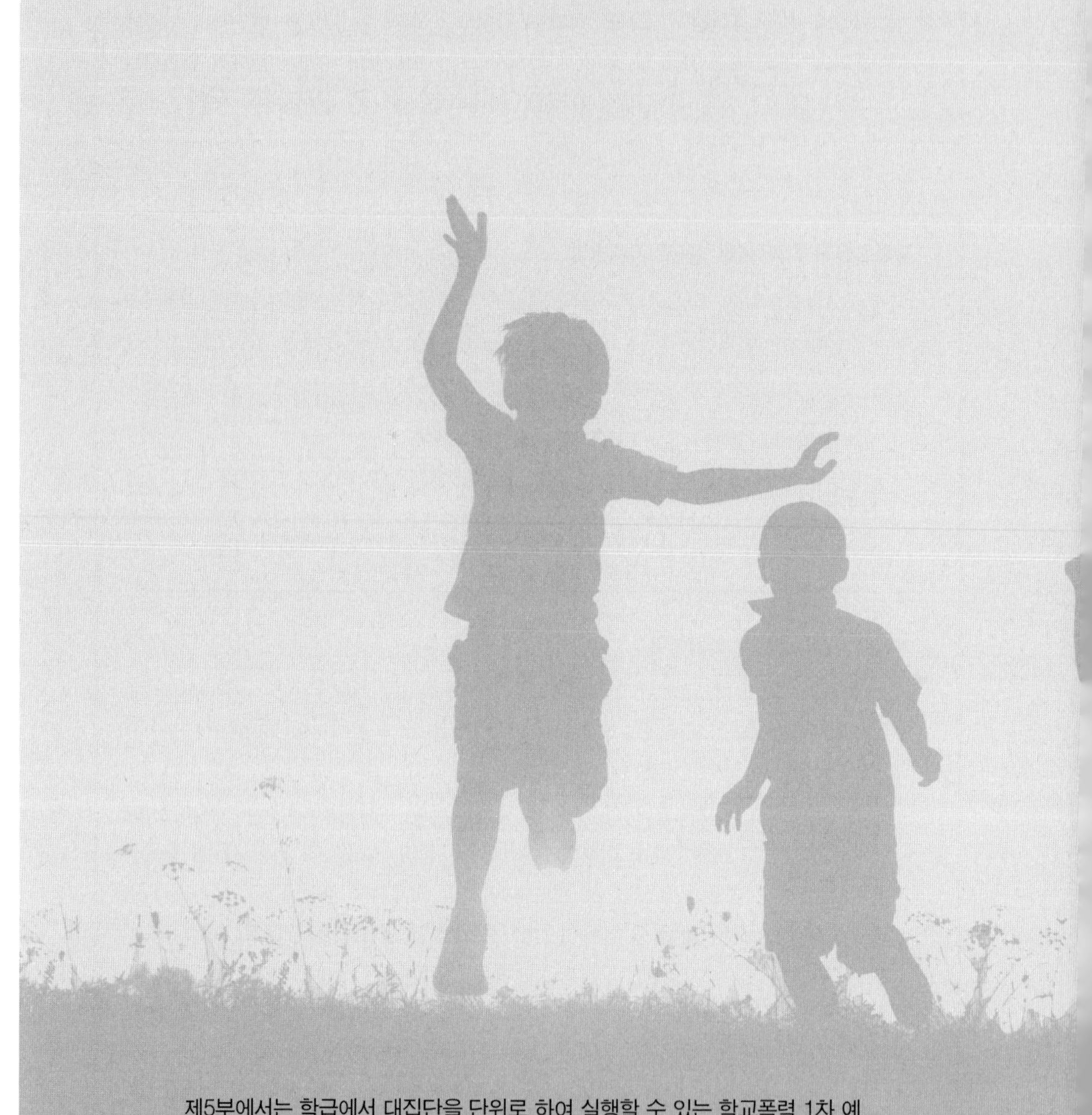

제5부에서는 학급에서 대집단을 단위로 하여 실행할 수 있는 학교폭력 1차 예방 프로그램(허승희, 박유진, 2011)과 초등학교 학교폭력 가해 및 피해 성향을 가지고 있는 아동을 위한 학교폭력 2차 예방 프로그램(허승희, 최태진, 2008; 허승희, 최태진, 박성미, 2009)을 소개한다.

제 5 부

초등학교 학교폭력 지도를 위한 프로그램 실행

제 14 장

학급단위 초등학교 학교폭력 예방 프로그램의 실행

1. 프로그램의 목표

이 프로그램은 학교폭력의 일차적 예방을 위하여 학급담임이 학급에서 생활지도 차원에서 실시할 수 있는 학급단위의 학교폭력 예방 프로그램이다. 프로그램의 구체적 목표는 다음과 같다.

첫째, 학급구성원 간의 친밀감을 형성하도록 돕는다.

둘째, 학교폭력에 대한 이해를 돕는다.

셋째, 갈등 상황 및 학교폭력 상황에서의 적절한 예방 및 대처 방법을 알도록 한다.

2. 프로그램의 구성

이 프로그램은 초등학교 학급에서의 학교폭력 예방을 위한 프로그램으로서 학교폭력에 대한 이해, 직접적 대처 방안 및 학교폭력 예방을 위한 기본적 기술 훈련 등으로 구성된다. 전체적으로 도입 단계(1회기), 전개 단계(10회기), 정리 단계(1회기) 등 총 12회기로 구성하였으며, 도입 및 정리 단계를 제외한 전개 단계(10회기)는 아래의 두 단계로 구분된다. 각 회기별 구성은 프로그램의 계속성과 계열성을 고려하여 계획되었다.

〈전개-Ⅰ〉 단계(5회기)는 구체적인 비디오 자료나 독서 자료, 이야기 자료, 역할극 등을 활용한 학교폭력에 대한 개념적 이해, 학교폭력에 대한 입장별 · 유형별 접근을 통한 공감하기 및 심각성 알기, 예방방법 알기 등의 내용으로 구성되었다.

〈전개-Ⅱ〉 단계(5회기)는 학교폭력 예방을 위한 관점 채택 및 편견 억제하기, 분노조절, 자기감정 표현기술, 자기주장기술, 능동적 경청하기 등의 사회기술 훈련 등의 내용으로 구성되었다.

3. 프로그램의 내용과 실행방법

프로그램 내용은 기존 국내 · 외의 학교폭력 예방 프로그램에 대한 내용 분석 결과를 바탕으로 학급 단위의 훈련 프로그램에 적합하도록 구성되었다.

도입 단계인 1회기는 '마음 열기'로 전체 프로그램의 이해에 대한 오리엔테이션 및 여러 가지 방법을 활용한 자기소개 활동을 통해 친밀감을 자연스럽게 형성하도록 하였다. 전개 단계는 총 10회기로 학교폭력에 대한 개념 이해를 바탕으로 비디오 시청, 독서, 역할극, 토의, 토론, 활동지 등의 방법으로 학교폭력의 유형별 접근과 학교폭력의 가해자, 피해자, 방관자 세 입장별 접근을 통해 각 입장에 대한 공감적 이해를 바탕으로 학교폭력의 심각성을 알고, 각 입장별 학교폭력 예방방법을 알아볼 수 있도록 구성하였다. 다음 단계로 학교폭력 예방을 위한 사회기술 훈련으로 편견을 억제한 관점 채택을 통한 갈등해결, 인지적 분노조절 기법을 통한 마음 다스리기, 가상의 학교폭력 상황에서 적절한 자기감정 표현기술과 자기주장기술 사용하기, 능동적 경청기술 등을 익히도록 구성하였다.

정리 단계인 12회기에는 그동안의 활동을 돌아보고 활동소감을 나누며 학교폭력 예방을 위한 우리 반 학교폭력 특별법을 제정 · 선포하고 학교폭력 지킴이 선서를 함으로써 모두가 학교폭력 예방을 위하여 노력할 것을 약속한다.

프로그램 실행 방법은 아동 간의 상호작용 효과를 높이기 위하여 역할극, 소집단 토론과 전체 토론을 중심으로 이루어졌으며, 아동의 활동 중심의 표현 방법을 중시하였다.

프로그램의 회기별 주요 내용은 다음과 같다.

1회기	주제	마음 열기 – 〈나는 이런 사람, 너는 이런 사람〉
목표	• 프로그램의 목적 및 필요성을 알 수 있다. • 긴장감을 해소하고 친밀감을 형성할 수 있다.	
준비물	이름표, 색연필, 사인펜, 활동지, 필기도구	
단계	**활동 내용**	
마음 열기	▶ 자신의 특징을 활용한 소개하기	
활동	▶ 프로그램 소개하기 ▶ '우리가 지켜야 할 약속'을 정하고 다짐하기 • 모둠별로 '우리가 지켜야 할 약속' 토의하기 • 학급단위로 '우리가 지켜야 할 약속' 토의하고 규칙 정하기 • 다함께 다짐하기 ▶ 수식하는 말과 이모티콘을 사용하여 자기 별칭 정하고 이름표 만들기 • 수식하는 말을 넣어 자기 별칭 정하기 • 자신의 주요 표정이라고 생각되는 이모티콘 정하기 • 별칭과 이모티콘을 넣어 이름표 만들기	
소감 나누기	▶ 프로그램에 참여하고 난 느낌 나누기	
유의점 및 적용	• 집단상담에 참여하면서 지켜야 할 규칙을 자세하게 안내한다. • 명찰을 꾸밀 때는 다른 사람이 잘 볼 수 있도록 별칭을 크고 또렷하게 적는다. • 이름 뒤에 '님' 자를 붙여 부름으로써 서로 존중하고 다른 사람의 이름을 소중하게 여기도록 한다.	

2회기	주제	학교폭력 심의 위원회
목표	• 학교폭력에 대하여 개념적으로 이해할 수 있다.	
준비물	활동지, 사인펜, 색연필, 필기도구, 상품	
단계	**활동 내용**	
마음 열기	▶ 별칭을 활용한 릴레이 자기소개 게임	
활동	▶ 학교폭력의 개념 알기 • 학교폭력의 정의, 유형, 원인에 대한 개인별 사고활동 • 전체 협의를 통하여 학교폭력 정의 내리기 • 전체 협의를 통하여 학교폭력의 유형 분류하기 • 전체 협의를 통하여 학교폭력의 원인 생각하기 ▶ '학교폭력' 단어카드 만들기	
소감 나누기	▶ 프로그램에 참여하고 난 느낌 나누기	
유의점 및 적용	• 학교폭력의 정의, 유형, 원인에 대한 전체 협의의 과정에서 담임교사가 적극적으로 개입하되 아동의 사고 및 발표 중심으로 개념을 완성해 나간다. • 프로그램에 참여 할 때의 유의사항—이름표 착용, 자리배치—을 잘 지키도록 한다.	

<table>
<tr><th>3회기</th><th>주제</th><th>우리들의 일그러진 영웅</th></tr>
<tr><td>목표</td><td colspan="2">• 학교폭력의 유형을 파악할 수 있다.
• 학교폭력의 세 가지 입장(가해자, 피해자, 방관자)을 알 수 있다.
• 학교폭력의 심각성을 알 수 있다.</td></tr>
<tr><td>준비물</td><td colspan="2">비디오 자료, 이름표, 활동지, 상품</td></tr>
<tr><td>단계</td><td colspan="2">활동 내용</td></tr>
<tr><td>마음 열기</td><td colspan="2">▶ '폭력예방' 사행시 짓기</td></tr>
<tr><td>활동</td><td colspan="2">▶ 학교폭력에 대한 유형별 · 입장별 접근을 통한 폭력의 심각성 인식과 공감하기 및 폭력에 대한 가치관 재정립
• 〈우리들의 일그러진 영웅〉 비디오 시청
• 폭력의 유형과 세 가지 입장에 대한 개인별 사고활동
• 폭력의 유형과 세 가지 입장에 대한 학급별 토론활동</td></tr>
<tr><td>소감 나누기</td><td colspan="2">▶ 프로그램에 참여하고 난 느낌 나누기</td></tr>
<tr><td>유의점 및 적용</td><td colspan="2">• 분위기 조성을 '폭력예방' 사행시 짓기가 장난스러운 분위기가 되지 않도록 한다.
• 학교 내에서 발생하는 폭력에는 학급 안에 있는 모든 친구들이 가해자, 피해자, 방관자 세 가지 입장 중 하나의 입장에 서게 된다는 것을 알게 한다.
• 학교폭력의 심각성을 알아봄으로써 학교폭력은 어떠한 이유에서라도 정당하지 못한 행동임을 알게 한다.</td></tr>
</table>

<table>
<tr><th>4회기</th><th>주제</th><td>영대 이야기</td></tr>
<tr><td>목표</td><td colspan="2">• 학교폭력의 유형을 파악할 수 있다.
• 학교폭력의 세 가지 입장(가해자, 피해자, 방관자)을 알 수 있다.
• 학교폭력의 심각성을 알 수 있다.</td></tr>
<tr><td>준비물</td><td colspan="2">이야기 자료, 활동지, 필기도구</td></tr>
<tr><th>단계</th><th colspan="2">활동 내용</th></tr>
<tr><td>마음 열기</td><td colspan="2">▶ ‘점점 크게, 점점 세게’ & ‘점점 작게, 점점 약하게’</td></tr>
<tr><td>활동</td><td colspan="2">▶ 학교폭력에 대한 유형별 · 입장별 접근을 통한 폭력의 심각성 인식과 공감하기 및 폭력에 대한 가치관 재정립
• 〈영대 이야기〉 독서
• 폭력의 유형과 세 가지 입장에 대한 개인별 사고활동
• 폭력의 유형과 세 가지 입장에 대한 학급별 토론활동</td></tr>
<tr><td>소감 나누기</td><td colspan="2">▶ 프로그램에 참여하고 난 느낌 나누기</td></tr>
<tr><td>유의점 및 적용</td><td colspan="2">• 학교 내에서 발생하는 폭력에는 학급 안에 있는 모든 친구들이 가해자, 피해자, 방관자 세 가지 입장 중 하나의 입장에 서게 된다는 것을 알게 한다.
• 학교폭력의 심각성을 알아봄으로써 학교폭력은 어떠한 이유에서라도 정당하지 못한 행동임을 알게 한다.</td></tr>
</table>

5회기	주제	철이와 석이
목표	• 학교폭력의 유형을 파악할 수 있다. • 학교폭력의 세 가지 입장(가해자, 피해자, 방관자)을 알 수 있다. • 학교폭력의 심각성을 알 수 있다.	
준비물	역할극 상황 이야기 자료, 활동지, 필기도구	
단계	활동 내용	
마음 열기	▶ 난 ○○○이다. (입장을 바꾸어 느낌 말하기)	
활동	▶ 학교폭력에 대한 유형별 · 입장별 접근을 통한 폭력의 심각성 인식과 공감하기 및 폭력에 대한 가치관 재정립 • 〈철이와 석이〉 상황 이야기 제시 • 모둠별 역할극 구성 및 시연을 통한 타인의 입장 되어 보기 • 같은 역할을 맡은 사람끼리 공감의 시간 갖기 • 모둠별로 모여 다른 입장에 대한 이해의 시간 갖기 • 역할극을 하고 난 후의 느낌 나누기	
소감 나누기	▶ 프로그램에 참여하고 난 느낌 나누기	
유의점 및 적용	• 역할극에서 가해자. 피해자, 방관자, 피해자의 가족 등의 역할을 맡을 수 있도록 하고 배역을 맡는 아동은 그 자신이 되어 감정이입이 되도록 한다. • 동일한 배역끼리 모여 공감의 시간을 가질 때에도 그 배역의 입장에서 주장, 변명, 하소연 등 자신의 감정을 솔직하게 말할 수 있도록 한다. • 역할극에서 적극적인 참여와 감정이입 및 공감을 위해 담임교사의 역할이 대단히 중요하다.	

6회기	주제	나의 학교폭력의 역사 속으로
목표	• 학교폭력의 가해, 피해, 방관과 관련한 나의 경험을 이야기할 수 있다. • 학교폭력 상황을 사전에 막을 수 있는 방법을 알 수 있다.	
준비물	세 가지 입장별 학교폭력 예방 방법 분류 학습판, 세 가지 색 접착메모지(분홍, 파랑, 노랑), 활동지, 사인펜, 색연필, 필기도구, 상품	
단계	**활동 내용**	
마음 열기	▶ 세 가지 색 접착 메모지를 활용한 세 가지 색의 사고 메모활동	
활동	▶ 나의 폭력 경험 떠올리기 • 나의 가해, 피해, 방관의 경험 생각하기 • 그때의 기분 되살려 보기 • 그 경험에 관한 지금의 생각 말해 보기 ▶ 학교폭력 상황을 사전에 막을 수 있는 방법 알아보기 • 가해, 피해, 방관의 경험 각각에 관한 사전 예방 방법을 색 접착 메모지에 적기 ◎ 분홍색 – 가해자로서의 경험 ◎ 파란색 – 피해자로서의 경험 ◎ 노란색 – 방관자로서의 경험 • 학교폭력 예방 방법 분류 학습판에 모둠별로 붙이고 게시하기	
소감 나누기	▶ 프로그램에 참여하고 난 느낌 나누기	
유의점 및 적용	• 학교폭력의 세 가지 입장 각각에 관하여 경험, 예방방법을 생각하도록 한다. • 각 모둠별 분류 학습판을 교실에 게시하여 서로 공유할 수 있도록 한다. • 담임교사는 아동이 생각한 예방 방법을 정리하고 유목화하여 알려 주도록 하며, 이후 사회기술훈련의 지침이 되도록 한다. • 자신의 경험을 부끄러워하지 않고 솔직하게 털어놓고 되짚어 볼 수 있는 기회가 되도록 담임교사는 허용적인 태도 및 분위기를 조성하도록 하며, 아동이 행동 변화 의지를 갖도록 한다.	

<table>
<tr><th>7회기</th><th>주제</th><td colspan="2">두 개의 시선</td></tr>
<tr><td>목표</td><td colspan="3">• 동일한 상황을 바라보는 관점이 다양함을 알 수 있다.
• 편견을 억제하고 상황을 바라볼 수 있다.
• 비폭력적인 해결책이 중요성을 알 수 있다.</td></tr>
<tr><td>준비물</td><td colspan="3">〈프린스 & 프린세스〉 중 ‘마녀의 성’ 비디오 자료, 활동지, 필기도구</td></tr>
<tr><th>단계</th><th colspan="3">활동 내용</th></tr>
<tr><td>마음 열기</td><td colspan="3">▶ 늑대의 입장에서 본 〈아기돼지 삼형제〉 동화 듣기</td></tr>
<tr><td>활동</td><td colspan="3">▶ 관점의 다양성을 알고 편견 억제하기
• 〈프린스 & 프린세스(마녀의 성)〉 비디오 시청
• 주인공이 마녀의 성에 들어가게 된 방법 이야기하기
• 다른 왕자들이 시도한 방법 이야기하기
• 주인공과 다른 왕자들의 차이점 알기
• ‘관점의 차이’ 및 ‘편견’에 대하여 강의하기
▶ 비폭력적인 해결책의 중요성 알기
• 다른 왕자들이 시도한 방법과 그에 대한 마녀의 대응 방법 이야기하기
• 주인공이 시도한 방법과 마녀의 대응 태도 이야기하기
• 편견을 억제하고 관점 채택하기
• 편견을 배제한 관점의 채택이 갈등의 해결에 미치는 중요성 알기
• 내가 가졌던 편견을 생각해 보고 그것을 깨 보기</td></tr>
<tr><td>소감 나누기</td><td colspan="3">▶ 프로그램에 참여하고 난 느낌 나누기</td></tr>
<tr><td>유의점 및 적용</td><td colspan="3">• 다양한 예시 자료를 들어가며 ‘만약 ○○했더라면…’이라는 다른 관점에서의 접근을 시도해 보고, 아동의 경험과 연관 지어 동일한 사고과정을 연습해 본다.</td></tr>
</table>

<table>
<tr><th>8회기</th><th>주제</th><th>마음 다스리기</th></tr>
<tr><td>목표</td><td colspan="2">• 화났을 때의 신체적 변화 및 생각의 변화를 알 수 있다.
• 분노가 표출되는 과정을 알 수 있다.
• 합리적 사고와 비합리적 사고의 차이를 알고 연습한다.</td></tr>
<tr><td>준비물</td><td colspan="2">슬라이드(화가 날 때), 합리적 & 비합리적 게임판, 활동지, 필기도구</td></tr>
<tr><th>단계</th><th colspan="2">활동 내용</th></tr>
<tr><td>마음 열기</td><td colspan="2">▶ 뜨거운 자리 체험하기</td></tr>
<tr><td>활동</td><td colspan="2">▶ 분노에 대해 이해하기
(화났을 때의 특징, 원인, 화를 다스릴 수 있는 방법 알아보기)
• 뜨거운 자리 체험의 기분 나눠 보기
• 화났을 때의 신체적 변화 이해하기
• 분노가 표출되는 과정 이해하기
▶ 합리적 사고와 비합리적 사고의 차이를 이해하고 연습하기(인지적 분노 조절 기법)
• 동일한 상황에 대해 왜 어떤 사람은 화를 내고, 왜 어떤 사람은 그렇지 않은지 알아보기
• 비합리적 사고에 대해 알아보기
– 당위적 생각: ‘~는 반드시 ~해야 한다’
예 좋은 친구는 절대로 화를 내서는 안 된다. 모든 사람이 다 나를 좋아해야 한다.
– 극단적인 생각: ‘언제나’ ‘절대로’ ‘한번도’ ‘참을 수 없는’
예 무엇이든 잘하는 친구만이 가치 있는 인간이다.
– 이분법적 생각: ‘~는 ~한 사람이고, ~는 ~한 사람이다’
예 나를 좋아하는 사람은 착한 사람이고 나를 싫어하는 사람은 나쁜 사람이다.
• 비합리적 & 합리적 사고 판단하기 게임
• 비합리적 사고를 합리적 사고로 바꾸기</td></tr>
<tr><td>소감 나누기</td><td colspan="2">▶ 프로그램에 참여하고 난 느낌 나누기</td></tr>
<tr><td>유의점 및 적용</td><td colspan="2">• 실생활과 관련된 다양한 상황에 대한 문장을 제시하고 그것이 합리적 사고인지 비합리적 사고인지 생각해 보고 해당되는 생각판을 들게 하며, 비합리적 사고는 합리적 사고로 바꾸어 보게 한다.</td></tr>
</table>

9회기	주제	이럴 땐 이렇게 – Ⅰ
목표	• 적절한 자기감정 표현의 중요성을 알 수 있다. • 자기감정 표현 기술을 익혀 실생활 상황에 적용할 수 있다.	
준비물	활동지, 슬라이드, 필기도구	
단계	**활동내용**	
마음 열기	▶ 표정과 표현이 어긋난 대화 나누기 예 (화난 표정으로) 반가워! (비웃는 표정으로) 칭찬하기	
활동	▶ 적절한 감정 표현의 중요성 알기 • 적절한 감정 표현을 하지 않아 오해가 쌓인 상황을 다룬 〈감정 표현의 중요성 생각해 보기〉 학습지 활동하기 • 적절한 언어적 · 비언어적 감정 표현의 중요성 알기 ▶ 자기감정 표현기술을 배우고 갈등이나 학교폭력의 상황에 적용하기 • 다양한 상황에 대하여 적절한 언어적 · 비언어적 감정 표현하기	
소감 나누기	▶ 프로그램에 참여하고 난 느낌 나누기	
유의점 및 적용	• 자신의 감정을 드러내기를 어려워하고 다른 친구들 앞에 나서기를 힘들어하는 아동의 경우 친구들과 담임교사의 적극적인 경청과 격려가 필요하다. • 대처기술이 부족한 사례가 있다면 담임교사가 조금 더 보충해 주도록 한다.	

<table>
<tr><th>10회기</th><th>주제</th><th>이럴 땐 이렇게 - II</th></tr>
<tr><td>목표</td><td colspan="2">• 적절한 자기주장행동의 중요성을 알 수 있다.
• 자기주장 기술을 익혀 갈등 상황 및 학교폭력 상황에 적용할 수 있다.
• 주어진 가상의 학교폭력 상황에서 자기주장기술과 감정 표현기술을 사용하여 대처할 수 있다.</td></tr>
<tr><td>준비물</td><td colspan="2">활동지, 슬라이드, 필기도구</td></tr>
<tr><th>단계</th><th colspan="2">활동 내용</th></tr>
<tr><td>마음 열기</td><td colspan="2">▶ 자신의 기분을 날씨로 표현하기
예 오늘은 신바람이 불고 행복의 햇살이 내리쬐는 맑은 날씨입니다.</td></tr>
<tr><td>활동</td><td colspan="2">▶ 자기주장기술을 배우고 갈등이나 학교폭력의 상황에 적용하기
• 〈주장훈련 사전 테스트〉 활동지 하기
• 자기를 표현하는 세 가지 유형 알아보기
◎ 소극적 행동
- 자신의 욕구, 권리를 표현하지 못함
정서적으로 정직하지 못하고 간접적으로 표현
타인에게 자신의 권리를 침해하도록 허용
◎ 자기표현 행동(자기주장행동)
- 자신의 욕구, 권리를 표현
- 정서적으로 정직하고 직접적으로 표현
- 인간적 권리를 유지, 타인의 권리 침해하지 않음
◎ 공격적 행동: 타인을 희생시키며 욕구, 권리 표현
- 정서적으로 정직하나 타인을 희생하도록 함
- 부적절한 감정과 과잉 감정으로 타인을 불쾌하게 함
• 자기를 표현하는 세 가지 유형의 장단점 알아보기
▶ 주어진 가상의 학교폭력 상황에서 자기주장기술과 감정 표현기술 사용하여 익히기
• 〈주장훈련 사전테스트〉 활동지를 자기주장행동으로 바꾸어 보기
• 〈아하! 자기표현 행동이란 이런거였구나!〉 활동지를 통해 주어진 상황에서 적절한 자기주장기술과 감정표현기술 사용해 보기</td></tr>
<tr><td>소감 나누기</td><td colspan="2">▶ 프로그램에 참여하고 난 느낌 나누기</td></tr>
<tr><td>유의점 및 적용</td><td colspan="2">• 자신의 감정을 드러내기를 어려워하고 다른 친구들 앞에 나서기를 힘들어 하는 아동의 경우 친구들과 담임교사의 적극적인 경청과 격려가 필요하다.
• 대처기술이 부족한 사례가 있다면 담임교사가 조금 더 보충해 주도록 한다.</td></tr>
</table>

<table>
<tr><th>11회기</th><th>주제</th><th>이럴 땐 이렇게 - Ⅲ</th></tr>
<tr><td>목표</td><td colspan="2">• 능동적 경청의 중요성을 알 수 있다.
• 능동적 경청기술을 익혀 가상의 상황에서 능동적 경청과 자기주장기술을 사용하여 대화할 수 있다.</td></tr>
<tr><td>준비물</td><td colspan="2">활동지, 상황그림카드, 대사카드</td></tr>
<tr><th>단계</th><th colspan="2">활동 내용</th></tr>
<tr><td>마음 열기</td><td colspan="2">▶ 말 전하기 게임</td></tr>
<tr><td>활동</td><td colspan="2">▶ 경청의 중요성 이해하기
• 같은 내용의 대사를 듣고 응답해 보기
• 첫 번째와 동일한 대사를 듣고 상대방의 대사 속에 있는 '사실, 생각, 감정, 상황'을 파악해 보기
• 다시 한 번 듣고 응답해 보기
▶ 다양한 경청 기술을 배우고 익히기
• 다양한 예시자료를 통한 경청기술 익히기
▶ 능동적 경청기술과 자기주장기술을 활용하여 가상의 상황에 대처하기
• 여러 가지 대화 카드를 뽑아 가상의 상황에서 능동적 경청기술과 자기주장기술 활용하기
▶ 과제 제시 '지난 활동을 돌아보며'</td></tr>
<tr><td>소감 나누기</td><td colspan="2">▶ 프로그램에 참여하고 난 느낌 나누기</td></tr>
<tr><td>유의점 및 적용</td><td colspan="2">• 자신의 감정을 드러내기를 어려워하고 다른 친구들 앞에 나서기를 힘들어하는 아동의 경우 친구들과 담임교사의 적극적인 경청과 격려가 필요하다.
• 대처기술이 부족한 사례가 있다면 담임교사가 조금 더 보충해 주도록 한다.</td></tr>
</table>

12회기	주제	우리 반 학교폭력 예방 특별법 제정
목표	• 프로그램을 통해 경험하고 배운 내용을 실천할 것을 다짐한다	
준비물	이름표, 활동지, 필기도구	
단계	**활동 내용**	
마음 열기	▶ 음악 감상 '아름다운 세상' ▶ '지난 활동을 돌아보며' 과제 발표	
활동	▶ 활동 내용 정리하기 • 1회기부터 11회기까지의 활동 내용 정리하기 • 가장 기억에 남는 것 이야기하기 ▶ '우리 반 학교폭력 예방 특별법' 제정하기 • 학교폭력이 없는 즐겁고 지지적인 분위기의 학급을 만들기 위한 '우리 반 학교폭력 예방 특별법' 제정하고 선포하기 ▶ 학교폭력 지킴이 선서하기 • 직접 제정한 '우리 반 학교폭력 예방 특별법'을 다 같이 낭독하고 실천의지 다지기	
소감 나누기	▶ 프로그램에 참여하고 난 느낌 나누기	
유의점 및 적용	• 공동의 협의를 통해 제정한 '우리 반 학교폭력 예방을 위한 특별법'을 교실 환경게시 코너에 게시하도록 한다. • 아동의 요구나 건의에 따라 학급 내 신고센터나 조정위원회 등을 만들어 보는 활동을 해 보는 것도 좋다. • 학급담임은 프로그램이 끝난 후에도 아동의 학교생활에 지속적인 관심을 갖고 생활지도 및 인성지도와 연계하여 추후지도를 하도록 한다.	

제 15 장

가해 및 피해 성향 아동을 위한 소집단 학교폭력 예방 프로그램 〈사랑으로, 우정으로〉

1. 프로그램의 개요

학교폭력에 관한 프로그램에는 모든 아동을 대상으로 하는 생활지도 차원에서의 1차 예방 프로그램, 아직 가시적으로 폭력행동이 문제시되지는 않고 있으나 그러한 폭력 성향을 가지고 있는 아동을 대상으로 한 2차 예방 프로그램, 이미 폭력을 행한 아동을 위한 처치 프로그램이 있다.

이 연구에서 개발된 프로그램은 초등학교 학교폭력의 2차 예방을 위한 프로그램으로서 폭력 가해 성향 아동과 피해 성향 아동을 위한 두 가지 프로그램으로 구성되어 있다. 이 프로그램은 선행연구를 통하여 이미 그 효과가 검증된 바 있는 프로그램이다(허승희, 최태진, 2008; 허승희, 최태진, 박성미, 2009).

초등학생의 경우, 발달적 특성상 폭력 행위 자체보다는 개인적인 심리적 성향을 발달적으로 향상하여 이후의 폭력행동을 미리 예방하는 것이 특히 필요한데, 이 시기의 폭력의 양상은 주로 언어희롱, 신체폭력, 따돌림, 금품 및 물품 갈취, 언어협박 및 강요, 사이버폭력의 순으로 나타나고 있으며, 이러한 행동은 주로 '사회적 기술의 부족' '부적절한 분노표현' '자기중심성' 등에 기인한다. 또한 초등학생이 빈번하게 경험하는 폭력의 피해는 신체폭력, 언어희롱, 금품 및 물품 갈취, 따돌림, 언어협박 및 강요, 사이버폭력의 순으로 나타나고 있으며, 그것은 주로 '나약한 태도' '주의산만' 등에 기인한다.

이 프로그램에서는 학교폭력 가해 성향 아동 및 피해 성향 아동을 구분하여, 가해 성향을 지닌 아동에게는 자기/타인 이해, 사회적 기술 훈련, 갈등문제 해결, 분노조절 능력을 향상하고, 피해 성향아동에게는 자기/타인 이해, 사회적 기술 훈련, 갈등문제 해결 및 자기주장 능력을 향상하여서 초등학교에서의 폭력 문제를 예방해 보고자 한다.

2. 프로그램의 특징

초등학교의 폭력 가해 성향 및 피해 성향 아동을 대상으로 자신의 분노를 조절하고 적절한 사회적 기술을 사용하여 갈등 및 문제 해결을 도와 학교폭력을 사전에 예방하기 위해 개발된 이 프로그램의 특징은 다음과 같다.

첫째, 인식 및 내면화에 초점을 둔다. 자신의 감정, 타인의 감정, 분노가 일어날 때의 자신의 태도, 갈등 상황 등을 인식하는 활동이 선행되는 프로그램이다. 그리고 다양한 활동을 통해 타인의 감정에 대한 공감, 바람직한 분노 표현 방법, 올바른 갈등 해결 방법 등을 훈습함으로써 내면화에 초점을 둔 프로그램이다.

둘째, 집중적 예방 프로그램이다. 초등학교 학교폭력 가해 및 피해 성향을 가진 아동을 선별하여 15회기에 걸쳐 실시하는 집중적인 상담 프로그램이다.

셋째, 다양한 시청각 자료를 활용하며 청소년 프로그램과 차별성을 가진다. 인지적 측면을 강조한 청소년용 프로그램을 지양하고 초등학교 학교폭력 실태와 초등학생의 발달적 특성 및 흥미 수준을 고려한 프로그램이다.

〈사랑으로, 우정으로〉

초등학교 학교폭력 예방 프로그램 가해 성향 아동용

1. 프로그램의 목표

1) 자기와 타인의 이해를 통한 학교폭력 예방

- 자신의 여러 가지 특성에 대한 인식
- 타인의 감정과 태도를 이해하고 존중하는 마음
- 자신과 타인의 소중함을 알고 서로 존중하는 마음

2) 적절한 분노 조절을 통한 학교폭력 예방

- 자신의 여러 가지 감정과 분노가 일어날 때의 자기 태도에 대한 인식
- 분노를 조절하는 적절한 방법에 대한 인식
- 자신의 분노를 조절하여 감정과 의견을 표현하는 태도

3) 바람직한 사회적 기술을 통한 학교폭력 예방

- 다양하고 적절한 사회적 기술 훈련
- 공감적 언어표현의 중요성과 방법 인식
- 합리적 사고와 주장적 표현으로 문제를 해결하는 능력

4) 갈등을 올바로 인식하고 적절한 문제 해결을 통한 학교폭력 예방

- 갈등을 올바로 인식하는 능력
- 다른 사람을 신뢰하고 도움을 주고받는 능력

2. 프로그램의 구성

초등학교 폭력예방 프로그램 〈사랑으로, 우정으로〉 가해 성향 아동용은 초등학교 아동 중 폭력 가해 성향을 지닌 아동의 폭력 성향을 줄여 사전에 폭력 행동을 예방하고자 하는 데 그 목적이 있다.

프로그램 구성을 위하여 초등학교 폭력 양상과 과정을 분석하였고 폭력 유형별 가해 및 피해자의 심리적 특징을 파악하여 이론적 기초를 마련하였다. 프로그램 구성을 위한 기초 연구에서 가해 아동의 심리적 특징은 과시욕구(지배욕구)와 자기중심성, 부적절한 분노표현, 사회적 기술 · 능력 부족, 그에 따른 부적절한 갈등 문제 해결로 나타났다. 이에 지배욕구와 자기중심성을 개선하기 위한 자기/타인 이해 활동, 부적절한 분노표현 방법을 수정하기 위한 적절한 분노조절 활동, 사회적 기술 부족으로 인한 폭력행동을 개선하기 위한 사회적 기술 훈련, 그리고 갈등 인식과 문제해결력을 기르기 위하여 적절한 갈등문제 해결 활동 등을 프로그램의 주요 구성요소로 삼았다.

이 프로그램은 10~15명을 대상으로 하는 집단상담 프로그램이며, 기본적으로는 전체 활동을 모두 시행하여야 하나, 문제 사안에 따라 구성 요소별로 분리하여 사용할 수 있다.

앞서 살펴본 바와 같이 초등학교 폭력 유형별 가해자의 심리적 특성은 과시욕구(지배욕구)와 자기중심성, 부적절한 분노표현, 사회적 기술 · 능력 부족, 그에 따른 부적절한 갈등 문제 해결로 나타났다. [그림 15-1]과 같이 각각의 심리적 특성은 자기/타인 이해와 적절한 분노조절, 사회적 기술 훈련, 적절한 갈등 문제 해결이라는 목표를 가진다.

모든 상담 활동은 자신의 특성과 문제를 지각하는 것에서 출발한다. 따라서 자기를 이해함과 동시에 타인을 이해하고 타인을 이해함과 동시에 자기상에도 변화가 오게 마련이다. 이후 자신이 화(성냄)를 얼마나, 어떤 방식으로 표현하는지를 알고 조절하게 되는 분노조절 영역이 이어진다. 물론 이 회기 활동에서도 계속해서 자기/타인 이해는 이루어질 수 있으나 초점은 분노조절이다. 이어지는 사회적 기술 훈련은 분노를 조절하고 난 뒤의 대화 또는 공감의 기술을 익히는 영역이다. 대화는 분노를 조절하고 난 뒤에 이루어지기 때문이며 사회적 기술 훈련의 주목표는 공감력과 수용력이 된다. 이러한 일련의 활동을 훈습하는 단계가 갈등인식 및 문제해결 영역이다. 앞서 행한 자기/타인 이해를 바탕으로 자신의 분노를 적절한 방법으로 조절한 뒤 타인 공감과 자기 주장적 방법으로 갈등 문제를 해결하고 나면 활동이 종결된다.

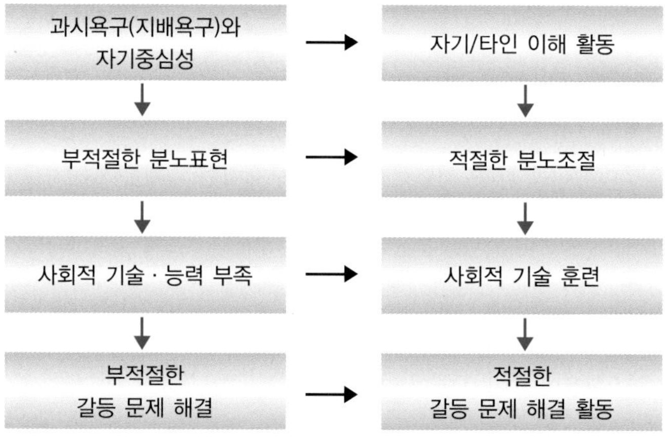

[그림 15-1]

3. 프로그램의 내용과 방법

〈사랑으로, 우정으로〉 프로그램을 운영하는 방법으로 기존의 인지적 측면을 강조한 청소년용 프로그램을 지양하고 초등학생의 특성에 맞게 다양한 활동과 체험을 적용하였다.

주요 활동으로는 동화상담, 공감 기술 훈련, 역할놀이, 상호 이야기하기, 게임하기, 인터넷 게시판에 글 올리기, 비디오 시청, 도미노 블록게임 등이 있으며 각 회기마다 두 가지 이상의 활동을 적용하였다. 첫째로 동화상담은 우리나라 옛이야기 중 각 회기 주제와 관련하여 생각해 볼 이야기로 선별하였고, 공감 기술 훈련은 첫 회기부터 강조될 것이다. 분노조절 능력이나 갈등문제 해결 영역에서는 주로 역할놀이를 통해 타인의 입장에서 생각해 보는 훈련을 반복적으로 하며 비디오 시청은 주제의 접근성과 아동의 이해를 높일 수 있는 것으로 선택하였다. 기본적으로 이 프로그램이 집단상담 활동이기 때문에 활동 이후 갖게 되는 생각과 느낌을 서로 나누는 것은 반드시 필요한 활동이다. 둘째로 다양한 게임과 비디오 시청 등은 초등학생의 흥미와 집중을 높일 수 있을 것이다.

이러한 프로그램의 아동 활동 방법과 함께 프로그램을 운영하는 교사는 다음의 사항을 고려하면 도움이 된다.

첫째, 교사는 본 집단원의 성향이 '가해 성향'이라고 하여 그들을 '가해자'로 보아서는 안 되며, 전체적으로 사회적 기술 훈련 프로그램임을 주지하도록 하며 개개인의 발전을 돕기 원한다는 자세를 취해야 한다. 그리고 모든 긍정적인 면을 수용해야 한다. 교사는 학생이 표현한 것의 핵심 생각을 파악하여 그것을 부정하지 말고 주제와 연계하여야 한다. 또한 필요하다면 그 말의 핵심을 재구성하고 방향을 수정하여야 한다.

둘째, 참여를 강화해야 한다. 평가는 긍정적이든 부정적이든 집단에서 촉진적인 조건의 형성을 방해하므로 "좋아요." "얘기해 주어서 고마워요." "맞았어요." 등과 같은 덜 평가적이면서도 더 많이 인정해 주는 말을 사용해야 한다.

셋째, 과제를 부여하여야 한다. 집단구성원에게 구체적인 과제를 제시하는 것은 촉진적일 수 있다. '지금 여기'의 과제는 집단에게 동기를 부여하고 경험을 내면화하기에 충분한 흥미를 유발한다.

넷째, 계획을 수립하여야 한다. 달성하려고 하는 목표에 관한 분명한 의식과 필요한 자료를 준비하여 구체적인 활동안을 가지고 있어야 한다.

각 프로그램의 내용 제시는 활동지도안, 이해자료, 학습(활동)지, 읽기 자료, 과제제시자료 등으로 구성되어 있으며 활동지도안에는 활동제목, 활동영역, 활동목표, 대상학년, 준비물 등을 기본적으로 제시한다. 그러나 집단 크기는 10~15명이므로 프로그램 활동지에는 따로 기록하지 않는다. 이어 활동순서와 평가 및 토의, 교사의 유의사항이 차례대로 제시되는데 평가 및 토의란은 각 회기 활동에서 주로 이야기되어야 할 부분이며, 활동 마지막 부분에서 결론 및 정리를 내리기에 좋은 물음으로 제시되어 있다. 활동지는 학생들이 활동하는 데 도움이 될 수 있도록 쉽고 재미있게 제작하였으며 읽기자료나 과제제시자료, 추천 도서는 이 프로그램의 시작부터 마지막까지 함께하게 될 인터넷 카페의 게시판을 이용하도록 하였다. 각 구성 영역별 주제와 회기별 세부 활동은 〈표 15-1〉같다.

〈표 15-1〉

구성 영역	구성 내용	회기	주제	세부 활동
도입	집단원의 상호 친밀감과 신뢰감 형성하기	1	마음의 창을 열고	• 별칭 짓기를 통해 자기소개 하기 • 이야기 자료 〈네가 누구냐〉를 듣고 진정한 자기 모습 돌아보기 • 상호 친밀감을 위한 게임 하기 • 인터넷 카페 소개하기
자기/타인 이해	여러 가지 감정 인식하기	2	내 마음의 거울	• 생활에서 경험하는 여러 가지 감정을 인식하기 위한 학습지 활동 • 감정 표현에 대한 이야기 나누기 • 타인 이야기 경청하기
	자기/타인을 이해하고 공감하기	3	너의 거울이 되어 줄게	• 이야기 자료 〈우정의 길〉를 듣고 진정한 우정에 대해 이야기 나누기 • 자신의 과거 속으로 여행하여 주된 감정 짝에게 들려주기 • 짝의 이야기에 공감해 주며 모두에게 들려주기

	자기/타인에 대한 지각과 가치감 향상하기	4	넌, 특별하단다!	• 비디오 자료 〈너는 특별하단다〉 시청하기 • 자신과 타인의 소중함 인식하기 • 〈당신은 사랑받기 위해 태어난 사람〉 노래 부르기 • 〈당신은 나에게 특별한 사람입니다〉 스티커 달아 주고 소감 나누기
분노조절 능력	자신의 화에 대한 성향 파악하기	5	난 얼마나 화를 많이 낼까?	• 다양한 상황에서 자신의 분노 측정해 보기
	화가 났을 때 신체 변화와 행동 알기	6	내 얼굴이 붉으락 푸르락!	• 최근 화가 났던 경험 떠올리기 • 신체적인 변화 이야기하기 • 화가 났을 때 어떤 행동을 주로 하는지 이야기 나누기 • 과제 제시: 분노 경험 일지 쓰기
	문제행동에 대한 관점을 바꾸어 보기	7	무엇이 잘못된 거지?	• 분노의 ABC 이해하기 • 합리적인 사고와 비합리적인 사고에 대해 알아보기 • 역할극을 통해 배운 내용 연습하기
	분노해결 방법 탐색하기	8	화를 내면 나만 손해야!	• VCR 자료를 보며 분노(화)를 해결하는 방법 인식하기 • 긴장이완 훈련과 자신에게 맞는 화를 푸는 방법 찾기
사회적 기술 능력	우정 어린 행동 지각하기	9	우정을 깨는 행동	• 〈가지마! 친구야〉 활동을 통해 우정의 소중함 알기 • 여러 가지 상황에서 우정을 깨는 행동을 찾고 이야기 나누기
	말의 부정적인 힘과 긍정적인 힘 인식하기	10	너의 마음으로 가는 길	• 이야기자료 〈칭찬은 힘을 내게 한다〉를 듣고 나를 움직이게 하는 말 생각하기 • 나에게 힘을 준 '마법의 말', 들었을 때 화가 나는 말 생각하여 이야기 나누기
	공감적 이해력과 수용력 기르기	11	나누면 가벼워져요!	• 자신의 고민을 이야기글로 써서 문제함에 넣기 • 이야기자료 〈슬기로운 재판〉을 듣고 등장인물의 태도에 대해 생각해 보기 • 고민을 적은 종이를 뽑아 자신의 문제처럼 읽고 공감하기
	화가 나는 상황에서 평화적으로 문제 해결하기	12	분노의 고리를 끊어라!	• 분노가 이어지는 이야기 짓기 놀이 • 싸움의 세 가지 종류 이야기하기 • 주장적 · 공격적 · 소극적 행동에 대해 알아보기 • 주장적 행동 연습하기

갈등 인식 및 문제 해결	여러 가지 사회적 기술을 적용하여 갈등 문제 해결하기	13	그래! 결심했어	• 그동안 알게 된 점 상기해 보기 • 〈폭력: 평화는 힘이 세다〉 도서를 가지고 갈등 상황, 나라면 어떻게 할까, 선택에 대한 결과 알아보기 • 그동안 배운 합리적 사고와 주장적 행동 훈습하기
	타인에 대한 공감적 관심을 가지고 협력하여 김밥 만들기	14	함께 가요!	• 5~6명씩 한 조가 되어 협력하여 도미노 블록 세우기 • 협력할 때의 중요한 점에 대해 이야기를 나누고 성취감 느끼기
종결	자신의 변화를 확인하고 타인의 변화에 긍정적 반응해 주기	15	우정은 물결처럼 퍼져요	• 이야기 자료 〈고목나무 총각〉을 듣고 소감 나누기 • 자신의 달라진 모습 / 타인의 달라진 모습 지각하고 공감하고 격려해 주기 • 인터넷 카페를 계속해서 이용하도록 과제 제시하기

4. 프로그램 활용 준비

1) 시청각 자료 제작

이 프로그램은 다양한 슬라이드, 비디오, 도서, 게임을 활용하도록 구성되어 있다. 전 회기에 걸쳐 지켜야 할 집단원의 규칙에 대한 안내 자료는 PPT로 구성하여 컴퓨터-프로젝션 TV를 통해 제시하면 되고 비디오와 도서는 제시된 출처를 통해 구입할 수 있다.

2) 인터넷 홈페이지 개설 및 활용

이 프로그램을 진행하는 동안 온라인 상담이 병행될 수 있도록 홈페이지 개설 및 활용을 권장한다. 방법은 아이들에게 익숙한 유명 포털사이트에 간단한 카페를 만드는 것이다. 카페 이름과 주소를 정하고, 비공개/초대한 회원만 가입 가능하도록 설정하면 된다. 처음에는 회기 중 나누지 못한 소감문, 자기소개 등의 글을 올리도록 하고 2~3회기 이후로 집단지도자가 게시판에 글을 올리고 집단원이 답글을 다는 방식, 집단원이 직접 글을 올리고 다른 집단원이 답글을 다는 방식을 취할 수 있다. 특히 5회기 이후 각자의 고민을 털어놓거나, 공감 어린 답글 달기에 적극 활용할 수 있으며 악의성 글이나 바르지 못한 언어 사용은 하지 않도록 강하게 주의를 주어야 한다. 프로그램에 활용되는 이야기 자료나 추천 도서 등을 미리 올려놓거나 과제 제시를 수시로 확인할 수 있다는 이점도 있다.

3) 프로그램 진행에 필요한 설비

이 프로그램은 다양한 슬라이드, 동영상, 비디오, 도서, 이야기 자료, 노래 부르기, 게임을 활용하도록 구성되어 있기 때문에 컴퓨터, 프로젝션 TV, 카세트, 실물 화상기 등을 사용하게 된다. 그러므로 시청각 등의 설비를 갖춘 장소를 활용하는 것이 좋으며 교실에서 할 경우 이러한 설비가 비치되어 있는 경우가 많으나 미리 점검해 두도록 한다. 또한 집단 활동을 위한 자리 배치, 도미노 블록을 쌓을 장소는 사전에 계획해 두어야 한다.

4) 다양한 학습지 및 활동자료

이 프로그램은 자신의 감정 인식을 위한 학습지, 분노 상황 유인물, 자신의 분노 경험을 이해하기 위한 학습지, 분노의 ABC 이해 자료, 나에게 힘을 주는 말 학습지, 주장적 · 공격적 · 소극적 행동의 활동자료, 주장적 행동 학습지 등을 활용하도록 구성되었다. 조용한 명상 음악, 당신은 사랑받기 위해 태어난 사람' 반주 테이프는 미리 녹음하여 활동의 흐름이 끊어지지 않도록 준비해 놓아야 한다.

'당신은 나에게 특별한 사람입니다' 란 글귀가 적힌 스티커는 훈글에서 작업을 하여 라벨지에 출력하면 쉽게 만들 수 있다.

바닥에 깔 수 있는 분노측정표의 경우 선은 시트지를 이용하여 바닥에 붙이고 글자는 A4용지에 출력하여 바닥에 테이프로 고정하면 된다.

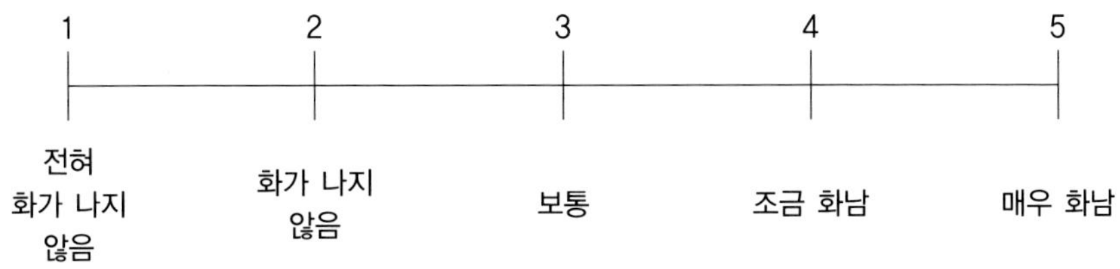

그 외 쿠션, 상자, 탱탱볼, 노란색 종이, 동물명이 적힌 카드, 사인펜, 필기구 등이 필요하다.

5) 모둠 구성

프로그램에 참여할 집단은 가해 성향 아동 검사지 또는 교사의 관찰을 통해 선별한 다음 능동적으로 참여 의사를 가지고 동의서를 제출한 10~16명으로 구성한다. 가능한 한 짝수로 구성하는 것이 활동을 진행하거나 짝활동 시 효과적이다.

6) 프로그램 진행자

이 프로그램은 가해 성향을 지닌 아동이 대상이며 다양한 시청각 자료와 활동이 있기 때문에 1명 이상의 보조 진행자를 활용하는 것이 효과적이다. 한 사람이 프로그램의 주 진행을 맡으면 다른 한 사람은 영상자료, 음악, 게임 도구 등을 준비하거나 또는 개인 활동이나 주의산만으로 프로그램 흐름을 방해하는 아동을 사전에 격려하고 도울 수 있다. 공감훈련의 경우, 처음에는 집단원이 스스로 하는 데 어려움이 많기 때문에 보조진행자가 분담하여 도와준다면 프로그램의 효과를 높일 수 있다.

<학교폭력 가해 성향 아동용 프로그램>

1회기_도입 및 자기이해

마음의 창을 열고

활동목표	집단원의 상호 친밀감과 신뢰감을 형성한다.	영역	도입 및 자기이해
준비물	명찰, 여러 가지 색깔의 매직, 공, 이야기 자료 1, 집단활동 규칙 베스트 5 슬라이드 자료, 인터넷 카페에 대한 설명문	대상학년	4, 5, 6학년

활동순서

1. 별칭 짓기: 나를 소개합니다.
   - 자기를 가장 잘 표현할 수 있는 동물 등 단어를 골라 자기가 제일 좋아하는 색깔의 매직으로 쓰도록 한다.
2. 타인소개 경청하기
   - 다른 사람이 발표할 때 잘 들어 봅시다.
   - 돌아가면서 자기의 별칭을 소개하고 그 외 가장 친한 친구, 나와 마음이 잘 통하는 가족, 좋아하는 운동, 좋아하는 과목, 내가 제일 잘하는 것 등을 서로 물어보고 답한다.
3. 별칭 외우기 놀이
   - 공놀이(자기 별칭, 받는 사람 별칭 부르기)
4. 이야기 들려주기: 이야기 자료 1 〈네가 누구냐〉
   - 진정한 나의 모습이 거짓된 모습에 가려지지 않게 자기를 돌아보기
5. 집단 활동의 규칙 베스트 5 알아보기
   1) 우리가 여기서 말하거나 하는 일은 비밀로 한다.
   2) 싸우거나 다투어서는 안 된다.
   3) 친구의 이야기를 비판하거나 끼어들지 않고 잘 듣는다.
   4) 모두 각자 이야기할 시간을 가진다.
   5) 모든 사람이 '통과' 의 권리를 가진다(단 1회).
6. 첫 만남에 대한 각자의 생각과 느낌(소감) 나누기
7. 인터넷 카페에 대해 설명하기: 예시자료 1
8. 과제 제시: 인터넷 카페에 회원 가입을 하고 오늘 나누지 못한 소감이나 자기소개의 글을 올리도록 한다.

마무리하기

1. 나의 성격이나 특성을 나타내는 단어 중 많이 사용된 단어가 무엇인지 이야기해 본다.
2. 자기소개를 할 때 어려웠던 점을 이야기한다.

교사 유의사항

1. 아동의 집단 역동을 잘 관찰한다.
2. 대상 아동이 학교폭력 가해 가능 집단임을 암시하지 않도록 한다.

인터넷 카페 개설하기

유명 포털사이트(아이들에게 익숙한)에 간단한 카페를 개설하여 보자.

① 카페 이름과 주소를 정하고, 비공개/초대한 회원만 가입이 가능하게 만든다(매뉴얼 있음).
② 처음에는 회기 중 나누지 못한 소감문, 자기소개 등의 글을 올리도록 한다.
③ 2~3회기 이후는 각 회기의 소감문, 교사의 게시판 글에 대한 답글 등을 올리도록 하자. 과제로 제시되는 이야기나 도서를 소개해 놓는다.
④ 5회기 이후 각자의 고민 털어놓기, 친구의 고민에 (공감 어린) 답글 달기 등의 활동을 나눌 수 있다.

※ 자유로운 분위기에서 서로의 의견을 털어놓되 악의성 답글이나 바르지 못한 언어는 쓰지 않도록 강하게 주의를 준다. 교사가 공감적 표현의 모범이 되는 답글을 수시로 달아 주면 더욱 좋다.

●●● 예/시/자/료/1

Daum 카페 | 폭력 싫어요 - Microsoft Internet Explorer
http://cafe.daum.net/maum15
폭력 싫어요
통합 게시판 | 통합 게시판
자꾸 오해만 쌓여가요
번호 : 1 글쓴이 : 삶의 향기
작년에 아주 친했던 친구가 있었습니다.
올해 다른 반이 되면서 사이가 점점 멀어지더니 이젠 인사도 잘 안합니다.
작년 우린 서로 많은 비밀을 나누었습니다.
친구가 먼저 저에게 자신의 비밀을 이야기 해 주었고
저도 그만 제가 3학년 때 한번 남의 물건을 훔쳤던 이야기를 해 주었습니다.
그런데 올해 그 친구와 친한 다른 반 아이들이
지나가면서 저를 이상하게 쳐다보고 어쩔땐 째려보는 듯한 느낌이 들었습니다.
자꾸 제 마음 속에는 '이 친구가 내 비밀을 이야기했구나'란 생각이 들기 시작했구요.
그래서 저도 그만 너무 분한 마음에 그 친구의 비밀을
지금 저랑 친한 친구에게 말해 주었습니다.
Daum 카페 | 폭력 싫어요 - Microsoft Internet Explorer
http://cafe.daum.net/maum15
추천도서 | 저를 읽어 주세요~
나는 책이다
번호 : 1 글쓴이 : 삶의 향기
나는 책이다
/blog.naver.com/shg1113
열한 살 소년이 친구들로부터 따돌림을 당하면서 겪는 갈등을 다룬 책.
지은이가 자신의 아들에게 있었던 실화를 동화로 쓴 것인데요..
아주 재미있습니다. 우리 함께 읽어볼까요?

●●● 이/야/기/자/료/1 - 〈네가 누구냐〉

억쇠는 공부를 그만두고 그 절간을 나서면서 가슴이 울컥해졌다. 그것은 3년 동안 정든 곳을 떠난다는 아쉬움과 이제 얼마 안 있으면 그리운 아버지와 어머니를 만난다는 기쁨 때문이었다. 억쇠는 두루마기 자락을 바람에 날리면서 그리운 옛집으로 정말 바람처럼 달려왔다.

"어머니가 나를 보면 깜짝 놀라겠지. 흐응, 정말 내가 이렇게 큰 줄은 모를 거야." 억쇠는 생각만 해도 가슴이 빠개지는 듯했다. 그러나 대문을 밀치고 들어선 억쇠는 그만 우두커니 서지 않을 수 없었다. 어떻게 된 일인지 억쇠네 집에는 억쇠와 똑같이 생긴 억쇠가 또 하나 살고 있지 않은가. 그것도 아주 의젓하게 대청에서 책을 읽고 있는 것이다. 억쇠는 기가 막혔다. 거기다가 식구들까지 모두 자기를 가짜로 보는 데는 견딜 수가 없었다.

"아니 이게 어떻게 된 일이예유? 저는 오늘 절에서 돌아오는 길인데… 아마 저 놈은 여우나 곰이 둔갑을 한 게 아닐까유?"

억쇠가 이렇게 말하자 책을 읽고 있던 가짜 억쇠도 가만히 있지 않았다.

"뭐라고? 넌 도대체 어디서 굴러먹던 놈인데 남의 집에 와서 떠드는 거냐? 아버지, 저놈이야말로 귀신이나 도깨비가 둔갑해서 돌아왔는지 몰라유. 빨리 내쫓아유." 그는 조금도 지지 않고 이렇게 달려들었다.

그런데 얼굴은 물론 몸짓까지도 어쩌면 그렇게 닮았는지 그의 아버지와 어머니는 도저히 가려낼 수가 없었다. 거기다가 어렸을 때 있었던 일이라든가 생일까지도 똑같이 알아맞히는 데는 어쩔 도리가 없었다. 그의 아버지는 한참 동안이나 생각하다가 집에 있는 세간을 말해 보라고 했다. 가짜 억쇠는 하나도 빼놓지 않고 척척 맞히었다. 그러나 3년 동안이나 집을 떠나 있던 억쇠는 모든 것이 아물아물하고 생각이 나지 않았다. 이것을 본 그의 아버지는 더 생각할 것도 없이 억쇠를 내쫓고 말았다.

억쇠는 기가 막혔다. 그러나 어쩔 수가 없었다. 억쇠는 하는 수 없이 정처 없는 나그네가 되었다. 어떤 때는 숲에서 자고 어떤 때는 바위 밑에서 자기도 하며 정처 없이 걸었다. 내를 따라서 길을 걷기도 하였다. 그런 어느 날이었다. 그날도 억쇠는 산길을 터덜터덜 혼자 걷고 있는데 길가에서 늙은 중을 만났다. 늙은 중은 억쇠를 한참 동안이나 물끄러미 바라보더니 딱하다는 듯이 혀를 차며 "아니, 총각! 총각은 자기 혼을 도적맞았다는 것을 모르오? 아마 어딘가에 총각과 똑같은 사람이 있을 거요." 하고 말했다. 억쇠는 이 말을 듣자 '옳거니 나를 구해 줄 사람은 이 스님이구나.' 하며 생각하고 고개를 끄덕이며 "총각은 절에서 공부할 때 손톱이나 발톱을 깎아서 아무렇게나 버린 일이 없소?" 하고 물었다. "네, 있어유. 바로 절간 앞에 시냇물이 흐르고 있었는데 아침이면 그곳에서 세수하고 옆에 있는 바위에 아무렇게나 걸터앉아서 손톱도 깎고 발톱도 깎은 일이 있어유." "그랬을 것이오. 그렇다면 당신은 곧 고양이를 한 마리 사서 두루마기 속에 감추어 가지고 집으로 가서 그 가짜 총각 앞에 놓아 보시오." 억쇠는 늙은 중에게 고맙다는 인사를 하고 고양이를 한 마리 구하여 집으로 돌아왔다.

그러자 가짜 억쇠는 얼른 진짜 억쇠 앞으로 쫓아 나오면서 왜 왔느냐고 윽박질러댔다. 억쇠는 이때다 하고 얼른 고양이를 내놓았다. 그랬더니 가짜 억쇠는 그만 얼굴색이 새파랗게 질려 가지고 어쩔 줄을 몰랐다. 그러는 것을 고양이는 얼른 달려가서 가짜 억쇠의 목덜미를 물고 늘어지는 게 아닌가. 그러자 그는 피를 철철 흘리며 쓰러졌다. 쓰러진 것은 사람이 아니라 커다란 들쥐였다. 들쥐는 산 속에서 총각이 버린 손톱이나 발톱을 먹고 그 정기를 받아 억쇠와 똑같은 모습으로 변해 버린 것이었다.

억쇠는 어머니 품안에서 몇 번이나 중얼거리고 있었다.

"하마터면 나를 잃어버릴 뻔했어. 하마터면 나를 잃어버릴 뻔했어…."

- 한상수 편 〈한국 민담〉

2회기_자기이해

내 마음의 거울

활동목표	생활에서 경험하는 여러 가지 감정을 인식하고 감정을 표현하는 방법을 알 수 있다.	영역	자기이해
준비물	여러 가지 표정이 있는 학습지, 사인펜	대상학년	4, 5, 6학년

활동순서

1. 집단원 환영하기, 본 회기의 목표를 설명하기
2. 촉진활동: 저번 시간에 지은 별칭으로〈○○야, 넌 ○○와 ○○를 좋아하니?〉(기존의 '네 이웃을 사랑하십니까?') 게임하기
3. 여러 가지 표정이 그려져 있는 학습지를 나누어 주고 어제와 오늘 이 자리에 오기까지 있었던 일 중에서 기억되는 사건과 그 사건이 어떤 느낌을 주었는지 표정을 선택하기(여러 가지가 될 수 있음)
4. 그 표정에 얽힌 이야기하기, 타인 이야기 경청하기
5. 그러한 감정이 느껴질 때 자신은 어떻게 표현하는지 돌아가며 이야기하기
6. 오늘 활동에 대한 각자의 생각과 느낌(소감) 나누기
7. 과제 제시: 다음 회기 활동을 위해 읽어 올 동화 소개하기

마무리하기

1. 가장 많이 등장하는 사람은 누구인지 이야기해 본다.
2. 오늘 활동을 통해 자신에 대해 알게 된 것은 무엇인지 이야기한다.
3. 다른 사람의 말을 잘 듣기 위해서는 어떻게 해야 하는지 말해 본다.

교사 유의사항

1. 표정에 얽힌 이야기를 나눌 때 되도록이면 학교생활과 친구관계에 초점을 맞추도록 유도한다.
2. 활동 수시로 타인의 이야기에 경청할 수 있도록 한다.
3. 다음 활동을 위해 읽어 올 동화를 소개한 뒤 인터넷 사이트에 올려놓는다.

■ 그때 내 느낌은?

오늘 기분은 이래요 ______________________________

왜냐하면 ______________________________

오늘 기분은 이래요 ______________________________

왜냐하면 ______________________________

3회기_자기/타인이해

너의 거울이 되어 줄게

활동목표	타인을 이해하고 공감하는 능력과 자신을 인식할 수 있는 능력을 증진한다.	영역	자기/타인 이해
준비물	동물 이름이 두 개씩 적힌 카드, (가사가 없는) 조용한 음악, 카세트, 사진자료, 이야기자료 2	대상학년	4, 5, 6학년

활동순서

1. 집단원 환영하기, 본 회기 집단의 목표를 설명하기
2. 촉진활동: 동물 흉내 내며 나의 짝 찾기, 오늘 활동은 짝활동임을 설명하기
3. 이야기 들려주기: 이야기자료 2 〈우정의 길〉
   - 진정한 우정은: 친구의 마음을 헤아려 주는 것, 친구가 행복할 수 있도록 내다보며 행동하는 것
4. 나의 과거 속으로 여행하기
   - 유치원 때, 초등학교 입학식, 운동회, 소풍, 수업시간 등의 사진자료를 제시하며 구체적인 상황이나 이야기 떠올리기
   - 조용한 음악을 들으며 나의 과거 속으로 여행하기
   - 가장 기억에 남는 기뻤던 일이나 슬픈 기억을 떠올려 이야기하기
5. 짝에게 이야기 들려주기
   - 듣는 사람은 경청한 후 들은 내용을 반응 형식에 맞게 말하며 듣기
   - ~ 한 일이 있었구나, ~ 했다는 말이지?
6. 짝의 이야기를 모두에게 들려주기
7. 오늘 활동에 대한 각자의 생각과 느낌(소감) 나누기
8. 과제 제시: 인터넷 카페에 들어가 게시판에 있는 고민에 답글 달도록 이야기하기

마무리하기

1. 오늘 활동을 통해 자신에 대해 알게 된 것은 무엇이었는지 이야기해 본다.
2. 다른 사람의 말과 마음을 받아 주기 위해서는 어떻게 해야 하는지 말해 본다.

교사 유의사항

1. 아동의 특별한 과거 이야기에 관심을 기울이자. 혹시 현재의 문제점과 밀접하게 연관된 과거의 경험이 있다면 개별 상담이 필요할지도 모른다.
2. 사회적 기술 훈련 단계가 아니므로 너무 연습에 치우치지 말고 타인의 입장에서 느끼고 타인의 감정을 알아가는 것에 중점을 둔다.

●●● 이/야/기/자/료/2 〈우정의 길〉

김 서방과 박 서방은 어려서부터 한동네에 살면서 공부도 함께하고 클수록 정이 두터워지더니 마침내는 "우리는 죽을 때까지 우정을 버리지 말자. 훗날 누가 잘되든 반드시 복과 재앙을 함께 나누자." 하고 굳게 맹세를 하고 형제의 의의를 맺었다.

그런데 여러 해가 지난 후 김과 박 두 사람의 처지가 하늘과 땅처럼 달라졌다. 김은 과거에 거뜬히 합격하더니 벼슬을 얻고 형편이 날로 부유해져 갔다. 이에 반해 박 서방은 과거에 실패만 거듭하다가 가세마저 몰락하여 끼니를 굶을 지경에 이르렀다. 이렇게 되면 박은 김을 의지할 수밖에 없고 김도 역시 박을 돕지 않을 수 없었다. 다만 김은 약속을 아주 저버리지 않고 박을 돕기는 했지만 굶어죽지 않을 정도의 양식밖에 주지 않았다. 박은 창피함과 야속함을 참지 못했으나 어쩔 수가 없었다. 그래도 김은, "내가 장차 벼슬에 올라가면 그때 충분히 돌봐 주겠네." 하고 박을 만날 때마다 위로했다.

이런 날이 그 후에도 오래 계속되었다. 김은 과연 평양감사가 되었다. 그런데 평양으로 부임하러 떠날 때 김은 박에게, "앞으로도 식량을 보낼 것이니 굳이 평안도까지 찾아올 것 없네." 하고 말했다. 박은 이 말을 믿고 더욱 고마워했다. 그러나 한번 떠난 김은 그 후 소식도 없고 양식도 보내 주지 않았다. 여태까지 김만 의지하며 살아오던 박은 살 길이 끊어진 셈이었다. 박은 자신의 배고픔보다 식구들의 굶주림이 더 견딜 수가 없었다. 참다못한 박은 드디어 천 리 길 평안도로 몸소 찾아가 보기로 했다. 그리하여 누더기 같은 옷을 입고 노자 한 푼 없이 길을 떠나게 되었다. 겨우겨우 걸식을 하며 부르튼 발을 끌고 평양에 스스로 닿긴 했지만, 여기서 박은 하늘이 무너지는 것 같은 꼴을 당하고 말았다. 평양 감사라면 그 당시 누구보다 권세 있고 호강스러운 벼슬자리였다. 그런데 김은 불쌍한 친구를 마지못해 맞아 주고 조금도 반가워하지 않았다. 그뿐인가, 식은 밥 한 그릇을 마룻바닥에 차려 주며, "아무 말 말고 어서 돌아가게." 하고 냉정하게 말하는 것이었다. 박은 분함이 한꺼번에 복받쳐 당장 상을 차고 싶었지만 차마 그러지 못하고 벌떡 일어섰다.

"이럴 줄은 꿈에도 몰랐는데." 박은 울먹이면서 뜰로 내려섰다. 그러나 김은 말리기는커녕 그대로 앉은 채 차디찬 눈길로 바라보면서 박이 휑하니 문 밖으로 나갈 때까지 꼼짝도 하지 않았다. 박은 곧장 성 밖으로 나왔다. 생각 같아서는 대동강 깊은 물에 몸을 던지고 싶었다. 그러나 집 식구를 버릴 수 없어 박은 하염없이 휘청휘청 걸었다. 얼마를 걸었을까. 날이 어두울 무렵 겨우 길가 방앗간으로 찾아들어 그만 쓰러지고 말았다. 그러자 어느 늙수그레한 여인이 박을 방으로 데리고 들어가서, "시장하실 터이니 우선 진지나 드시고 편히 쉬었다가 가시지요." 하고 조촐한 밥상을 차려다 놓았다. 몇 가지는 안 되었으나 따뜻한 고기찌개에다가 쌀밥, 거기에 술도 몇 잔 곁들여 있었다.

"이것은 감사께서 보내신 음식입니다." 여인은 간단히 말하고 물러갔다.

"뭐라고, 그 놈이 나를 죽지 않을 만큼 고생시키려나 보다." 괘씸한 생각이 났지만 너무 배가 고파 어느새 손이 숟가락을 잡고 있었다. 이튿날 박이 깨어 보니까 방앗간은 원래 텅 빈 집이었다. 밥을 가져다 준 여인은커녕 세간 하나 눈에 띄지 않았다. 박은 몹시 이상했지만 돌아갈 길이 급했다. 며칠을 아무데

서나 자고 체면 불구하고 얻어먹었는데 옷은 넝마처럼 헐고 몰골은 귀신 같았다. 원망도 지치고 집 걱정마저 잊고 정처없이 간신히 발을 옮기며 간신히 송도 가까이 왔을 때 어떤 사람이 쫓아와서는, "평양감사께서 주신 편지올시다." 하고는 돌아가 버렸다. 박은 어리둥절해하면서 편지를 뜯어 보니 편지 사연은, "자네 집에 초상이 났으니 어서 돌아가게." 라는 내용이었다. 박은 '식구 중에 누군가 굶어죽은 게 분명하다.' 라고 생각하며 정작 자신이 죽을 고비에서 헤매는 처지이면서도 정신을 똑바로 차리고 걷고 또 걸었다. 도깨비에게 홀린 사람처럼 마구 걸어서 간신히 집에 돌아온 박은 기절할 듯이 놀랐다. 전에 살던 오막살이에는 다른 사람들이 살고 있었다.

"아이고, 기어코 집마저 팔고 온 식구가 거리를 헤매다가 누가 죽었나 보다." 연신 같은 말을 하면서 눈물을 흘리면서 정처 없이 걷다가 어느 집 대문에 기대서자 바로 힘없이 주저앉아 버렸다. 그 집은 고래등 같은 기와집이었는데 때 아닌 인기척에 놀라 어린 종이 문을 열었다. 박의 모습을 본 어린 종은 무슨 귀신에라도 쫓기듯 안으로 뛰어들어 갔고 박은 몽롱한 중에 안쪽을 들여다보았는데 안에서 상복 입은 젊은이와 여인이 두서넛 쫓아 나왔다. 순간 박은 "오, 내 아들, 우리 식구들이다!" 하고 외치며 눈이 휘둥그레졌다.

그러나 정작 기겁을 한 사람은 안에서 나오다가 우뚝 서 버린 그 집 식구들이었다. 아들은 놀라서 벌린 입을 다물지 못했고 아내는 땅에 철벅 주저 앉아 버렸다. 그 모습들이 마치 귀신을 대하는 것만 같았다. 박이 얼핏 들여다보니 안채 큰 마루에는 큰 장례식 차비가 차려져 있었는데 박은 식구들의 얘기를 듣고서야 궁금증이 사라졌다.

박이 평안도로 떠난 지 얼마 후 식구들은 평양감사의 심부름꾼이 내려와 지금 집으로 이사를 해 주었고 그런 후 한동안 소식이 없다가 엊그제 별안간 관을 떠메고 온 사람들이 있었다. 평양감사가 시켰다며, "주인어른께서 평양에 계시다가 병환으로 돌아가셨소." 하고 그대로 가 버렸다. 이래서 내일 출상을 할 참이었는데 박이 돌아온 것이었다.

울음에 찼던 박의 집은 순식간에 웃음바다로 변했다. 그런데 정말 감격해야 할 일은 박이 관 뚜껑을 열었을 때 일어났다. 관에는 송장 대신 동전, 은전이 가득 들어 있었다. 그리고 거기에 곁들여 얹힌 종이에 다음과 같은 사연이 적혀 있었다.

"재물을 거저 얻으면 쉽게 없애고, 또 게을러지는 까닭에 마음에 없는 고생을 시켰네. 이것은 내가 그간에 절약하여 모은 돈이니 부디 뜻있게 쓰고 또 후에 출세할 밑천으로 써 주게." 박은 김의 글을 얼굴에 대고 흐느껴 울었다. 박은 어떤 심정으로 무엇을 느꼈을까?

- 오세경 〈한국의 민담〉

예/시/자/료/2 인터넷에 이야기 과제 제시

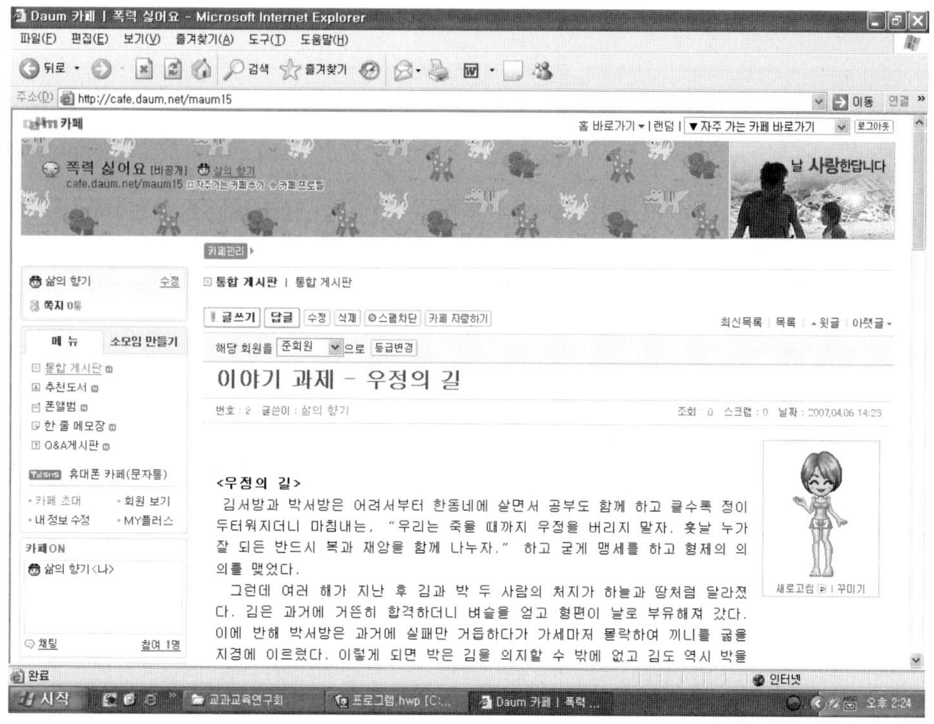

4회기_자기/타인이해

넌, 특별하단다!

활동목표	자신에 대한 자각과 가치감을 향상하며 동시에 타인의 가치감도 알게 한다.	영역	자기/타인 이해
준비물	〈너는 특별하단다〉 비디오 자료, 카세트, 〈당신은 사랑받기 위해 태어난 사람〉 반주 테이프, 〈당신은 나에게 특별한 사람입니다〉란 글귀가 적힌 스티커	대상학년	4, 5, 6학년

활동순서

1. 집단원 환영하기, 본 회기 집단의 목표를 설명하기
2. 과제로 내준 인터넷 카페 글과 그 답글에 관한 이야기 나누기
   촉진활동: 명탐정 코난
   친구의 달라진 점 찾기: 옷차림, 머리 모양, 반에서의 자리 등
3. 그동안의 활동을 통해 자신에 대해 알게 된 것 이야기해 보기
4. 〈너는 특별하단다〉 비디오 자료 시청하기
5. 비디오 시청 후 소감 나누기
   영화의 중요한 내용을 질의-응답하는 시간 가지기
   세상에는 여러 사람이, 여러 가지 이유로 평가를 내리고 있지만 중요한 것은 모든 사람이 소중하다는 것이다. 또한 내가 소중한 만큼 내 옆에 있는 친구도, 반 친구들도, 선생님도 소중하다.
6. 모두 손을 잡고 〈당신은 사랑받기 위해 태어난 사람〉노래 부르기
7. 과제 제시: 〈당신은 나에게 특별한 사람입니다〉란 글귀가 적힌 스티커를 달아 준다. 그리고 2개의 스티커를 더 나누어 준 뒤 자신이 생각하는 특별한 사람에게 달아 주도록 한다. 활동 후의 느낌을 잘 기억해 오도록 말한다(인터넷 게시판에 소감을 올려도 좋다고 말하기).

마무리하기

1. 오늘 활동을 통해 자신에 대해 알게 된 것은 무엇이었는지 이야기해 본다.
2. 오늘 활동이 끝나기 전에 친구에게 해 주고 싶은 말은 무엇인지 말해 본다.

교사 유의사항

1. 진지한 분위기 속에서 비디오 시청, 노래 부르기, 스티커 달아 주기 활동을 이어간다.
2. 활동이 산만해지지 않기 위하여 집단지도자는 모든 준비를 사전에 해 놓아야 한다. 예를 들어 노래반주는 시작 버튼을 누르면 바로 반주가 시작되도록 하고 비디오를 틀면 주 스토리가 바로 전개되도록 맞춰 놓는다.

예/시/자/료/3 〈너는 특별하단다〉 비디오 자료

〈너는 특별하단다〉의 책을 동영상으로 만든 작품

맥스 루카도 글 / 세르지오 마르티네즈 그림 / 아기장수의날개 옮김 / 2002

줄거리

나무사람들은 매일 돌아다니며 서로에게 나쁘고 못났다는 점표, 좋고 잘났다는 별표를 붙여 주기에 바쁘다. 온몸에 점표를 붙인 펀치넬로는 어느 날 몸에 점표나 별표를 붙이고 다니지 않는 루시아를 보고 어떻게 그렇게 될 수 있느냐를 묻는다.

루시아에게 모든 나무사람을 만들었다는 목수 앨리 아저씨를 찾아가 보라고 한다. 앨리 아저씨는 펀치넬로에게 말한다.

"내가 너를 만들었고, 넌 아주 특별하단다. 나는 결코 좋지 못한 나무사람을 만든 적이 없어." 그 말이 맞을지도 모른다는 생각을 하자 펀치넬로의 몸에서 별표 하나가 떨어져 나간다. 창조주와 사람들, 둘 중 어느 기준에 맞춰 살 것인가를 그림책으로 다뤘다.

〈당신은 나에게 특별한 사람입니다〉 스티커

• 라벨지에 출력하여 주면 스티커로 사용할 수 있다.

당신은
나에게
특별한
사람입니다.

5회기_분노조절

난 얼마나 화를 많이 낼까?

활동목표	자신이 얼마나 자주, 어느 정도 화를 내는지 측정할 수 있다.	영역	분노조절
준비물	노란색 카드 여러 장, 분노 상황 유인물, 바닥에 깔 수 있는 분노측정표 1~5	대상학년	4, 5, 6학년

활동순서

1. 집단원 환영하기, 본 회기의 목표를 설명하기
2. 〈당신은 나에게 특별한 사람입니다〉 스티커를 달아 주고 온 소감 나누기
   - 촉진활동: '화' 로 시작하는 끝말잇기 놀이
3. 분노측정표를 교실 바닥에 붙이고 어떻게 사용되는지 설명하기
4. 집단지도자가 제시하는 상황에서 화가 많이 난다고 생각되면 5, 그렇지 않으면 1쪽으로 가도록 안내하기
5. 4번이나 5번 위에 서 있을 경우에는 노란색 종이 1장을 가지게 한다.
   중간중간 집단원에게 왜 그 지점에 서 있는지 물어본다.
6. 유인물의 모든 상황을 읽고 자신의 분노 정도를 측정한 다음 아동이 모은 종이를 세어 보게 한다.
7. 오늘 활동 후 느낌(소감) 나누기
8. 과제 제시: 다음 회기까지 자신이 분노를 느낄 때 어떻게 행동하는지 생각해 오기, 게시판의 글 〈오해만 쌓여가요〉에 답글 달도록 안내하기

마무리하기

1. 종잇조각을 아주 많이 가지거나 거의 가지지 않은 것은 무엇을 의미하는지 이야기해 본다.
2. 분노측정표 위에 서 있었을 때 무엇을 느꼈는지 말해 본다.

교사 유의사항

1. 감정에는 좋고 나쁨이 없으며 이것은 보이지 않는 신체의 한 부분과도 같음을 상기시킨다. 분노는 우리 자신이 굳건하게 설 수 있도록 해 준다. 마치 두려움이 나쁜 감정인 것 같지만 우리를 신중하게 하고, 멈추게 하고, 생각하게 하는 일을 하는 것처럼 분노는 자기의 자유와 스스로를 지키기 위한 사람의 본능임을 설명한다.
2. 분노 상황은 집단지도자가 집단원의 경험을 이끌어 내어 즉석에서 추가적으로 만들어도 된다.

●●● 분/노/상/황/유/인/물/1

상황
1. 나의 형이 깨워 주지 않아 일요일 아침 가장 좋아하는 만화를 보지 못했다.
2. 가장 갖고 싶은 게임용 CD를 사려고 용돈을 모아 가게에 갔는데 사려고 하는 그 CD가 바로 내 앞에서 다 팔려 버렸다.
3. 친구들과의 축구 경기가 비 때문에 취소되었다.
4. 교과서를 가져오기 위해 사물함에 갔다 온 사이에 나의 필통이 사라졌다.
5. 친한 친구가 나를 계속 놀린다.
6. 내가 생각하기에 나의 주장이 옳은데 선생님께서는 계속 틀렸다고 말씀하신다.
7. 체육시간에 아파서 교실에 남아 있었는데 친구들이 내가 물건을 훔쳤다고 선생님께 고자질을 한다.
8. 미술 시간에 친구가 내 옷에 물감을 흘렸다.
9. 선생님께서 내주신 수학 문제를 나 혼자 풀지 못하겠다.
10. 동생이 나에게 물어보지도 않고 내가 가장 좋아하는 과자를 다 먹어버렸다.
11. 한 친구가 나를 계속 툭 치고 지나간다.

바닥에 깔 수 있는 분노측정표 1~5

– 시트지를 길게 잘라 선을 만들고 숫자와 글자는 A4 용지에 뽑아 바닥에 붙이면 된다.

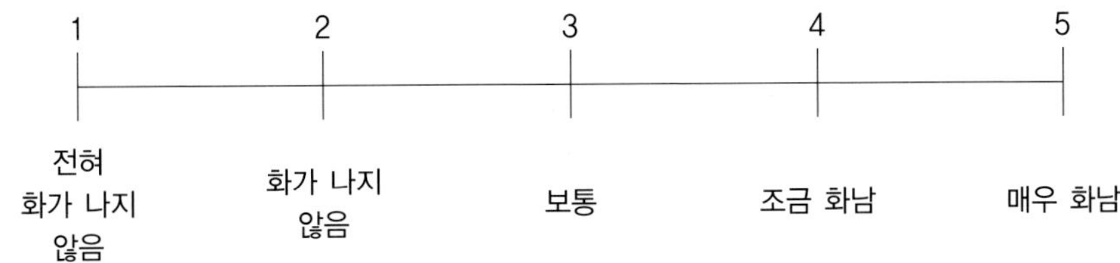

6회기_분노조절

내 얼굴이 붉으락푸르락!

활동목표	화가 났을 때 자신의 신체 변화와 행동을 알 수 있다.	영역	분노조절
준비물	〈나의 분노 경험 이해하기〉학습지, 〈나의 감정 경험 알아보기〉학습지	대상학년	4, 5, 6학년

활동순서

1. 집단원 환영하기, 본 회기의 목표를 설명하기
2. 촉진활동: 스피드 감정 게임
   - 60초 동안 여러 가지 감정 카드를 보고 얼굴 표정이나 신체표현으로 나타내면 다른 집단원이 맞추기: 감정뿐 아니라 무슨 일이 있어 그 표정을 짓게 되었는지 이유도 맞춰 보기
3. 눈을 감고 최근에 매우 화가 났던 일을 떠올리기
   - 화가 났던 경험 이야기 한 후 그때의 감정을 표정이나 몸으로 나타내 보기
4. 화가 나는 상황에서 신체적으로 어떤 변화가 생기는지 발표하기
   (얼굴이 빨개진다. 목소리가 커진다. 심장이 두근거린다. 손이 부르르 떨린다 등)
5. 화가 나는 상황에서 나는 어떤 행동을 주로 하는지 발표하기
   (문을 쾅하고 닫는다. 집을 나와 버린다. 엄마의 질문에 대답하지 않는다 등)
6. 〈자기 분노 경험 이해하기〉 학습지 활동하기
7. 오늘 활동 후 느낌(소감) 나누기
8. 과제 제시: 일주일 동안 분노 경험 일지 쓰기
   - 일주일 동안 기록한 것을 보면서 자주 화가 나는 상황을 알고, 화가 났을 때 주로 어떤 행동을 하는지 발견해 오도록 한다.

마무리하기

1. 화가 났을 때 내 몸에서는 어떤 변화가 일어나는지 이야기해 본다.
2. 화가 났을 때 주로 나는 어떻게 행동하는지 말해 본다.

교사 유의사항

1. 화가 났을 때 자신의 신체 변화와 행동 반응에 대해 쉽게 생각해 내지 못하는 집단원을 위해 화가 났던 경험(3번 활동)에 대해 충분히 이야기를 나누어야 한다.

●●● 학/습/지/자/료/2

■ 자기 분노 경험 이해하기

화나는 상황과 장소	[장소: 교실] ○○는 재밌고 게임을 너무 잘해서 누구나 놀고 싶어 하는 친구다. 그런데 내 게임 CD를 빌려가서는 또 다른 친구에게 마치 자기 것인 양 빌려주면서 나에게 돌려줄 생각을 하지 않는다. 오늘도 CD를 달라고 했더니 오히려 자기가 막 짜증을 내면서 나에게 '준다구… 에이씨…이 찰거머리' 라고 말했다.
화가 나는 상황에서 나의 신체반응	얼굴이 빨개진다. 목소리가 커진다. 심장이 두근거리며 아무 말도 하기 싫어진다.
화가 나는 상황에서 나의 생각	친구가 밉다. 다시는 이 친구랑 놀기 싫다.
화가 나는 상황에서 나의 행동	친구의 말에 대꾸하지 않고 무시한다.
결과에 따른 자신에 대한 생각	속상하다. 마음이 편치 못하다.

■ 별칭 (   )

화나는 상황과 장소	
화가 나는 상황에서 나의 신체반응	
화가 나는 상황에서 나의 생각	
화가 나는 상황에서 나의 행동	
결과에 따른 자신에 대한 생각	

과/제/자/료/1

■ 분노 경험 일지 쓰기

초등학교 별칭 ( )

순	날짜	감정이 일어난 이유(일)	감정이 일어났을 때 행동과 몸의 변화	감정이 가라앉은 뒤의 생각
1	월 일			
2	월 일			
3	월 일			
4	월 일			
5	월 일			
6	월 일			
7	월 일			
나의 생각				

7회기_분노조절

무엇이 잘못된 거지?

활동목표	친구의 문제 행동에 대한 관점을 바꾸어 보고 오해로 인한 화를 깨달을 수 있다.	영역	분노조절
준비물	분노의 ABC 이해자료, 학습지, 역할극 대본	대상학년	4, 5, 6학년

활동순서

1. 집단원 환영하기, 본 회기의 목표를 설명하기
2. 일주일 동안 써 온 '분노 경험 일지'에 대해 이야기 나누기
   - 촉진활동: 두 명씩 짝이 되어 등을 맞대고 일어서고 앉기
3. 그동안 화났던 경험이나 자신의 생각에 잘 해결했다고 생각되는 경험 이야기하기(인터넷 카페에 올려져 있는 글 중에서 모범적인 답글이나 상황 읽어 주기)
4. 분노의 ABC 이해하기: 이해자료
5. 합리적인 사고와 비합리적인 사고 이해하기: 학습지 활동하기
6. 제시된 상황을 보고 분노의 ABC 그리고 합리적인 사고하기: 역할극 대본
   - 상황을 시연해 보기도 하고 오해로 인해 화가 났던 여러 가지 상황에 대해 충분히 이야기 나누기
7. 정리하기
   - 화가 날 수 있다는 것을 인정하고 받아들인다
   - 화가 난 이유를 차분히 생각해 본다
   - 화나게 한 잘못된 생각이 무엇인지 곰곰이 생각해 본다
8. 오늘 활동 후 느낌(소감) 나누기
9. 과제 제시: 인터넷 카페에 자신의 고민이나 분노 경험을 글로 올리고 서로 서로 격려하고, 위로하고, 공감하는 답글 올리기

마무리하기

1. 오늘 활동을 통해 자신 또는 타인에 대해 알게 된 점은 무엇인지 말해 본다
2. 오해가 풀렸을 때의 마음은 어떤지 이야기해 본다.
3. 내가 가지고 있는 비합리적인 생각에는 어떤 것이 있는지 이야기해 본다.

교사 유의사항

1. 생각은 행동을, 행동은 습관을, 습관은 성격을, 성격은 인생을 결정한다는 말이 있다. 하지만

화가 나는 상황에서 차분히 생각하기란 쉽지 않음을 또한 인정해야 한다.

2. 오해가 생길 만한 경험을 많이 나눌수록 좋다.
3. 다른 사람의 입장에서 변명해 보는 시간을 가짐으로써 타인의 말이나 행동에 담긴 의미를 이해할 수 있다. 따라서 제시된 상황을 보고(6번 활동) 입장을 바꾸어 변명하게 함으로써 '그 사람 입장에서는 그렇게 할 수도 있었겠구나' 를 깨닫도록 한다.

●●● 분/노/의/A/B/C/이/해/자/료/1

■ 분노의 ABC

일반적으로 우리는 나를 화나게 만드는 사건이나 사람(A) 때문에 화(C)가 난다고 생각한다. 그러나 자세히 살펴보면 어떤 사건이나 사람 때문이 아니라 그 사건에 대해 개인이 가지고 있는 생각(B), 특히 비합리적인 믿음이나 생각 때문에 화가 나는 경우가 대부분이다. 이는 비합리적인 믿음이나 생각이 우리의 정서나 행동에 좋지 않은 영향을 미치고 있다는 것을 의미한다.

▶ 일반적으로 우리는 나를 화나게 만드는 사건이나 사람(A) 때문에 화(C)가 난다고 생각한다.

예) 누군가 나를 밀었다 　　　　화가 난다

▶ 그러나 정확한 과정은 다음과 같다.

예) 누군가 나를 밀었다 　　　　인간이 이러면 안 된다
나를 무시하는구나 　　　　화가 난다

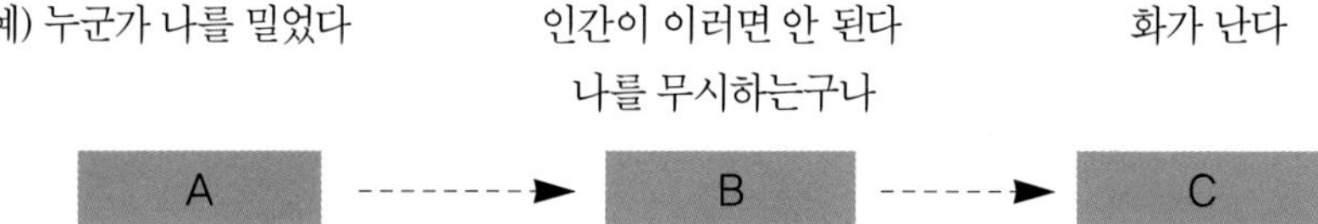

▶ 만일 나를 밀었던 친구가 배탈이 나서 화장실이 너무 급해 앞에 아무것도 보이지 않는 상황이라는 것을 내가 알았을 때 나의 반응을 생각해 보자. 똑같이 나를 미는 사건이라도 우리는 다른 감정을 가질 수 있다.

▶ 즉, 같은 사건이 같은 감정을 가져오는 것은 아니다. 나의 감정(C)은 사건(A)에 대한 나의 생각(B)에 따라 달라질 수 있다.

●●● 학/습/지/자/료/3

■ 합리적인 사고와 비합리적인 사고

별칭 (   )

합리적인 사고란 우리가 살아가는 데, 우리가 바라는 어떤 목표를 달성하는 데 도움을 주는 생각이며, 비합리적인 사고는 우리의 목표를 달성하는 데 방해가 되는 생각이다. 예를 들면, '왜 난 되는 게 없지? 나는 역시 안 돼' '나는 반드시 이겨야 하는데 이렇게 지다니 말도 안 돼' 등이 있다.

비합리적인 사고	합리적인 사고
친구가 고자질하는 것은 나를 싫어하기 때문이다.	
나는 부모님이나 선생님으로부터 항상 칭찬과 인정을 받아야 한다.	
나를 좋아하면 좋은 친구이고 나를 좋아하지 않으면 나쁜 친구이다.	
나를 또는 누군가를 괴롭히는 사람은 마땅히 보복(벌)을 받아야만 한다.	
친구들이 놀려도 가만히 있는 아이는 바보 같다.	

8회기_분노조절

화를 내면 나만 손해야!

활동목표	분노를 해결하는 여러 가지 방법을 알고 나에게 맞는 분노조절 방법을 찾을 수 있다.	영역	분노조절
준비물	쿠션 또는 베개, 이완훈련 이해자료, 실물 화상기	대상학년	4, 5, 6학년

활동순서

1. 집단원 환영하기, 본 회기의 목표를 설명하기
   전 회기 활동 이후 일어난 긍정적인 변화에 대해 이야기 나누기
2. 촉진활동: '나는 누구일까요?'
   '나는 심장에 치명적으로 좋지 않습니다.'
   '나쁜 호르몬이 다량으로 분비됩니다.'
   '심지어 이것을 자주 하면 지능이 떨어집니다.' 답은: 분노, 성냄, 화
   → 따라서 화는 좋은 방향으로 풀어야 함을 상기시키기
3. 화를 푸는 방법에 대해 이야기하기: 전 회기에 접한 '주장 훈련과 합리적인 사고' 의 훈습 과정
   - 그 자리에서 해결될 수 없는 분노의 경우에는 운동으로 푼다
   - 주로 엄마는 청소를 하면서 화를 푼다
   - 큰 호흡을 여러 번 하면서 일단 화를 푼다
   - 본인에게 직접 이야기한다
   - 친한 친구에게 이야기를 털어놓으며 화를 가라앉힌다
   - 내가 해결할 수 없는 문제의 경우에는 어른에게 이야기를 한다 등

   → 충분히 이야기 나누고 집단원의 의견 묻기
4. 화가 정말 많이 났던 경험을 떠올리기
   - 눈을 감고 다음 지시 사항에 따라 상상하기: 이완훈련 이해자료 활용
     - 생각할 수 있는 조용한 장소를 찾아 편안한 자세를 취한다
     - 화난 감정을 인정하고 충분히 느낀다(울어도 좋다)
     - 편안한 물건을 껴안고 화난 감정을 받아들인다
5. 오늘 활동 후 느낌(소감) 나누기

마무리하기

1. 자기 자신에게 가장 맞는 방법은 어떤 것인지 이야기해 본다.
2. 분노(화)를 풀고 난 뒤의 기분이 어떤지 이야기해 본다.

교사 유의사항

1. 분노(화)의 종류에 따라서 푸는 방법은 당연히 달라진다. 당장 해결할 수 없는 일에 대한 분노와 내가 해결할 수 없는 분노 등일 경우에는 자신만의 해소 방법을 몸에 익혀 놓으면 좋음을 알려 준다.
2. '주장 훈련과 합리적 사고'는 수많은 훈습이 필요하다. 이를 회기 동안 적극 활용하고 생활 속에 실천하도록 권장한 후 활동 이후 일어난 긍정적인 변화에 대해 충분히 이야기를 나누도록 한다.
3. 회기 시작 전에 이완훈련 자료를 구하여 미리 연습해 본다.

과/제/자/료/2

내가 고른 장면은?	예: 우주를 떠다니기	
매일 매일	몇 분 동안 했나?	얼마나 편안했나? (0~100점)
월요일	분	
화요일	분	
수요일	분	
목요일	분	
금요일	분	
토요일	분	
일요일	분	

날마다 해 봤나요? 어때요?

9회기_사회적 기술

우정을 깨는 행동

활동목표	우정을 깰 수 있는 여러 가지 행동이 있음을 깨닫고 우정 어린 행동을 지각할 수 있다.	영역	사회적 기술
준비물	1인당 5장의 카드, 상자, 다섯 가지 상황 카드	대상학년	4, 5, 6학년

활동순서

1. 집단원 환영하기, 본 회기의 목표를 설명하기
   전 회기 활동 이후 일어난 긍정적인 변화에 대해 이야기 나누기
   '화를 잘 참았던 자신을 1분 칭찬하기'
2. '가지마! 친구야'
   - 5장의 카드에 자신에게 가장 소중한 친구 5명의 이름을 적기
   - 그중 한 친구가 멀리 전학을 가야 한다면 어느 친구를 보낼지 정하고 앞에 준비 된 상자에 넣기
   - 이렇게 마지막 한 친구까지 남겨 둔 상황에서 그 친구가 왜 그렇게 소중한지 이야기하기
3. 우정이 우리에게 소중하다는 사실과 우리의 삶을 행복하게 만들어 준다는 사실에 대하여 이야기 나누기
4. 우정을 깨는 행동에 대해 설명한 다음 각 상황을 집단원에게 읽도록 하기
5. 다섯 가지 상황과 비슷한 친구가 있는지 경험을 떠올려보고 이야기 나누기
6. 오늘 활동 후 느낌(소감) 나누기
7. 과제 제시: 게시판의 글에 답 글 달도록 안내하기

마무리하기

1. 나는 친구의 나쁜 행동을 고치기 위해 어떻게 했는지 이야기해 본다.
2. 우정을 깨는 행동을 한 적이 있는지, 그때 어떤 느낌이 들었는지 말해 본다.

교사 유의사항

1. 사실 다른 친구들의 우정을 깨는 행동에 대해 이야기하는 것 같지만 돌아보면 자기 자신의 모습일 수 있다. 그런 행동에 대한 다른 집단원의 생각을 통해 스스로의 잘못을 깨닫는 기회가 될 수도 있음에 주목하자.
2. 다섯 가지 상황은 그동안 집단원의 특성에 맞추어 비슷한 사례를 들어 만들 수 있다. (가해학생의 특징이 비사회적 기술, 부적절한 분노표현, 자기중심성, 왜곡된 인지, 공격성, 지배욕구 등이 있음으로 이러한 특징을 반영하는 사례를 만들 수 있다.)

과/제/자/료/3

■ 우정을 깨는 행동 알아보기

별칭 (   )

상황	행동 내용	고쳐야 할 점
상황 1	영민이는 건방지고 잘난 체를 잘한다. 영민이는 남의 말을 가로채거나 기분 나쁜 농담을 잘한다. 때때로 영민이는 다른 사람을 웃기려고 나쁜 말을 함부로 입에 담기도 하고 친구들이 기분 나빠하는 별명도 곧잘 한다. 게다가 모든 친구들이 자신과 친하게 지내고 싶지 않다는 사실을 모른다. 아이들은 점점 더 영민이를 싫어하고 영민이는 점점 더 친구들에게 함부로 대한다.	
상황 2	연희는 남의 말을 잘 옮긴다. 연희는 이야기를 나누는 친구들에게 다가가서 그들이 말하는 것을 듣는다. 그런 다음 연희는 친구들로부터 들은 내용을 다른 친구들에게 가서 알려 준다. 심지어 중요한 비밀도 아무렇지 않은 듯 이야기하고 다닌다. 이러한 연희를 모두 좋아하지 않는다. 모두가 연희를 '촉새'라고 부른다.	
상황 3	철민이는 거짓말을 너무 잘한다. 모두가 다 아는 뻔한 일에 거짓말을 하면서 절대 거짓말이 아니라고 한다. 부모님과 선생님께 거짓말했다가 들키지 않으면 자랑도 하며 돌아다닌다. 게임을 하다가도 거짓말을 하고 너무 억울해서 같이 게임을 안 할려고 하면 바로 화부터 낸다. 철민이는 자기 스스로 똑똑한 줄 알지만 친구들이 같이 놀기 싫어한다는 걸 모른다. 철민이랑 너무 놀기 싫다.	
상황 4	순이는 너무 폭력적이다. 선생님 앞에서는 약한 척하지만 뭔가 마음에 들지 않으면 뾰족하게 깎은 손톱으로 꼬집어 버리거나 등을 세게 친다. 너무 아파서 선생님께 말씀드리면 아주 억울하다는 표정으로 울어 버린다. 뭔가 기분이 나쁘면 말로 하면 되는데 꼭 꼬집거나 째려 보는 순이를 남학생들은 더 괴롭히기도 한다. 그러면 모든 잘못이 남학생에게 있다고 생각하며 자기의 잘못은 전혀 모르는 것 같다.	
상황 5	동훈이는 항상 자기가 손해라고 생각한다. 배식을 받다가도 배식위원들이 좋아하는 반찬을 조금만 주면 자기에게만 조금 준다며 화를 내고 그 친구의 가방을 발로 찬다. 지나가다 실수로 발을 밟거나 건드려도 '자기에게 시비를 건다며 두세 배로 갚아 주고 만다. 선생님께 억울함을 호소해도 항상 핑계만 대며 빠져나간다. 동훈이는 친구들이 얼마나 짝지를 하기 싫어하는지, 동훈이를 얼마나 무서워하는지 모르는 것 같다.	
나는 어떤 상황 ??		

10회기_사회적 기술

너의 마음으로 가는 길

활동목표	말의 부정적인 힘과 긍정적인 힘을 느꼈던 경험을 통해 공감적 언어표현의 중요성을 인식할 수 있다.	영역	사회적 기술
준비물	학습지, 이야기자료 3 〈칭찬은 힘을 내게 한다〉	대상학년	4, 5, 6학년

활동순서

1. 집단원 환영하기, 본 회기의 목표를 설명하기
   전 회기 활동 이후 일어난 긍정적인 변화에 대해 이야기 나누기
2. 인터넷 게시판의 글과 집단원이 올린 답글에 관해 이야기 나누기
   - 촉진활동: 인간사슬 풀기(왼손 위-오른손 아래)
     - 두 사람이 두 손을 엇갈리게 잡고 풀어 본다(몇 번 해 보게 한 뒤 규칙을 말해 줌)
     - 집단 전체가 한 원이 되어 옆사람 손을 잡았다가 놓고 세탁기 되어 사슬 풀기
3. 이야기 들려주기: 이야기자료 〈칭찬은 힘을 내게 한다〉
   - 똑같은 상황에서 나를 움직이게 하는 말은 어떤 말인지 생각하기
4. 나에게 힘을 준 '마법의 말'
   - 자신이 들었을 때 기분이 좋고 기운이 솟는 것 같은 말이나 앞으로 듣고 싶은 말 적고 이야기하기: 상황 중심으로 생각하여 이야기하기
   - 예를 들어 주기: '넌 역시 최고야!' '그런 실수는 누구나 할 수 있는 거야!
5. 들었을 때 화가 나거나 기분이 나빠지는 말을 생각해서 적고 이야기하기 : 상황 중심으로 생각하여 이야기하기
   - 대화의 걸림돌 알아보기: 화를 내는 것, 지시 · 충고하는 말, 남 탓으로 돌리는 등의 언어나 행동
6. 오늘 활동 후 느낌(소감) 나누기

마무리하기

1. 오늘 이야기에서 많이 등장하는 인물은 어떤 사람인지 말해 본다.
2. 오늘 활동을 통해 자신에 대해, 타인에 대해 알게 된 것은 무엇인지 이야기해 본다.
3. 같은 상황에서 사람들에게 힘이 되고, 위로가 되고, 행복감을 주는 말에는 어떤 것이 있었는지 말해 본다.

교사 유의사항

1. 만약 많은 공감을 일으킨 상황이나 말이 있다면 즉석에서 역할극을 해 보도록 한다.

●●● 이/야/기/자/료/3 - 〈칭찬은 힘을 내게 한다〉

기쁨이라는 이름을 가진 소가 있었어. 기쁨이는 아주 힘이 셌지.

"우리 기쁨이는 한꺼번에 열 대의 수레를 끈다구. 우리 소보다 힘센 소는 세상에서 없지."

소 임자는 만나는 사람마다 자랑을 했어.

"거짓말하지 말라구." 사람들은 소 임자의 말을 곧이듣지 않는 거야.

"거짓말이라니? 그럼 내기를 하세." 이렇게 하여 기쁨의 임자는 친구와 내기를 하게 되었지. 소 임자는 수레 열 대에 자갈을 가득 싣고 밧줄을 이은 다음 맨 앞 수레에 소를 매었어. 두 사람은 여러 사람을 증인으로 세우고 각각 돈 백 냥을 내걸었지.

기쁨이 수레 열 대를 능히 끌면 이 돈은 소 임자의 것이 되지만 기쁨이 수레를 끌지 못하면 이 돈은 친구의 것이 되는 상황인데… 소 임자는 멍에 위에 올라가 채찍을 휘두르면서 말했지. "이러! 이러! 이놈의 소야. 끌어당겨라, 이놈의 소야." 채찍을 휘두르면서 소리소리 질렀는데 기쁨이 그 소리를 듣고 생각했어.

'내가 아무 잘못도 없는데 주인은 왜 욕을 할까?'

소는 기둥처럼 서서 움직이려 하지 않았단다. 소 임자는 내기에서 지고 말았지.

돈 백 냥을 잃은 소 임자는 집으로 돌아와 병든 사람처럼 앓아누웠어. 그때 그 아들이 말했지. "아버지, 소에게 칭찬하는 말을 해 보세요." 그 말에 소 임자는 크게 깨달았단다.

"과연 그렇겠군." 소 임자는 친구에게 달려가서 "내기를 한 번 더 하세. 이번에는 이백 냥을 걸자구."
"그래, 그렇게 하세." 소 임자는 소를 몰면서,

"기쁨아, 우리 기쁨아! 힘도 세구나, 우리 기쁨아! 잘도 끄는구나, 우리 기쁨아!"

하며 큰 소리로 칭찬하는 말을 했지.

칭찬을 받은 기쁨은 기분이 좋아 있는 힘을 다 냈어. 열 대의 수레는 쉽게 끌렸단다.

- 신현득 〈어린이 팔만대장경〉

학/습/지/자/료/4

■ 마법의 말

나에게 힘이 되는 말, 기분이 좋아지는 말, 나를 움직이는 말.

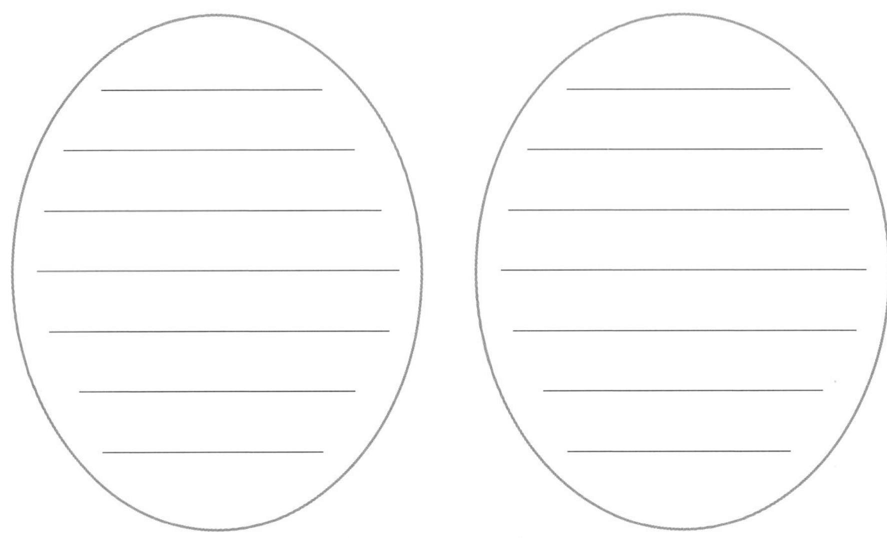

들었을 때 짜증이 나고 화가 나는 말, 더 하기 싫어지는 말.

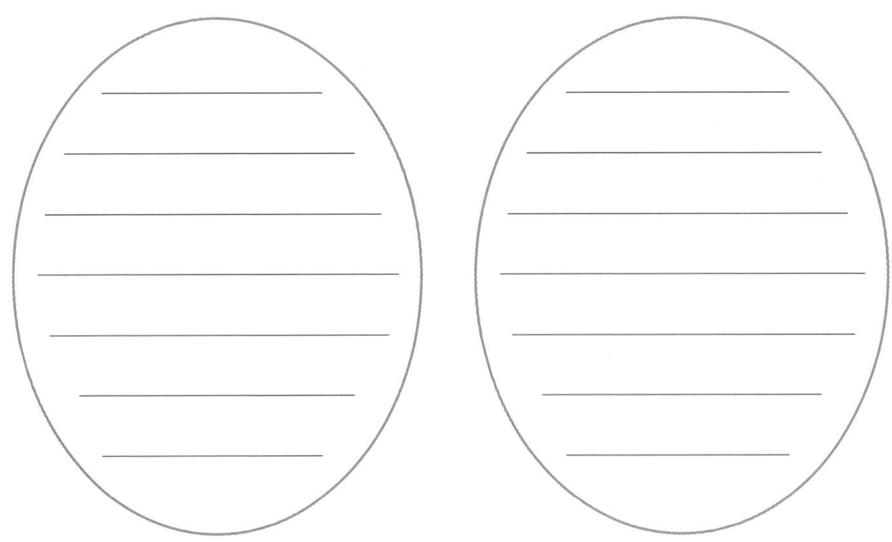

나누면 가벼워져요!

활동목표	타인의 시각을 통해 공감적 이해력과 수용력을 기를 수 있다.	영역	사회적 기술
준비물	종이, 필기구, 이야기 자료 4 〈슬기로운 재판〉, 상자	대상학년	4, 5, 6학년

활동순서

1. 집단원 환영하기, 본 회기의 목표를 설명하기
   - 전 회기 활동 이후 일어난 긍정적인 변화에 대해 이야기 나누기
2. 촉진활동: 사람 대 사람
3. 익명의 자기 노출: 자신의 이야기를 타인을 통해 듣기
   - 자신의 고민을 이야기 글로 써서 문제함 안에 넣기
4. 이야기 들려주기: 이야기자료 〈슬기로운 재판〉
   - 등장인물의 태도에 대해 문제점 생각해 보기
     - 농부: 가난한 백성
     - 개주인: 자기 것이 많은데도 욕심을 부림
     - 사또: 잘못된 판정
     - 아이: 농부와 개의 욕구를 잘 읽어줌, 개주인의 욕심은 무시함 등
5. 고민을 적은 종이를 섞은 후 한 사람씩 자기가 가진 문제 상황을 읽기
   - 종이 속 주인공의 상황과 감정에 공감적 반응해 주기
   - 집단원이 생각한 해결방법 서로 이야기하기
6. 오늘 활동 후 느낌(소감)을 나눈 뒤 해결 부분 다시 이야기하기

마무리하기

1. 오늘 활동을 통해 자신 또는 타인에 대해 알게 된 것은 무엇이었는지 말해 본다
2. 공감을 받았을 때와 공감을 해 주었을 때 느낌이 어땠는지 이야기해 본다.

교사 유의사항

1. 전 회기와 마찬가지로 만약 많은 공감을 일으킨 상황이나 말이 있다면 즉석에서 역할극을 해 보도록 한다. 누군가 제시한 해결 방법이 좋다고 생각되면 그것 또한 역할극을 통해 상황을 보고 느끼도록 격려한다.

이/야/기/자/료/4 - 〈슬기로운 재판〉

예부터 가죽이라면 수달의 털가죽인 수달피를 일품으로 쳤지. 갖옷이고 목도리고 수달피로 만든 것이면 최고로 쳐 주었단 말이야. 그러니 자연히 값도 많이 나가서 시골 사람들은 어쩌다 수달 한 마리 잡으면 산삼 한 뿌리 캔 것만큼 좋아했어. 가난한 집 한 해 농사지은 것과 맞먹을 만큼 수지가 맞았으니 그럴 만도 했지.

옛날에 한 농부가 살았는데 집안 살림이 참 가난했던 모양이야. 마침 설은 다가오는데 설 쇨 돈이 있어야지. 어떻게든 돈을 마련하긴 해야겠는데 한겨울에 무슨 일거리가 있나. 하는 수 없이 족제비라도 잡아서 팔면 돈푼이나 생기겠지 하고 족제비 잡으러 나섰어.

눈을 헤치며 이리저리 다니다 보니 마침 족제비 굴이 보이더래. 그래서 정신없이 그 놈의 굴을 파헤쳤어. 땀을 뻘뻘 흘리며 겨우 굴을 파헤쳐 놓으니, 아닌 게 아니라 그 속에서 짐승 한 마리가 펄쩍 뛰어나오거든. 그런데 그게 족제비가 아니라 수달이지 뭐야.

'이크, 저건 수달이 아닌가. 저것 한 마리만 잡으면 설 쇨 걱정은 없겠군.'

농부가 좋아라고 수달을 잡으려고 하는데 이놈이 마구 달아나니 쉽사리 잡을 수가 있나. 수달은 잡히지 않으려고 마을까지 달아나고 농부는 헐레벌떡 그 뒤를 쫓았지.

그런데 마침 개 한 마리가 수달을 보더니 덥석 물고는 제 집으로 들어가 버렸지 뭐야. 농부는 그 개를 쫓아가 남의 집에까지 들어갔어.

개 주인은 그 마을에서도 아주 부자인데, 저희 집 개가 웬 수달을 한 마리 물어오니까 횡재했다고 좋아서 입이 벌어졌어. 그런데 농부가 뒤따라 들어와서 그 수달이 자기 것이라고 한단 말이야.

"이 수달은 내가 족제비 굴을 파다가 쫓던 것이니 내 것이오."

그러니 주인은 펄쩍 뛰지. "무슨 소리요. 이건 엄연히 우리 집 개가 물고 들어온 것이니 내 것이오." 농부도 물러서지 않고 따졌어. 그러다가 안 되니 통사정까지 했지.

"여보시오. 내 말 좀 들어 보오. 며칠 안 있으면 설인데 당장 설 쇨 돈이 없어서 푼돈이라도 장만하려고 이른 아침부터 헤매다가 겨우 이걸 잡았다오. 그러니 제발 돌려주오."

그래도 주인은 막무가내거든.

"이게 어떻게 당신이 잡은 것이오? 우리 개가 잡은 것이지."

한 사람은 달라고 하고 한 사람은 안 된다고 하고 이렇게 옥신각신하다가 끝내 관가에 가서 재판을 받기로 했어. 두 사람이 수달을 가지고 관가에 가서 앞뒤 사정을 다 이야기했지. 고을 원님이 두 사람 말을 다 듣더니 판결을 내리기를,

"듣거라. 농부가 굴을 파고 수달을 쫓았으니 농부에게도 한 몫이 있어야 하고 개가 수달을 잡았으니 개 주인에게도 한 몫이 있어야 한다. 그러니 그 수달을 둘이서 반씩 나누어 가지도록 하여라." 하거든. 그러니 개 주인이고 농부고 다 불만이야. 농부는 농부대로,

"제가 굴을 파고 쫓지 않았으면 어떻게 개가 수달을 잡았겠습니까? 그리고 산짐승을 어찌 반으로 나

누겠습니까?" 하고, 개 주인은 개 주인대로,

"우리 집 개가 수달을 잡지 않았다면 농부가 영영 놓쳐 버렸을지 누가 압니까? 그리고 수달을 반으로 나누면 무슨 값어치가 있겠습니까?" 하며 물러서지 않는단 말이야. 재판을 할 때는 구경꾼이 있게 마련인데, 구경꾼들도 모두 원의 판결이 시원찮다고 수군수군 하거든. 그래서 원이 골치를 앓고 있는데, 구경꾼들 가운데서 여남은 살 먹은 아이 하나가 원 앞에 썩 나서더란 말이야.

"사또, 저라면 그렇게 판결하지 않겠습니다."

"뭐라고? 조그마한 녀석이 무엄하구나. 그래, 너라면 어떻게 판결하겠다는 말이냐?"

"저를 사또가 앉으신 당상에 오르게 하면 판결해 보겠습니다."

"아주 맹랑한 녀석이로구나. 그럼 어디 당상에 올라와서 판결해 보아라."

원이 앉은 자리를 비워 주니까 이 아이가 당상에 올라가서 잠잖게 앉더니 또록또록한 소리로 판결을 하기를,

"들거라. 수달을 쫓은 것은 사람이고 수달을 잡은 것은 개이니라. 사람의 욕심은 털가죽에 있고 개의 욕심은 고기에 있으니, 털가죽은 벗겨서 사람에게 주고 남은 고기는 개에게 주도록 하여라. 이렇게 하면 사람도 개도 다 바라던 것을 얻었으니 불만이 있겠느냐?"

하거든. 듣고 있던 구경꾼들이 모두 현명한 판결이라고 무릎을 쳤지. 원도 들어 보니 옳은 판결이거든. 그래서,

"이 아이가 판결한 대로 하여라."

하고 말았지. 이렇게 되니 농부는 기뻐서 덩실덩실 춤을 추고 개주인은 울상이 되었지만 어쩔 수 있나, 이치에 맞는 판결이니 말이야. 그래서 농부는 수달피를 팔아서 설을 잘 쇠었대. 그 아이는 나중에 커서 참 어진 목민관이 되었다네.

- 서정오 〈우리 옛이야기 백 가지〉

분노의 고리를 끊어라!

활동목표	화가 날 수 있는 상황에서 침착하게 생각하여 서로에게 좋은 방법으로 문제를 해결할 수 있다.	영역	사회적 기술
준비물	주장적 · 공격적 · 소극적 행동의 활동자료, 학습지	대상학년	4, 5, 6학년

활동순서

1. 집단원 환영하기, 본 회기의 목표를 설명하기
   - 전 회기 활동 이후 일어난 긍정적인 변화에 대해 이야기 나누기
2. 촉진활동: 분노의 고리
   - 제일 처음의 분노 상황은 집단 지도자가 제시하고 이어서 그 분노를 다른 사람에게 계속해서 옮기는 이야기 짓기 놀이
     - [예] 아침에 아버지께서 제 시간에 깨워 주지 못한 엄마에게 고함을 치며 화를 내셨다. 엄마는 화가 나서 아침밥을 먹는 나에게 음식을 흘린다고 화를 내셨다. 나는 너무 화가 나서 나에게 혀를 내미는 동생의 머리를 때렸다. 화가 난 동생은 학교에 가던 중 지나가던 개를 발로 찼다…
3. 싸움의 세 가지 종류에 대해 이야기하기
   - 패-패, 패-승(승-패), 승-승(Win-Win 전략)
4. 주장적 · 공격적 · 소극적 행동에 대해 알아보기: 활동자료
5. 주장적 행동 연습하기
   - 학습지에 생각을 적게 한 후 서로 서로 상대방 역할을 해 주며 시연하기
6. 오늘 활동 후 느낌(소감)을 나누기
7. 과제 제시: 도서 〈폭력: 평화는 힘이 세다〉를 소개한 후 읽어 오도록 하기

마무리하기

1. 오늘 활동을 통해 자신 또는 타인에 대해 알게 된 것은 무엇이었는지 말해 본다.
2. 주장적 행동을 할 때 어려운 점은 무엇이었는지 이야기해 본다.
3. 서로에게 좋은 싸움도 있다는 것을 알게 된 후 무엇을 생각하였는지 말해 본다.

교사 유의사항

1. 서로에게 좋은 싸움이 되기 위해, 주장적 행동을 하기 위해서는 먼저 타인을 이해하고 아끼는 마음이 선행되어야 함을 강조하자. 내 자신의 화를 푸는 것이 중요한 만큼 타인의 화를 풀어 주는 것도 중요하다.
2. 오늘 활동은 '주장적 행동'이 중요하기 때문에 3번 활동은 간단한 설명으로 넘겨도 좋다.

●●● 활/동/자/료/1

■ 주장적 · 공격적 · 소극적 행동

종류	주장적 행동	공격적 행동	소극적 행동
뜻	• 상대방을 불쾌하게 하지 않으면서 자신의 생각이나 감정, 욕구 등을 솔직하게 잘 표현하는 것을 말한다.	• 자신의 권리만을 내세우기 위하여 다른 사람의 입장을 전혀 생각하지 않고 심지어는 다른 사람을 괴롭히면서까지 자기의 생각이나 감정, 욕구 등을 내세우는 행동을 말한다.	• 자신을 희생하며 상대방을 우선적으로 생각하고 자신의 생각이나 감정, 욕구 등을 솔직하게 잘 표현하지 못하는 행동이다.
특징	• 자신의 입장을 있는 그대로 이야기한다. • 상대방에게 자신의 입장을 설명한다. • 상대방이 내 입장을 받아들이지 않더라도 화내지 않는다. • 상대방의 입장을 들으면서 내 입장을 이야기한다. • 다른 사람을 존중한다.	• 자신의 입장만 고집한다. • 상대방의 입장을 무시한다. • 폭력적인 행동을 한다. • 분노로 표현한다.	• 자신의 입장을 무시한다. • 상대방의 입장만 생각한다. • 자신의 입장이 있음에도 밝히지 않는다.
예시	"지금은 공부가 잘되지 않으니 조금 쉬었다가 할게요." 라고 말한다.	공부하라는 말에 공부하기 싫다고 큰소리로 말하고 화를 내며 문을 '쾅' 하고 닫는다.	공부하기 싫어도 공부하겠다고 약속한 후 공부를 하지 않는다.

●●● 학/습/지/자/료/4

■ 저의 고민 좀 들어주세요.

제가 요즘 한 명의 친구랑 심하게 싸웠거든요? 그 애가 그냥 절 피하면서 욕하더라고요. 전 왜 그러는지 몰라서 물으니까 '신경 끄라고 ㅅㅂ' 하더군요.

그 애랑 화해할 방법이 없을까요? 그 애는 자존심이 굉장히 세고, 저랑 말도 안 합니다.

저는 우리 반 친구들을 다 못 믿겠어요. 어떤 아이랑 같이 있지 않을 때는 서로들 그 아이를 욕하고, 그 아이랑 같이 있을 때는 다른 사람 욕을 합니다. 그리고 맨날 제 얘기만 하는 것 같고 놀리는 것 같아요. 욕하고요. 너무 불안하고 우리 반에 믿을 사람이 하나도 없는 것 같아요. 친구가 하나도 없는 것 같고. 마음이 편치 못해서 다른 생각을 못 해요. 어떻게 해야 될까요?

우리 반에 안○○라는 아이가 있거든요. 하도 장난을 많이 치고, 웃기는 짓을 많이 하거든요. 처음엔 저도 웃기기만 하고 별로였는데 갑자기 어느 날부턴가 마음이 끌리기 시작했어요. 그 바보 같던 행동도 멋있어 보이고 모든 게 다 멋있고 터프했어요. 전 그래서 편지를 써서 줬는데… 그 애는 제가 별로인가 봐요. 그런데 절 좋아하는 아이가 있어요. 그 아이한테는 어떻게 말해야 하죠?

얼마 전까지만 해도 그 친구는 저와 아주 가깝게 지냈습니다. 그런데 어느 날부터 그 친구는 나를 피하며 다른 친구들과 어울렸습니다. 어디든지 나와 함께 다니던 친구였는데… 내가 싫어졌다면 그 이유를 물어봐서 내가 그 점을 고쳐야 하는데 물어볼 자신도 없고… 이제 어떻게 해야 되나요?

최근에 또는 지금 나의 고민은 무엇인지 자세하게 써 봅시다.

13회기_갈등 인식 및 문제 해결

그래! 결심했어

활동목표	갈등 상황에서 어떻게 행동할지 이제까지 배운 내용을 가지고 적용할 수 있다.	영역	갈등 인식 및 문제 해결
준비물	도서 〈폭력: 평화는 힘이 세다〉, 이 도서에 나오는 삽화를 보여 줄 실물 화상기	대상학년	4, 5, 6학년

활동순서

1. 집단원 환영하기, 본 회기의 목표를 설명하기
   전 회기 활동 이후 일어난 긍정적인 변화에 대해 이야기 나누기
2. 오늘 아침부터 이곳에 오기까지 자신이 겪은 갈등 상황 한 가지씩 돌아가며 이야기하기, 갈등은 피할 수 없는 것이며 생활의 한 부분임을 인식시키기
3. 그동안 알게 된 것 상기시키기 : 자기이해, 타인이해, 분노조절, 사회적 기술 영역에서 배운 내용을 자유롭게 이야기하며 떠올리기
4. 〈폭력: 평화는 힘이 세다〉에는 세 가지 갈등 상황이 있는 삽화 보여 주기
   차례대로 보여 주며 다음 단계를 따른다.
   • 다음 그림은 무엇 때문에 생긴 갈등일까요?
   • 만약 나라면 : 삽화 다음 페이지에는 여섯 가지 행동이 있다.
   • 한 번 더 생각해 봅시다: 여섯 가지 행동에 대한 결과를 참고로 한다.
   → 각 상황을 시연하며 '주장적 행동, 합리적인 사고' 훈습하기
5. 각 갈등 상황에서 자신은 어떤 '선택'을 할지 이야기 나누기
6. 오늘 활동 후 느낌(소감)을 나누기

마무리하기

1. 오늘 활동을 통해 자신 또는 타인에 대해 알게 된 것은 무엇이었는지 말해 본다.
2. 친구와 갈등을 겪게 되면 어떤 느낌이 드는지 이야기해 본다.
3. 친구와의 갈등을 내가 지혜롭게 풀었을 때 어떤 느낌이 들었는지 이야기해 본다.

교사 유의사항

1. 갈등은 피할 수 없는 것이며 생활의 한 부분이고, 자기 자신에 관해 배울 수 있는 기회임을 설명한다.
2. 책 활동에 들어가기 전 그동안 배운 '합리적 사고' '주장적 행동' 등을 다시 한 번 짚어 주고 훈습하는 시간이 될 수 있도록 한다.
3. 책에 나오는 상황보다 집단원이 실제로 겪은 갈등 상황을 예로 들면 더 좋다.

예/시/자/료/4 도서 〈폭력: 평화는 힘이 세다〉

14회기_갈등 인식 및 문제 해결

함께 가요!

활동목표	서로 협력하여 도미노 게임을 할 수 있다.	영역	갈등 인식 및 문제 해결
준비물	도미노 게임 2세트	대상학년	4, 5, 6학년

활동순서

1. 집단원 환영하기, 전 회기 활동 이후 일어난 긍정적인 변화에 대해 이야기 나누기
   본 회기의 목표를 설명하기
2. 5~6명씩 2조가 되어 먼저 도미노 블록을 어떤 모양으로 세울지 결정한다(특정한 문자모양, 다리모양, 철로모양 등).
   - 중간중간에 사다리를 만들어 넣을 수도 있고, 구슬치기로 시작할 수 있다.
   - 중간중간에 도미노를 한두 개 빼어 놓으면 실패를 줄일 수 있다.
   - 다양하고 창의적인 아이디어로 만들어 보도록 격려한다.
4. 오늘 활동에 대한 각자의 생각과 느낌(소감) 나누기
5. 마지막으로 첫 번째 도미노 블록을 밀어 연쇄적으로 쓰러뜨린다.

마무리하기

1. 다른 친구가 자신의 역할을 잘 하지 못할 때, 실수했을 때 어떤 느낌이 들었는지 이야기해 본다.
2. 오늘 언제 (약간의) 화가 났으며 어떻게 행동했는지 말해 본다.
3. '화' 외에 오늘 어떤 감정을 느꼈는지 이야기한다.
4. 협력하여 일할 때 중요한 점은 무엇인지 말해 본다.

교사 유의사항

1. 활동 중간에 느낄 수 있는 협동성, 활동 이후 느낄 수 있는 성취감을 충분히 느낄 수 있도록 집단지도자가 분위기를 유도한다.
2. 본 회기는 집단지도자의 재량에 따라 '김밥 만들기' 등 협력할 수 있는 다른 활동도 가능하다.
3. 교사가 여분의 준비를 해 두어도 좋고, 장소에 따라 도미노 블록이 잘 세워질 수 있는 장소를 미리 생각해 두어야 한다.

15회기_상담종결

우정은 물결처럼 퍼져요

활동목표	상담 초기와 달라진 자기상을 확인하고 다른 친구의 변화를 인식하여 긍정적 반응을 해 줄 수 있다.	영역	상담종결
준비물	소감문 쓰기 준비물	대상학년	4, 5, 6학년

활동순서

1. 집단원 환영하기, 본 회기의 목표를 설명하기
   전 회기 활동 이후 일어난 긍정적인 변화에 대해 이야기 나누기
2. 자신의 긍정적 변화에 대한 소감문 쓰기(글로 남기기)
3. 자기 은유활동
   - 나는 ~입니다. 왜냐하면 ~이기 때문입니다.
   - 타인의 은유에 격려하거나 공감하거나 긍정적인 인정 주기: 이불 덮어 주기
4. 처음과 비교했을 때 달라진 자신의 모습 이야기하기
   - 타인의 말에 격려하거나 공감하거나 긍정적인 인정 주기: 이불 덮어 주기
5. 그동안의 활동에 대한 생각과 느낌(소감) 나누기
   - 처음 선생님이 가라고 했을 때의 느낌
   - 첫 프로그램을 하고 난 뒤 느낌
   - 선생님의 첫인상
   - 제일 인상에 남는 프로그램
   - 마지막으로 지금 현재의 느낌 등
6. 오늘 활동에 대한 각자의 생각과 느낌(소감) 나누기
7. 과제 제시: 우리가 함께 나누었던 인터넷 카페는 언제든지 열려 있습니다.
   - 고민이 있거나 하고 싶은 이야기는 언제든지 남겨도 좋습니다.
   - 그리고 좋은 책과 영화, 이야기 등을 게시판에 올리도록 하겠습니다.

마무리하기

1. 오늘 집단에서 느낀 것은 무엇인지 이야기해 본다.
2. 그동안의 활동으로 자신에 대해 알게 된 것은 무엇이었는지 말해 본다.
3. 행복한 학교생활이 되도록 하려면 나는 어떻게 해야 할지 말해 본다.

교사 유의사항

1. 상담의 효과를 지속하기 위한 추수지도의 한 방편으로 인터넷 카페를 계속 운영할 수 있다.
2. 15회기 상담으로 전혀 변화가 없다고 느끼는 집단원에게 관심을 가지고 필요하다면 개인 상담을 계획할 수 있다.

이/야/기/자/료/5 〈고목나무 총각〉

옛날에 할아버지하고 할머니, 이렇게 두 노인이 단둘이 사는 집이 있었대. 두 사람이 농사짓고 사는데, 한 해 겨울에 눈이 너무 많이 와서 그 동네 사람들이 나무를 할 수가 없었어. 그래서 집집마다 땔감이 없어 고생들을 하는데 그 동네에 큰 고목나무가 하나 있거든. 동네 젊은이들이 그 고목나무라도 베어다 때야겠다고 도끼랑 톱이랑 들고 나서는 거야. 할아버지가 그걸 보고는,

"여보게들, 그 나무는 몇 십 년 동안 우리 동네 사람들이 위하던 나무라서 베면 안 되네." 하고 말리거든. 젊은이들이,

"그럼 땔감은 없고 눈은 이렇게 쌓였고, 어떻게 해요?"

하니까 할아버지가,

"정 그렇다면 우리 집 행랑채를 헐어 뜯어다가 나눠 때게. 그 나무는 베지 말고."

하거든. 행랑채는 머슴이 들어 사는 집인데, 그걸 헐어서 기둥이고 서까래고 땔감으로 쓰라는 거지. 그 말을 듣고 할머니가 나와서 말렸어.

"내년 봄이면 머슴을 들여야 할 텐데 행랑채를 헐어 버리면 어떻게 해요? 그깟 고목나무 베다 때든지 말든지 그냥 두지 뭘 그래요?"

그래도 할아버지는 어림없어.

"죽은 나무라면 모를까, 산 나무를 함부로 베면 못 쓰는 거야. 저 나무가 없으면 여름에 동네 사람들이 어디 가서 땀을 식혀. 그러니 아무 소리 말고 우리 집 행랑채를 헐어다 때게나."

그러니까 동네 젊은이들이 그냥 돌아갔어. 그러고 다음 날 할아버지가 행랑채를 비워 주니까 모두들 그걸 헐어서 나눠다가 땔감으로 썼대. 그래서 겨울을 잘 났지.

그렇게 하고 이듬해 봄이 되었거든. 봄이 되니까 이제 농사를 시작해야 된단 말이야. 할아버지, 할머니는 늙어서 농사지을 힘이 없으니까 머슴을 구해다가 농사를 지어야 한단 말이야. 그런데 머슴이 사는 행랑채를 헐어버렸으니 어떻게 해. 아무도 머슴 살겠다고 찾아오는 사람이 없네. 할머니가 걱정이 늘어져서,

"그것 보세요. 행랑채가 없으니 머슴도 못 들이지. 이제 올 농사는 어떻게 할 거예요?"

하고 안달이 났네그려. 할아버지는.

"허허, 머슴이 없으면 우리가 농사짓지."

이러고는 태평일세. 하루는 할아버지가 소죽을 앉혀놓고 들어와서 저녁밥을 먹고 있는데 웬 떠거머리 총각이 와서 아무 말도 없이 소죽을 푸다가 소에게 먹이고 마당도 쓸고, 일을 아주 부지런히 하네그려. 할아버지가 내다보고는,

"자네는 어디서 온 누구인데 우리 집에 와서 그러고 있는가?"

하니까 이 총각이,

"이 집에 머슴 안 둬요? 제가 머슴 살면 안 될까요?"

하거든. 듣던 중 반가운 소리지. 그래서,

"그것 참 고마운 말인데, 우리 집에는 지난겨울에 행랑채를 헐어서 잘 데가 없으니 어떡한다?" 하고 걱정을 했지. 그러니까 이 총각이,

"그것은 걱정 마세요. 저는 낮에 와서 일하고 저녁에는 우리 집에 가서 잘 테니까요."

하거든. 그래서 할아버지가,

"그것도 참 고마운 말인데, 그럼 새경은 얼마나 쳐 줄까?" 하고 물었다네. 새경이라고 하는 것은 머슴에게 주는 품삯이야.

"저는 일도 잘할 줄도 모르고 그저 일 배우는 셈 치고 시키는 일만 할 테니 새경 걱정은 마십시오." 하거든. 그리고 날마다 이 총각이 와서 일을 해 주는데, 일을 참 잘하네. 그러다가 못자리 할 때가 됐는데, 아 이 총각이 좋은 논 다 놔두고 찬물 솟아나는 샘가에다가 못자리를 하거든. 할머니가 그걸 보고서,

"이 사람아, 좋은 논 다 두고 하필이면 찬물에다가 못자리를 하는가. 우리 농사를 망칠 셈인가." 하고 나무라니까, 이 총각이 하는 말이,

"예, 저한테 다 생각이 있어서 그러니, 그저 저한테 맡겨 주십시오. 속는 셈 치고 맡겨 주십시오." 이러거든. 할머니가 그래도 자꾸 안 된다 하니까, 할아버지가 나서서 또 할머니를 달래. "저한테도 생각이 있다니까 가만 둡시다."

그런데 못자리를 하고 나서부터 날씨가 계속 가물더니 논에 물이 다 마르네. 그래서 다른 논에는 못자리 모가 다 말라 죽는데, 이 할아버지네 못자리에는 샘물이 자꾸 솟아나서 모가 아주 잘 자라거든. 모심기를 할 때가 되었는데, 딴 사람들은 모가 없어서 못 심어. 죄다 말라 죽었으니 말이야. 그런데, 이 할아버지 네는 얼마나 모가 잘 되었는지 다 심고도 남아서 온 동네 사람들에게 나누어 주었대. 그래서 온 동네 농사가 다 잘되었어.

그럭저럭 가을이 되어서 추수를 다 하고 나서, 할머니가 늙어서 자꾸 팔다리가 쑤시고 아프다고 하니까, 이 총각이 할머니 팔다리를 주물러 주는데 그렇게 시원할 수가 없더래. 그리고 아픈 것도 다 나았어. 할머니가 아주 기운이 펄펄 나서 돌아다니네.

그리고 이제 추수도 끝나고 농사 일이 없으니까 총각이 하직 인사를 해.

"그동안 일 잘 배우고 갑니다."

그래서 할아버지가, "우리가 신세를 많이 졌는데, 어쨌든 새경이나 받아가지고 가게."

하고 새경을 쳐 주려고 하니까,

"저는 새경을 받으려고 일한 게 아니라, 은혜를 갚으려고 일한 것뿐이니 염려 마십시오. 앞으로도 이 집 농사 잘될 것이고, 할머니 팔다리도 이제 안 아플 것입니다."

하고는 훌훌 떠나 버리네. 이 총각이 바로 고목나무 총각이야. 오래된 나무에는 신령한 힘이 있어서 이렇게 사람 모습이 되기도 한다네. 그 뒤로 마을 사람들은 고목나무를 더 잘 위하고 모두들 농사 잘 짓고 잘 살았더란다.

- 서정오 〈충청남도 민담〉

〈사랑으로, 우정으로〉

초등학교 학교폭력 예방 프로그램 피해 성향 아동용

1. 프로그램의 목표

1) 자기와 타인의 이해를 통한 학교폭력 피해 예방

- 자신과 타인 속에 있는 여러 가지 감정을 인식하기
- 타인의 감정과 태도를 이해하고 존중하는 마음 가지기
- 자신과 타인의 소중함을 알고 서로 존중하는 마음 가지기

2) 주장훈련을 통한 학교폭력 피해 예방

- 학교에서 경험하게 되는 여러 가지 상황 파악하기
- 주장적 행동 특성 이해하기
- 자기주장 행동 탐색하기

3) 바람직한 사회적 기술을 통한 학교폭력 예방

- 다양하고 적절한 사회적 기술 훈련하기
- 공감적 언어표현의 중요성과 방법 인식하기
- 주장적 표현으로 문제를 해결하는 능력 기르기

4) 갈등을 올바로 인식하고 적절한 문제 해결 방법을 통한 학교폭력 피해 예방

- 갈등을 올바로 인식하는 능력 기르기
- 갈등 문제 해결 연습하기

2. 프로그램의 구성

이 연구에서 개발한 초등학교 폭력 예방 프로그램 〈사랑으로, 우정으로-피해 성향 아동용〉은 초등학교 아동 중 폭력 피해 성향을 지닌 아동의 폭력 피해 가능성을 줄여 사전에 학교폭력을 예방하고자 하는 데 그 목적이 있다. 프로그램 구성을 위하여 초등학교폭력 양상과 과정이 분석되었고 폭력 유형별 가해 및 피해자의 심리적 특징을 파악하여 이론적 기초를 마련하였다.

프로그램 구성을 위한 기초 연구에서 피해 아동의 심리적 특징은 낮은 자아존중감, 낮은 자기효능감, 낮은 자기표현력, 무기력, 낮은 자기 주장성, 사회적 기술 부족과 고립, 그에 따른 부적절한 갈등 문제 해결 방식을 들 수 있다. 이에 프로그램의 목표는 [그림 15-2]와 같이 자기/타인 이해와 주장훈련, 사회적 기술 훈련, 적절한 갈등 문제 해결이라는 목표를 가지게 된다. 낮은 자아존중감과 자기효능감의 향상을 위해 자기/타인 이해 활동, 낮은 자기표현력, 무기력을 수정하고 주장성을 향상하기 위해 주장훈련을, 사회적 기술 부족으로 인한 고립 행동을 개선하기 위한 사회적 기술 훈련, 그리고 갈등 인식과 문제해결력을 기르기 위하여 적절한 갈등문제 해결 활동 등을 프로그램의 주요한 구성요소로 삼았다.

이 프로그램은 10~15명을 대상으로 하는 집단상담 프로그램이며, 기본적으로는 전체 활동을 모두 시행하여야 하나, 문제 사안에 따라 구성 요소별로 분리하여 사용할 수 있다.

프로그램의 모든 상담 활동은 자신의 특성과 문제를 지각하는 것에서 출발한다. 따라서 자기를 이해함과 동시에 타인을 이해하고 타인을 이해함과 동시에 자기상에도 변화가 오게 마

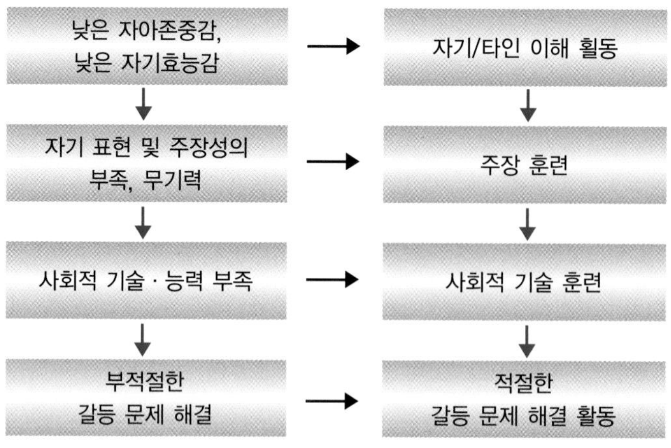

[그림 15-2]

련이다. 주장훈련 단계는 아이들이 주장 행동의 의미를 알고, 주장 훈련 방법을 탐색하도록 하였다. 이어지는 사회적 기술 훈련은 대화 또는 공감의 기술을 익히는 영역이다. 대화는 분노를 조절하고 난 뒤에 이루어지기 때문이며 사회적 기술 훈련의 주목표는 공감력과 수용력이 된다. 이러한 일련의 활동을 훈습하는 단계가 갈등 인식 및 문제 해결 영역이다. 앞서 행한 자기/타인 이해를 바탕으로 자신의 처한 학교폭력 피해 상황을 적절하게 탐색하고 공감과 자기 주장적 방법으로 갈등 문제를 해결하고 나면 활동이 종결된다.

3. 프로그램의 내용과 방법

〈사랑으로, 우정으로〉 프로그램을 운영하는 방법으로 기존의 인지적 측면을 강조한 청소년용 프로그램을 지양하고 초등학생의 특성에 맞게 다양한 활동과 체험을 적용하였다. 주요 활동으로는 공감 기술 훈련, 역할놀이, 상호 이야기하기, 게임 등이 있다.

각 프로그램의 내용 제시는 활동지도안, 이해자료, 학습(활동)지, 읽기 자료, 과제제시 자료 등으로 구성되어 있으며 활동지도안에는 활동제목, 활동영역, 활동목표, 대상학년, 준비물 등을 기본적으로 제시하나 집단 크기는 10~15명이므로 프로그램 활동지에는 기록하지 않는다. 이어 '활동순서'와 '마무리하기' '교사 유의 사항'이 차례대로 제시된다. 각 구성 영역별 구체적인 주제와 관련 활동 내용은 〈표 15-2〉와 같다.

〈표 15-2〉

구성 영역	구성 내용	회기	주제	세부 활동
도입	상호 친밀감과 신뢰감 형성하기	1	마음의 창을 열고	• 상호 친밀감을 위한 게임하기 • 별칭 짓기를 통해 자기소개 하기
자기/타인 이해	자신/타인을 이해하고 수용하기	2	감정 놀이	• 자신과 타인 속에 있는 여러 가지 감정 인식하기
	자신/타인을 이해하고 수용하기	3	나는 소중한 사람	• 주전자 명상 및 자기 명상(내가 잘하는 것, 나의 장점 찾기)
	자신/타인을 이해하고 수용하기	4	난 이런 사람이야	• 잡지에서 자신을 나타내는 것 같은 사진을 골라 꾸민 후 사진을 이용하여 자신이 잘하는 것, 못하는 것, 자신에게서 바꾸고 싶은 것이나, 발전시키고 싶은 것, 되고 싶은 것이나 소망 등을 이야기해 보기

주장 훈련	학교에서 경험하게 되는 여러 가지 상황 파악하기 (공감대 형성)	5	우리의 생활	• 신체 조각놀이를 통해 학교에서 자주 경험하는 여러 가지 상황을 탐색하고 그때의 느낌이나 생각 등을 서로 나누기
	주장적 행동 특성 알기	6	나를 나타내어요	• 주장적 행동 특성 이해하기 • 역할놀이를 통하여 소극적 행동, 공격적 행동, 주장적 행동 변별하기
	주장 행동 탐색하고 연습하기	7	더 이상 나를 괴롭힐 수 없다	• 힘 조절 줄다리기, 도움 줄다리기를 통해 자기주장 행동 연습하기
	주장 행동 연습하기	8	몸과 생각과 기분은 친구래요	• 주장적 행동에 도움이 되는 복식 호흡과 간단한 이완법 익히기
사회적 기술 능력	다른 사람과 함께 하는 즐거움 알기	9	함께하면 즐거워요	• 짝활동과 집단 창작 및 역할놀이를 통해 함께 하는 즐거움 알기
	또래관계 방법 익히기	10	마법의 칭찬	• 놀이를 통해 칭찬을 주고받는 방법 익히기
	또래관계 방법 익히기	11	너의 거울이 되어 줄게	• 공감과 수용에 대해 이해하고 연습하기 • 과제: 사이버 게시판에 서로 공감해 주는 글쓰기
	또래관계 방법 익히기	12	먼저 말을 걸어요	• 활동자료 〈나라면 어떻게 할까요?〉를통해 친구에게 관심을 보이고 말을 거는 방법 알기
갈등 인식 및 문제 해결	여러 가지 사회적 기술을 적용하여 갈등 문제 해결하기	13	스스로 해결해 보아요 1	• 〈내 짝꿍 최영대〉 이야기를 읽고 문제 해결 방법 탐색하기 • 문제 해결 과정 극화하고 공연 연습하기
	여러 가지 사회적 기술을 적용하여 갈등문제 해결하기	14	스스로 해결해 보아요 2	• 〈내 짝꿍 최영대〉공연하기
상담 종결	자신의 변화를 확인하고 타인의 변화에 긍정적 반응해 주기	15	이제 나도 할 수 있어요	• 〈내 짝꿍 최영대〉 공연, 비디오로 감상하기 • 촉진 놀이를 통한 다 같이 하는 축제. 기념 촬영

4. 프로그램 활용 준비

1) 인터넷 홈페이지 개설 및 활용

이 프로그램을 진행하는 동안 온라인 상담이 병행될 수 있도록 홈페이지 개설 및 활용을 권장한다. 방법은 아이들에게 익숙한 유명 포털사이트에 간단한 카페를 만드는 것이다. 카페 이름과 주소를 정하고, 비공개/초대한 회원만 가입 가능하도록 설정하면 된다. 처음에는 회기 중 나누지 못한 소감문, 자기소개 등의 글을 올리도록 하고 2~3회기 이후로 집단지도자가 과제를 제시하여 주고 과제 수행 결과를 게시판에 올려 집단원 간에 피드백을 주고받을 수 있도록 하였다. 이때 악의성 글이나 바르지 못한 언어 사용은 하지 않도록 강하게 주의를 주어야 한다. 프로그램에 활용되는 이야기 자료나 추천 도서 등을 미리 올려놓거나 과제 제시를 수시로 확인할 수 있다는 이점도 있다.

2) 모둠 구성

프로그램에 참여할 집단은 피해 성향 아동 검사지 또는 교사의 관찰을 통해 선별한 다음 능동적으로 참여 의사를 가지고 동의서를 제출한 10~16명으로 구성한다. 가능한 한 짝수로 구성하는 것이 활동을 진행하거나 짝활동 시 효과적이다.

3) 프로그램 진행자

이 프로그램은 피해 성향을 지닌 아동이 대상이며 다양한 시청각 자료와 활동이 있기 때문에 1명 이상의 보조 진행자를 활용하는 것이 효과적이다. 한 사람이 프로그램의 주 진행을 맡으면 다른 한 사람은 영상자료, 음악, 게임 도구 등을 준비하거나 또는 개인 활동이나 주의산만으로 프로그램의 흐름을 방해하는 아동을 사전에 격려하고 도울 수 있다. 공감훈련의 경우, 처음에는 집단원이 스스로 하기에 어려움이 많기 때문에 보조진행자가 분담하여 도와준다면 프로그램의 효과를 높일 수 있다.

<학교폭력 피해 성향 아동용 프로그램>

1회기_도입 및 자기이해

마음의 창을 열고

활동목표	집단의 분위기와 규칙을 익히고 다른 사람도 자신과 비슷한 마음을 가지고 있다는 것을 안다.	영역	도입 및 자기이해
준비물	도화지(또는 A4 용지), 크레파스, 유성 매직(12색), 이름표	대상학년	4, 5, 6학년

활동순서

1. 촉진 게임
2. 별칭을 지어 발표하며 프로그램에 참여하게 된 동기 및 느낌, 기대 등을 돌아가며 이야기한다. 이야기가 끝난 후 박수로 환영한다.
3. 오늘 활동을 통하여 느낀 점을 이야기해 보도록 한다.

마무리하기

1. 앞으로 즐거운 활동이 될 수 있도록 다 같이 손을 모으고 파이팅을 외쳐 본다.

교사 유의사항

1. 촉진게임을 충분히 하여 집단원 간에 자연스럽게 친해지도록 하고 집단의 분위기에 익숙해지도록 한다.
2. 집단에 처음 참여하는 감정을 충분히 수용하여 주고, 자신뿐 아니라 다른 사람도 기대나 두려움을 모두 가지고 있음을 알도록 한다.
3. 모든 활동에 억지로 참여시키지 말고 자연스럽게 참여할 수 있게 한다.

2회기_자기/타인 이해

감정 놀이

활동목표	여러 가지 감정에 대해 표현해 보고 표현하기 쉬운 감정과 표현하기 어려운 감정을 살펴본다.	영역	자기/타인 이해
준비물	이름표, A4용지, 시각 표시 종이, 테이프	대상학년	4, 5, 6학년

활동순서

1. 아이들을 환영한 후 앞 회기에서 했던 놀이를 한 번 더 하면서 부드러운 분위기를 조성한다.
2. 〈무궁화 꽃이 춤을 춥니다〉 놀이를 하면서 여러 가지 감정 단어를 제시하고 각각의 감정을 표현해 보게 한다.
3. 상담실 바닥에 가상의 시계를 설정해 놓고, 하루 중 자신이 가장 좋아하는 시간에 가서 서게 한 뒤 그때의 기분과 그 이유를 설명해 보게 한다. 또 가장 싫어하는 시간과 그때의 기분, 그 이유를 설명해 보게 한다.
4. 활동을 통하여 느낀 점을 적고 이야기해 본다.

마무리하기

1. 우리에게 좋은 감정과 나쁜 감정이 모두 다 있는 것에 대해 어떻게 생각하는지 이야기해 본다.

교사 유의사항

1. 자신뿐 아니라 다른 사람도 자신과 같은 감정을 가지고 있으며 감정 표현에 어려움을 느끼는 부분이 있음을 알고 서로 공감하고 이해하는 자세를 가질 수 있도록 안내한다. 뿐만 아니라 나와 다른 사람 모두 좋은 면과 나쁜 면을 동시에 가지고 있다는 것을 알고 이를 수용할 수 있도록 안내한다.

3회기_자기/타인 이해

나는 소중한 사람

활동목표	자신에게 잘하는 것이 있음을 알고 자신감을 가질 수 있다.	영역	자기/타인 이해
준비물	찌그러진 주전자(그림), 활동지, 필기구	대상학년	4, 5, 6학년

활동순서

1. 찌그러진 주전자(그림)를 보고 주전자의 좋은 점을 가능한 많이 적어 보도록 하고 돌아가면서 발표하고 찌그러진 주전자(그림)를 통해 느낀 점을 이야기해 보도록 한다.
2. 자신의 장점, 자신이 감사하게 느끼는 것, 잘하는 것 등을 가능한 많이 찾아 종이에 쓰고 돌아가면서 발표해 본다.

마무리하기

1. 자신의 장점, 감사하게 느끼는 것, 잘하는 것 등을 생각해 보고 자신에 대해 어떤 생각이 드는지 이야기해 본다.

교사 유의사항

1. 자신에 대해 가능한 긍정적인 생각을 가질 수 있도록 안내하고 자신이 소중한 존재라는 점을 알 수 있도록 안내한다.

■ 찌그러진 주전자

1. 찌그러진 주전자를 보고 주전자의 좋은 점, 쓸 방법을 찾아 써 봅시다.

- 주전자로 찻물을 끓일 수 있으니 좋다.
- 체육시간에 주전자에 물을 담아 운동장에 줄을 그을 때 사용하면 편리하다.
- 붕어빵 반죽을 넣어서 붕어빵을 구울 때 사용하기 편리하다.

1. ______________________________

2. ______________________________

3. ______________________________

4. ______________________________

5. ______________________________

2. 자신의 장점, 감사하게 생각하는 것, 잘하는 것 등을 가능한 많이 떠올려 적어 봅시다. '나는 ~이다' '나는 ~하다' '나는 ~한다' '나는 ~할 수 있다' '나는 ~를 좋아한다' '나는 ~에 대해 감사하게 생각한다' '나는 ~가 있어 감사하다' '나에게는 ~가 있다' 와 같이 각자 자기를 나타내는 말로 짧은 문장을 써 보세요.

1) 나는 ______________________________ 이다.

2) 나는 ______________________________ 하다.

3) 나는 ______________________________ 한다.

4) 나는 ______________________________ 할 수 있다.

5) 나는 ______________________________ 를 좋아한다.

6) 나에게는 ______________________________ 가 있어 감사하다.

7) ______________________________

8) ______________________________

9) ______________________________

10) ______________________________

4회기_자기/타인 인해

난 이런 사람이야

활동목표	자신의 특성을 찾아보고 표현 할 수 있으며 프로그램을 통해 변화되고 싶은 자신의 모습을 찾을 수 있다.	영역	자기/타인 인해
준비물	여러 가지 생활모습이 담겨 있는 잡지, 가위, 풀, 큰 마분지 또는 A4 용지, 필기도구	대상학년	4, 5, 6학년

활동순서

1. 촉진 게임
2. 교사가 먼저 잡지를 넘기면서 자기 자신의 감정이나 행동을 나타낸다고 생각되는 사람의 사진을 찾아 그것이 왜 자신을 표현해 주는 사진인지 설명한다.
3. 아이들이 잡지를 보면서 '자기 자신을 나타내는 것 같은 사진(1~2장)' 을 오려낸 다음 마분지에 붙이도록 한다.
4. 서로 보여 주면서 설명한다.

마무리하기

1. 자기 자신에 대해 제일 좋아하는 것은 무엇인가요 ?
2. 자신에 대해 발전시키거나 바꾸고 싶은 것은 무엇인가요 ?
3. 다른 사람의 설명을 들으면서 무슨 생각을 했나요
4. 우리는 서로 어떻게 비슷한가요 ?
5. 우리는 서로 어떻게 다른가요 ?

교사 유의사항

1. 활동을 할 때 자신의 고치고 싶은 점, 특히 본 프로그램에 참여하면서 변화되고 싶은 점에 대해 충분히 이야기하도록 안내한다.

활/동/자/료/2

별칭 (   )

1. 자신을 잘 나타내는 것 같은 사진 1~2장을 오려낸 다음 활동지에 붙이고 왜 자신을 잘 표현해 주는 사진이나 그림인지 말해 보세요.

2. 자신이 잘하는 것과 잘하지 못하는 것, 자신에게서 바꾸고 싶은 점이나 발전시키고 싶은 점, 되고 싶은 것이나 소망을 적어 보세요.

- 자신이 잘하는 것

- 자신이 잘하지 못하는 것

- 자신에게서 바꾸고 싶은 점이나 발전시키고 싶은 점

- 자신이 되고 싶은 것이나 소망

5회기_주장 훈련

우리의 생활

활동목표	학교에서 자주 경험하는 여러 가지 상황을 탐색하고 그때의 느낌이나 생각 등을 서로 나눌 수 있다.	영역	주장 훈련
준비물	활동지, 연필, 지우개	대상학년	4, 5, 6학년

활동순서

1. 가위바위보 놀이: 둘씩 짝을 지어 가위 바위 보를 하여 이긴 사람이 진 사람의 머리를 눌러 조금씩 몸을 낮추게 하여 마지막에 먼저 엉덩이가 땅에 닿는 쪽이 진다.
2. 조각가와 조각(2인 1조) 가위바위보 놀이에서 이긴 사람은 조각가가 되고 진 사람은 조각 작품이 되어 조각가 마음대로 조각을 하도록 해 본 다음 한 팀씩 돌아가며 조각가가 작품 설명을 하고 다 같이 'redy go' 신호와 함께 정지해 있던 조각 작품이 살아서 조각가의 의도대로 움직이는 놀이를 한다.
3. 집단을 둘로 나누어 학교나 학교 주변에서 자주 경험하는 괴롭힘 상황이나 갈등 상황을 적은 쪽지 중 하나를 뽑아 집단 조각으로 나타낸 후 'redy go' 신호와 함께 대사와 동작을 하면서 역할극을 해 본다.

마무리하기

1. 학교에서 괴롭힘이나 갈등 상황에서 자신은 어떻게 행동하며 그때의 마음이 어떤지 이야기해 본다.

교사 유의사항

1. 역할 배정은 아이들의 자원으로 하고 역할을 억지로 맡기지 않도록 한다.

●●● 활/동/자/료/3

별칭 (   )

1. 학교나 학교 주변에서 자주 경험하는 괴롭히는 상황이나 걱정하는 상황은? (학교나 학교 주변에서 친구나 형이 어떻게 할 때 괴롭거나 걱정, 고민이 생깁니까?) : 한두 가지만 적어 보세요.

2. 학교나 학교 주변에서 자주 경험하는 괴롭히는 상황이나 걱정하는 상황이 생길 때 나는 어떻게 행동하며, 그때의 마음은? 학교나 학교 주변에서 친구나 형들이 어떻게 할 때 괴롭거나 걱정, 고민이 생길 때 나는 어떻게 행동하며, 그때의 마음은?

6회기_주장 훈련

나를 나타내어요

활동목표	주장적, 공격적, 소극적 행동의 의미를 이해하고, 주장적, 공격적, 소극적 행동을 변별할 수 있고 자신의 행동을 평가할 수 있다.	영역	주장 훈련
준비물	〈이웃집 순이〉 노래 유인물, A4 용지, 필기구	대상학년	4, 5, 6학년

활동순서

1. 〈이웃집 순이〉 노래를 4절까지 배워 본다.
2. 모둠을 세 모둠으로 나누어 각각 노래의 일부를 맡아 역할극으로 준비해 주인공의 행동의 특성을 토의해 본다.
3. 1절부터 4절까지의 가사의 내용을 가지고 순서대로 역할극을 해 본 후 각 절에 나타난 주인공의 행동을 소극적 행동, 공격적 행동, 주장적 행동과 연관 지어 각 행동의 특징을 설명하고, 어떤 행동이 가장 바람직한 행동일까에 대해 토의한다.

마무리하기

1. 〈이웃집 순이〉 노래를 4절까지 불러 본 후 주장적 행동의 필요성에 대해 이야기해 본다.

교사 유의사항

1. 소극적 행동, 공격적 행동, 주장적 행동에 대해 너무 전문적인 설명을 하지 않도록 하고 따로 변별 연습은 하지 않는다.

활/동/자/료/4

■ 이웃집 순이

〈1절〉

이웃집 순이 우리 엄마보고 할매라고 놀렸다.

잠이 안 온다. 내일 아침 먹고 따지러 가야겠다.

▶ 순이가 우리 엄마를 할매라고 놀리는 것이 싫었음.
그런데도 싫다고 말하지 못하고 참기만 했는데 분해서 밤에 잠이 안 옴.

▶ 소극적 행동 1. 자신의 입장이 있음에도 밝히지 않는다.

〈2~3절〉

따지러 갔다 매만 맞고 왔다 신나게 맞았다.

잠이 안 온다. 내일 아침 먹고 태권도 배워야지.

태권도 배워 따지러 갔다. 신나게 때렸다.

잠이 안 온다. 내일 아침 먹고 다락에 숨어야지.

▶ 전날에는 아무 소리 못하고 있었다가 이제는 반대로 따지고 때렸다.
하지만 분이 풀리기는 불안하기만 하다.

▶ 공격적 행동 1. 폭력적인 행동을 하게 된다.
2. 분노로 표현한다.

〈4절〉

다음 날 아침 사과하러 갔다 서로 사과하였다.

잠이 잘 온다. 내일 아침부터 사이좋게 지내야지.

▶ 때린 것에 대해 먼저 사과한 후 이번에는 화를 내며 따지거나 때리지 않고 순이가 놀렸을 때 기분이 어땠는지 이야기하고 앞으로 그런 장난을 하지 말라고 이야기 하자 순이도 미안하다며 사과하였다.

▶ 주장적 행동 1. 상대방에게 자신의 입장을 설명한다.
2. 상대방의 입장도 생각하면서 내 요구를 한다.
3. 상대방이 내 입장을 받아들이지 않더라도 화내지 않는다.

7회기_주장 훈련

더 이상 나를 괴롭힐 수 없다

활동목표	괴롭힘 상황에서의 주장적인 말과 행동을 연습한다.	영역	주장 훈련
준비물	여러 가지 색깔 천 또는 줄다리기 줄	대상학년	4, 5, 6학년

활동순서

1. 힘 조절 줄다리기: 두 사람씩 줄을 잡고 서로 줄다리기를 하되 교사의 지시에 따라 줄을 당기는 힘을 조절해 가며 서로 상대방과 교감을 하면서 줄다리기를 한다. 이를 통해 상대를 배려하는 자세를 가지고 다음 활동을 위해 몸과 마음이 준비될 수 있도록 한다.
2. 자기주장을 하지 못하고 늘 당하기만 하는 친구를 도와 줄다리기 놀이하기

마무리하기

1. 주장적인 말과 행동을 연습해본 소감에 대해 이야기해 본다.

교사 유의사항

1. 상황을 두세 가지 제시하여 가능한 모든 아이가 주장적인 말과 행동을 이용하여 줄다리기 놀이를 할 수 있도록 한다.

활/동/자/료/5

교사가 학생들 앞에서 줄로 이용할 천을 적당히 펼쳐 들고 서서 앉아 있는 학생들에게 설명한다.

교　사: 자, 우리 지난주에 소극적인 행동과 공격적 행동 그리고 주장적인 행동에 대해 알아보았는데 오늘은 줄다리기 놀이를 통해 주장적인 행동이란 무엇인지 알아볼까요?

교　사: 자, 그럼 여기 늘 친구들로부터 듣기 싫은 별명으로 놀림을 당하는 친구가 있어요. 그런데도 친구들에게 싫다는 말 한마디 못 하고 늘 당하기만 하네요. 누가 나와서 이 친구의 역할을 한 번 해 볼까요?

교 사: (자원하는 학생을 앞으로 불러내고 줄의 한쪽 끝을 잡게 하고) 자, 여기 이 줄의 끝을 잡으세요. 그리고 나는 반대쪽 끝을 잡을 거예요. 그리고 나와 줄다리기를 하는 거예요. 내가 별명을 부르면서 줄을 당기면 아무 말도 못 하고 그저 힘없이 끌려오는 거예요.
(교사가 줄의 한 쪽 끝을 잡은 채 줄을 잡아 당겼다 놓으며) 야! 개미핥기! 너 엄청 웃기게 생겼다!

자원자: (아무 말도 하지 못하고 교사가 줄을 당기는 대로 힘없이 끌려 다닌다.)

교　사: (줄을 느슨하게 늘어뜨리며) 자, 여러분 이 친구 보기에 어때요?

교　사: (학생들에게 말을 할 수 있는 기회를 주고 나서) 자, 그럼 어떻게 해 볼까? 여러분이 이 친구를 좀 도와줘 볼까요? 한 사람 나와서 이 친구를 대신해서 이 친구의 속마음을 크게 말해 주는 거예요.

학생을 돕기 위한 자원자가 나오면 처음의 학생은 줄의 가운데를 잡게 하고, 줄의 양쪽 끝을 교사와 새로운 자원자가 잡은 채, 새로 나온 자원자가 아무 말도 하지 못하고 끌려 다니기만 하는 학생을 위해 주장적인 말로 도와 보도록 한다.

그리고 차츰 한 명씩 학생을 돕는 자원자들을 계속 나오게 하여 줄다리기를 계속한다. 이때 교사는 계속 아이들에 대항하여 반론을 제기하고, 아이들로 하여금 차례대로 주장적인 말을 여러 번 해 보게 한다.

마지막으로 아이들이 한꺼번에 주장적인 말을 외치며 주인공을 도와 줄을 당기면 교사는 힘을 빼고 끌려가며 줄을 놓아 아이들이 이기도록 하면서 줄다리기를 마무리한다.

8회기_주장 훈련

몸과 생각과 기분은 친구래요

활동목표	주장적 행동에 도움이 되는 복식 호흡과 간단한 이완법을 익힌다.	영역	주장 훈련
준비물	이완 훈련 안내 유인물	대상학년	4, 5, 6학년

활동순서

1. 고양이와 쥐, 얼음 땡 놀이, 술래잡기 등의 땀이 나고 적당히 숨이 찰 정도의 신체 활동을 한다.
2. 신체활동 후 바닥에 누워 숨고르기를 시킨다.
3. 그대로 눈을 감은 채 조용한 음악을 들려주며 교사의 지시에 따라 복식 호흡과 이완 훈련을 간단히 실시한다.
4. 눈을 뜨고 바로 앉아 방금 한 활동이 주는 느낌이 대해 이야기를 해 본다.
5. 앞의 활동이 복식 호흡과 이완 훈련임을 알려 주고 이것이 주장적 행동이 어렵고 위축되기 쉬운 상황에서 몸과 마음을 편안하게 하여 주어 주장적 행동을 하는 데 도움이 됨을 설명한다.

마무리하기

1. 이완 훈련을 다시 한 번 연습해 본 후 각자 더 연습해 보도록 과제로 제시한다.

교사 유의사항

1. 이완훈련을 전문적으로 실시하지 말고 간단하게 실시하고 그것을 집에서 연습해 보도록 안내한다.

●●● 활/동/자/료/6

내가 고른 장면은?	예: 우주를 떠다니기	
매일 매일	몇 분 동안 했나?	얼마나 편안했나? (0~100점)
월요일	분	
화요일	분	
수요일	분	
목요일	분	
금요일	분	
토요일	분	
일요일	분	

날마다 해 봤나요? 어때요?

9회기_사회적 기술

함께하면 즐거워요

활동목표	다른 사람과 함께하는 즐거움을 안다.	영역	사회적 기술
준비물	여러 종류의 음악(배경음악용), A4 용지, 연필, 여러 가지 색깔의 천	대상학년	4, 5, 6학년

활동순서

1. 원으로 둥글게 서서 고리 풀기 놀이를 한다. 그리고 오늘은 여러 사람이 함께 힘을 모아야만 할 수 있는 놀이를 해 보자고 제안한다.
2. 손을 맞잡고 동시에 일어서기(둘, 셋, 넷, 다섯, 전체로 사람 수를 늘려서 실시해 본다.)
3. 아이들을 두세 모둠으로 나누어 먼저 한 사람이 한 문장을 만들고 다음 사람이 이어서 다음 문장을 만드는 식으로 계속 이어 가면서 하나의 집단 창작 동화를 만들어 보게 한다.
4. 앞에서 만든 이야기를 극화하여 본다. (공연을 목적으로 하지 않고 극화해 보는 것 자체로 활동을 마무리한다.)
5. 가족, 친구 등 다른 사람과 함께 놀이나 일 등을 할 때의 좋은 점에 대해 이야기해 본다.

마무리하기

1. 함께하면 좋은 점에 대해 이야기를 한다.

교사 유의사항

1. 집단 창작 동화의 내용은 굳이 교훈적일 필요가 없으며 아이들이 마음대로 짓도 록 허락한다.
2. 극화활동을 위해 소품을 준비하고 대사를 외우는 데 시간을 쓰지 않도록, 소품은 색깔 천 등으로 최소화하고 대사는 즉흥적으로 하도록 안내한다.

10회기_사회적 기술

마법의 칭찬

활동목표	또래에게 칭찬을 할 수 있다.	영역	사회적 기술
준비물	방석, A4 용지, 필기도구, 카페 주소 (http://cafe.daum.net/oojung2007)	대상학년	4, 5, 6학년

활동순서

1. 도입 활동으로 술래를 정하여 벌칙을 주기로 하고 술래를 정하는 놀이(예: '당신의 이웃을 사랑하십니까?')를 한다. 술래가 정해지면 교사는 집단과 술래 모두에게 의외의 벌칙을 제안한다. 벌칙은 집단원 모두가 돌아가며 술래에게 칭찬의 말을 해주는 것이며 이때 칭찬을 받은 술래는 자신에게 칭찬을 해 준 사람에게 "고마워, 그리고 너도 ~ 해."라고 칭찬을 되돌려 주도록 한다.
2. 칭찬을 주고받는 활동을 통해 느낀 점을 서로 이야기해 본다.
3. 아이들에게 자신을 제외한 다른 아이들의 수만큼의 종이를 나누어 주고 각각의 종이에 각각의 아이들에게 줄 칭찬의 말을 적게 한다.
4. 칭찬의 말을 다 적으면 한 사람씩 차례대로 직접 칭찬 쪽지를 전달해 주는 시간을 가진다. 즉, 먼저 한 사람이 집단 가운데로 나와서 직접 칭찬의 말을 들려주고 싶은 한 사람을 초대하여 모든 사람 앞에서 쪽지에 적힌 대로 칭찬의 말을 들려주고 쪽지를 전해 주도록 한다. 칭찬을 받은 사람은 '고맙다'는 말로 감사를 표하고, 자신도 다음 사람을 초대하여 칭찬을 들려주며 칭찬 쪽지를 전달한다. 이와 같은 식으로 마지막까지 모두가 서로 칭찬을 주고받을 수 있도록 한다.
5. 칭찬을 하고 또 칭찬을 받았을 때의 느낌을 나눈 후 나머지 칭찬 쪽지를 서로에게 전달해 주도록 한다.

마무리하기

1. 과제로 가족이나 친구들에게 칭찬을 해 주고 난 후 소감을 사이버 상담실(카페)에 올리도록 안내한다. 그리고 집단원에 대해 더 칭찬하고 싶은 것이 있으면 사이버 상담실의 '칭찬합시다' 코너에 프로그램이 마칠 때까지 언제든지 글을 올릴 수 있음을 안내한다(http://cafe.daum.net/oojung2007).

교사 유의사항

1. 집단이 첫 번째 활동에 흥미를 보일 경우는 굳이 다음 활동으로 넘어갈 필요 없이 모든 집단원이 골고루 술래가 되어 칭찬을 받을 수 있도록 할 수 있다.

●●● 예/시/자/료/1

■ 사이버 카페 (http://cafe.daum.net/oojung2007)

11회기_사회적 기술

너의 거울이 되어 줄게

활동목표	다른 사람의 감정을 수용하고 그것을 전달할 수 있다.	영역	사회적 기술
준비물	학습지, 이야기 자료, 음악 CD, 연필	대상학년	4, 5, 6학년

활동순서

1. 음악에 맞추어 스트레칭 따라하기, 짝을 지어 음악에 맞추어 짝이 이끄는 대로 움직여 보기(짝끼리 역할 교대하여 한 번 더 해 본다.)
2. 공감과 수용에 대한 강의: 촛대와 촛불의 형식 설명하고 연습하기(연습지 풀어 보기)
3. 〈당신의 이웃을 사랑하십니까?〉 놀이를 하면서 술래가 된 사람과 교사가 먼저 공감 연습 시범을 보인 후 다른 아이들도 옆에 있는 짝과 서로 인사를 하고 서로 최근의 경험을 이야기하고 공감, 수용하는 연습을 해 보게 한다. 서로 공감 연습을 다 해 본 후 다시 놀이를 진행하고 새로운 짝과 공감 연습을 해 본다.
4. 활동 내용에 대한 소감을 나눈다.

마무리하기

1. 친구의 말을 듣고 "~해서 ~했다는 말이구나."와 같은 감정을 반영해 주는 말을 해 본다.

교사 유의사항

1. 보조 교사가 있으면 두세 모둠으로 나누어서 공감 연습을 하면 대집단으로 하는것보다 효과적일 수 있다.
2. 공감 연습이 어색하고 어려울 수 있으므로 연습에 너무 치중하지 말고 자연스럽게 교사의 시범을 아이들이 관찰할 수 있도록 한다.
3. 사이버 상담실(카페)의 공감 연습 코너를 적극 활용한다.

예/시/자/료/2

도입 시 들려 줄 음악: 〈세상의 모든 음악 3〉 중 5번 'Varsong - Anne Vada'

활/동/자/료/7

■ <촛대 + 촛불>

기본 공식: $\frac{\text{\textasciitilde 하기 때문에}}{\text{(촛대)}}$ $\frac{\text{\textasciitilde 하게 느끼는 구나.}}{\text{(촛불)}}$

(예) 1. 아빠가 퇴근길에 나의 생일을 잊지 않고 선물과 케이크를 사들고 집에 왔을 때 (촛대: 정서의 배경) …// 눈물이 날 만큼 고마웠다(촛불: 정서).

2. 아빠가 퇴근할 때 어깨가 축 처진 채 집에 들어온 모습을 보니 // 마음이 아프다.
3. 텔레비전에서 나쁜 어른들이 뇌물을 받았다는 뉴스를 보고 // 화가 치밀었다.
4. 엄마가 맛있는 음식을 해 주셔서 // 감사하다.
5. 내가 외롭고 힘들 때 먼저 다가와서 따뜻하게 위로해 주는 친구가 있어 // 행복하다.

〈연습〉

1. ______________________________ 하니 __________ 하다.

2. ______________________________ 하니 __________ 하다.

3. ______________________________ 하니 __________ 하다.

4. ______________________________ 하니 __________ 하다.

5. ______________________________ 하니 __________ 하다.

먼저 말을 걸어요

활동목표	또래에게 먼저 관심을 보이면서 말을 걸 수 있다.	영역	사회적 기술
준비물	활동지(나라면 어떻게 할까요?), 연필	대상학년	4, 5, 6학년

활동순서

1. '손님 모셔오기 놀이'를 한 후 다른 사람에게 먼저 다가가는 것의 어려움과 중요성에 대해 이야기한다.
2. 토의 자료: 나라면 어떻게 할까요? ('어린이를 위한 심리학 2, 왜 나만 미워 해!', 박현진, 천둥 거인, pp. 58-59, 60-61)를 두 모둠으로 나누어 역할극으로 꾸며 본다.
3. 친구에게 먼저 관심을 보이고 말을 거는 방법에 대해 이야기해 본다.
4. 활동한 느낌을 나눈다.

마무리하기

1. 친구에게 먼저 관심을 보이고 말을 거는 방법에 대해 이야기해 본다.

교사 유의사항

1. 친구들에게 먼저 말을 거는 것에 대해 아이들이 어떻게 느끼는지, 자신의 경험을 중심으로 토의를 할 수 있도록 한다.

●●● 활/동/자/료/8

■ 나라면 어떻게 할까요?

여러분은 이 친구에게 뭐라고 해 줄래요?

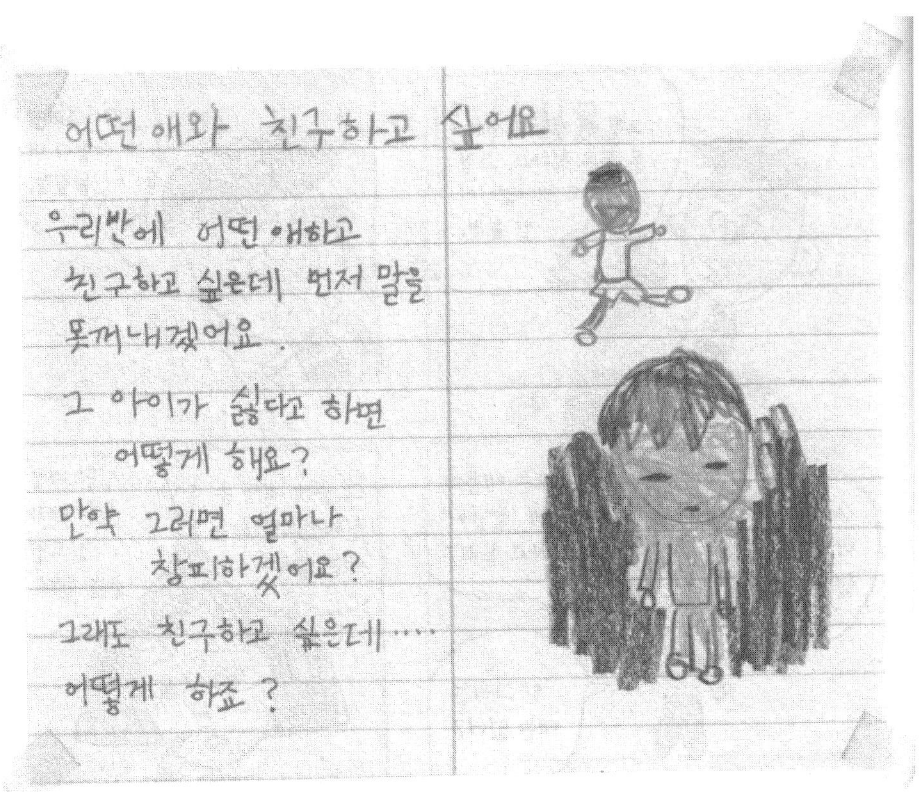

어떤 애와 친구하고 싶어요
우리반에 어떤 애하고 친구하고 싶은데 먼저 말을 못꺼내겠어요.
그 아이가 싫다고 하면 어떻게 해요?
만약 그러면 얼마나 창피하겠어요?
그래도 친구하고 싶은데….
어떻게 하죠?

그래도 용기를 내 봐.

한번 해 보는 거지 뭐.

나도 그랬는데. 걔가 싫다고 하면 무안할 것 같아서
나도 말을 못했어.

그런데 난 다행히 그 친구가 먼저 나한테 말을 걸더라.

여러분은 이 친구에게 뭐라고 해 줄래요?

스스로 해결해 보아요 1

활동목표	괴롭힘을 당하는 상황에서 효과적으로 대처하는 방법을 알고 역할 연기를 통해 구체적으로 연습할 수 있다.	영역	갈등 인식 및 문제 해결
준비물	이야기 자료(내 짝궁 최영대), 활동지, 연필	대상학년	4, 5, 6학년

활동순서

1. 지난 시간의 과제를 확인하고 소감을 나눈다.
2. 〈내 짝꿍 최영대〉 이야기 자료를 갈등이 해결되기 전까지만 함께 살펴보고 문제 해결 5단계에 따른 올바른 대처 방법을 토의하여 이야기의 결말을 꾸며 보도록 한다.
3. 이야기의 결말이 정해지면 모둠별로 배역을 정하여 이야기를 극화하고 연습한다.
4. 활동의 소감을 나누어 본 후 과제로 자신이 맡은 역할을 연습해 오도록 하고 역할에 맞는 분장과 소품을 준비해 보도록 안내한다.

마무리하기

1. 괴롭힘의 상황, 주장행동을 보여야 할 상황에서 적절한 주장행동과 문제 해결 방법에 대해 이야기해 본다.

교사 유의사항

1. 문제해결 과정에서 해결책을 찾을 때 앞 회기에서 배운 주장적 행동을 활용할 수 있도록 안내한다.
2. 학습지는 쓰는 것에 매이지 말고 토의와 역할극 만들기를 위한 참고 자료로 활용하도록 한다.
3. 아이들이 지나치게 소품이나 배경 설정에 신경을 쓰지 않도록 하고 역할 연습 자체에 초점을 맞출 수 있도록 안내한다.

●●● 이/야/기/자/료/1

아래 내용을 확대 삽화로 제작하여 시각 자료로 제시하면서 이야기를 들려준다.

- 채인선 글 / 정순희 그림 〈내 짝꿍 최영대〉

●●● 활/동/자/료/9

■ 문제해결 5단계(친구가 괴롭힐 때)

단계	내용	실제로 해 보기
1. 문제 알기	일어난 문제가 무엇인지 정확하게 알아본다.	"영대에게 일어나 문제는 무엇입니까?"
2. 해결방법 찾아보기	해결할 수 있는 방법으로 어떤 것들이 있는지 모든 방법을 생각해 본다.	"영대의 문제를 해결할 수 있는 방법은 무엇입니까?" 1. 2. 3. 4.
3. 결과예상 하기	해결방법에 따른 결과를 예상해 본다.	"위에서 이야기된 각각의 해결 방법들의 결과가 어떠할지 예상하여 봅시다." 1. 2. 3. 4.
4. 좋은방법 고르기	가장 좋은 방법을 하나 고른다.	"영대를 위해 가장 좋을 것 같은 방법을 하나 골라 봅시다."
5. 칭찬하기 반성하기	자기 보상 및 자기 수행	"위와 같은 방법으로 영대가 문제를 해결하는 내용으로 역할극을 꾸며 본 후 결과를 반성해 보고 잘된 점을 이야기해 봅시다."

스스로 해결해 보아요 2

활동목표	괴롭힘을 당하는 상황에서 효과적으로 대처하는 방법을 알고 역할 연기를 통해 구체적으로 연습할 수 있다.	영역	갈등 인식 및 문제 해결
준비물	이야기 자료 〈내 짝궁 최영대〉, 활동지, 연필	대상학년	4, 5, 6학년

활동순서

1. 목소리를 키우고 동작을 크게 할 수 있는 연극놀이
2. 〈내 짝꿍 최영대〉 이야기를 극화하여 공연하기, 공연 모습은 비디오로 녹화한다.
3. 공연을 보고 난 소감을 나눈다.
4. 과제로 그동안의 활동에 대한 소감을 다음 시간까지 적어 오도록 안내한다.

마무리하기

1. 본인이 괴롭힘을 당하거나 친구가 괴롭힘을 당하는 상황에서 어떻게 해야 하는지 간단히 정리하여 이야기해 본다.

교사 유의사항

1. 극화활동을 역할을 바꾸어서 여러 번 실시해 보게 할 수도 있다.
2. 극화활동을 모둠을 나누어 각기 다른 대처 방법과 결말을 가지고 극화활동을 연습해 보게 할 수 있다.
3. 소감문의 양식을 WDEP(현실치료)의 양식으로 준비하여 나누어 준 후 이에 맞추어 작성해 보도록 한다.

■ 프로그램을 마치며

1. 프로그램에 참여하면서 학교생활, 친구들과의 관계에서 새롭게 가지게 된 소망이나 바람이 있다면 무엇인가요?

2. 현재 나의 학교생활은 어떠합니까? 친구들과는 어떻게 지내고 있나요? 현재 자신이 학교에서 하고 있는 구체적인 행동이나 친구들과의 관계에서 자신이 하고 있는 구체적인 행동 방식을 적어 봅시다.

3. 현재 자신의 생활 모습, 행동 하나하나가 1번에 적었던 자신의 소망을 이루는 데 도움이 되는지, 반대로 도움이 되지 않는지 평가해 보세요.

4. 본 프로그램을 통해 배운 것을 바탕으로 1번에 적은 자신의 소망을 이루기 위한 구체적인 실천 계획을 세워 봅시다.

5. 마지막으로 본 프로그램에 참여한 소감을 자유롭게 말해 봅시다.

15회기_마치기

이제 나도 할 수 있어요

활동목표	프로그램을 통해 배운 것을 정리하고 실천 각오를 다진다.	영역	마치기
준비물	상장, 프로젝션 TV, 연필	대상학년	4, 5, 6학년

활동순서

1. 간단한 촉진 게임
2. 지난 시간에 공연한 연극을 비디오로 감상한다.
3. 각자 준비해 온 소감을 발표한다.
4. 발끝대고 옆 사람 손잡고 일어서기, 두 사람씩 손잡고 인간 시소놀이, 고리풀기 등의 놀이를 한다.

마무리하기

1. 그동안 함께 활동에 잘 참여한 것에 대한 상장을 수여하고 기념 촬영을 한다.

교사 유의사항

1. 학교폭력 예방교육 자료로 활용하고 아울러 프로그램에 참여한 아이들의 자존감 향상하는 차원에서 아이들의 동의를 구하여 연극 녹화 자료를 학교 방송을 통해 방영할 수 있다.

상 장

제 학년 반

성명

위 어린이는 본 프로그램에 참여하여

자기 성장과 발전을 위해 성실히 노력하였으므로

이 상을 주어 칭찬합니다.

2014년 월 일

○ ○ 초 등 학 교 장 ○ ○ ○

참고 문헌

가우디 편(1999). 왕따 리포트: 왕따실태, 원인에서 해결방안까지. 서울: 우리교육.

강승규(2007). 학생의 삶을 존중하는 교사. 서울: 동문사.

강은희, 이은희, 임은정(2002). 집단따돌림 행동유형과 심리적 특성. 한국심리학회지: 상담 및 상담치료, 14(2), 445-460.

고재천(2001). 초등교육의전문성탐색. 초등교육연구, 14(2), 159-179.

고재홍, 박나영(2005). 남녀 중학생 집단따돌림 발생 원천의 성분 비교: 사회관계 모형 분석. 청소년상담연구, 13(1), 43-54.

곽금주(2006). 학교폭력과 왕따의 구조적 특징. 문용린 외. 학교폭력 예방과 상담(pp. 67-90). 서울: 학지사.

교육인적자원부(2007). 학교폭력 및 교통사고로부터 학교안전망 구축. 중점과제 보도자료.

김경숙(2007). 현대 청소년교육의 현실적 과제와 미래지향적 정향: 문학을 통한 청소년 인성교육. 한국의 청소년 문화, 10, 139-167.

김광수(2013a). 긍정심리학에 기반한 학교폭력 예방과 대처의 방향과 과제. 한국 초등교육연구, 24(1), 1-23.

김광수(2013b). 학교폭력의 조기 감지와 예방. 송재홍 외. 학교폭력의 예방 및 대책(pp. 193-228). 서울: 학지사.

김규태, 방경곤, 이병환, 윤혜영, 우원재, 김태연, 이용진(2013). 학교폭력의 예방 및 대책. 서울: 양서원.

김동을(2007). 초등학교 학생의 폭력피해와 가해 경험 분석. 동국대학교 대학원 석사학위논문.

김동현, 이규미(2010). 초등학생의 또래지위와 공격성과의 관계: 선호도, 인기도를 중심으로. 초등교육연구, 23(2), 175-194.

김선애(2003). 초등학생의 학교폭력 실태와 경향에 관한 연구. 한국생활과학지회지, 12(3), 321-337.

김선형(2005). 학교폭력예방에 대한 교사-학생 인식에 관한 연구. 가톨릭대학교 사회복지 대학원 석사학위논문.

김선혜(2004). 아동들의 낙서에 나타난 공부 스트레스의 양태. 초등교육연구, 17(2), 145-162.

김순규(2006). 빈곤 청소년의 학교적응유연성 발달모형: 보호요인의 부가, 매개, 조절효과모형을 중심으로. 전북대학교 대학원 박사학위논문.

김순혜(2007). 학교폭력 관련변인에 관한 연구. 교육논총, 27(2), 67-85.

김예성, 김광혁(2008). 초등학교 아동의 또래괴롭힘 경험유형에 따른 우울, 불안, 학교유대감, 공격성의 차이 및 피해 경험을 통한 가해 경험 변화. 아동학회지, 29(4), 213-229.
김윤경(2008). 학교폭력 피해아동의 내외통제성과 사회적 지지에 따른 스트레스 대 처행동. 연세대학교 대학원 석사학위논문.
김은주(2002). 비교성을 유발하는 교실수업 구조에 대한 지각 정도와 학생능력 지각의 상관성 탐구. 춘천교대논문집, 19, 29-44.
김정섭, 강영심, 강승희, 신경숙, 이영만, 정명화, 황희숙, 허승희(2004). 교사를 위한 교육 심리학. 서울: 서현사.
김정진(2008). 대학생의 자살 예방과 개입 그리고 협력체제. 생명연구, 10. 서울: 서강대학교 생명문화연구원.
김종미(1997). 초등학교 학교폭력 실태 분석. 초등교육연구, 11, 71-89.
김종운(2013). 학교폭력의 예방과 대책. 서울: 학지사.
김준호(2006). 학교폭력의 정의 및 현상. 문용린 외 공저. 학교폭력 예방과 상담(pp. 27-46). 서울: 학지사.
김지현(2009). 아동의 성과 공격성 유형에 따른 어머니 양육태도, 아동의 정서지능과 일상적 스트레스 수준의 차이. 아동학회지, 30(6), 489-503.
김지현, 정지나, 권연희, 민성혜(2009). 유아의 외현적. 관계적 공격성에 대한 어머니의 반응과 유아의 공격적 행동과의 관계. 아동학회지, 30(2), 145-159.
김지형, 박경자(2009). 아동의 또래 인정욕구가 우울과 사회적 유능성에 미치는 영향. 연세대학교 대학원 석사학위논문.
김지형, 박경자(2010). 아동의 또래 인정욕구가 우울과 사회적 유능성에 미치는 영향. 아동학회지, 31(1), 83-99.
김태웅(2003). 집단따돌림 가해와 피해의 관계-동조성과 정서적 반응을 중심으로. 한양대학교 교육대학원 석사학위논문.
김현주(2003). 집단따돌림에서의 동조집단 유형화 연구. 숙명여자대학교 대학원 박사학위논문.
김혜원(2011). 집단따돌림과 집단괴롭힘에 따른 남녀 청소년들의 심리적 건강, 학교 인식 및 학교적응에 대한 구조분석. 청소년복지연구, 13(2), 173-198.
김혜원(2013). 청소년 학교폭력. 서울: 학지사
김혜원, 이해경(2001). 학생들의 집단괴롭힘 관련 경험에 대한 예언변인들의 탐색: 초 · 중 · 고등학생간 비교를 중심으로. 교육심리연구, 15(1), 183-210.
김혜진(2002). 학교폭력 예방 프로그램의 개발과 그 효과: 학교폭력에 대한 태도와 사회적, 심리적 학교환경 지각. 전남대학교 대학원 석사학위논문
남궁달화(1999). 인성교육론. 서울: 문음사.
노안영, 강영신(2003). 성격심리학. 서울: 학지사.
도기봉(2008). 학교폭력에 영향을 미치는 학교요인에 대한 부모양육태도의 조절효과. 사회복지개발연구, 14(4), 309-326.
문성훈(2010). 폭력이론의 인정이론적 재구성. 사회와 철학, 20, 64-91.

문용린 외(2006). 학교폭력 예방과 상담. 서울: 학지사.

박병량(2001). 훈육. 서울: 학지사.

박성미, 허승희(2012). 청소년용 통합적 인성척도 개발. 아동교육, 21(3), 35-47.

박성희(2011). 진정성. 서울: 이너북스.

박세원(2013). 교사와 학생의 관계적 삶에 관한 존재론적 탐구: 상호이해를 통해 만들어가는 도덕적 관계맺기 이야기. 2013년도 부산교육대학교 교육연구원 춘계학술 세미나, 5-28.

박황규(2007). 초등학교 학교폭력 실증 연구. 안양대학교 대학원 석사학위논문.

박효정, 정미경, 박종효(2007). 학교폭력 예방 프로그램 개발연구. 서울: 한국교육개발원.

박희숙(2002). 사회 도덕적 규칙 체계와 아동의 사태-정서지식에 관한 연구. 교육학연구, 40(4), 31-46.

배영민(2002). 초등학생을 위한 인성교육 프로그램 개발에 관한 연구. 한국교원대학교 교육대학원 석사학위논문.

서미경(2007). 중학생 학교폭력 예방 프로그램의 효과 연구. 성산효대학원대학교 석사학위논문.

손봉호(1995). 인성교육의 철학적 기초. 인성교육 심포지엄 자료집, 서울대학교 학생생활연구소, 6.

손현동(2013). 학교폭력의 예방을 위한 훈육과 상담. 관계중심 상담: 소통의 키워드 민감성. 한국학교상담학회 연차학술대회 자료집.

송신영, 박성연(2008). 가정의 사회적 지위, 어머니의 심리적 복지감 및 양육행동과 아동의 친구관계가 학교적응에 미치는 영향. 대한가정학회지, 46(5), 19-33.

송영명, 이현철, 오세희(2010). 초등학생의 교유관계 변화와 영향요인에 대한 종단적 분석. 초등교육연구, 23(1), 65-86.

송재홍 외(2012). 학교폭력의 예방 및 대책에 관한 교대생과 초등교사의 인식 비교. 초등상담연구, 12(3), 485-504.

신명희 외(2013). 발달심리학. 서울: 학지사.

신성웅, 권석우, 신민섭, 조수철(2000). 학교폭력 피해자의 정신병 실태조사. 소아 · 청소년정신의학, 11(1), 124-143.

심미옥(2002). 교과성취와 성역할 사회화, 춘천교대 논문집, 교육연구, 19, 45-59.

심희옥(2008). 또래괴롭힘 참여자의 사회적 지위 및 사회적 정서에 관한 연구: 성별을 중심으로. 아동학회지, 29(3), 191-205.

안도희(2009). 초등학교 고학년 학생들의 학교태도에 영향을 미치는 가정의 심리적 환경 및 학교환경 특성. 초등교육연구, 22(1), 401-420.

양미진, 김은영, 이상희(2009). 초등학생의 학교폭력 예방을 위한 배려증진 프로그램 효과 검증 연구. 초등교육연구, 22(2), 205-232.

양종국, 김충기(2002). 비행 청소년의 비행 위험요인 및 보호요인과 재비행간의 관계. 청소년 상담연구, 10(2), 101-121.

오승환(2007). 청소년의 집단괴롭힘 관련 경험에 영향을 미치는 생태체계적 요인분석. 정신보건과 사회사업, 25, 74-98.

오인수(2008). 초등학생의 학교괴롭힘에 영향을 미치는 성별에 따른 심리적 요인. 초등교육연구, 21, 91-110.

오인수(2010). 괴롭힘을 목격한 주변인의 행동에 영향을 미치는 심리적 요인: 공감과 공격성을 중심으로. 초등교육연구, 23(1), 45-63.

오인수(2012). 학교괴롭힘 문제해결의 열쇠를 쥐고 있는 주변학생의 재조명. 한국교육개발원 교육정책네트워크 교육정책포럼, 231.

유국화(2011). 초등학생의 집단따돌림 방관 태도 개선을 위한 집단상담 프로그램 개발. 한국교원대학교 대학원 석사학위논문.

유안진(1994). 아동발달. 서울: 문음사.

유안진, 김연진(2003). 부모교육의 이론과 실제. 서울: 동문사.

유영수(2002). 초등학생의 집단따돌림과 부모 양육태도 및 가정환경과의 관계. 한동대학교 대학원 석사학위논문.

유인애, 공윤정(2007). 초등학교 또래상담 운영이 고립아의 심리적 특성에 미치는 영향. 초등교육연구, 20(1), 261-278.

유평수(2005). 중학생 학교폭력 예방 프로그램의 효과분석. 청소년학 연구, 12(2), 51-76.

유현근(2007). 초등학생의 개인 · 가정 · 학교 변인이 학교폭력에 미치는 영향. 단국대학교 교육대학원 석사학위논문

윤운성, 정정옥(1998). 발달심리. 서울: 교육아카데미.

윤정일, 허형 편(2002). 훌륭한 교사가 되는 길. 서울: 교육과학사.

윤진(1996). 2002년, 청소년의 병리-폭력. 2002년 우리 청소년의 모습은? 사회정신건강연구소 개소기념 심포지엄 자료.

이경숙, 서수정, 신의진(2000). 학령기 아동들의 부모에 대한 애착관계가 거부민감성 및 또래관계에 미치는 영향. 소아 · 청소년정신의학, 11(1), 51-59.

이경연(2013). 또래괴롭힘과 공격성과의 관계에서 또래 거부민감성과 적대적 귀인의 매개 효과. 2013년도 한국초등상담교육학회 연차학술대회, 25-47.

이관수(2002). 초등학교 인성교육의 과제에 관한 연구. 춘천교육대학교 교육대학원 석사학위논문.

이귀숙, 정현희(2005). 여자 중학생의 집단따돌림과 심리사회적 적응: 2년 추적 연구. 한국심리학회지: 학교, 2(1), 1-17.

이귀옥(2001). 아동을 위한 폭력 예방 프로그램 개발에 관한 연구. 경성대학교 논문집, 22(1), 27-48.

이규미, 지승희(2008). 괴롭힘 없는 교실 만들기, 서울: 시그마프레스.

이미식(2003). 배려의 윤리의 활용 방안에 관한 연구. 열린교육연구, 11(2), 109-129.

이상수, 김대현, 허승희, 이동훈, 이유나(2013). 건강한 학교 생태계 설계 요인에 대한 학교, 교사, 관리자의 인식 조사. 교육공학연구, 29(3), 459-481.

이시용, 정환금, 허승희, 홍종관(2003). 초등학교 생활지도와 상담. 서울: 교육과학사.

이신동, 최병연, 고영남(2011). 최신 교육심리학. 서울: 학지사.

이원필, 허승희(1991). 초등학교 학급내 배척아동을 위한 사회적 인지 훈련프로그램 개발. 부산 교

육학연구, 5, 1-58.
이윤옥(2003). 인지양식별 또래튜터링 질문 수업이 학습에 미치는 효과. 초등교육연구, 16(1), 161-177.
이은주(2003). 아동의 공격성, 또래관계 및 집단괴롭힘의 안정성. 초등교육연구, 16(2). 283-300.
이은주(2004). 집단따돌림과 자아존중감의 관계에 대한 단기종단적 연구. 청소년학연구, 11(1), 141-165.
이은해, 이정림, 김명문, 전혜정(2010). 저소득 아동의 초기 학교 적응과 학업 수행에 관한 종단적 연구. 아동학회지, 31(1), 65-82.
이은희, 강은희(2003). 청소년들의 지배성, 우월감, 자기찬미, 신뢰결핍과 집단따돌림 행동 간의 관계. 한국심리학회지: 건강, 8(2), 323-353.
이은희, 공수자, 이정숙(2004). 청소년들의 가정, 학교, 지역의심리사회적 환경과 학교폭력과의 관계: 분노조절과 비행친구 접촉의 매개효과. 한국심리학회지: 상담 및 심리치료, 16(1), 32-40.
이정선, 최영순(2001). 초등학교 고학년 학급에서 나타나는 집단따돌림 현상에 관한 문화기술적 연구. 초등교육연구, 14(2), 181-211.
이정형(1998). 아동의 인성교육을 위한 대화학습 방안 탐색. 한국교원대학교 대학원 석사학위논문.
이정혜(2004). 아동의 공격성 유발 요인에 대한 대상관계이론적 관점. 상담학연구, 5(4), 1155-1168.
이춘재, 곽금주(2000). 집단따돌림 경험유형에 따른 자기개념과 사회적 지지. 한국심리학회지: 발달, 13(1), 65-80.
이충호(2008). 10대를 위한 마음 산책. 서울: 하늘아래.
이해경, 김혜원(2001). 초등학생의 집단괴롭힘 가해행동과 피해행동에 대한 사회적, 심리적 예측변인들: 학년과 성별을 중심으로. 한국심리학회지: 사회 및 성격, 15(1), 117-138.
이현수(2001). 인성교육에 대한 초등학교 교사의 인식과 태도. 전주교육대학교 교육대학원 석사학위논문.
이형득(1994). 청소년상담과 상담학 발전의 과제와 전망. 서울: 청소년대화의광장.
이훈구(2001). 교실이야기. 서울: 법문사.
임광규(2011). 집단괴롭힘 유형 및 정도가 청소년들의 심리사회적 적응에 미치는 영향에서 사회적 지지의 중재효과. 호서대학교 대학원 석사학위논문.
임엽(2002). 초등학교에서 교사의 리더쉽과 학습자의 고차원 사고와의 관계. 교육심리연구, 8, 33-52.
임정렬(2002). 인성교육에 대한 초등학교 교사의 인식에 관한 연구, 제주교육대학교 교육대학원 석사학위논문.
장금순(2005). 민속놀이를 활용한 초등학생 학교폭력 예방 프로그램 개발 연구. 숙명여자대학교 대학원 박사학위논문.
장맹배(2006). 학급내 학교폭력 조기감지 및 상담방법. 문용린 외, 학교폭력 예방과 상담(pp. 319-333). 서울: 학지사.
정옥분(2004). 전생애 발달의 이론. 서울: 학지사

정원식(1982). 교육환경론. 서울: 교육출판사.

정은순, 김이순, 이화자, 김영혜, 송미경(2002). 초등학생들의 집단따돌림에 관한 연구. 아동간호학회지, 8(4), 422-434.

정익중(2008). 아동 학대경험이 또래집단으로부터의 소외로 이어지는 발달경로. 아동학회지, 29(4), 79-95.

정익중, 박현선, 구인회(2006). 피학대 아동이 비행에 이르는 발달 경로. 한국사회복지학, 58(3), 223-244.

정인희(2003). 초등학생 및 교사가 인식하는 사이버 폭력. 부경대학교 교육대학원 석사학위논문.

정종진(2012). 학교폭력상담. 서울: 학지사.

정지원(2006).학교폭력 조직 일진회의 조직화를 통해 본 청소년 일탈의 창발 현상. 제1회 복잡계 컨퍼런스: 복잡계 이론과 현실. 생산성 적용의 모색, 1-28.

정진성(2009). 학교폭력의 원인에 대한 연구: 지역사회의 영향을 중심으로. 한국공안행정학회, 35, 365-390.

정현정, 김경성(2009).학교관련 심리변인이 초등학생의 공격성에 미치는 영향. 초등교육연구, 22(4), 351-378.

조난심(1997). 학교에서의 인간교육 방안. 인성교육 세미나 자료집, 7-56. 부산시 교육 청.

조복희(2006). 아동발달. 서울: 교육과학사

조성연, 신혜영, 최미숙, 최혜영(2009). 한국 초등학교 아동의 행복감 실태 조사. 아동학회지, 30(2), 129-144.

조수현(2005). 초등학생 또래폭력 가해. 피해 집단의 학교적응과 또래폭력에 대한 태도. 숙명여자대학교 대학원 석사학위논문.

조연순(2007). 초등학교 아동의 변화와 인성교육의 요구. 한국초등교육학회 2007년도 연차 학술대회 자료집, 15-38.

조연순(2008). 교사-학생 간 상호작용 분석을 통한 인성교육의 현황 및 가능성 탐색. 교육학 연구, 39(3), 56-80.

조연순, 김아영(1998). 정의교육과 인성교육의 구현: 인성교육을 위한 교육환경 분석 및 개선방안 연구. 서울: 이화여자대학교 교육과학연구소.

조유진(2008). 집단괴롭힘 피해경험과 가해행동의 관계에 대한 개인내적 중재변인 탐색. 아동학회지, 29(5), 215-226.

조은정, 이기학(2004).아동기의 정서적 학대경험이 대인관계 문제해결 능력에 미치는 영향. 상담학 연구, 5(3), 583-595.

조정실, 차명호(2010). 폭력 없는 평화로운 학교 만들기. 서울: 학지사

조정실, 차명호(2012). 학교폭력 상담. 서울: 학지사

주은선, 박은란(2003). 집단따돌림 피해자 특성에 관한 연구: 초등학생을 중심으로. 덕성여대 논문집, 32, 143-166.

진홍섭(2003). 인성 교육을 위한 인성 덕목 요인분석. 인천교육대학교 교육대학원 석사학위논문.

차광수(2000). 학교폭력의 실태와 그 대책에 관한 연구. 전남대학교 행정대학원 석사학위논문
차우규(2007). 초등학교 인성교육의 현상과 과제. 한국초등교육학회 2007년도 연차학술대회 자료집, 55-68.
청소년폭력예방재단(2006). 학교폭력 실태조사 보고서. 서울: 청예단.
청소년폭력예방재단(2012). 초등학생 지도를 위한 학교폭력 예방의 이해와 실제. 서울: 청예단.
최성애, 조벽(2013). 최성애, 조벽 교수의 청소년 감정 코칭. 서울: 해냄출판사
최수미, 김동일(2010). 따돌림 관여 유형에 따른 사회적 기술과 공격적 행동 성향: 초등학생과 중학생을 대상으로. 대한가정학회지, 37(5), 111-121.
최윤자, 김아영(2003). 집단따돌림 행동과 자아개념 및 귀인성향과의 관계. 교육심리연구, 17(1), 149-166.
최지영(2008). 괴롭힘 상황에서의 아동의 가해 및 피해경험 측정 방법 비교를 통한 심리적 특성 연구. 초등교육연구, 21(3), 339-358.
최태진, 허승희, 박성미, 이희영(2006). 초등학교 폭력 양상 및 과정 분석. 상담학연구, 7(2), 613-630.
학교폭력 예방 및 대책에 관한 법률(2012. 1. 26. 개정, 2012. 7. 27. 시행).
한국교육학회(1998). 인성교육. 서울: 문음사.
한국청소년개발원(2006). 청소년학교폭력. 서울: 한국청소년개발원.
한국청소년상담원(2001). 또래상담 지도자 지침서. 서울: 한국청소년상담원
한상철(2004). 중소 도시 청소년의 위험행동 관련요인 분석. 청소년행동연구, 9.
한승희(2001). 평생학습과 학습생태계. 서울: 학지사.
한인영, 박명숙, 유서구, 김경희(2008). 초등학교 폭력 경험에 대한 전국 조사: 성인의 회고적 보고에 의한 연구. 한국아동학회, 29(1), 155-167.
한태희, 홍상황(2004). 초등학생의 스트레스와 내재화 문제의 관계에서 인지변인과 부정적 대처방략의 매개 효과. 한국심리학회지: 학교, 1, 1-21.
허병기(1997). 학교와 전문성 문화. 교육행정학연구, 15(3), 217-244.
허승희(2003a). 인성교육자로서의 교사. 부산교육대학교초등교육연구소, 제2회 전국 교육대학교 연합 학술대회(21세기의 바람직한 초등교사상) 자료집, 79-102.
허승희(2003b). 초등학교 아동의 이해. 이시용 외, 초등학교 생활지도와 상담(pp. 86-95). 서울: 교육과학사.
허승희(2003c). 초등교육과 초등학교 생활지도. 이시용 외, 초등학교 생활지도와 상담(pp. 19-22). 서울: 교육과학사.
허승희(2004). 효과적 학급 운영. 김정섭 외, 교사를 위한 교육심리학(pp. 313-344). 서울: 서현사.
허승희, 박성미(2004). 초등학교 상담교사의 역할 모형 구안. 상담학연구, 15(4), 203-215.
허승희, 박성미(2005). 초등학교 상담교사의 역할과 기능에 대한 학부모, 교사 및 학교행정가의 요구 분석. 초등교육연구, 18(1), 1-20.
허승희, 박성미(2009). 초등학교 상담: 이론과 실천. 서울: 학지사.

허승희, 박유진(2011). 학급 단위 학교폭력 예방 프로그램의 효과. 부산교육학연구, 24, 71-89.

허승희, 이희영, 강희숙, 곽경련, 박정묘, 이경화, 이춘자, 허금순(2004). 아동을 위한 발달적 생활지도. 서울: 학지사.

허승희, 이희영, 최태진, 박성미(2006). 초등학교 폭력 유형별 가해 및 피해자의 가해 · 피해 이유에 대한 지각 분석. 아동교육, 16(1), 259-280.

허승희, 최태진(2008). 초등학교 폭력 예방을 위한 집단 상담프로그램의 적용과 그 효과(Ⅰ): 가해 성향 아동을 대상으로. 초등교육연구, 21(3), 175-197.

허승희, 최태진, 박성미(2009). 초등학교 폭력 예방을 위한 집단상담프로그램의 적용과 그 효과(II): 피해 성향 아동을 대상으로. 아동교육, 30(1), 149-163.

홍관식, 히로소리시미다, 주호수(1998). 한국과 일본 초등학생의 학교스트레스 비교분석. 초등교육연구, 12(1), 231-246.

홍종관(2013). 학교폭력 예방을 위한 인성교육. 송재홍 외, 학교폭력의 예방 및 대책(pp. 163-192). 서울: 학지사.

황상규(2009). 도전하는 청소년을 위한 꿈꾸는 천재. 서울: 스마트주니어.

황혜경, 김순자(2001). 초등학생의 행동 특성과 스트레스에 관한 연구. 초등교육연구, 14(2), 303-317.

황혜원, 신정이, 박현순(2006). 초기 청소년의 학교폭력에 대한 생태체계적 요인들 간의 경로분석. 아동권리연구, 10(4), 497-526.

황혜정(2006). 초등학생과 중학생의 스트레스와 이에 영향을 미치는 변인에 관한 연구. 초등교육연구, 19(1), 193-216.

安彦忠彦(1998). 개성화 · 개별화 교육 어떻게 할 것인가?(박동섭, 김영환 공역). 서울: 학지사.

Akiba, M. (2008). Predictors of student fear of school violence: A comparative study of eighth graders in 33 countries. School Effectiveness and *School Improvement, 19*, 51-72.

Althof, W., & Berkowitz, M. W. (2006). Moral education and character education: Their relationship and roles in citizenship education. *Journal of Moral Education, 35*(4), 495-518.

American School Counseling Association [ASCA]. (1997). *The national standards for school counseling programs*. Fairfax, VA: Author.

Apter, S. J., & Conoley, J. C. (1984). *Childhood behavior disorders and emotional disturbance: An introduction to teaching troubled children*. Englewood Cliffs, NJ: Pretice-Hall.

Ashton, P.T., & Webb, R. B.(1986). *Making a difference: Teacher' s sense efficacy and student achievement*. New York: Longman.

Astor, R. H., & Meyer, H. A. (2001). The conceptualization of violence-prone school subcontexts: Is the sum of the parts greater than whole? Urban *Education, 36*, 374-399.

Baker, J. A. (1998). Are we missing the forest for the trees? Consider the social context of school violence. *Journal of School Psychology, 36*, 29–44.

Baker, J. A. (2000). *School counseling for the twenty–firstc entury*. Upper Saddle River, NJ: Prentice–Hall.

Baker, S. B., & Gerler, E. R. (2007). 21세기를 위한 학교상담(허승희 외 공역). 서울: 교육과학사. (원저는 2004년 출간)

Bandura, A. (2001). 자기 효능감과 삶의 질: 교육 · 건강 · 운동 · 조직에서의 성취(박영신, 김의철 공역). 서울: 교육과학사.

Bandyopadhyay, S., Cornell, D. G., & Konold, T. R. (2009). Validity of three school climate scales to assess bullying, aggression, attitude and help seeking. *School Psychology Review, 38*(3), 338–355.

Berger, K. S. (2007). Update on bullying at school: science forgotten? *Developmental Review, 27*(1), 90–126.

Berkowitz, L. (1974). Some determinants for impulsive aggression: Roll of mediated association with reinforcements for aggression. *Psychological Review, 82*, 165–176.

Berndt, T. (1979). Development changes in conformity to peers and parents. *Developmental Psychology, 15*, 608–616.

Booth, C. L., Rubin, K. H., & Rose–Krasner, L. (1998). Perceptions of emotional support from mother and friend in middle childhood: Links with social–emotional adaptation and attachment security. *Child Development, 69*(2), 427–442.

Bronfenbrenner, U. (1979). *The ecology of human development: Experiments by nature and design*. Cambridge, MA: Harvard University Press.

Bronfenbrenner, U. (1992). 인간발달 생태학(이영 역). 서울: 교육과학사. (원저는 1979년 출간)

Brooks, B. D., & Kahn, M. E. (1993). What Makes character education program work? *EducationalLeadership, 51*(3), 19–21.

Brown, B. B., Clasen, D. R., & Eicher, S. A. (1986). Perceptions of peer pressure, peer conformity dispositions, and self–reported behavior among adolescents. *DevelopmentalPsychology, 22*, 521–530

Bryk, A. S., & Driscoll, M. E. (1998). *The high school as community: Theoretical foundations, contextual influences, andcomsequences for students and teachers*. Madison, WI: University of Wisconsin, National Center on Effective Secondary Schools.

Burns, M. (2011). School psychology research: combining ecological theory and prevention science. *School Psychology Review, 40*(1), 132–139.

Burret, K., & Rusnak, T. (1993). *Integrated Character Education*. Bloomington, IN: The Phi Delta Kappan Educational Foundation.

Campbell, C.A., & Dahir, C.A. (1997). Sharing the vision: The ASCA national standards for school counseling programs. Alexandria, VA: American School

Chitiyo, M., & Wheeler, J. J. (2009). Challenges faced by school teachers in implementing Positive Behavior Support in their school systems. *Remedial and Special Education, 30*(1), 58–63.

Cohen, J. J., & Fish, M. C. (1993). *Handbook of School based interventions–resolvingstudent problems and promoting healthy educational environments.* San Francisco: Jossey–Bass Publishers.

Cole, D. R. (1982). *Helping.* Torronto: Butterworks.

Costanza, R. (2012). Eco system health and ecological engineering. *Ecolgical Engineering, 45*, 24–29.

Cunningham, N, J. (2007). Level of bonding to school and perception of the school environment by bullies, victims, and bully victims. *Journal of Early adolescence, 27*(4), 457–478.

Damon, W. (1975). Early conceptions of positive justice as related to the development of logical operations. *Child Development, 46*, 301–302.

Daniel, B., & Wassell, S. (2008). 아동의 탄력성: 평가와 개입 전략(강문희 외 공역). 서울: 시그마프레스. (원저는 2002년 출간)

Dishion, T. J., & Patterson, G. R. (1997). The timing and severity of antisocial behavior: Three hypotheses within an ecological framework. In D. M. Stoff, J. Breiling, & J. Master (Eds.), *Handbook of antisocial behavior* (pp. 206–218). New York: Wiley.

Dror, Y. (1993). Community and activity dimensions: Essentials for the moral and value education. *Brown University Child & Adolescent Behavior Letter, 11*(5), 1–2.

Duncan, R. D. (1999). Maltreatment by parents and peers: The relationship between child abuse, bully victimization, and psychological distress. *Child Maltreatment, 4*(1), 45–55.

Eisenberg, N., Fabes, R. A., & Murphy, B. C. (1996). Parents' Reactions to Children's Negative Emotions Relations to Children's Social Competence and Comforting Behavior. *Child Development, 67*, 2227–2247.

Elias,. J., & Dilworth J. E. (2003). Ecological/developmental theory, context–based actoin research: Cornerstones of school psychology raining and policy. *Journal of School Psychology, 41*, 293–297.

Emmons, C. L. (1993). School development in an inner city: analysis of factors selected from Comer's program using latent variable structural equations modeling. *Dissertation Abstracts International, 54*, 1287A.

Erwin, P. (2001). 아동기와 청소년기의 친구관계(박영신 역). 서울: 시그마프레스. (원저는 1998년 출간)

Etzioni, A. (1995). When parents default, schools should teach character education. *Brown University Child & Adolescent Behavior Letter, 11*(1), 1–3.

Everston, C., Emmer, E. T., & Worsham, M. E. (2000). *Classroom management for elementary teachers.* Boston, Needham Heights: Allyn & Bacon.

Farrell, A, D., & Bruce, S. E.(1997). Impact of exposure to community violence on violent behavior and emotional distress among urban adolescents. *Journal of Clinical Child Psychology, 26*(1), 2–14.

Farrell, A. D., Valois, R. E., Meyer A. L., & Tidwell, R. (2003). Impact of the RIPP violence prevention program on rural middle school studies: A between-school study. *Journal of Primary Prevention, 44*, 143–167.

Fields, M., & Boesser, C. (1994). *Constructive guidance and discipline*. New York: Macmillan.

Fraser, M. W. (1996). Aggressime behavior in childhood and early adolescence: An ecological developmental perspecitve on youth violence. *Social Work, 41*(4), 347–361.

Goddard, R. D. (2001). Collective efficacy: A neglected construct in the study of schools and student achievement. *Journal of Educational Psychology, 93*(3), 467–476.

Goddard, R. D., Hoy, W. K., & Woolfolk Hoy, A. (2000). Collective teacher efficacy: Its meaning, measure, and impact on student achievement. *American Educational Research Journal, 37*, 479–507.

Good, T. L., & Brophy, J. E. (2003). *Looking in classrooms* (9th ed.). Boston: Pearson Education.

Guerra, N. G., Huesmann, L. R., Tolan, P. H., & Van-Acker, R. (1995). Evaluation of a community based youth violence prevention project. *Journal of Adolescent Health, 17*, 353–359.

Gurucharri, C., Phelps, E., and Selman, R. L. (1984) The development of interpersonal understanding: A longitudinal-comparative study of normal and disturbed youths. *Journal of Clinical and Consulting Psychology, 52*, 26–36.

Gysbers, N. C., & Henderson, P.(1994). *Developing and managing your school guidance program* (2nd ed.). Alexandria, VA: ACA.

Gysbers, N. C., & Henderson, P.(2000). *Developing and managing your school guidance program* (3rd ed.). Alexandria, V.A : ACA.

Haddow, J. L. (2006). Residual effects of repeated bully victimization before the age of 12 on adolescent functioning. *Journal of School Violence, 5*(2), 37–52.

Hapasalo, J., & Tremblay, R. E. (1994). Physically aggressive boys from age 6 to 12: Family background, parenting behavior, and prediction of delinquency. *Journal of Consulting and Clinical Psychology, 62*, 1044–1052.

Henson, K. T., & Eller, B. F. (1999). *Educational psychology for effective teaching*. Belmont, CA: Wadsworth.

Herring, R. D. (1998). *Career counseling in schools*. Alexandria, VA: American Counseling Association.

Hong, J. S., & Eamon, M. K.(2012). Students' perceptions of unsafeSchools: An ecological systems analysis. *Journal of Child & Family Studies, 21*, 428–438.

Hong, J. S., & Espelage, D. L.(2012). Are view of adaptation in adolescence: A seven year followup. *Child Development, 62*, 991−1007.

Hong, J. S., & Garbarino, J. (2012). Risk and protective factors for homophobic bullying in schools: An application of the social−ecoligical framework. *Educational Psychology Review, 24*, 271−287.

Hornby, G., Hall, C., & Hall, E. (Eds.) (2007). 교사를 위한 학교상담 기법(김병석 외 공역). 서울: 시그마프레스. (원저는 2003년 출간)

Kohn, A. (2005). 훈육의 새로운 이해(김달효 외 공역). 서울: 시그마프레스. (원저는 1996년 출간)

Lee, C. H.(2009). Personal and interpersonal correlates of Korean middle school students. *Journal of Interpersonal Violence, 25*, 152-176.

Lickona, T. (1993). The return of character education. *Educational Leadership, 51*(3), 6.

Lin, Ching−Chiu. (2011). A learning ecology perspective: School systems sustaining art teaching with technology. *Art Education, 64*, 12−18.

Lipsey, M. W. & Derzon, J. H. (1998). Predictors of violent or serious delinquency in adolescence and early adulthood: A synthesis of longitudinal research. In R. Loeber & D. P. Farrington (Eds.), *Serious and violent juvenile offenders: Risk factors and successful interventions* (pp. 86−105). Thousand Oaks, CA: Sage.

Loeber, R., & Stouthamer−Loeber, M. (1998). Development of juvenile aggression and violence: Some common misconceptions and controversies. *American Psychologist, 53*, 242−259.

Macklem, G. L. (2003). *Bulling and teasing: Social power in childrens' groups*. New York: Kluwer Academic/Plenum.

Meyers, A. B., Meyers, J., Graybill, E. C., Proctor, S. L., & Huddleston, L. (2012). Ecological approaches to organization and systems change in educational settings. *Journal of Educational and Psychological Consultation, 22* (1−2), 106−124.

Monks, C. P., Smith, P. K., Naylor, P., Barter, C., Ireland, J. L., & Coyne, I. (2009). Bullying in different contexts: Commonalites, differences and the role of theory. *Aggressive and Violent Vehavior, 14*, 146−156.

Muro, J. J., & Kottman, T. (1995). *Guidance and counseling in the elementary and middle schools*. Dubuque, IA: Brown Communications.

Myrick, R. D. (1997). *Developmental guidance and counseling: A practical approach*. Minneapolis, MN: Educational Media Cooperation.

Nansel, T. R., Overpeck., M. D., Pilla, R. S., Ruan, W. J., Simons−Morton, B., & Scheidt, P. (2001). Bullying behaviours among U. S. Youth: Prevalence and association with psychosocial adjustment. *Journal of the American Medical Assiciation, 16*, 2094−2100.

Nelson, J., Lott, L., & Glenn, H. S. (2000). *Positive discipline in the classroom*. Roseville, CA: Prima Publishing.

Oh, I., & Hazler, R. (2009). Contributions of personal and situational factors to bystanders' reactions to school bullying. *School Psychology International, 30*, 291−310.

Olweus, D. (1979). Stability of aggressive reaction patterns in male: A review. *Psychological Bulletin, 86*, 852−857.

Olweus, D. (1993). Victimization by peers: Antecedents and long−term outcomes. In K. H. Rubin & J. B. Asendorpf (Eds.), *Social withdrawal, inhibition and shyness in childhood* (pp. 315−341). Hillsdale, NJ: Lawrence Erlbaum Associates.

Olweus, D. (1994). Annotation: bullying at school. *Journal of Child Psyhology and Psychiatry, 35*(4), 1171−1190.

Osofsky, J. D., Wewers, S., Hann, D. M., & Fick, A. C.(1993). Chronic community violence: What is happening to our children? *Psychiatry: Interpersonal & Biological Processes, 56*, 36−45.

Perry, D. G., & L. C., & Rasmussen, P. (1986). Cognitive social learning mediators of aggression. *Child Development, 57*, 700−711.

Phares, E. J. (1994). 성격심리학(홍숙기 역). 서울: 박영사. (원저는 1991년 출간)

Rogers, C. R. (2010). (칼 로저스 상담의 원리와 실제) 진정한 사람 되기(주은선 역). 서울: 학지사. (원저는 1989년 출간)

Rogers, C. R. (2011). 칼 로저스의 사람−중심 상담(오제은 역). 서울: 학지사. (원저는 1980년 출간)

Rubin, K. H., Bukowski, W., & Parker, J. G. (1998). Peer interactions, relationships, and groups. In W. Damon & N. Eisenberg (Eds.), *Handbook of child pychology: Social, emotional, and personality development* (5th ed., pp. 779−862). New York: Wiley.

Sailor, W., Stowe, M. J., Turnbull, H.R., & Kleinhammer-Tramill, P. J. (2007). A case for adding a social-behavioral standard to standards-based education with schoolwide positive behavior support as its basis. *Remedial and Special Education, 28*, 366−376.

Salmivalli, C., Lagerspetz, K., Björkqvist, K., österman, K., & Kaukiainen, A. (1996). Bullying as a group process: Participant roles and their relations to social status within the group. *Aggressive Behavior, 22*(1), 1−15

Schmidt, J. J. (1996). *Counseling in schools: Essential services and comprehensive programs.* Boston: Allyn and Bacon.

Schultz, D. P. (2001). 성장심리학: 건강한 성격의 모형(이혜성 역). 서울: 이화여자대학교출판부. (원저는 1977년 출간)

Sink, G. E., & Macdonald, G. (1999). The status of comprehensive guidance and counseling in the United States. *Professional School Counseling, 2*, 88−89.

Smokowski, P. R., & Kopaz, K. H. (2005). Bullying in school: An overview of types, effects, family characteristics, and intervention strategies. *Children and Schools, 27*(2), 101−110.

Stephenson, P., & Smith, D. (1989). Bullying in the junior school. In D. P. Tattum & D. A. Lan (Eds.), Bullying ins chools (pp. 45−57). England: Trendham books Limited.

Stewart, D., Sun, J., Patterson, C., Lemerle, K., & Hardie, M. (2004). Promoting and building resiliencd in primary school communities: Evidence from a comprehensive 'health prometing school' approach. *International Journal of Mental Health Promotion, 6*(3), 26–33.

Thomas, J. (2011). *Parent's guide to preventing and responding to bullying.* School Bullying Council.

Varjas, K., Henrich, C. C., & Meyers, J. (2009). Urban middle school students' perceptions of bullying, cyberbullying, and school safety. *Journal of School, 8*, 159–176.

Worzbyt, J. C., & O'Rourke, K. (1989). *Elementary school counseling: A blueprint for today & tomorrow.* Muncie, IN: Accelerated Development.

찾아보기

인명

내용

저자 소개

허승희

부산대학교 대학원 교육학 박사
현재 부산교육대학교 교육학과 교수

저서 및 역서

질적 연구 실천 방법(공저, 교육과학사, 2009)
초등학교 상담: 이론과 실천(공저, 학지사, 2009)
교사를 위한 교육심리학(공저, 서현사, 2008)
21세기를 위한 학교상담(공역, 교육과학사, 2007)
아동 생활지도: 구성주의적 접근(공역, 21세기사, 2006)
정서와 교육(공저, 학지사, 2005)
훈육의 새로운 이해(공역, 시그마프레스, 2005)
아동을 위한 발달적 생활지도(공저, 학지사, 2004)
초등학교 생활지도와 상담(공저, 교육과학사, 2003)
삶의 기술: 초등학교 아동을 위한 집단상담(역, 학지사, 2001)

초등학교 학교폭력

- 예방과 지도 -

2014년 2월 20일 1판 1쇄 인쇄
2014년 2월 25일 1판 1쇄 발행

지은이 • 허승희
펴낸이 • 김진환
펴낸곳 • (주) 학지사
121-837 서울특별시 마포구 서교동 352-29 마인드월드빌딩 5층
대표전화 • 02) 330-5114 팩스 • 02) 324-2345
등록번호 • 제313-2006-000265호

홈페이지 • http://www.hakjisa.co.kr
커뮤니티 • http://cafe.naver.com/hakjisa

ISBN 978-89-997-0269-3 93370

정가 18,000원

이 도서의 국립중앙도서관 출판시도서목록(CIP)은 서지정보유통지원시스템 홈페이지(http://seoji.nl.go.kr)와 국가자료공동목록시스템(http://www.nl.go.kr/kolisnet)에서 이용하실 수 있습니다.
(CIP제어번호: CIP2014002294)